Reprint Publishing

Für Menschen, Die Auf Originale Stehen.

www.reprintpublishing.com

Orbis latinus

oder

Verzeichniss der lateinischen Benennungen

der

bekanntesten Städte etc., Meere, Seen, Berge und Flüsse

in allen Theilen der Erde

nebst einem deutsch-lateinischen Register derselben.

Ein Supplement

zu jedem lateinischen und geographischen Wörterbuche

von

Dr. J. G. Th. Graesse,
Kgl. S. Hofrath, Director d. K. S. Porz.- u. Gef.-Sammlung etc.

Dresden 1861.
G. Schönfeld's Buchhandlung (C. A. Werner).
London: Dulau & Co., Trübner & Co., Williams & Norgate.
Utrecht: Kemink & Zoon.

Das Buch, welches hiermit an die Oeffentlichkeit tritt, ist eine Arbeit, die ich schon vor 15 Jahren ziemlich druckfertig hatte. Sie entstand einfach aus Notizen, die ich mir selbst gesammelt hatte, um mir bei meinen mittelalterlichen und bibliographisch-literarischen Forschungen von Nutzen zu sein. Jeder weiss nämlich, wie selbst der tüchtigste Gelehrte oft darüber in Verlegenheit ist, wie der oder jener Ort etc., den er zufällig lateinisch wiederzugeben hat, genannt und flectirt werde, allein ebenso häufig kommen Historiker, Bibliographen, Juristen etc. in dieselbe Lage, wenn sie in gedruckten und handschriftlichen Werken der neuern Latinität den oder jenen Fluss, Berg, Stadt etc. lateinisch ausgedrückt finden und kein Mittel wissen, den betreffenden Namen deutsch wiederzugeben. Die frühern lateinischen Wörterbücher bis auf Hederich und Scheller enthalten zwar ein kurzes Register von lateinischen geographischen Namen, allein dasselbe ist doch entweder ganz oberflächlich, theils giebt es fast nur die den classischen Schriftstellern entlehnten Namen, und die zahlreichen Benennungen, welche vorzüglich in historischen und geographischen lateinisch geschriebenen Werken des 12. — 17. Jahrhunderts vorkommen, fehlen fast gänzlich. Ich hatte mir daher beim Lesen derselben ein derartiges Verzeichniss angelegt, weil die zwei Vorläufer meiner Arbeit*) theils sehr unvollständig sind, theils von Fehlern wimmeln, was besonders von dem Ebertschen Buche gilt. Nun habe ich ge-

---

*) Lateinisch-deutsches Taschenwörterbuch der neuern Geographie. Als nothwendige Beilage zu den bisherigen lateinischen Wörterbüchern. Mit Vorrede v. Fr. Ad. Ebert. Lpzg. 1821. in 8. [Ebert ist selbst der Verfasser] und Europa latina oder alphabetisches Verzeichniss der vornehmsten Ortschaften etc. nebst ihren lateinischen Benennungen und einem Register derselben. Quedlinburg und Blankenhayn 1785. in 8.

glaubt, dass dasselbe Bedürfniss, welches ich so sehr oft nach einem solchen Buche fühlte, auch von Andern empfunden worden ist, und so habe ich denn meinen vorliegenden Versuch dem Druck übergeben, ob ich gleich weiss, dass derselbe immer noch mangel- und lückenhaft genug ist. Ich habe nämlich in dem lateinisch-deutschen Theil auch einen sehr grossen Theil der offenbar falsch gebildeten Namen mit aufgenommen, und zwar einfach darum, weil sie einmal eingebürgert sind und gedruckt vorkommen, und wenn ich sie weggelassen hätte, dies mir als eine Unterlassungssünde angerechnet worden wäre. Um jedoch den Lesern zu zeigen, welches der eigentlich richtige Name ist, so habe ich in dem zweiten, oder deutsch-lateinischen Theil, der natürlich viel kürzer ausgefallen ist, nur diejenigen aufgenommen, die sich nach meiner Ansicht vertreten lassen. Gleichzeitig muss ich aber bemerken, dass mein Versuch durchaus kein Lexicon der eigentlichen alten Geographie (wie das vortreffliche Buch von Bischoff und Möller) sein soll, darum habe ich alle die Namen weggelassen, die vollständig ins Deutsche übergegangen sind oder von denen ich glaube, dass sie in meinem Buche nicht gesucht werden, weil sie eben nur beim Lesen der Classiker in Frage kommen: und aus demselben Grunde fehlen alle eigentlichen reinen geographischen Beschreibungen und Notizen, weil mein Orbis latinus lediglich ein bequemes Handbuch zum Nachschlagen für den Leser lateinisch geschriebener historischer und geographischer Werke, für den Literarhistoriker und Bibliographen, für den Archivar und Numismatiker und endlich für Jeden, der lateinisch zu schreiben hat, sein soll. Die Schwierigkeit der Arbeit wird Jedem einleuchten, der nur einigermassen eine Idee hat, aus wie vielen Schriftstellern und Büchertiteln mein kleiner Versuch zusammengestellt werden musste. Dies mag der Grund sein, warum bisher keine Nation ein ähnliches Supplement aller lateinischen Wörterbücher erhalten hat. Desto dankbarer werde ich aber auch für jede Verbesserung und Ergänzung sein und bitte nur bei der Beurtheilung darauf Rücksicht zu nehmen, „quid humeri valeant et quid ferre recusent."

Die Abkürzungen: St., D., Fl., B., Abt.. Mtfl. (Stadt, Dorf, Fluss, Berg, Abtei, Marktflecken) wird Jeder leicht verstehen.

Dresden, im October 1860.

Dr. Grässe.

Aara = Abrinca.
Aba-Vyvariensis comitatus, Aba Vyvar, Gespannschaft i. Ungarn.
Abacaena, Bigenis, St. auf der Insel Sicilien.
Abacum, Abach, Mtfl. in Baiern.
Aballaba, Appleby oder Apulby, Mtfl. in England.
Aballensis pagus, Avallonois, Landschaft in Frankreich.
Aballo, -um, Avallon, St. in Frankreich.
Abancantus, Abancay, Fl. in Peru.
Abantis, Euböa, Negroponte in Griechenland.
Abantonium, Albantonium: Aubenton, St. in Frankreich.
Abasci oder **Achaei**, Abassen, Völkerschaften des Kaukasus.
Abbatia beatae Mariae de Rosis, Abt. ten Roosen bei der St. Aelst in Flandern.
— — Bintensis, Poundum, Hortus floridus: Abt. Baindt in Schwaben.
— — Caesariensis, Abt. Kaisersheim in Schwaben.
— — Fuliensis, Abbaye-Feuillants in Frankreich.

Abbatia Lacensis, Abt. zum Laach oder zu Loch im Stifte Trier.
— — Loccensis, Lockum, Abt. in Niedersachsen.
— — Mariae Lucediae, Luccedio, Abt. im Herz. Montferrat.
— — Rosacis, Abt. St. Jakob am Meer in Illyrien.
— — St. Petri in monte Blandinio, Abt. zu St. Peter in Belgien.
— — Sorethana, Sorethium, Soretum, Kloster Schussenried in Schwaben.
Abbatis cella, Appenzell, Canton u. St. in der Schweiz.
Abbatis villa, Abbavilla, Abbatico-villa: Abbeville, St. in Frankreich.
Abbefortia, Abbefort, St. in Norwegen.
Abbentonia, Abingdon, St. in England.
Abdara, Adra, St. in Spanien.
Abdera, Almeria, St. in Spanien.
Abdiacum = Faucena.
Abdua, Adda, Fl. in Italien.
Abella, Abella vecchia, St. in Neapel.

Abellinum, Avellino, St. in Neapel.
Abellinum Marsicum, Marsico Vetere, Mtfl. in Neapel.
Abensperga = Aventinum.
Aberavonium, Aberavon, St. in Südwallis in England.
Aberdonia od.-um, Aberdona,-um, Aberdeen, St. in Schottland.
Abergonium, Abergavenny, St. in England.
Abia, Abruss, Fl. in Baiern.
Abintonia, Abingdon, St. in England.
Abnicum, Ani oder Anisi, St. im Paschalik Erzerum.
Abnoba, -na, -va, Berg in Schwaben, wo die Donau entspringt, der Randen.
Abnobius, die Donau.
Aboa, Åbo, St. in Finnland.
Abotis, Abutige, St. in Ober-Egypt.
Abrantium, Abrantes, St. in Portugal.
Abrenothium, Abernethy, St. in England.
Abria, Loquabyr, Landschaft in Schottland.
Abrinca, der Fl. Aar i. d. Schweiz; das D. Abernethy in Schottland.
Abrincae, Abrincatae, Abrincatui, Abrunca: Avranches, St. in Frankreich u. s. Bewohner.
Abrutium, Abruzzo, Landschaft in Neapel.
Absorus, Ausoriensis civitas: Osero, Insel bei Dalmatien.
Absyrtium, Osero.
Absyrtides insulae, eine Inselgruppe bei Illyrien.

Abudiacum, Füssen, St. in Schwaben.
Abudiacum Danubianum, Abach, Mtfl. in Baiern.
Abula, Avila, St. in Spanien.
Abus, Humber, Fl. in England.
Abusiacum = Abudiacum.
Abusina, Aventinum: Abensberg, St. in Baiern.
Abuzanum = Abudiacum.
Abydos, 1. St. am Hellespont (Nagara Burûn); 2. St. in Egypten (Madfuneh).
Abyla, Ceuta, Vorgebirge in Afrika.
Acci, Accitana colonia oder civitas: Guadix, St. in Spanien.
Accinctum, Acejum: Acey, Abt. in Frankreich.
Accipitrum insulae, die Azoren.
Accusiorum colonia, Grenoble, St. in Frankreich.
Acco, Akka od. St. Jean d'Acre, St. in Syrien.
Acanthopolis, Dornstett, St. in Württemberg.
Acanthus, Erisso, St. in Griechenland; St. in Egypten und Carien.
Acarnania, Theil der Türkei, Pr. Rumelien.
Acedes, Acedum, Ceneta, Ceneda, St. in der Lombardei.
Acejum, Acey, Abt. in Frankreich.
Aceris, Acri, Fl. in Calabrien.
Acernum, Acerno, St. in Neapel.
Acerrae, Acerra, St. in Neapel; Acerra, St. in Campanien; Acere, St. bei Pavia.
Acesines, Chennab, Fl. in Indien; Cantera, Fl. in Sicilien.

Achaja, Livadien, Provinz in Griechenland.
Achelous, Sionapro, Aspropotamo, Fl. in Livadien.
Acheron, Delichi, Fl. in Livadien.
Acherontia, Acerenza, St. in Neapel.
Acherontia provincia, Basilicata, Provinz in Neapel.
Acherusia palus, Fusaro, See in Campanien.
Achridia, Achrys: Ocrida, St. in Macedonien.
Acheruntia = Acherontia.
Achyrum, Achtyrskoi, St. in Russland.
Acidulae Antonianae, Tillerbronn, ein Sauerbrunnen im Cöllnischen.
Acilia Augusta, Straubing, St. in Baiern.
Acimincum, Salankemen, D. in Slavonien; Peterwardein, Festung in Ungarn.
Acincum, Alt-Ofen, Mtfl. in Ungarn.
Aciris, Agri, Fl. an der Grenze von Apulien.
Acis, auch Meropia, Siphnus, alter Name der Insel Siphanto im Archipelagus; 2. Aci-Reale, St. in Sicilien.
Acita, Milo, Insel im Archipel.
Acitavones Aigue Belle, St. in Savoyen.
Acmodae, die Inseln Ferro.
Acominium, Salankemen, D. in Slavonien.
Acrae, St. in Sicilien.
Acragas, Girgenti, St. in Sicilien; Fiume di Girgenti, Fl. daselb.

Acroceraunia, Chimera, St. in Albanien.
Acroceraunii montes, die epirische Gebirgskette della Chimera oder Khimarioli.
Acronius lacus, der Bodensee.
Actium, Azio, St. in Acarnanien; Cabo di Figolo oder Punta de la Civola, Vorgeb. daselbst.
Acula, Aquapendente, St. in der Romagna.
Acumincum = Acominium.
Acus, Aiguille, Fort in Frankreich.
Acuti monasterium, Eymoutiers, St. in Frankreich (H. Vienne).
Acutus, Agout, Fl. in Frankreich.
Acythus, Milo, Insel im Archipel.
Adamantia, -um, Amantea, St. in Italien.
Adana, St. gl. Namens in der Türkei.
Adane, St. und Landschaft in Arabien (Yemen).
Adax, Aude, Fl. in Languedoc.
Ad Caballos, Bagna-Cavallo, Mtfl. im Kirchenstaat.
Ad Carceres, Kerzers, D. in der Schweiz.
Addua, Adda, Fl. i. d. Lombardei u. Venetien; Ain, Fl. in Frankreich.
Addua glarea, Ghiera d'Adda, Landschaft in Italien.
Adenum, Ades, St. in Kleinasien.
Ad Favarias, Favarium: Pfeffers oder Pfäfers, Abt. in der Schweiz.
Ad Fines, Pfyn, D. in der Schweiz.
— — Thuin, St. im Lüttichischen.
— — Samaguar, St. in Ungarn.
Ad Flexum, Rivoltella, Mtfl. in Italien.

1*

Ad Flexum, Altenburg oder Owar, St. in Ungarn.
Ad Herculem, Livorno, St. in Italien.
Ad Horrea, Caunes, St. in Frankreich.
Adiabene, Provinz des heutigen Kurdistan.
Adjacium, Ajaccio, St. auf der Insel Corsica; St. und Hafen Aias oder Ajazzo in Anatolien.
Ad incisa saxa, Incisa, St. in Piemont.
Ad lacum, Lachen, Mtfl. in der Schweiz.
Ad montem, Amoenus mons: Ambden oder Ammon oder Ammen, Berg in der Schweiz.
Ad quatuor rotas, Vierraden, St. in der Uckermark.
Adonum, Adon, Castell in Ungarn.
Adonis, Ibrahim-Nahr, Fl. in Phönicien.
Ad pontem oder Pons Muri, Murau, St. in Steiermark.
Adramythium, Adramiti, St. in Anatolien.
Adrana, Eder, Fl. im Hessischen.
Adranum, Aderno, St. in Sicilien.
Adria, Atri, St. im Königreich Neapel; St. in Venetien.
Adriae Scopulus, Pelagosa, Insel im Venet. Meerbusen.
Adrianopolis, St. in Thracien gl. Namens, Ederneh, franz. Andrinople.
Adriaticus Sinus = mare Adriaticum, Venetianisch. Meerbusen.
Adrumetum, Hamamet od. Susa, St. in Tunis.
Aduallas, der St. Gotthard.
Aduatica, Antwerpen, St. in Belgien.
Aduatica Tongrorum, Tongres, St. in Belgien.
Adula, Arula, das Gebirge Arlberg an der Grenze von Tirol nach der Schweiz.
Adulas mons = Aduallas.
Adulis, Arkiko, St. in Aethiopien am Arab. Meerbusen.
Adura s. Atura, Vicus Julii: Aire, St. in Frankreich.
Adus = Addua.
Ad Vicenas, Vincennes, St. in Frankreich.
Advocatorum terra, das Voigtland in Sachsen.
Aeas, La Pollonia, Fl. i. Albanien.
Aebudae, die Schottischen Inseln, Western Islands.
Aedunum, Noviodunum, Nivernum, Nevers, St. in Frankreich.
Aegades, Aegates, die Aegatischen Inseln im Sicilischen Meere.
Aegae, Aegaea, Edyssa, St. in Macedonien.
Aegeum Mare, das Aegeische, Griechische Meer.
Aegialea, Morea.
Aegida, Aegidia, Aegis, Justinopolis: Capo d'Istria, St. in Istrien.
Aegidora, die Eider, Fl. in Holstein.
Aegila, Aegilium, Capraria: Capraja, Insel bei Sardinien; Cabrera, Balear. Insel; Palma, eine der Canar. Inseln.
Aegilia, die Ionische Insel Cerigotto.

Aegircius, Gers, Giers, St. in Frankreich.
Aegissus, Tatza, St. in Untermösien an der Donau.
Aegos Potamos, Indjé-Limen, Fl. in Thracien.
Aegusa, Capraria, Favignana, Insel b. Sicilien, eine der Aegaten.
Aemilianum, Millan, St. in Frankreich.
Aelana, Akaba el Mesrim, St. in Arabia Peträa.
Aemodae insulae, die Shetlandsinseln.
Aemona, Laubach, Laybach, St. in Krain.
Aemonia = Thessalien.
Aemonia nova, Citta nuova, St. im Kirchenstaat.
Aenaria, Pithecusa: Insel Ischia.
Aenona, Nona, St. in Dalmatien.
Aenos, Eno, St. in Romanien.
Aenus, Inn, Fl. in Tirol.
Aeoliae, insulae Liparaeorum, Vulcaniae: die Isole di Lipari.
Aequa, Vicus Aequensis: Vico Equense, St. in Neapel.
Aequorum civitas, Autun, St. in Frankreich.
Aequulanum, Troja, St. im Neapol.
Aera, Ayr, St. in Schottland.
Aereus, Ayr, Fl. in Schottland.
Aeria, Insel Candia.
Aeria, Aria, Heria, Aena: Aire, St. in Frankreich.
Aesernia, Isernia oder Sergna, St. in Neapel.
Aesis, Esino oder Esi, Fl. in Italien.
Aesis, Aesium, Jesi, St. i. Kirchenst.
Aesthonia oder Aestia, Esthland.
Aesticampium, Sommerfeld, St. in der Neumark.
Aestuarium Varae, Murray-Fyrth, Meerbusen in Schottland.
Aethalia, Insel Elva oder Elba.
Aethiopia supra Aegyptum, das heutige Abyssinien.
Aethria, Thasus: Atri, St. im Neapol.
Aetilia, L'Authie, Fl. in Frankreich.
Aetnea tellus, Sicilien.
Aetuaticus vicus, Tavetsch, D. in der Schweiz.
Agara, Eger, St. in Böhmen.
Agatha, Agde, St. in Frankreich.
Agaunum, St. Maurice, St. in Frankreich.
Agedincum = Agendicum.
Agedunum, Ahun, St. in Auvergne.
Ageium, Ay, St. in der Champagne.
Agendicum Senonum, Sens, St. in Frankreich, nach Andern Provins.
Agenno oder -num, Agen, St. in Frankreich.
Agerana vallis, das Ageren-Thal oder Geren-Thal in der Schweiz.
Agerentia, Acerenza, St. im Neapol.
Ager Antuatum, Chablais, Provinz in Savoien.
Ager clantius, das Gebiet von Chiani in Italien.
Ager Mariae, Mariager, St. in Jütland.
Ager Meduntanus, Mantois, Landschaft in Frankreich.

Ager Segustianus, Forest, Provinz in Frankreich.
Agesinates, Angoumois, Provinz in Frankreich.
Aggrena, San Filippo d'Argirone, St. in Sicilien.
Agilara, Aguilar del Campo, St. in Spanien.
Agildum, Aglieri, St. in Italien.
Agilla oder Cäre, Cerveteri, St. in Etrurien.
Aginnum, Aginum: Agen, St. in Frankreich.
Aginensis tractus, Agennois, Landschaft in Frankreich.
Agino od. **Agnius,** Aa, Fl. in Fland.
Agotius = Acutus.
Agragas = Acragas.
Agranum, Zagrab oder Agram, St. in Croatien.
Agria, Erlau in Ungarn oder Eger in Böhmen.
Agrigentum, Akragas: Girgenti Vecchio, (Giorgenti), St. in Sicilien.
Agrimum, Aghrim, D. in Irland.
Agropolis, Neumarkt oder Maros Vasarhely, St. in Siebenbürgen.
Aguntum, Intica, India: Innichen od. Iniching, Mtfl. in Tirol.
Agurium und **Agyrium,** Argirone, St. in Sicilien.
Agylla = Caere.
Aiamontium, Ayamonte, Aimonte, St. in Spanien.
Aichstadium, Eichstädt, St. in Franken.
Akragas, = Agrigentum.
Ala, Aquilegia: Aelen oder Elen, Mtfl. in der Schweiz.

Ala, Ola: Aalen, St. in Schwaben.
Ala narisca, Eichstädt, St. in Baiern.
Alabanda, Alabanda, St. in Savoien.
Alabon, Alabona: Alagon, Mtfl. in Spanien.
Alanensis pagus, Aunis, Landschaft in Frankreich.
Alanorum Fanum, Alanquer, St. in Portugal.
Alantia, Alanche, St. in Frankreich.
Alarinum, Larinum: Larino, St. in Neapel.
Alata castra, Edinburgh, St. in Schottland.
Alatrium, Aletrum, Alatri, St. im Kirchenstaat.
Alaunus, Alne, Fl. in England.
Alba, Elvas, St. in Portugal; St. in Montferrat; Avezzano, St. im Neapol.
Alba, Aube, Fl. in Frankreich.
Alba Augia Naviscorum, Weissennohe oder Weissenau, Kloster im Stift Würzburg.
Alba Augusta, Aps oder Alps en Vivarais, St. in Frankreich. (Ardèche.)
Alba bona, Aubonne, St. in der Schweiz.
Alba Carolina od. transsilvana, Stuhlweissen- oder Karlsburg, Fest. in Siebenbürgen.
Alba Dominarum, Frauenalb, Abt. in Schwaben.
Alba fucentia, Alba, St. in Unter-Italien.
Alba graeca, Belgrad, St. in Serbien.

Alba Helviorum = Alba Augusta: Aubenas, St. in Frankreich.
Alba Ingaunorum = Albingaunum.
Alba Julia = Alba Carolina; Ackerman, St. in Bessarabien.
Alba Longa, Albano, St. in Italien.
Alba mala, Aumale, St. und Herzogthum in Frankreich.
Alba maris, Blandona, Zara Vecchia oder Alt Zara, Mtfl. in Ober-Italien.
Alba Marsorum, Alba, St. in Neapel.
Alba Pompeja, Alba, St. in Ober-Italien.
Alba Quercus, Albuquerque, St. in Portugal.
Alba regalis, Stuhl-Weissenburg, St. in Ungarn.
Alba Selusiana, Kron-Weissenburg, St. im Nieder-Elsass.
Alba terra, Aubeterre, St. in Frankreich.
Albamarla, Aumale, St. in Frankreich.
Albania, Bacha, St. in Armenien; Holwan, St. in Assyrien; Albegna, St. in Italien; Albano, St. i. d. Romagna; Braid Albin, Provinz in Schottland, der nördliche Theil von Schottland; das heutige Daghestan od. Schirwan in Asien; das alte Epirus; Aubagne, St. bei Marseille in Frankreich.
Albaniae portae, der Engpass Derbent im Kaukasus.
Albanum = Alba longa und Alba regalis.
Albaugia oder **Augia alba**, Abt. Weissenau im Würzburg.
Albe, Aps, Alps, Orti. Frankreich.
Albece, Regium, Civitas Rejensium: Ries, St. in Frankreich.
Albenacium, Albenacum: Aubenas, St. in Frankreich.
Albensis comitatus, Weissenburger oder Karlsburger Gespannschaft in Ungarn.
Albiatum grassum, Abiagrasso, D. im Mailänd.
Albicastrum, Castelbranco, St. in Portugal.
Albicella, Avila, St. in Castilien.
Albiensis pagus, Landschaft Albigeois.
Albia, Albiga, Albigis: Alby, St. in Frankreich.
Albiga, Albigae, Albi od. Albingaunum: Albenga, St. i. Italien.
Albinatium, Aubenas, St. in Frankreich.
Albimontium, Blamont, St. in Frankreich; Blankenburg, St. im Harz.
Albingaunum, Albengaunum, Albium Ingaunum: Albenga, St. in Ober-Italien.
Albiniacum, Aubigny, St. in Frankreich.
Albinovum, Alvanium, Alvum novum: Alvenau oder Alvonau, District in der Schweiz.
Albintemelium = Albintimilium.
Albintimilium, Albium Intemelium: Vintimiglia, St. im Genuesischen.
Albinum, Niedervintel, Gericht in Oesterreich.

Albion, England.
Albis, Elbe, Fl. in Deutschland.
Albium Ingaunum, v. Albingaunum.
Albium Intemelium = Albintimilium.
Albretum, Albret, St. in Frankreich.
Albucio, Albucium, Albucum, Albunum, Albussonium, Albutio: Aubusson, St. in Frankreich.
Albula, Aube, Fl. in Frankreich; Albula, Fl. in Graubündten; die Tiber.
Albulae oder **Albuneae Aquae,** das Bad Tivoli im Kirchenstaat.
Alburacis, Ariège, Fl. in Frankreich.
Alburgum, Aalborg, St. in Dänemark.
Alburnus mons, Alborno oder Monte di Postiglione, Gebirge in Neapel.
Alcanitium, Alcanizes, St. in Spanien.
Alcantara, Alcantara, St. in Spanien.
Alcathoe, Megara, St. in Griechenland.
Alceja, Alzey, St. in der Pfalz.
Alciacum, Auxu le Chateau, St. in Frankreich.
Alciatum, Alzato, Mtfl. in Italien.
Alcimoënnis, Ulm, St. in Würtemberg.
Alcmaria, Alcmarium: Alkmar, St. in Holland.
Alcmana, Alcmon, Alcmona, Alcmonia falsch für Alemo: Altmühl, Fl. u. Kreis im Baireuth.
Alcobatia, Alcobaça, St. in Portugal.
Aldenarda und-um, Oudenaarde, St. in Flandern.
Aldergemum, Auweghem, Mtfl. in Flandern. [tugal.
Alcocerum, Alcocer, St. in Portugal.
Aldemburgum, Altenburg, Hauptstadt von Sachsen-Altenburg.
Alduadubis, Doubs, Fl. in Frankreich.
Alebium, Dalebium: Delebio, Mtfl. in der Schweiz.
Alecia = Alceja.
Alecta, Electa, Alet, St. in Frankreich.
Alemannia, Deutschland, Schwaben.
Alemanni monasterium, Altmühlmünster, Comthurei in Baiern.
Alemannus, Alemo: Altmühl, Fl. in Baiern.
Alena, Aalen, auch Ala und Ola, St. in Schwaben.
Alenconium, Alentio: Alençon, St. in Frankreich.
Alenus, Alne, Fl. in England.
Aleppum, Aleppo, St. in Syrien.
Aleria, Aleria, St. in Corsica.
Alesia, Alisia, Alexia, Urbium mater: Alise en Auxois oder Sainte Reine, Mtfl. in Frankreich.
Alesia, Alesium: Alais od. Alez, St. in Frankreich.
Alesia oder **Alesium,** Alessio, St. in Albanien.
Alesiensis ager, Auxois, Landschaft in Frankreich.
Alethis, Alet, St. in Frankreich.

Aletium, Lecce, St. in Sicilien.
Aletrum, v. Alatrium.
Aletum, Guich-Alet, St. in Frankreich.
Alexandria, gleichnamige Hauptstadt von Aegypten, ar. Iskanderieh.
Alexandria Albaniae, Derbend, St. und Festung in Asien.
Alexandria Statelliorum oder **Staticellorum, Palea,** Alessandria della Paglia am Tanaro, St. in Italien.
Alexia, Alise, St. in Frankreich (Bourgogne).
Alexianum, Alissan oder Alixan, D. in Frankreich (Drôme).
Alexani civitas, Alexanum: Alessano, St. in Neapel.
Alexodonum, Hexham, St. in England.
Algarbia, Algarve, Provinz von Portugal.
Algaria, Algeri, St. in Sardinien.
Algea, Algoia, Algovia: der Algau in Schwaben.
Algerium, Algier in Africa; = Algaria.
Algidum, Rocca del Papa, Gebirge und St. im Kirchenstaat.
Aliacmon, Platamone, Fl. in Macedonien. [nien.
Alicantium, Alicante, St. in Spa-
Alifia, Alipha = Allifae.
Alimania, Limagne, Landschaft in der Auvergne.
Alingo, Langon, St. in Frankreich.
Alisium od. **Alsium:** Palo, D. im Kirchenstaat.
Alisia = Alesia.

Aliso, Alme, Fl. in Westphalen.
Alisni, Liebenau in der Grafschaft Hoya, nach Andern Leese, aber nicht Aliso in Westphalen oder Elze im Hildesheimischen.
Alisum, Heilbronn, St. im Würt.
Alisuntia, Alsitz, Fl. im Luxemburgischen.
Alizon, Alsitz = Alisunta.
Allada, Killaloe, St. in Irland.
Allia, Aja, Fl. in Italien.
Allifae, Alifi, St. im Neapol.
Allobroges, die Bewohner des heutigen Savoiens.
Allobrogum colonia, Genf.
Almangovia, der Algau.
Almantica, Almanza, Mtfl. in Spanien.
Almarazum, Almarez, St. in Spanien.
Almiana, Albegna, St. in Italien.
Alminium, Almissum: Almissa, St. in Dalmatien.
Almonus, Almuna: Altmühl, Fl. in Franken.
Alnensis pagus, Alnetensis pagus oder Alnisium: Aunis, Landschaft in Frankreich.
Alnetum, Aulnay, Aunay, Mtfl. in Frankreich (Calvados).
Alnitium, Aunis, St. in Frankreich.
Alonae, Alone: Alicante, St. in Spanien.
Alnovia, Jölswa, Jelsawa, St. in Ungarn.
Alontium, St. in Sicilien.
Alostum, Aalst, Aelst od. Alost, St. in Flandern.
Alpes, Aulps, Aups, St. in Frankreich; die Alpen-Gebirge.

Alpes, Aulps, Abt. in Ober-Italien.
— **Carnicae,** Alpes Juliae, der Birnbaumer Wald in Krain.
— **Cottiae** oder Cottianae, die Cottischen Alpen.
— **Cotticae,** Viso, Berg a. d. Alpen.
— **Grajae,** der Mont Cenis.
— **Juliae,** = Alpes Carnicae.
— **Lepontiae,** das Walliser Gebirge.
— **Noricae,** d. Norgauische Gebirge.
— **Pannoniae,** das Ungarische Gebirge.
— **Penninae,** die Penninischen Alpen i. d. Schweiz, St. Bernhard.
— **Rhaeticae,** die Graubündtner Gebirge.
— **Summae,** der St. Gotthard.
Alpha, Aa, Fl. in der Schweiz und im Münsterschen.
Alpheus, Alfeo, Fl. in Morea.
Alpis, Alben, Fl. in Kärnthen.
Alpis Jovis od. Jovia, Mont-Jou, Berg in den Alpen.
Alsa, Insel Alsen in der Ostsee.
Alsatia, Elsass.
Alsaugiensis comitatus, Elsgau, District in der Grafschaft Mömpelgardt.
Alsena, Almada, St. in Portugal.
Alta crista, Ocré, Ocrest, Hautcrest, ehemaliges Kloster in der Schweiz.
Altacumba, Hautecombe, St. in Savoien.
Alta, -de, Fago, Schloss Hohböken im Magdeburgischen bei Zerbst.
Altaha, Altense Monasterium, Altaich, Kloster in Baiern.
Alta ripa, Altenreif, Kloster in der Schweiz.

Alta ripa, Haute Rive, St. in Frankreich; Altripp, D. in der Pfalz und Mtfl. bei der Abt. Prüm.
Alta specula, Summontorium: Hohenwart, Mtfl. in Baiern.
Altaville, Elfeld, St. im Rheingau.
Altae ripae civitas, Brieg, St. in Preussen.
Altalia = Alceja.
Altenburgum, Altenburg, St. im Herzogthum Sachsen.
Altenavia, Altonavia: Altona, St. bei Hamburg.
Alterpretum, Altstaetten, St. in der Schweiz
Althaea, Oeana, St. in Spanien.
Altilia, Anthie, Fl. in Frankreich.
Altinae, Eltenum: Elten, St. in Westphalen.
Altisiodurum = Autessiodorum.
Altorfium, Altorf, St. in der Schweiz und bei Nürnberg.
Altobracum, Aubrac, Abt. u. D. in Frankreich (Aveyron).
Altovadum, Vadum altum: Hohenfurt, Mtfl. in Böhmen.
Altum castrum, v. Arx alta.
Aluata = Aluta.
Aluta, Alt, Fl. in Ungarn.
Alvanium, v. Albinovum.
Alvernia, Auvergne, Landschaft in Frankreich.
Alvum, Albano, St. in Italien.
Alvum novum, v. Albinovum.
Alyacmon = Aliacmon.
Amades oder Amedes, Embs, D. in der Schweiz.
Amagetobria, Moigtebroye oder Amage, D. bei Luxueil in Frankreich.

Amagria, Insel Amack in Dänemark.
Amalia, Amål, Ort in Schweden.
Amalphia oder -is, Amalfi, St. in Unter-Italien.
Amana, Ohm, Fl. in Hessen.
Amandopolis, St. Amand, St. in Frankreich.
Amantia, Amantea, St. im Neapol.
Amanus mons, Almadagh, Bergzug des Taurus.
Amaranthus, Amarante, St. in Portugal.
Amarinum, St. Amarin, St. im Sundgau.
Amasea, Amasieh, St. in Asien.
Amasenus, Amaseno, Fl. in Italien (Kirchenstaat).
Amasia = Amasis.
Amasis, Amasius, Amisia: Ems, Fl. in Westphalen.
Amathus, St. Amathunta. Cypern, das heutige Limisso.
Ambacia, Ambasia: Amboise, St. in Frankreich.
Amberga, Amberg, St. in der Pfalz.
Ambianum, Samarobriva Ambianorum: Amiens, St. in Frankreich.
Ambiatinum, Königstuhl a. Rhein.
Ambletosa, Ambleteuse, St. in Frankreich.
Ambra, Ammer, Amber, Fl. in Baiern; Bruck a. d. Ammer, Mtfl in Baiern.
Ambra od. Emmera, Emmer, Fl. in Westphalen.
Ambracia, Arta, St. in Albanien.
Ambria, das Ammerland in Westphalen.
Ambroniacum, Ambournay, St. in Frankreich.
Ambrosiopolis, Bros, St. in Siebenbürgen.
Ambuletum, Governolo, Mtfl. in Ober-Italien.
Amedes = Amades.
Amellana, Waterford, St. in England.
Ameria, Ameriae: Aymeries od. Amerie, St. im Hennegau.
Ameria, Amelia, St. im Kirchenst.
Amesis = Emda.
Amestratus, Mistretta, St. in Sicilien.
Amiana, Albegna, St. in Italien.
Amilianum, Milhaud, St. in Frankreich.
Amisia, v. Amasis.
Amisium, Alt- u. Neu-Hohenembs in Schwaben.
Amisius, Ems, Fl. in Westphalen.
Amisus, Samsuhn, St. in Asien.
Amiternum, Aquila, St. im Neapol.
Amma, Emme, Fl. in der Schweiz.
Amoenaeburgnm, Anneburg, St. in Preussen.
Amoenus mons, v. Ad montem.
Amonium, Guasto od. Vasto di Climone, St. im Neapol.
Amorfortia, Amersfort, St. in Holland.
Ampelusia, Canistro, Insel im Archipelagus.
Ampelusia promontorium, Cap Spartel in Africa.
Amphiochia, Orense, Stadt in Spanien.

Amphipolis, Jamboli, St. in Macedonien.
Amphissa, Salona, St. in Griechenland.
Ampla, Abens, Fl. in Baiern.
Ampliputeum, Amplepuis, Mtfl. in Frankreich (Rhône).
Ampsagas, Oued el Kebir, Fl. in Numidien (bei Constantine).
Amsara, Amsaris: Emscher, Fl. in Westphalen.
Amstela, Amstel, Fl. in Holland.
Amsteladamum, Amstelodamum, Amsterodamum: Amsterdam, St. in Holland.
Amyclae, Sclavo Chori, St. in Griechenland; Sperlonga, Mtfl. in Neapel.
Anactorium, Vonitza, St. in Albanien.
Anagelum, Anaghelone, St. in Irland.
Anagnia, Anagni, St. in Italien.
Anania, Anaunia, der Nonsberg, ein Thal im Trierschen.
Anaphe, Namphio, Insel des Archipels.
Anapus, Anapo, Fl. in Sicilien.
Anarasum, Anras, Mtfl. in Oestreich (Tyrol).
Anas, Guadiana, Fl. in Spanien.
Anassianum, Anasum, Anisia: Ens, St. in Oestreich.
Anaunia, v. Anania.
Anaxipolis, Königsstädtl, St. in Böhmen.
Anchialus, Akkiali, St. in Cilicien am mittell. Meer.
Anciacum, Ancy le Franc, St. in Frankreich (Yonne).

Ancona, Ancona, St. in Italien.
Anconitanus ager, Marca d'Ancona in Italien.
Ancora, Ancre oder Albert, St. in Frankreich (Somme).
Ancyra, Angurieh, Angûra, St. in Anatolien.
Andecamulum, Rançon, Mtfl. in Frankreich.
Andegavi, Andegava, Andegavum, od. Juliomagus: Angers, St. in Frankreich; Provinz Anjou.
Andelagus, Andelaus od. Andelejum = **Andelium.**
Andelium, -acum, Les Andelys, St. in der Normandie.
Andelocium, Andelot, St. u. Schloss in der Champagne.
Andelous = Andelocium.
Andelus = Pompejopolis.
Andemantunum, Civitas Lingonum: Langres, St. in Frankreich.
Anderitum, Javoulx od. Javols, Mtfl. in Frankreich (Lozère).
Anderlacum, Anderlecht, D. in Flandern.
Andernacum, Andernach, St. am Rhein.
Andethanna, Epternach, Echternach, Mtfl. in Luxemburg.
Andomatunum od. Antematunum Lingonum: Langres, St. in Frankreich.
Andracium, Buchenstein, Mtfl. in Oestreich.
Andreopolis, St. Andrews, St. in Schottland.
Andretium, Clissa oder Clütz, Schloss und St. in Dalmatien.

Andria, Andro, St. in Neapel.
Andriace, Cacamo od. Cacova, St. in Anatolien.
Andropolis, Chabour, St. in Aegypten.
Andros, Andro, Insel im Archipel; Bardsey, Insel bei Irland.
Andurnum, Andorno, St. in Piemont.
Andusa, Andusia: Anduze, St. in Frankreich.
Andusara, Anduxara: Andujar, St. in Spanien.
Anecium, Annecium: Annecy, St. in Savoien.
Anemurium promontorium, Cap Anemour, in der Asiat. Türkei.
Anesus, Ens, Fl. in Oestreich.
Anetum, Anet, Lustschloss in Frankreich.
Angaria, Engern, St. in Westphalen.
Angelicum castrum, die Engelsburg in Rom.
Angelopolis, St. Angelo, St. in Neapel.
Anger, Indre, Fl. in Frankreich.
Angeriacum, Saint Jean d'Angely, St. in Frankreich
Angermannia, Angermannland, Landschaft in Schweden.
Angia, Angianum: Enghien, St. in Belgien (Hennegau).
Angledura, Anglure, St. in Frankreich.
Angleriae comitatus, Anghiera, Grafschaft in Ober-Italien.
Anglia, England; **media,** Mercia, altes engl. Königreich; **minor,** Angeln, Landsch. in Schleswig.
Anglia orientalis, Ostangeln.
Anglomonasterium, Ingelmünster, Landschaft in Flandern.
Angria, Engern, St. in Westphalen.
Angria, Angrivarii, deutsche Provinz zur Zeit Heinrichs des Löwen, einen Theil von Westphalen, Bremen, Verden, Oldenburg, Lippe, Münster, Pyrmont etc. umfassend.
Angus oder Angusia, Angus, Landschaft in Schottland.
Anhaltinum od. Anhaltinus principatus, Herzogth. Anhalt.
Anianus lacus, Agnano, See bei Neapel.
Anien od. Anio, Teverone, Fl. im Kirchenstaat.
Anicium, Babinecz, St. in Croatien.
Anicium oder Anicium Velavorum, Puy, St. in Frankreich.
Anisia = Anassianum.
Anisus, Ens, Fl.
Annaberga oder Annaeburgum, Annaberg, St. in Sachsen.
Annandia, Annandale, Landschaft in Schottland.
Annandus, Annan, Fl. i. Schottland.
Annecium, Annesiacum, Annesium: Annecy, St. in Savoien.
Annonaeum, Annoniacum: Annonay, St. in Frankreich.
Anonium = Anania.
Ansa, Antium: Anse, Ance, St. in Frankreich.
Anser, Serchio, Fl. in Italien.
Anseria, Oye, Mtfl. in Frankreich.
Ansibarium, Osnabrück, St. in Hannover.
Ansloa, Ansloga: Christiania, Opslo od. Anslo, St. in Norweg.

Ansus, Ens, Fl. in Oestreich.
Antaeopolis, Kau il Kubara, St. in Aegypten.
Antandrus, Andros, Insel im Archipelagus.
Antervallium, Entrevaux, St. in der Provence.
Antibarum, Antivari, St. in Albanien.
Anticaria (unrichtig Antequaria), Antequera, St. in Spanien.
Anticyra, Aspro-Spitia, St. am Golf von Korinth.
Antillicae insulae, die Antillen.
Antimelos, Antimilo, Insel im Archipel.
Antimonasterium (falsch) == Acuti monasterium.
Antiochia ad Cragum, Antiochette, St. in der Asiat. Türkei im Eyalet Itschil.
Antiochia ad Daphnen, Antakiah, St. in der Asiat. Türkei bei Aleppo.
Antiochia ad Pisidiam, Akscheher, St. in Caramanien.
Antiochia ad Taurum, Ain-Tab, St. in der Asiat. Türkei bei Aleppo.
Antinoe, Ensene, St. in Aegypten.
Antinoopolis, Bastan, St. in Anatolien.
Antipatris, Saranas od. Arsuf, St. in Palästina.
Antipolis, Antibes, St. in Frankreich.
Antiqua civitas, Halberstadt, St. in Preussen.
Antissiodorum == Autissiodorum.

Antium == Ansa.
Antium, Ilantium, Ilanz, St. in der Schweiz; Anzio oder Nettuno, St. im Kirchenstaat.
Antivestaeum promontorium, Vorgebirge Lands-End.
Anton, Test, Fl. in England.
Antona septentrionalis, Northampton, St. in England.
Antonacense castellum, Antoniacum: Andernach, St. am Rhein.
Antonia, Antoin, Flecken in Flandern.
Antoniacum, == Antonacense castellum.
Antrinum, Antrym, St. in Irland.
Antuatum ager, Chablais, Landschaft in Frankreich.
Antunnacum == Andernacum.
Antwerpia, (schlecht Handoverpia), Antwerpen, St. in Belgien.
Anus, Ens, Fl. in Oestreich.
Anxanum, Lanciano, St. in Unter-Italien.
Anxellodunum, Ossoldunum: Issoudun, St. in Frankreich.
Anxur, Terracina, St. in Italien.
Aous, Laous: La Pollonia od. Vojussa, Fl. in Albanien.
Apamea, Corna, St. in Assyrien; Mudania, St. in Bithynien.
Apamea Cibotos, Afium Karahissar, St. in Kleinasien.
Apamia, Apamiae: Pamiers, St. in Frankreich.
Apanum. Abano, St. in Italien.
Apenestae, Viesti, St. in Neapel.
Apenroa, Apenrade, St. in Schleswig.

Aperiessium, Eperies, St. in Ungarn.
Aphroditopolis, Atfieh od. Itfou, St. in Aegypten.
Aphrodisium, Cabo de Cruz, Vorgebirge in Catalonien.
Apia, Morea.
Apiarium, Biar, Mtfl. in Spanien.
Apicium, Apice, St. in Italien.
Apidanus, Epideno, Fl. in Thessal.
Apollinopolis magna, Edfou, St. in Aegypten.
Apollinopolis parva, Kus oder Sytfah, kl. St. in Aegypten.
Apollonia, Paleo-Chori, St. in Macedonien; Sizeboli, St. in Thracien; Marza Souza, St. in Cyrenaica; Arzouf, St. in Palästina; Bourgaz, St. in Rumelien; Cheherivan, St. in der Türkei (bei Bagdad).
Aponum, -us, Abano, St. in der Lombardei.
Apostolorum porta, Postelberg, Mtfl. und Schloss in Böhmen.
Aprimonasterium, Ebersheimmünster, St. im Elsass.
Aprutium, Abruzzo, St. in Italien.
Apsus, Chrevasta, Fl. in Albanien.
Apta Julia, Apt, St. in Frankreich.
Apua, Apuani: Pontremoli, St. in Toskana.
Apud indaginem marchionis, Grossenhayn, St. in Sachsen.
Apulia, Provinz in Neapel; d. Capitanat, ein Theil von Bari und Otranto; franz. la Pouille.
Apulum = *Alba Carolina oder Julia.

Aqua pulchra, Aigue belle, St. in Savoien.
Aquaburgum, Wasserburg, St. in Baiern.
Aqua sparsa, Aigueperse, St. in Frankreich.
Aquae, Acqs oder Ax, Stadt in Frankreich (Arriège).
— **Aponi,** Abano, St. in Italien.
—, Aquisgranum, Urbs aquensis: Aachen, St. in Rheinpreuss.
— **Allobrogum** = Aquae Gratianae.
— **Augustae,** aquae Tarbellicae: Acqs od. Dax, St. in Frankreich.
— **bellae,** Aiguebellette, St. in Savoien.
— **Bonae,** Bonn, Schwefelbad im Canton Freiburg.
— **Borboniae,** Bourbon l'Archambault, St. in Frankreich.
— **calentes,** Chaudes Aigues, St. u. Bad in Frankreich (Cantal).
— **calidae,** Caldas de Mombuy, Bad in Spanien.
— **calidae,** Vichy, St. u. Bad in Frankreich.
— **calidae,** auch Aquae solis, Bath, St. in England.
— **calidae,** Archena, St. u. Bad in Spanien.
— **Cilinorum,** Caldas de Rey, St. und Bad in Spanien.
— **Consorannorum** = Aquae.
— **Convenarum,** Bagnères, St. u. Bad in Frankreich.
— **Flaviae,** Chaves, St. in Portugal.

Aquae Gradatae, Laguna di Grao, St. in Friaul.
— **Grani** = Aquisgranum.
— **Gratianae,** Sabaudicae, Allobrogum: Aix, St. in Savoien.
— **helveticae,** Badena, Bada, Badenia, Castellum u. Vicus thermarum, Thermae helveticae, Thermopolis: St. Baden, auch Ober-Baden in der Schweiz.
— **Lupiae** oder Aquaelupae, Guadeloupe, St. in Spanien.
— **Mattiacae,** Wiesbaden, St. in Nassau.
— **mortuae,** Aignes mortes, St. in Frankreich.
— **nerae,** Neris, auch Neris les Bains, Fl. und Bad in Frankreich (Allier).
— **Nisineji,** Bourbon Lancy, St. und Bad in Frankreich (Saône et Loire).
— **Origines,** Caldas d'Orense, Bad und St. in Spanien.
— **Pannonicae,** Baden, St. in Oestreich.
— **regiae,** Aegeri oder Egeri, See; Egeri, D. in der Schweiz (Canton Zug).
— **Sabaudicae** = Aquae Gratianae.
— **Saxonicae,** Acken, St. a. d. Elbe.
— **Segestae,** Ferrières, St. in Frankreich.
— **Sextiae,** Aix, St. in Frankreich.
— **Siccae,** Seiches, Seyches, St. und Bad in Frankreich (Lot et Garonne).

Aquae solis = Aquae calidae.
— **Spadanae,** Spa, Bad im Lüttich.
— **sparsae,** Aigueperse, St. in Frankreich.
— **Statelliorum** oder Aquae Stellatae oder Aquae Statiellae, Acqui, St. in Ober-Italien.
— **Tacapinae,** El Hamma da Cabes, St. in Tunis.
— **Tarbellicae** = Aquae Augustae.
— **Verbigenae** = Aquae Helveticae.
— **veteres,** Oudewater, St. in Holland.
— **vivae,** Aigues Vives, St. in Frankreich.
— **Voconiae,** Bannolas, Bad in Catalonien.
Aquianum, Evian, St. in Savoien.
Aquiflavia, Chaves, St. in Portugal.
Aquila, L'Aigle, St. in Frankreich.
Aquila, Aquila, St. im Königreich Neapel.
Aquila provincia, Abruzzo, Provinz in Neapel.
Aquilaria, Aguilar, St. in Spanien.
Aquilegia = Ala.
Aquileja, Aquileja od. Aquilée, St. in Illyrien.
Aquilonia, Aiguillon, St. in Frankreich.
Aquilonia od. Pandosia, La Cedogna, St. in Apulien.
Aquincum = Buda.
Aquinum, Aquinium: Aquino, St. in Unter-Italien.
Aquiscinctum, Achin od. Anchin, Abt. im Hennegau.

Aquisgranum, Aachen, St. am Rhein.
Aquitania, Guienne oder Gascogne, Provinz in Frankreich.
Aquitanicus oceanus, das Gascognische Meer.
Aquula, Aquapendente, St. im Kirchenstaat.
Ara Ubiorum, St. Bonn, oder St. Gottsberg bei Bonn, nach Andern Cöln.
Arabo, Arabonia: St. Raab in Ungarn; Arabo, Fl. Raab das.
Arabrace, Arab-Kir, St. in Kleinasien.
Aracosia, Arcos, St. in Spanien.
Aradiensis, Orodiensis comitatus: die Arader Gespannschaft in Ungarn.
Aradus, Arek, Insel an der Küste von Phönicien; Ruad, St. auf dieser Insel.
Arae Flaviae, Aurach, Nördlingen; Rottweil oder Blaubeuern, St. in Würtemberg.
Aragnum, Aernen, Mtfl. in der Schweiz (Wallis).
Aranum, Arunci: Aronches, St. in Portugal.
Aranyensis sedes, der Aranyasscher Stuhl in Siebenbürgen.
Arar oder **Araris,** der Fl. Aar oder die Saone in Frankreich.
Araugia, Aravia, Arovia: Aarau, St. in der Schweiz.
Arauraris, Arauris, Araurius: L'Herault, Fl. in Frankreich.
Arausio, Orange, St. in Frankreich.
Arausionis castrum, Oranienburg, St. in Preussen.

Aravia, = Araugia.
Araxes, Aras, Fl. in Persien.
Araxos, Cap Papa od. Kalogria, Vorgebirge in Griechenland.
Arba, Arbe, St. in Dalmatien.
Arbacala, Villena, St. in Spanien.
Arbela, Erbil, St. in Kurdistan.
Arbor Felix, Arbona: Arbon, St. im Thurgau. [dinien.
Arborea, Oristagni, St. in Sar-
Arbosia, -um, Arborosa: Arbois, St. in Frankreich (Bourgogne).
Arbuda, Tininium: Knin oder Tineu, Fest. in Dalmatien.
Arca, Arcua, Arquae: Arques, St. in Frankreich.
Arcadia, Arcadi, St. auf der Insel Candia; Tzakonia, ein Theil von Morea.
Arcegovina, die Herzogewina.
Arcennum = Brygianum.
Arces ad angustias Hellesponti sitae, die Dardanellen.
Archangelopolis, Archangel, St. in Russland.
Archelais, Erekli, St. in Cappadocien.
Archiae = Arca.
Archipelagus, der Archipel, das mare aegeum der Alten; der östliche Theil des mittl. Meeres.
Arciaca, Arcis sur Aube, Schloss in Frankreich.
Arcius, Are, Arche, Fl. in Savoyen.
Arcobriga, Arcos de la Frontera, St. in Spanien.
Arctopolis, Berna, Bern, St. in der Schweiz.
Arctopolis, Björneburg, St. in Finnland.

Arctopolis ad Salam, Bernburgum, Ursopolis: Bernburg, St. in Anhalt.

Arcua, = Arca.

Ardartum, Ardart od. Ardfeart, St. in Irland.

Ardea, Ardra, Ardrae: Ardres, St. in Frankreich.

Ardevicum, Harderwyck, St. in Holland.

Ardiscus, Ardschisch, St. u. Fl. in der Walachei.

Ardimacha, Armagh, St. u. Grafschaft in Irland.

Ardresium, Ardretium: Ardres, St. in Frankreich.

Arduenna sylva, das Ardennengebirge.

Areae, Hyères, St. in Frankreich.

Areburium, Aremberg, Fürstenthum und Stadt an der Aar in der Eiffel. [dern.

Arecanum, Arnheim, St. in Gel-

Aredata, -um, Linz, St. in Oestreich. [Normandie.

Arefluctus, Harfleur, St. in der

Aregenus (falsch) = Augustodurus.

Arelas, Arelate, Arelatum: Arles, St. in Frankreich.

Arelatense regnum, Burgund, Königreich.

Aremonia nova, Citta Nuova, St. n iIstrien.

Aremorica, Armagnac, franz. Grafschaft; die Bretagne.

Arenacum, Arnhemia = **Arecanum**, Arnheim.

Arenae Olonenses, Sables d'Olonne, St. in Frankreich.

Arensium, Arleux, St. in Frankreich. [Brabant.

Areschottum, Arschot, St. in

Aretium Fidens, Castiglione Fiorentino oder Arezzo, St. in Toscana.

Aretopolis, falsch für Arctopolis.

Areva, Eresenna od. Arlanzon, Fl. in Spanien.

Argaeus mons, Ardschisch-Dagh, ein Theil des Gebirges Anti-Taurus in Klein-Asien.

Argathelia, Argyle, Landschaft in Schottland.

Argaionense, Augusto-Albense, Arjona, Mtfl. in Spanien.

Argelia, Torgau, St. in Preussen.

Argentaria, Argentière, St. in Frankreich; Horbourg, Mtfl. bei Colmar.

Argentanum, S. Marco in Lamis, St. in Calabrien.

Argenteus, Argens, Fl. in Frankreich (Var).

Argentina, Zwornik od. Iswornik, St. in der Türkei.

Argentina, Argentoratum: St. Strassburg in Frankreich.

Argentolium, Argenteuil, St. in Frankreich.

Argentomagus, Argenton sur Creuse, St. in Frankreich.

Argentomum, Argentan, St. in Frankreich (Orne).

Argentovaria, Argentuaria = **Argentaria**.

Argenus, Arguenon, Fl. in Frankreich; u. Araegenus = **Bajocae**.

Argerium, Algier.

Argia, Saccania, District in Morea.

Argoja, Argonia: Aargau, Canton in der Schweiz.
Argous (Portus), Porto Ferrajo, Hafen auf Elba.
Argovia, Arguna, Canton Aargau.
Arhusia, Aarhus, St. auf Jütland.
Aria = Aeria.
Arianum, Ariano, Mtfl. in Italien.
Arica, Ebodia, Evodia: Alderney, Aurigny, Origny, engl. Insel a. d. Küste von Frankreich.
Aricia, Ariccia, St. im Kirchenstaat.
Ariminum, Rimini, St. in Italien.
Arinianum, Arignano, St. in Italien.
Ariminus, Marechia, Fl. in den Apenninen.
Ariodunum, Aerding oder Erding, St. in Baiern.
Ariola, Ayrolum, Oriens: Airolo, Eriels, Orient, Pfarrdorf in der Schweiz (Tessin).
Ariolica, Aurilly, St. in Frankreich.
Aripolis, Ingolstadt, St. in Baiern.
Aristadium, Arnstadt, St. in Thüringen.
Arlape, Pechlarn, Pöchlarn, St. in Oestreich.
Arlunum, Arolunum, Orolaunum: Arlon, St. in Luxemburg.
Armasanicae, Aymarques, St. in Frankreich.
Armeniacensis provincia, Armeniacum od. Armeniacus comitatus: Armagnac, Provinz in Frankreich.
Armenopolis, Armenienstadt, St. in Siebenbürgen.

Armentariae oder Armenteria, Armentières, St. in Frankreich.
Armentio, Armançon, Fl. in Burgund.
Armorica, Armoricanus tractus: Bretagne, Provinz in Frankreich.
Arnapha, Ervates: Erfft, Fl. in Westphalen.
Arnasia, Mätsch, Herrschaft in Tyrol.
Arnemium, Arnheim, St. in Geldern.
Arnemuda, Armuyden, St. auf der Insel Walchern.
Arnetium, Arnejum Ducis, Arnaeum Ducum: Arnay le Duc, St. in Frankreich.
Arnhemia = Arnemium.
Arnoldi villa = Arnhemia.
Arnstadium, Arnstadt, St. in Thüringen.
Arnus, Arno, Fl. in Toscana.
Arola od. Arula: Aar, Fl. in der Schweiz.
Arolae Mons, Arolaeburgum: Aarburg, St. in der Schweiz.
Aromatum promontorium, Aromata: Cap Guardafui in Africa.
Arosia, Westerås, St. in Schweden.
Arosius, Aroux, Fl. in Frankreich (Bourgogne).
Arothia, Arolsen, St. im Waldeck.
Arovia, -um = Araugia.
Arpinum, Arpino, St. in Neapel.
Arquata, Arqua, D. in der Lombardei.
Arrabo, Raab, Fl. in Ungarn.
Arrabona, Raab, St. in Ungarn.

Arroa, Arroe, Insel in der Ostsee.
Arriaca, Guadalaxara, St. in Castilien.
Arsenaria, Arzef, St. in Africa (Algerien).
Arsinarium promontorium, das Cap Vert in Africa.
Arsignanum, Arzignano, St. im Venetianischen.
Artabrum promontorium, Cap Finisterre in Spanien.
Artaunum, Würzburg, St. in Baiern.
Artaxata, Ardech, St. in Armenien.
Artemisia, Dianium: die Toscanische Insel Gianuti.
Artemisium, Dianium, Hemeroscopium: Denia, St. in Spanien; Cap Martin daselbst.
Artesia, Artois, Grafschaft in Frankreich.
Artiaca, Arcis sur Aube, St. in Frankreich.
Artigis, Alhama, St. in Spanien.
Artobriga, Laufen, Mtfl. im Salzb.
Arula, das Gebirge Arlberg; der Fluss Aar.
Arulae, Arles, St. u. Bad in Frankreich (Pyren. Orient).
Arunda, Ronda, St. in Spanien.
Aruntina, Arundel, Mtfl. in England.
Arupinum, Arupium, Auersberg, Schloss bei Laibach.
Arur, Aar, Fl. in der Schweiz.
Arus silvensis, Adour, Fl. in Frankreich.
Arva, Orawa, Arva, St. in Ungarn.
Arvensis comitatus, die Orawer Gespannschaft in Ungarn.

Arverna, Augustonemetum, Urbs Arvernorum: Clermont, St in Frankreich.
Arvernia, Auvergne, Provinz in Frankreich.
Arvonia, Provinz Caernarvon in Nord-Wallis in England.
Arx alta, altum castrum, Vissegradum: Plindenburg, St. in Ungarn.
— **Austrina,** Zuyd-Shans, Schanze in Brabant.
— **buccinae et trompetae,** Trompette, Schloss bei Bordeaux in Frankreich.
— **Fontana,** Fuentes, Festung in der Lombardei.
— **Gandulfi,** Castel Gandolfo, päpstliches Lustschloss.
— **Iphia,** Château d'If, Schloss auf einer Insel in der Provence.
— **Kellina,** Eniskilling, St. in Irland.
— **Ludovici ad Saram,** Saarlouis, Fest. im Trierschen.
— **nova,** Neuhäusel, St. in Ungarn.
— **nova,** Nysslot, St. in Russland.
— **Parisiorum,** die Bastille in Paris.
— **rubra,** Rother-Thurm, Pass in Ungarn.
Arzes, Erzerum, St. in Armenien.
Asangae, das Königreich Assam in Indien.
Ascalingium, Hildesheim, St. in Hannover.
Ascalon, Ascalon od. Djoreh, St. in Syrien.

Ascania, Anhalt; St. Aschersleben; Toscanella, Schloss u. St. im Kirchenstaat.
Ascharia, Aschersleben, St. in Preussen.
Aschiburgum, Asciburgium: Aschaffenburg, St. in Baiern.
Asciburgius mons, ein Theil des heutigen Riesengebirges.
Asciburgum = Dispargum; Asberg, kleine St. bei Moers in Preussen; Emmerich, St. im Cleveschen.
Asculum Apulum, Ascoli di Satriano, St. in Neapel.
Asculum u. Asculum Picenum: Ascoli, St. in Italien.
Asinarus, Freddo, Fl. in Sicilien.
Asisium = Assisium.
Asium, Jesi, St. in der M. Ancona.
Asius, Asi, Fl. in Italien; Chiavari, St. im Genuesischen.
Asnesum, Assens, St. auf der Insel Fühnen.
Asnidia, Assindia, Essendia: Essen, St. in Westphalen.
Asolveroth = Mons S. Georgii.
Aspadana, Ispahan, St. in Persien.
Aspaluca, Acous, St. in Frankreich.
Aspendus, Minugat, St. in Asien.
Asperencia, Epernay, St. in Frankreich.
Asperosa, Polystilo, St. in Romanien.
Aspis, Aspido, Fl. im Kirchenst.; Aklib, St. in Afrika.
Aspis, Aspe, Mtfl. in Spanien.
Aspricollis, Mons acutus, Scherpenheuvel, St. in den Niederlanden.
Asprimontium, Aspremont, St. in Frankreich.
Assa Paulina, Anse, St. in Frankreich.
Assidonia, Medina Sidonia, St. in Spanien.
Assindia = Asnidia.
Assinium, Assinum: Assimshire, Grafschaft in Schottland.
Assisium, Assisi, St. in Mittel-Italien.
Assovium, Asow, St. in Russland.
Asta Colonia od. Pompeja, Asta: Asti, St. in Piemont.
Asta Regia, Xeres de la Frontera, St. in Spanien.
Astaboras, Atbarah oder Tacazzeh, Fl. in Aethiopien.
Astacus, Korfa, St. in Bithynien.
Astapa, Estepa la Vieja, St. in Spanien.
Astapus, Bahr el Azak, Fl. in Aethiopien.
Astigis, Augusta firma, Ecija, St. in Spanien.
Astrizza, i. q. Asperosa.
Astuia, Bobenhausen, St. in der Grafschaft Hanau.
Astura, Astura, St. im Kirchenstaat.
Asturica Augusta, Astorga, St. in Spanien.
Astypalaea, Stampalia, Insel und Stadt im Archipelagus.
Astys = Astigis.
Atacini, Theil des heut. Dep. Aude in Frankreich.

Atacinorum civitas, Narbonne, St. in Frankreich.
Atacinus vicus, Aussiere, D. b. Narbonne in Frankreich.
Atagis, Hisarcus, Itarcus, Eysaccus: Eysack, Fl. in Tyrol.
Atanus, Saint Yrieix la Perche, St. in Frankreich.
Atax, Aude, Fl. in Languedoc.
Atella, Aversa oder S. Arpino, St. in Unter-Italien.
Aternum, Pescara, Festung in Unter-Italien.
Atestum, -e, Este, St. in Venetien.
Atha, Athum, Ath, St. in den Niederlanden. [nien.
Athanagia, Cardona, St. in Spa-
Athenae ad Ehnum, Helmstädt.
— **ad Salam**, Jena, St. im Weimar.
Athenopolis, Grimaud, St. in Frankreich. [Tyrol.
Athesia, Etschland, Landsch. in
Athesis, Atesia: Etsch, Fl.; Adige.
Athiso, Tosa, Fl. in Italien.
Athos. Das Gebirge Monte Santo in Rumelien.
Athribis, Atrib, St. in Aegypten.
Athum = Atha.
Athurnus, Volturno, Fl. in Neapel.
Atinum, Atino, Mtfl. in Unter-Italien. [Africa.
Atlas major, Cap Bojador in
Atlas minor. Das Vorgeb. Cantin in Africa.
Atrebatae, Atrebates, Atrebatum, Origiacum: Arras, St. in Flandern.
Atrianus, Tartaro, Fl. in Venetien.

Atropatene, Prov. Aterbidschan in Persien. [nien.
Attacum, Darocea, St. in Spa-
Attalea, Sataliah, St. in Kleinasien. [ster in Baiern.
Attalense coenobium, Etal, Klo-
Attiniacum, Attigny, St. in Frankreich. (Ardennen.)
Attipiacum, Atticby, Fl. in Frankreich. (Oise.) [Baiern.
Attobriga, Abt. Weltenburg in
Atuatuca = Tongri.
Atuatuca, Antwerpen, St. in Belgien.
Atura = Adura.
Aturis = Vicus Julii.
Aturus, Adour, Fl. in Frankreich.
Audimus, Ammon, Amden, Berg in der Schweiz.
Aubignium, Aubigny, St. in Flandern.
Aucensis fluvius, Oka, Fl. in Russland.
Audissiodorum, falsch für Autesiodorum: Auxerre, St. in Frankreich. [Frankreich.
Audomaropolis, St. Omer, St. in
Audus, Adouse, Fl. in der Prov. Algerien.
Aufidena, Alfidena, St. im Neapol.
Aufidus, Ofanto, Fl. in Neapel.
Aufona, Avon, Fl. in England.
Auga, Augae, Augur, Auca oder Angium: Eu, St. in Frankreich.
Augeris, Indre, Fl. in Frankreich.
Augia, Insel Ufenau im Züricher See.
— **alba**, Abt. Weissenau in Schwaben.

Augia Brigantina od. Major, Abt. Mehrerau bei Bregenz.
— **Dives** oder Major, Abt. Reichenau am Bodensee in Baden.
— **Domini**, Gemeine Herisau in der Schweiz.
— **lacus Tigurini**, die im Zürcher See gelegene Insel Ufnau.
— **Major**, Augia Rheni: Rheinau, St. in der Schweiz.
— **Major** = Augia Brigantina und Augia Dives.
— **Minor**, die Abt. Minderau in Schwaben = Augia alba.
— **Rheni** = Augia major.
— **sacra**, Elgg, Mtfl. im C. Zürich.
— **Virginum**, Magdenau, Pfarrdorf im C. St. Gallen i. d. Schweiz.
Augiae saltus, Saut-d'Ange, D. in der Normandie.
Augubium, Gubbio, St. im Kirchenstaat.
Augur = Auga.
Augusta, Agosta, St. in Sicilien; = Basilea; Londinum; Neomagus.
— **Acilia**, Straubing, St. in Baiern.
— **Antonini**, Gastein, Bad in Salzburg.
— **Asturica**, Astorga, St. in Spanien. [reich.
— **Ausciorum**, Auch, St. in Frank-
— **Batiennorum**, Bassignana, Mtfl. in Piemont.
— **Bilbilis**, Calatayud, St. in Spanien.
— **emerita**, Merida, St. in Spanien.
— **firma** = Astigis.
— **Italiae** = Aug. Praetoria.
Augusta Misnensium, Augustusburg in Sachsen.
— **Nemetum**, Speier, St. in Baiern; S. Flour, St. in Frankreich (Auvergne).
— **Praetoria** oder Salassorum: St. Aosta in Savoyen.
— **Rauracorum**, Augst, D. in der Schweiz (Basel).
— **Romanduorum**, Luxemburg, Fest. in Lux.
— **Suessionum**, Soissons, St. in Frankreich.
— **Taurinorum**, Turin, St. in Piemont.
— **Tiberii**, Regensburg, St. in Baiern.
— **Trevirorum**, Trier, St. in Deutschland.
— **Tricastinorum**, St. St. Paul trois Châteaux od. Aousten-Diois (Drôme).
— **Vagiennorum**, Città di Bene oder Saluzzo, St. in Italien.
— **Vangionum**, Worms, St. in Hessen.
— **Veromanduorum** oder Quintinopolis, S. Quentin, St. in Belgien.
— **Vindelicorum** od. Rhaetorum, Augsburg, St. in Baiern.
Augustadia, Die, St. in Frankreich.
Augustius, Agout, Fl. in Frankreich (Languedoc).
Augusto-Albense oder Argaionense: Arjona, St. in Spanien.
Augustobona, Augustomana: Troyes, St. in Frankreich.
Augustobriga, Merobriga, Rodericopolis: Ciudad Ro-

drigo, St. in Spanien; Puente del Arzobispo, St. ebend.; Agreda, St. ebendaselbst.
Augustodunensis pagus, Autunois, Landschaft in Frankreich.
Augustodunum, Civitas Aeduorum: Autun, St. in Frankreich; == Augusta Vindel.
Augustodurus, Bayeux, St. in Frankreich.
Augustomagus Sylvanectensis od. -ctum, Senlis, St. in Frankreich.
Augustomana == Augustobona.
Augustonemetum, Clermont-Ferrand, St. in Frankreich.
Augustoritum, Pictavinm: Poitiers, St. in Frankreich.
Augustoritum, Lemovicum: Limoges, St. in Frankreich.
Augustus, Augst, Mtfl. in Frankreich (Picardie).
Aula bona, Aubonne, St. in der Schweiz.
— **magni magistri ordinis Teutonici,** Mergentheim od. Mergenthal, St. in Würtemberg.
— **nova,** Ebersdorf, Lustschloss in Oestreich.
— **Quiriaca** od. -ci, Guerande, St. in Frankreich.
— **regia,** Königssaal, Zbraslaw, Stift und Kloster in Böhmen; ad Lynum == Aulica.
Aulica, Elze, St. an der Leine im Hildesheimischen.
Aulis, Microvathi, St. in Griechenland.
Aulon, Avlone, St. u. Hafen in Albanien. [reich.
Aunus, Auneau, Mtfl. in Frank-

Auracium, Auray, St. in Frankreich.
Auracum, Aurach, St. in Würtemberg; == Auriacum.
Auraria, Gross-Schlatten, St. in Siebenbürgen.
Auraria parva, Klein-Schlatten, St. in Siebenbürgen.
Aurascum == Auracium.
Aurasium, Auras, St. in Schlesien.
Aurasius mons, Djebel Auras, ein Theil des Atlasgebirges in Constantine.
Aurea tempe, aureum arvum: Goldne Aue, Landsch. in Thüringen.
Aureatum, Eichstädt, St. in Baiern.
Aurelia, Aurelianum: Orleans, St. in Frankreich.
— **Allobrogum** == Geneva.
Aureliacum, Auriliacum: Aurillac, St. in Frankreich.
Aurgi, Flavium Argitanum, Jaena, Gienum: Jaen, St. in Spanien.
Auria, Orense, St. in Spanien.
Auriacum, Aurich, St. in Ostfriesland (Hannover) od. == **Auriacum Ducis,** Herzogen-Aurach, St. im Bambergschen.
Aurigera, Auriège, Ariège, Fl. in Frankreich.
Aurimontanum, Ursimontanum: Ormonts, Ort in der Schweiz (Canton Bern).
Aurimontium, Goldberg, St. in Schlesien.

Aurisium, Roth, St. in Baiern (im Anspachschen).
Aurunca, Suessa, Sessa, St. im Neapolitanischen.
Ausa nova, Aasona: Vic d'Osona, kl. St. in Spanien.
Ausara, Osero, Insel bei Venedig.
Ausariensis civitas, Osero, St. auf dieser Insel.
Ausci, Aux oder Auch, St. in Frankreich.
Ausimi, -mum = Auximum.
Ausonia, Italien.
Ausonia urbs, Rom.
Aussonica, Auxonia: Auxonne, St. in Frankreich.
Austa, Austia, Usta: Aussig, Stadt in Böhmen.
Austrasia, Westreich, ein Theil Deutschlands an der Grenze des alten Thüringen, Brabant, Lüttich, Luxemburg, Lothringen, Eiffel, Trier etc.; das Osterland in Sachsen. [Baiern.
Austravia, Osterhofen, St. in
Austrebatium, Ostrevand, Landschaft im Hennegau.
Austria, Oestreich. [reich.
Austria, S. Lizier, St. in Frank-
Antesiodorum, Auxerre, St. in Frankreich.
Automate, die griech. Insel Megali Cameni. [reich.
Autreum, Autrai, St. in Frank-
Autricum, Carnutum: Chartres, St. in Frankreich.
Autura, Eure, Fl. in Frankreich.
Auximum, Osimo, St. in Mittel-Italien.
Auxonia = Aussonica.

Auxumum, Axum, St. in Abyssinien.
Avaricum, Bituriges, Bituricae, Biturix, Biturigum: Bourges, St. in Frankreich.
Avario, Aveyron, Fl. in Frankreich.
Avella, Avia: Aquila, St. in Unter-Italien.
Avellana, Avellanum: Haslach, D. in Franken.
Avenacum, Aveniacum = Aventacum.
Aveniacum, Avenay, St. in Frankreich.
Avenio od. Av. Cavarum: Avignon, St. in Frankreich.
Avenlifnius, Liffey, Fl in Irland.
Avennae, Avesnes, St. im Hennegau.
Aventacum, Avenay, St. in Frankreich.
Aventinum, Abensperg, St. in Baiern; = Aventicum.
Aventicum, Avanche, St. in der Schweiz (Waadt).
Aventinus oder **Aventicensis lacus,** der Murtener See im Canton Freiburg.
Aventinus mons, Monte di Santo Sabino in Rom.
Averium, Aveiro, St. in Portugal.
Averni od. -us lacus, S e Averno oder Tripergola bei Neapel.
Avia = Avella.
Aviarium, Pluviers od. Pithiviers, St. in Frankreich.
Avicula, der Vogelberg in der Schweiz.

4

Aviliana, Villiana: Avigliana, St. in Ober-Italien.
Avilla, Aviles, St. in Spanien.
Avimons, Oisemont, Mtfl. in Frankreich.
Avisium, Avis, St. in Portugal.
Avisium, Gericht Eväs od. Effas bei Brixen in Oestreich.
Avium, Avio, Mtfl. in Tyrol.
Avus, Aves, Fl. in Portugal.
Axa, Axbridge, St. in England.
Axalita, Lora, St. in Spanien.
Axelodunum, Hexham, St. in England.
Axiace, Oczakow, St. in Russland.
Axima, Aime, Mtfl. in Savoien.
Axius, Vardar, Fl. in Macedonien; Fl. in Syrien (Aasi oder Assi).
Axona, Axonia: Aisne, Aîne, Fl. in Frankreich. [Spanien.
Aymontium, Ayamonte, St. in
Ayrolum = Ariola.
Azelum, Asolo, St. im Trevisan.
Azincurtum. Azincourt, St. in Frankreich.

Babardia, Baudobrica, Boppardia, Botobriga, Bodabricum: Boppard, St. im Trierschen. [Frankreich.
Babecillum, Barbezieux, St. in
Babina, Babassek, Mtfl. in Ungarn.
Bacacum oder Bavacum Nerviorum = Bagacum.
Baccae, Baccium, Bactiacum: Bex, Pfarrdorf in der Schweiz.
Bacchiara oder Baccharacum: Bacharach, St. am Rhein.
Baccium = Baccae.

Bacodurum, Passau, St. in Baiern.
Bacsiensis comitatus, die Batscher Gespannschaft in Ungarn.
Bactiacum = Baccae.
Bactra, Balk, St. in Persien.
Bada, Badena, Badenia = Aquae helveticae.
Badena, Baden, St. im Grossherzogthum Baden.
Badenvilla, Herrschaft Badenweiler in Baden.
Badonicus mons, Bath, St. in England.
Badrinus, Santerno, Fl. in der Romagna.
Baduhenna sylva, der Sevenwald in Friesland.
Baetica, das heutige Andalusien und Granada. [nien.
Baetis, Guadalquivir, Fl. in Spa-
Baetulo, Badalona, St. in Spanien.
Bagacum, Bavay, St. in Frankreich.
Baganum, Baga, St. in Spanien.
Bagaudarum castrum, Monasterium fossatense: Saint Maur de Fossés, St. in Frankreich.
Bagdetia, Bagdad.
Bagisinus od. Bajocassinus od. Bajocensis ager, das Gebiet Bessin in Frankreich.
Bagneriae, Bagnères de Luchon, Bad u. St. in Frankreich.
Bagradas, Mezdjerda, Fl. in Africa (Algier).
Bagyona od. Bajonium: Bajon, St. in Frankreich.
Baimotzensis processus, der Baimotische District in Ungarn.

Bajae, St. Baja im Neapolitanischen.
Bajanum, Tournay, St. in Belgien.
Bajenna = Augusta Vagiennorum.
Bajoaria, Bavaria, Bojaria: Baiern.
Bajocae, Bajocassium civitas: Bayeux, St. in Frankreich.
Bajocassinus ager = Bagisinus ager; = Augustodurus.
Bajona, Bayonne, St. in Frankreich.
Bajonna = Bajocae.
Bajoxus, Badajoz, St. in Spanien.
Bajuvaria, Bojaria: Baiern.
Balanea, Balneas, St. in Phönicien.
Balbia, Alto Monte, St. in Calabrien.
Baleares insulae, die Balearen, Majorca u. Minorca (major u. minor).
Balgentiacum, Beaugency, St. in Frankreich.
Balgiacum, Baugé, D. in Frankreich (Saone et Loire).
Balgium, Baugé, St. in Frankreich (Maine et Loire).
Balliolum, Belgiolum, Belliola: Bailleul oder Belle, St. in Frankreich.
Balma, Palma: Baume, St. in Frankreich; Bapaume, St. ebend.
Balnea, Bagnols, St. in Frankreich (Languedoc).
Balneolum, Bagnolo, St. in Italien; Bagnols les Bains, D. u. Bad in Frankreich (Lozère).
Balneum regium oder Balneoregium: Baguarea, St. in Mittel-Italien.
Balsa, Tavira, St. in Portugal.
Baltia = Scandinavia.
Baltiona, Berinzona, Bilitio, Bilitiona, Bilitionium, Castrum Bilitionis, Belenizona: Bellenz, Bellinzona, St. in der Schweiz (Tessin).
Bamberga od. Babeberga: Bamberg, St. in Baiern.
Bancona, Oppenheim, St. am Rhein.
Banea vallis, das Banienthal in der Schweiz (Wallis).
Bapalma, Bapaume, St. in Frankreich.
Barafletum, Barfleur, Hafen in Frankreich (Manche).
Baranivarium, Baranya, St. in Ungarn.
Baranyensis comitatus, die Baranyer Gespannschaft in Ungarn.
Barbansonium, Barbançon, St. im Hennegau.
Barbaria, Azania: die Berberei, oder côte d'Ajan Melinde.
Barbaricus sinus, der Meerbusen vom Vorgebirge des Baxas bis zur Linie.
Barbata, Insel Barbados.
Barbecillum oder Barbicellum: Barbezieux, St. in Frankreich.
Barbellum oder Sacer Portus: Barbeaux, Abt. in Frankreich.
Barcelum, Barcelos, St. in Portugal.
Barcheria, die Grafschaft Berkshire in England.

Barchonium, Barchon, St. in Spanien.
Barcia, Burica: der Burzländer District in Siebenbürgen.
Barcino, Barcelona, St. in Spanien.
Barcinona oder Barcino nova, Barcelonette, St. in Frankreich.
Barcum, Barco, St. in Italien.
Barderate, Bra, St. in Piemont.
Bariolunenses, Barrois, Landschaft in Frankreich.
Barium, Barrium: Bari, St. im Königreich Neapel.
— **ducis,** Bar le Duc, St. in Frankreich.
— **ad Albulam** od. Barcastrum: Bar sur Aube, St. in Frankreich.
— **ad Sequanam,** Bar sur Seine, St. in Frankreich.
Barolum, Barulum, Barmia: Bormio, Mtfl. in der Lombardei.
Barovicum, Barcovicum, Barvicum: Berwick, St. in England.
Barra, Barrum: Bar sur Aube, St. in Frankreich.
Barroducum, Bar le Duc, St. in Frankreich (Meuse).
Barrojus, Barrow, Fl. in Irland.
Barschiensis comitatus, die Barscher Gespannschaft in Ungarn.
Bartha, Barissus, Barussius: Bautsch, Fl. in Schlesien.
Barthum, Barth, St. in Pommern.
Bartonia, Barten, Landschaft in Preussen.
Barulum, Barolum, Barum: Barletta, St. in Unter-Italien.

Barum, Bari, St. in Neapel.
Barussius = Bartha.
Baruthum, Baireuth, St. in Baiern.
Barygaza, Barutsch, St. in Indien.
Barygazenus sinus, Golf von Cambaya in Indien.
Basilea, Basilea Rauracorum od. Colonia Munatiana: St. u. Canton Basel.
Basinium, Pösing, St. in Ungarn.
Bassinia u. Bassiniacum: Bassigny, St. in Frankreich.
Basti, Baza, St. in Spanien.
Bastia, Bastia, St. in Corsica.
Bastonacum od. Bastonia: Bastognack, St. i. d. Niederlanden.
Batavia, Holland, auch St. in Ostindien.
Batavoburgium, Batavorum oppidum: Batenburg, St. in den Niederlanden.
Batavodurum, Wick de Duurstede, St. in Holland.
Batavorum insula, Bommeler-Waard in Holland (Insel von der Waal und Maas gebildet).
Batavorum oppidum, Bathenis arx: Batenburg, St. in Holland.
Bathensis processus, der Bathische District in Ungarn.
Bathia, Bathonia, Aquae calidae od. solis: Bath, St. in England.
Batia, Baeza, St. in Spanien.
Baucium, Baltium, Baudobriga: Baux, St. i. d. Provence.
Baudobrica = Babardia.
Baudria, Boudry, St. in Neufchatel; B. oder Baujovium = Bellojovium.

Banzanum, Banzavum, Bolzanum: Botzen, St. in Tyrol.
Bavacum, Bavay, St. im Hennegau.
Bavaria = Bajoaria.
Bazinga, Bazinium: Pösing, St. in Ungarn.
Bazoarium, Borsod, St. in Ungarn.
Bearnia, Bearn, Landschaft in Frankreich.
Beatia od. Biatia: Baeza, St. in Spanien.
Bebiana, Babenhausen, Mtfl. in Baiern.
Bedacum, Bedajum: Burghausen od. Laufen, St. in Baiern.
Bedesis, Ronco, Fl. in Italien.
Bedoinum, Bedoin, St. in Frankreich.
Bedriacum, Bebriacum: Casal Romano od. Cividale, St. im Mantuanisch.; Caneto, St. ebend.
Befortium, Befort, St. im Sundgau.
Begia, Beja, St. in Portugal.
Belachi = Walachi.
Belacum, Bellac, St. in Frankreich.
Belcastrum, Bellicastrum, Geneocastrum: Belcastro, St. im Königreich Neapel.
Beldea = Belica.
Belegra, Civitella, St. im Neapol.
Beleridae, die 3 Inseln Sanguenares bei Sardinien.
Beleus, Peleus: der Berg Bölchen im Elsass.
Belgentiacum, Balgentiacum: Baugency, St. in Frankreich.
Belgia, Belgium: die Niederlande; — Foederatum, die vereinigten Niederlande; — Novum, New York.
Belgida, Balbastro, St. in Spanien.
Belgiolum = Balliolum.
Belgora, Belgrana: Belgern, St. in Preussen.
Belica, Bellicum, Belleucum, Beldea: Belley, St. in Frankreich.
Belina, Bilin, Fl. u. St. in Böhmen.
Belio, Limia, Lethe: Lima, Fl. in Portugal.
Belisia, Bilsen, St. im Limburg.
Belitionum, Bellinzona, St. in der Schweiz.
Bella Pertica, Belle Perche, Abt. in Frankreich.
— **Riparia**, Beaurepaire, St. in Frankreich.
Bellavallis, Belval, Kloster in Frankreich.
Bellavilla, Belleville, Mtfl. in Frankreich.
Bellelagium, Bellelay, Abt. im Stift Basel.
Bellicadrum, Beaucaire, St. in Frankreich.
Bellicastrum, Belcastro, St. im Neapol.
Bellicetum, Beauzet, St. in Frankreich.
Belligardum, Bellegarde, St. in Frankreich.
Bellijocum, Beaujeu, St. in Frankreich.
Bellijocensis ager, Beaujolais, Landschaft in Frankreich.
Bellilocus, Bewdly, St. in England.

Bellinsula, Bellisle, Insel und St. in Frankreich (Morbihan).
Bellinzonium = Belitionum.
Belliola, -um, Bailleul, St. in Frankreich.
Bellipratum, Beaupré, St. in Frankreich.
Belliquadrum, Beaucaire, St. in Frankreich.
Bellismum, Bellesme, St. in Frankreich (Orne).
Bellocasius ager, Landschaft Bessin in der Normandie.
Bellogradum, Belgrad, St. in Serbien.
Bellojovium oder Bellojocum, Beaujeu, St. in Frankreich.
Bellomariscus, Beaumarish, St. auf der Insel Anglesey.
Bellomontium, Beaumont, St. in Frankreich.
— **in Argona**, Beaumont en Argone, St. in Frankreich.
— **Rogerii**, Beaumont le Roger, St. in Frankreich.
— **Vicecomitis**, B. le vicomte, St. ebendaselbst.
Bellopratum, Beaupreau, St. in Frankreich.
Belloquarda = Belliquadrum.
Bellovacum, Caesaromagus: Beauvais, St. in Frankreich.
Bellum forte, Beaufort, St. in Frankreich (Anjou).
Bellum Vadum, Bilbao, St. in Spanien.
Bellunum, Belluno, St. im Venetianischen.
Bellus jocus, Beaujeu, St. in Frankreich.

Belna, Belnum: Beaune, St. in Frankreich.
Belogradum, Bielgorod, St. in Russland.
Belsia, Beauce oder Beausse, Landschaft in Frankreich.
Belsinum, Borja, St. in Spanien.
Belza, Belzium: Belcz, St. in Polen.
Benacus lacus, der Gardasee in Italien.
Bencinum = Bucephalia.
Benearnia, Benecharnum oder Bearnia: Landschaft Bearn in Frankreich.
Beneharnia, Bearn, Landschaft in Frankreich.
Beneharnum = Lascara.
Beneducium, Bonaduz, Dorf in Graubündten.
Beneventum, Benevento, St. in Mittel-Italien.
Benna, Bena, St. in Piemont.
Bennopolis, Hildesia: Hildesheim, St. in Hannover.
Beraea, Beroea: Eski-Zagra, St. in Rumelien; Carapheria oder Veria, St. in Macedonien; = Calyphon.
Bercizoma, Bergen op Zoom, St. in Holland. [reich.
Bercorium, Bressuire, St. in Frank-
Berechia, Beregh Ozasz, St. in Ungarn.
Bereghiensis comitatus, die Beregher Gespannschaft in Ungarn.
Berenice, Bengavi od. Benjaci, St. in Tripolis; Ollaki, St. in Aethiopien; Kosseir, St. in Aegypten.

Bergae, Bergen, St. in Norwegen.
Bergae ad Zomam = Bercizoma.
Bergae St. Vinoxi, Vinoxbergen, St. in Frankreich (Nord).
Bergamensis ager, Landschaft Bergamasco in Italien.
Bergensis praefectura, Landschaft Bergenhus in Norwegen.
Berginium, Berga, St. in Catalonien.
Bergomum, Bergamo, St. in Ober-Italien.
Bergua, Bergues, St. in Frankreich.
Bergula, Burgas, St. in Rumelien.
Bergusia, -um, Ballegarium: Ballaguer, St. in Spanien.
Berigonium, Bangerie, Bargeny, St. in Schottland.
Borinzona = Baltiona.
Berna, Bern, St. in der Schweiz.
Bernacum, Bernay, St. in Frankreich (Eure).
Bernensis pagus, Canton Bern.
Bernburgum, Arctopolis, Ursopolis: Bernburg im Anhalt.
Bernia = Hibernia.
Bernina, der Berlinger, Berg im Canton Graubündten.
Bernstadium, Bernstädel, Bernstadt, St. in der Lausitz.
Beroea, Veria, St. in Macedonien.
Berolinum, Berlin, St. in Preussen.
Berolstadia, Bernstadt, St. in Schlesien.
Beronicum, Bernried, Probstei in Baiern. [land.
Berovicum, Berwick, St. in Eng-
Berwarti rupes, Herrschaft Barbelstein im Elsass.
Berytus, Beirut, St. in Syrien.

Besara = Biterrae.
Besidiae, Besidianum, Besignanum, Bisinianum: Bisignano, St. in Calabrien.
Besontium, Besançon, St. in Frankreich.
Bessapara, Tzapar Bazardjik, St. in Rumelien. [des.
Beteoricae = Aebudae, Hebri-
Beterrae = Biterrae.
Bethania, Bythonia: Beuthen, St. in Schlesien.
Bethlehemum, Belemum: Belem, St. in Portugal. [reich.
Bethunia, Bethune, St. in Frank-
Betonia, Provinz Estremadura in Spanien. [mark.
Bettobia, Pettau, St. in Steier-
Betula, Baecula: Ubeda, St. in Spanien.
Betulus, Besos, Fl. in Spanien.
Beucinum = Buxonium.
Beugesia od. Bugia, Landschaft Bugey in Frankreich.
Bevelandia australis, Zuid-Beveland, Schelde-Insel in den vereinigten Niederlanden.
— **septentrionalis,** Nord-Beveland, Insel ebend.
Bezelinga, Basselingen, St. in der Schweiz.
Bialoquerca, Bialocerkiew, St. in Russland.
Biatia, Baeza, St. in Spanien.
Bibacum, Viechtach, Mtfl. in Baiern. [temberg.
Biberacum, Biberach, St. in Wür-
Bibiscum, Viviacum, Viviscum, Vibiscum: Vevay, St. in der Schweiz.

Bibonium, Böblingen, St. in Würtemberg.

Bibracte = Augustodunum.

Bicina, Bitsch, Bitche, Festung in Frankreich (Mosel); Pitschen, St. in Schlesien.

Bicoca, Bicoque, D. im Mailändischen.

Bicornis, Furca, Furcula: die Furke oder der Gabelberg in der Schweiz.

Bidaium, Burghausen, St. in Baiern.

Bidgostia, Bromberg, Bydgoscz, St. in Preussen.

Bidinum, Widdin, St. in Ungarn.

Bidiscum, Biche, Grafschaft in Lothringen; = Bicina.

Bidossa, Bidassoa, Fl. in Frankreich.

Bidruntum, Bitonto, St. in Neapel.

Bielcensis Palatinatus, Bielca: Bielsk, St. u. Woiwodschaft in Polen; = Podlachia.

Biella, Biellum, Bienna, Bipennis, Bipennium, Petenisca: Biel, St. in der Schweiz.

Bienna = Biella.

Biennensis lacus, der Bieler See.

Bigaugia, Pegau, St. in Sachsen.

Bigerri, Bigerrones, Bigerrensis comitatus: Bigorre, Grafschaft in Frankreich (Gascogne).

Bigerronum aquae, Bagnères, St. in Frankreich.

Bihacium, Bihacs od. Wihitz, St. in Bosnien.

Bihariensis comitatus, die Biharer Gespannschaft in Ungarn.

Bilbilis, Xalon, Fl. in Spanien.

— **nova,** Calatayud, St. in Spanien oder Baubola, Mtfl. bei Calatayud.

Bilestinum, Beilstein, St. in Preussen (Niederrhein).

Bilina = Belina.

Bilitio, Bilitiona, Bilitionis castellum, Bilitionum = Baltiona.

Bilivelda, Bielefeldia: Bielefeld, St. in Preussen.

Billemum, Bilhomum: Billom, St. in Frankreich.

Billena, Bille, Fl. in Lauenburg.

Bilumnum, Beauvoisis, St. in Frankreich.

Biminacium = Bidinum.

Bimonium, Binchester, Mtfl. in England.

Binchium, Binche, St. in den Niederlanden.

Bingium, Bingen, St. in Hessen Darmstadt.

Bintensis abbatia, Baindt, Abt. in Schwaben.

Bipennis, } = Biella.
Bipennium, }

Bipontium, Bipontum, Geminus pons: Zweibrücken, St. in der Pfalz.

Birca, Biörkö, schwedische Insel.

Bircofelda, Birkenfeld, St. in der Pfalz. [dern.

Birflitum, Biervliet, St. in Flan-

Birgus = Barrojus.

Biriciana, Burkheim, Mtfl. in Baiern.

Birtha, Bir od. Biridjek, türk. St. am Euphrat.

Birthalbinum, Birthelm, Mtfl. in Siebenbürgen.
Bisaldunum, Beseldunum: Besalu, St. in Catalonien.
Bisamnis, Bisagno, St. in Italien.
Bisinianum = Besidiae.
Bisontium, Bisuncium, Bizuntia: Besançon, St. in Frankreich.
Bistonis palus, Bay Lagos in Rumelien.
Bistricia, -um, Bistritz od. Nösen, St. in Ungarn.
— **ariada**, Klein-Bistritz, D. in Siebenbürgen.
Bistriciensis districtus, Nösenerland, Landschaft in Sieben bürgen.
Bisurgis, Weser, Fl. in Deutschland.
Bitectum, Bitetto, St. im Königreich Neapel.
Biterrae oder (falsch) Bliterrae: Beziers, St. in Frankreich (Hérault).
Bithervium, Viterbo, St. in Italien.
Bithynium = Antinoopolis.
Bitorica, Bourges, St. in Frankreich.
Bitorinus pagus, Berry, Landschaft in Frankreich.
Bituntum, Bitonto, St. in Unter-Italien.
Biturgia, Borgo di S. Sepolcro, St. in Mittel-Italien.
Bituricae, Bituricum, Bituriges, Biturix: Bourges, St. in Frankreich.
Bituricensis ducatus, Herzogthum Berry in Frankreich.

Biturigum provincia, Landschaft Berry in Frankreich.
Bituritae, Bedarides, St. in Frankreich (Vaucluse).
Bizya, Visa od. Vyzia, St. in Rumelien.
Bizantia, Besançon, St. in Frankreich.
Blabia, Blavet (jetzt Port-Louis od. Port de la montagne), St. in Frankreich; Blaye, St. in Frankreich (Gironde).
Blabira, Blaubeuern, St. in Würtemberg.
Blabius, Blavet, Fl. in Frankreich.
Blancoberga, Blankenberg, Hafenstadt in Flandern.
Blancoburgum, Blankenburg, St. im Braunschweigschen.
Blanda, Blandae: Blanes, Hafenstadt in Spanien.
Blandeno, Broni, Mtfl. in Piemont.
Blandona = Alba maris.
Blangiacum, Blangy, Mtfl. in Frankreich. [land.
Blara, Blair, Schloss in Schott-
Blatnicensis processus, der Blatnitzsche District in Ungarn.
Blauburium = Blabira.
Blauracus, Blaurac, St. in Frankreich.
Blavatum, Blaventum, Blavia, Blavium: Blaye, St. in Frankreich.
Blechingia, Bleckingen, Landschaft in Gothland in Schweden.
Blesae, Blaesae, Blesum oder Bloesia: Blois, St. in Frankreich.

Blessa, Blies, St. im Saarbrückischen.
Bleterum, Bletterans, St. in Frankreich.
Bletisa, Ledesma, St. in Spanien.
Bliterrae = Biterrae.
Bloesia = Blesae.
Boa, Bovo, Bubus: Bua, Insel an der Küste von Dalmatien.
Boactus, Fl. Verra od. Brignole in Italien.
Boandus, Boyne, Fl. in Irland.
Bobianum, Bojanum, Bovianum: Bojano, St. im Königreich Neapel.
Bobium, Bobbio, St. in Ober-Italien.
Bobium, Sassina, Saxina: Sarsina, St. in Mittel-Italien (Kirchenstaat).
Bobrane, Bober, Fl. in Schlesien.
Bocardi insula, Isle Bouchard, St. in Frankreich.
Bocensis pagus, Fürstenth. Bückeburg.
Bocentum, Botzen, St. in Tyrol.
Bochanium, Buchanium: Bouchain, St. in Frankreich.
Bochbardum, Boppard, St. in Rheinpreussen. [dern.
Bocholta, Amt Bochoute in Flan-
Bodabricum = Babardia.
Bodamicus od. Botamicus lacus, der Bodensee in der Schweiz.
Bodami castrum, Bodman oder Bodmen, Schloss i. d. Schweiz.
Bodincomagus, Casale, St. in Piemont.
Bodincus, Bodingus, Bodinus, Padus, Eridanus: Po, Fl. in Italien.

Bodokiensis processus, der Bodokische District in Ungarn.
Bodotria aestuarium, Fyrth of Forth in Schottland. [garn.
Bodoxia, Bodok, Schloss in Un-
Bodrogiensis comitatus, die Bodroger Gespannschaft in Ungarn.
Boeonus, Insel Diu in Indien.
Boeotia, Stramulipa, Landschaft in Livadien.
Boeotonomacum, Ribchester, St. in England.
Boërosia, Borås, St. in Schweden.
Boeterrae = Beterrae.
Bohemia, Bojaemum, Bojohemia: Böhmen.
Bohus, Bog, Bug, Fl. in Polen.
Bojanum = Bobianum.
Bojaria = Baioaria.
Bojatum, Bayonne, St. in Frankreich; Buch, Landschaft u. Mtfl. in Guienne in Frankreich.
Boji Celtae, Bourbonnois, Landschaft in Frankreich.
Bojoarii, Boji: die Baiern.
Bojobinum, Prag, St. in Böhmen.
Bojocassinus ager = Bagisinus ager.
Bojodurum, Innstadt (Vorstadt von Passau) in Baiern.
Bojohemum = Bohemia.
Bojus ager, die Lombardei.
Bolconis fanum, Bolkenhayn, St. in Schlesien.
Bolerium promontorium, Vorgebirge The Land's End oder Cap Finisterre in Cornwallis in England.

Boleslai fanum, Jungbunzlau, St. in Böhmen. [men.
Boleslavia, Bunzlau, St. in Böh-
— **vetus** u. junior, Alt- u. Jungbunzlau in Böhmen.
Boleslaviensis circulus, -provincia, der Bunzlauer Kreis in Böhmen.
Boleum, Boglio, St. in Piemont.
Bolonia, Boulogne, St. in Frankreich; auch = Bononia.
Bolonduarium, Bolandwar, Festung in Ungarn.
Bolsverda, Bolsvaert, St. in Friesland.
Bolzanum, Bonzanum: Botzen, St. in Tyrol.
Bomium, Cowbridge, St. in England.
Bomlo, Bommel, D. in Holland.
Bona cella, Dei cella: Gutenzell, Gotteszell, Abtei in Schwaben.
Bona vallis, Bonneval, St. in Frankreich.
Bona villa, Bonneville, St. in Savoien.
Bonaedulcium, Boneducium: Bonaduz, D. in der Schweiz.
Bonconica, Bauconica: Oppenheim, St. in Rheinhessen.
Bonifacii civitas, Bonifacio, St. in Corsica.
Bonilii, Bonlieux, St. in Frankreich.
Bonium, Bangor, St. in England.
Bonna, Bonn, St. in Rheinpreussen.
Bonnopolis, Bonneville, St. in Savoien.
Bonnovallis = Bona vallis.

Bononia, Boulogne sur Mer, St. in Frankreich (Orléans); Bologna, St. in Italien; Slok od. Illok, St. in Slavonien; Widdin, Festung i. d. europ. Türkei.
Bononiensis ager, Boulonnois, Landschaft in Frankreich.
Bonus aër = Fanum S. Trinitatis.
— **mons,** Beaumont, Landvoigtei in der Schweiz.
Boppardia = Babardia.
Borbetomagus, Borbitomagus, Guarmacia, Gormetia, Vangio, Vangiona, Wormatia: Worms, St. in Hessen-Darmstadt.
Borbonium = Burbo.
Boringia, Bornholmia: die dänische Insel Bornholm.
Borma, Bormes, Mtfl. in Frankreich (Var).
Bormium, Bormio, St. in Italien; oder Thermae Bormianae: das Wormser Bad im Veltlin.
Borra ducis = Barrum.
Borsodiensis comitatus, die Borschoder Gespannschaft in Ungarn.
Borussia, Prussia: Preussen.
Borvonis (nicht Bormonis) arae, Bourbonne les Bains, Mtfl. in Frankreich.
Borysthenes, Dnieper, Fl. in Russland.
Bosani villa, Bouzonville, Mtfl. in Frankreich (Mosel).
Boscobellum, Boisbelle, Mtfl. in Frankreich (Berry).
Boscodunum = Buscodunum.

5*

Bosna, Bosnia: Bosnien.
Bosphorus, Ochsenfurt, Amt im Würzburgischen.
Bosporus Cimmeriae, Meerenge bei Caffa in der Krim.
— Thraciae, Meerenge von Constantinopel.
Bossena, Bossina, St. in Bosnien.
Bostanium, Potsdam, St. in Preussen.
Botobriga = Babardia.
Botruntina urbs, Butrinto, St. in Albanien.
Botrus, Batrus, St. u. Rhede in Tripolis.
Bousonia, Bowens, St. auf der dänischen Insel Fühnen.
Bovianum = Bobianum. [staat.
Bovillae, Marino, Mtfl. im Kirchen-
Bovinae, Bouvines, St. in den Niederlanden.
Bovinda, Boyne, Fl. in Irland.
Boviniacum = Bovinae.
Bovinianum, Bojano, St. in Italien.
Bovinum, Boin od. Bouin, Insel an der Küste von Frankreich (Bretagne).
Bovo = Boa.
Boynum, Perna: Peina, St. in Hannover.
Bozokiensis processus, der Bozokische District in Ungarn.
Bozolum, Bozzolo, St. in Italien.
Brabantia, Herzogthum Brabant.
Bracara Augusta, Bragium: Braga, St. in Portugal.
Braciacum, Bragiacum: Bray sur Seine, St. in Frankreich.
Bractia, Brattia, Brachia: Brazza, Insel im Adriat. Meer.

Braea, Bree oder Brey, St. im Lüttichschen.
Bragantia, Braganza, St. in Portugal.
Bragodunum, Biberach, St. in Würtemberg.
Braja (auch Bria) Comitis Roberti, ehemals Braye Comte Robert: Brie, St. in Frankreich.
Brajum, Bray sur Seine, St. in Frankreich.
Brammovicum, Bramant, Mtfl. in Savoien.
Brana allodiensis, Herrsch. Braine l'Aleu in Brabant.
Brandeburgum, Brandenburg, St. in Preussen.
Brandesium, Brandeis, Mtfl. in Böhmen. [land.
Brandinos, Arran, Insel in Schott-
Brannonium, Brannovium, Branogenium, Branovium: Worcester, St. in England.
Branodunum, Brancaster, D. in England.
Brantosomum, Brantome, St. in Frankreich.
Brasilia, (Brésil, Brazil), Brasilien.
Brassovia, Kronstadt, St. in Siebenbürgen.
Bratislavia, Braslaw, St. u. Woiwodschaft in Pohlen.
Brattia = Brachia.
Bratuspantium = Caesaromagus.
Bratzlaviensis Palatinatus, Braslaw, Woiwodschaft in Polen.
Braunodunum, Brunodunum: Braunau, St. in Böhmen.

Braviavum ad Samarum, Bray, St. in Frankreich (Picardie).
Bravum, BravumBurgi = Burgi.
Brea = Braea.
Brechinia, Brecknock, St. u. Provinz in Süd-Wallis in England.
Brechinium, Brechin, Mtfl. in Schottland.
Brecislaburgum, Pressburg, St. in Ungarn.
Bredefortia, Bredevoort oder Breevoord, St. in Geldern.
Brega, Civitas altae ripae: Brieg, St. in Schlesien.
Bregaetium, Bregetio: Szöny oder Schene, Mtfl. in Ungarn.
Brelium, Breglio, Mtfl. in Piemont.
Brema, freie St. Bremen.
Brembus, Brembo, Fl. in Italien.
Bremenium, Brempton, St. in England.
Bremetum od. Bremma: Breme, St. in Piemont.
Bremveartum, Bremogartum od. Prima guardia: Bremgarten, St. in der Schweiz.
Brena, Brienne, St. in Frankreich.
Brennacum, Briunacum, Brana: Brenne oder Braine, St. in Frankreich (Isle de France); Mezières, St. ebend. (Orleannois).
Brennensis Circulus, der Brünner District in Böhmen.
Brennia Allodiensis, Braine l'Aleu, St. in Brabant.
Brennia Comitis od. Bronium: Braine le Comte, St. in den Niederlanden.
Brennus, der Brenner, Berg in Tyrol.

Brenoburgum, Brandenburg, St. in Preussen.
Breona, Brienne, St. in Frankreich.
Brescia, Bressicia: Brzesc, St. u. Wojewodschaft in Litthauen.
Brestia, Brestum = Brivates.
Brestia Cujaviae, Brzesc Kujawskie, St. in Polen.
Brestiensis Palatinatus, Brzescz, Wojewodschaft in Polen.
Brestum, Brest, St. in Frankreich.
Bretiniacum, Bretigny, D. in Frankreich.
Bretolium, Breteuil, St. in Frankreich.
Breunia vallis, Bollenza od. das Bolenzer Thal i. d. Schweiz.
Bria — Braja.
Bria comitis Roberti = Braja.
Briaca, Brihuega, St. in Spanien.
Briaria = Bribodurum.
Bribodorum, Bridoborum, Brivodurum: Briare, St. in Frankreich (Loiret).
Bricesum, Brium: Briey, St. in Frankreich (Mosel).
Brido, Wartha, St. in Schlesien.
Briela, Briel, St. in Holland.
Briennium castrum = Brena.
Brieza fida, Treuenbriezen, St. in Preussen.
Briga = Brega, Breg, Fl. in Baden.
Brigantia, Braganza, St. in Portugal; = Brigantio; = Brigantium. [tina.
Brigantina = Augia Brigan-
Brigantinus comitatus, Bregenz, Grafschaft in Tyrol.

Brigantinus lacus, Constanzer oder Boden-See.

Brigantio, Brigantium, Origantium, Vorgantia: Briançon, St. in Frankreich.

Brigantium, Bregenz, St. in Tyrol.
— Braganza, St. in Portugal.
— **Flavium**, Corunna, St. in Spanien.

Brigensis pagus oder **saltus**, das Land Brie Champenoise in Frankreich.

Brigetum, Oviedo, St. in Spanien.

Brigiana, Burriana, St. in Spanien; Brigach, Fl. in Baden.

Brigianus conventus, Brüg, District im Canton Wallis.

Brigobanna, Brigabannis: Beuren, Mtfl. in Schwaben; Brülingen, Mtfl. in Baden.

Brigolium, Brigueil, Mtfl. in Frankreich.

Brinnacum = Brennacum.

Brinolia, Brinolium, Brinonia: Brignoles, St. in Frankreich.

Briocense oppidum, Oppidum S. Brioci, S. Brioci fanum, Briocum: S. Brieux, St. in Frankreich.

Brio-Jsara = Pontisara.

Brionum, Briones, St. in Spanien.

Briovera, Sanctus Laudus: Saint Lô, St. in Frankreich.

Bripium, Brivium: Brivio, St. in der Lombardei.

Brisacum, Breisach od. Brisach, St. im Grossherzogthum Baden.
— **Andegavense**, Brissac, St. in in Frankreich (Anjou).

Brisgavia, Brisgoia, Brisgovia: der Breisgau im Grossherz. Baden.

Briscium, Brzesc, St. in Lithauen.

Bristolium, Bristol, St. in England.

Britannia oder Britannia major: England oder Grossbritannien.

Britannia cismarina, Bretagne, Provinz in Frankreich.

Britannia minor, Bretagne, Provinz in Frankreich.

Britannia secunda, Cambria, Cambro-Britannia, Vallia: Fürstenthum Wales in England, zuw. auch Schottland.

Britexta, Briateste, St. in Frankreich (Tare). [reich.

Britolium, Breteuil, St. in Frank-

Britzna, Bretzno Banya oder Bries, St. in Ungarn.

Briva Curetia, Brives la Gaillarde, St. in Frankreich (Corrèze). [reich.
— **Isarae**, Pontoise, St. in Frank-

Brivas, Brivata, Brivatum, Brivatensis vicus: Brioude, St. in Frankreich (H. Loire).

Brivates portus (falsch für) Brestia: Brest, St. in Frankreich.

Brivodurum, Briare, St. in Frankreich (Loiret).

Brixia, Brescia (Bresse), St. in in Italien; Brixen, St. in Tyrol.

Brixianus ager, Bresciano, das Gebiet von Brescia.

Brixellum, Bersello, St. am Po in Italien.

Brixina, Brixinum: Brixen, St. in Tyrol.

Broagium, Bruagium, Jacopolis: Brouage, Jacqueville, St. in Frankreich.
Broburgum Morinorum, Bourbourg, St. in Frankreich (Nord).
Brocmeria, das Brockmer Land in Ostfriesland.
Brocomagus, Brumpt oder Brumath, Mtfl. im Elsass.
Broda Bohemica, Böhmischbrod, St. in Böhmen.
Broda Germanica, Deutschbrod, St. in Böhmen.
Brodnica, Brodnitz od Strassburg, St. in Westpreussen.
Broilum, Broglio, Pfarrdorf in der Schweiz.
Brondulum, Brendolo, St. in den Lagunen von Venedig.
Bronium, Braine le Comte, St. in Burgund; = Brennacum.
Brosela = Bruxellae.
Brossa Frateria, Saxopolis, Ambrosiopolis: Bros, St. in Siebenbürgen.
Brouwari portus, Browershafen, St. in Holland (Seeland).
Brovoniacum, Lugovallum, Carleolum: Carlisle, St. in England.
Brucca, Bruck a. d. Leitha, St. in Oestreich.
Brucomagus, Brumpt, Mtfl. in Elsass (Bas-Rhin).
Bructerus Mons, Melibocus: der Brocken od. Blocksberg.
Bruga, Pons Arulae: Brugg od. Bruck, St. in der Schweiz.
Bruga ad Ederum, Armorderbrug, St. in Nassau.
Brugae, Brügge, St. in Flandern.
Brugnatum, Brugnato, St. in Ober-Italien.
Bruna, Brunna: Brünn, St. in Mähren.
Brunetum, Brunniacum: Bruneto, St. im Genuesischen.
Brundisium, Brundusium: (Brindes) Brindisi, St. im Neapol.
Brundusia, Bruntutum: St. Bruntrut im Hochstift Basel (Canton Bern).
Brundusium, Brandeis, St. in Böhmen.
Brunniacum = Brunetum.
Brunodunum, Braunau, St. in Böhmen.
Brunonis domus, Brunckensee, Frauenkloster im Braunschw.
— **mons**, Bourmont, St. in Frankreich.
— **vicus** = Brunsviga.
Brunopolis, Brunegg oder Bruneck, St. in Tyrol.
Brunsberga, Braunsberg, St. in Preussen.
Brunsbutta, Brunsbüttel, Mtfl. in Holstein.
Brunsviga, Brunsvicum, Brunonis vicus, Brunopolis: Braunschweig, St. im Braunschweigschen.
Bruntutum = Brundusia.
Brusca, Bruscha: Breusch, Mtfl. im Elsass.
Brutti, Bruttium, das heutige Calabrien.   [tus.
Bruvenhavia = Brouwari Por-
Bruxella, Bruxellae: Bruxelles, Brüssel, St. in Belgien.

Brygianum, Arcennum: Bracciano, St. in Italien (Kirchenst.)
Brystacia, Umbriaticum: Umbriatico, St. in Calabrien.
Bubastis, Basta, St. in Aegypten.
Bubulae, Bulles, St. in Frankreich (Isle de France).
Bubus = Boa.
Bucaresta, Bukarest, St. in der Wallachei.
Buccina, Phorbantia: Insel Levenzo bei Sicilien.
Buccinium, Buccinum oder Bochanium: Bouchain, St. in Frankreich.
Bucconis villa, Bouzonville, Mtfl. in Frankreich (Mosel).
Bucellum, Città Borella, St. in Neapel.
Bucephalea, Bützow, St. in Mecklenburg-Schwerin.
Buchania, Buchan, Provinz in Schottland.
Bucia, Butera, St. in Sicilien.
Bucovetia, die Ukraine in Russland.
Bucquoium, Buquoja: Bucquoy, Mtfl. in Frankreich (Pas de Calais).
Buda (Bude), Ofen, St. in Ungarn.
Budina, Budyn, St. in Böhmen.
Budissa, Budissina: Bautzen oder Budissin, St. in Sachsen.
Budorgis, Breslau, St. in Preussen.
Budoris = Durlacum.
Budovicium, Budovisia, Budovitium, Buduissa: Budweiss, St. in Böhmen.
Budrichium, Bürich od. Büderich, St. im Cleveschen.
Budruntum = Bidruntum.

Budua, Budoa, St. in Dalmatien.
Bufentis, Les Cannes, St. in Frankreich (Aude).
Buga, Bug, Fl. in Galizien.
Bugella, Biella, St. in Piemont.
Bugia = Beugesia.
Buinda, Boyne, Fl. in Irland.
Bulgaria, Vulgaria: die Bulgarei.
Bulium, Bull, Gemeine in der Schweiz (Canton Freiburg).
Bullaeum, Bulles, St. in Frankreich.
Bullio, Bullium oder Bullionium: Bouillon, St. im Luxemburgischen.
Bulva = Butua.
Bundium, Bondo oder Pont, D. in der Schweiz.
Bunomia, Pella: Janitza, St. in Macedonien.
Buovensis abbatia, Abt. Benedictbeuern in Baiern.
Burbo Ancelli od. Anselii, Borbonium Anselmium: Bourbon Lancy oder Bellevue les bains, St. in Frankreich.
Burbo Archembaldi oder Arcimbaldi: Bourbon l'Archambaud, St. in Frankreich (Allier).
Burburgum, Bourbourg, St. in Frankreich (Nord).
Burcia = Barcia.
Burdegala, Burdigala: Bordeaux, St. in Frankreich.
Burgasia, Bourgoing, St. in der Dauphiné.
Burgi, Burgum, Bravum: Burgos, St. in Spanien.

Burgo, Burgavia: Burgau, St. in Baiern.
Burgomanerum, Borgomanero, St. in Piemont.
Burgum, Burgo, St. in Tyrol; Burgk, St. im Magdeburgischen.
Burgum bonae Genelae, Boulene, St. in Frankreich.
Burgum francum, Borgofranco, St. in Ober-Italien.
Burgundia, Burgund od. Bourgogne, Landsch. in Frankreich.
Burgundiae comitatus, die Franche Comté od. Grafschaft Burgund.
Burgus Andeolii, Bourg St. Andéol, St. in Frankreich (Ardèche).
— **Argentalis**, Bourg-Argental, St. in Frankreich (Loire).
— **Bressiae**, Bourg-en-Bresse, St. in Frankreich (Ain).
— **S. Donnini**, Borgo San Donnino, St. im Parmesanischen.
— **fortis**, Borgoforte, St. in Ober-Italien.
— **S. Sepulchri**, Borgo di Santo Sepolcro, St. im Toscanischen.
— **vallis Tari**, Borgo di Val di Taro, Mtfl. im Toscanischen.
Buriciana, Burkheim, Mtfl. in Baiern.
Burnonis mons, Bourmont, St. in Frankreich.
Burrhonium, Blaubeuren, St. in Würtemberg. [in Holland.
Burtanga, Burtanger Fort, Fest.
Buscoduca, Buscum Ducis, Sylva Ducis: Herzogenbusch, St. in Holland (Bois-le-Duc).

Busiris, Abousyr, St. in Frankreich.
Busium, Buxium: Les Buis, St. in Frankreich.
Bussiacum, Bussy, St. in Frankreich.
Busta Gallorum, Bastia, Mtfl. in Italien (bei Perugia).
Butavia, Bütow, St. in Preussen.
Buthrotum, Butrinto, St. in Epirus.
Buticus lacus, See Burlos in Aegypten.
Butrotus, Bucorta, Fl. in Calabrien.
Butua od. Budna: Budoa, St. in Dalmatien.
Butuntum = Bidruntum.
Buvinda, Boyne, Fl. in Irland.
Buxentius, Bussento, Fl. in Italien.
Buxetum, Buseto, St. im Parmesanischen.
Buxiliae, Bisceglia, St. in Neapel.
Buxium, Buxum: Le Buis, St. in Frankreich (Drôme).
Buxonium, Beucinum, Bucephalia: Bützow, St. in Mecklenburg-Schwerin.
Buxovilla, Buschweiler, St. im Elsass.
Buxudis, Bossut od. Boussut, Baronie im Hennegau.
Byblos, Djebel, St. in Phönicien.
Byrchanis, holl. Insel u. Mtfl. Borkum in der Nordsee.
Byrra, Byrrhus: Ryenz, Fl. in Tyrol.
Byruthum, Baireuth, St. in Baiern.

Bythonia = Bethania.
Byzantium = Constantinopolis.
Byzantius ager = Romania.

Caballicus oder Cabellicus ducatus: Chablais, Herzogthum in Savoien.
Caballio = Cabellio.
Cabarnis, Insel Paros.
Cabelia, Chablis, St. in Frankreich.
Cabellio, Cavaillon, St. in Frankreich.
Cabennae, die Sevennen.
Cabillonensis ager, Chalonnois, Landschaft in Frankreich.
Cabillonum, Caballinum, Cabillio: Chalon sur Saone, St. in Frankreich.
Cabliacum = Cabelia.
Cadacherium, Cadaquez, St. in Catalonien.
Cadanum, Kadan, St. in Böhmen.
Caderossium, Caderousse, St. in Frankreich.
Cadomus, -um, Caen, St. in Frankreich.
Cadubrium, Cadore oder Pieve di Cadore, St. im Friaul.
Cadurci, die Gasconier.
Cadurci, Cadurcum, Devona, Dibona oder Divona Cadurcorum: Cahors, St. in Frankreich.
Caelius mons, Kehlmünz od. Kelmünz, Mtfl. u. Schloss in Baiern; Münchroden od. Münchroth, Kloster ebendas.; Türkheim, Mtfl. das.

Caene, El Senn, St. in Mesopotamien; Benysourif, St. in Aegypten.
Caere, Cerveteri od. Cervetro, St. in Mittel-Italien.
Caesaraugusta und Caesarea Augusta: Saragossa, St. in Spanien.
Caesarea, 1) die engl. Insel Jersey; 2) Kaisersheim oder Keysheim, Abt. bei Donauwerth; 3) Kösching, Mtfl. in Baiern.
— **Eusebia**, Kaisarieh, St. in Cappadocien.
— **Insula**, die engl. Insel Jersey.
— **Philippi**, Banias, St. in Syrien.
Caesareensis abbatia = Caesarea 2.
Caesareopolis, Käsmark, St. in Ungarn.
Caesaris Burgus, Caesaro-Burgus, Caroburgum: Cherbourg, St. in Frankreich.
Caesaris Mons, Kaisersberg, St. im Elsass.
— **Praetorium** oder Tribunal, Kaiserstuhl, St. im C. Aargau.
— **Verda** od. Insula Caesaris Rheni: Kaiserswerth, St. am Rhein.
Caesarodunum od. Turones, Turonum: Tours, St. in Frankreich.
Caesaromagus = Bellovacum; Chelmsford, St. in England.
Caesaropolis, Kaiserslautern, St. in der Pfalz.
Caesarotium, Gisors, St. in Frankr.
Caesena, Cesena, St. in Mittel-Italien.

Caetobriga, Catobriga: Almada, St. in Portugal.
Caetobrix, Coimbra, St. in Portugal; Setubal, St. in der port. Provinz Estremadura.
Caicus, Grimaki Kaiki, Fl. in Kleinasien.
Cainas, Ken oder Kane, Fl. in Indien.
Caino, Chinon, St. in Frankreich.
Cairus, Cairo, St. in Aegypten.
Cajeta, Gaeta, St. im Neapol.
Cajodunum, Kieydany, St. in Polen.
Cala, Cellae: Chelles, Mtfl. in Frankreich.
Calabrea, Insel Porus im Archipel.
Calagorris, Cazères, St. in Frankreich (H. Garonne).
Calaguris, Calaguris Fibularia, Calagurris: Calahorra, St. in Spanien; Loare, St. ebendas.
Calamae, Calamata, Hafen in Morea.
Calamita, Alma, St. in der Crimm.
Calaris od. Caralis: Cagliari, St. in Sardinien.
Calarona, Garonne, Fl. in Frankreich.
Calata Hieronis, Calatagirone, St. in Sicilien.
Calatajuba, Calatayud, St. in Aragonien.
Calatia, Cajazzo, St. in Neapel.
Calatrava, Calatrava, St. in Spanien.
Calcaria, -um, Calcar, St. im Clev.
Caldarium, Caltern, Mtfl. in Tyrol.
Cale oder Portus Cale: Porto, St. in Portugal.
Cale oder Cales: Calvi, St. im Neapolitanischen.
Calebachus, Kilbegs, St. in Irland.
Caledonia, Schottland; der nördliche Theil desselben.
Caledonium Castrum oder Caledonia: Dunkeld, St. in Schottland.
Caledonius oceanus oder Caledonium mare: das Schottländische Meer.
Calegia, Wittenberg, St. in Preussen.
Calena, Oxford, St. in England.
Calenum, Carinola, St. im Neapol.
Caletensis ager od. Caleti: Landschaft Pays de Caux in Frankreich.
Calesium, Caletum, Calisium: Calais, St. in Frankreich.
Calicula, Huescar od. Guescar, St. in Granada (Spanien).
Calida de Fontana, Chaudfontaine, D. in Belgien.
Calidobecum, Calidobeccum = Calidum Beccum: Caudebec, St. in Frankreich.
Calidum, Chaud, St. in Savoien.
Calinula, Carinula: Carinola, St. im Neapolitanischen.
Calipus, Zadaon, Fl. in Portugal.
Calisiensis Palatinatus, die Woiwodschaft Kalisch in Polen.
Calissia, Calissium: Kalisch, St. in Polen.
Calista, Thera = Calliste.
Calium od. Callis: Cagli, St. im Kirchenstaat.

Calleva, Wallingford, St. in England.
Callifae, Carife, St. in Neapel.
Callipolis, Gallipoli, St. in Sicilien.
Callipolis, Insel Naxia im Archipel; Gallipoli, St. in Rumelien. [chipel.
Calliste, Santorin, Insel im Archipel.
Callium, Sanctus Angelus Papalis = Calium.
Calloniana, Calata Scibetta, St. in Sicilien.
Calloscopium, Belvedere, Provinz auf der Insel Morea.
Callunda, Kallundborg, St. auf der dänischen Insel Seeland.
Calmontium, Chaumont, St. in Savoien.
Calniacum, Chauny, St. in Frankreich (Aisne).
Calonesus, Belle-isle, Insel an der Küste der Bretagne.
Calor, Calore, Fl. in Neapel.
Calossia, Landschaft Chalosse in Frankreich (Dep. des Landes).
Calpe, Gibraltar od. Algesiras in Spanien. [Spanien.
Calpurniana, Bujalance, St. in
Calva, Calw, St. in Würtemberg.
Calvimontium = Calmontium.
Calviniacum, Chauvigny, St. in Frankreich (Vienne).
Calvium, Calvi, St. auf der Insel Corsica.
Calvomons, -ntum, Caumont, Mtfl. in Frankreich (Guienne).
Calvus mons, (Bassiniae) Chaumont, St. in Frankreich (Bassigny); (Normanniae) Caumont, Mtfl. das. (Norm.); (Provinciae) Caumont, Mtfl. das. (Vaucluse); (Vasconiae) Caumont, Mtfl. das. (Gascogne).
Calydria, Tenedos, Insel im Archipel. [chipel.
Calymna, Calamine, Insel im Ar-
Camalodunum colonia, Maldon, Mtfl. in England; Colchester, St. daselbst.
Camaracum, Cameracum: Cambray, St. in Flandern.
Camaria oder Caji Marii ager: Camargue, Insel in der Rhone in der Provence.
Camarica, Vittoria, St. in Spanien.
Camarina, Torre di Camarina, od. Camorana, St. in Sicilien.
Camberiacum, Camberium, Chamarium, Chambariacum: Chambery, St. in Savoien.
Cambodunum, Kempten, St. in Baiern; Weilheim, St. das.
Camboritum = Cantabriga.
Camborium oder Cambortium: Chambord, Lustschloss in Frankreich (Loire et Cher).
Cambria, Cambro-Britannia = Britannia secunda.
Cambum, Cham, St. in Baiern.
Cambus, Camb, Fl. in Ober-Oestreich. [England.
Camelodunum, Duncaster, St. in
Camenecia, Camenecum Podoliae: Kaminiec-Podolski, St. in Polen.
Camentia, Camenz, St. in Sachsen.
Camera, Chambre, Mtfl. in Savoien.
Cameracensis ager, Cambresis, Landschaft in Flandern.

Cameracum = Camaracum; Kemberg, St. in Preussen.
Cameriacum, Chambery, St. in Savoien.
Camerinum, Camerino, St. im Kirchenstaat.
Camerinum Lemniörum, Chambery, St. in Savoien.
Camicus, Platanella, St. in Sicilien.
Camina, Kains, Dorf in Tyrol; Cammin, St. in Mecklenburg.
Caminata, Kemnade, Kloster im Fürstenthum Wolfenbüttel.
Caminiecum = Camenecia.
Campania, die Champagne in Frankreich.
— Campagna, St. im Neapol.; die Landschaft Terra di Lavoro daselbst.
— **felix**, Terra laboris, Laborinus campus: Landschaft Terra di Lavoro im Neapol.
— **romana**, das Gebiet um Rom, die sogenannte Campagna di Roma. [Holland.
Campi, Campia: Campen, St. in
— **Lapidei**, La Crau, Landschaft bei Arles in Frankreich.
Campidona, Kempten, St. in Baiern; Memmingen, St. in Würtemb.
Campililium, Lilienfeld, Kloster in Oestreich.
Campimontium, Chamouny, St. in Savoien.
Camplum, Campoli, St. in Neapel.
Campodunum = Campidona.
Campoveria, Campiveria, Vera: Veere od. Ter-Veere, St. in Holland.

Campsum, Camso: Gambs, D. in der Schweiz (St. Gallen.)
Campus Carolinus, Carlopago, St. in Dalmatien.
— **dominorum**, Ur-Mezö, Mtfl. in Ungarn.
— **dulcinus**, die Gemeine Campodolcino oder Campdulcin in Graubündten.
— **liliorum**, Lilienfeld, Mtfl. u. Kloster in Oestreich.
— **longus**, Hoszskzu-Mezö, Mtfl. in Ungarn.
— **longus**, Kampolongo, Langenau, St. in der Wallachei.
— **Marii**, die Rhone-Insel Camargue.
— **Merulae**, Cossova oder das Amselfeld in Serbien.
— **Panis**, Kenyer-Mezö, Ebene in Siebenbürgen.
— **Pomptinus**, Palus Pomptina oder Pontina: Paludi, die Pontinischen Sümpfe im Kirchenstaat.
— **regius**, Königsfeld, Mtfl. u. Kloster im Canton Bern.
— **Rotundus**, Campredon, St. in Spanien.
Camso = Campsum.
Camudolanum = Camalodunum.
Canalicum, Cairo, St. in Piemont.
Canapitium, Canavese, Grafschaft in Piemont.
Cancius, Cantius, Quentia: La Canche, Fl. in Frankreich.
Candida Casa, Whitehorn, Mtfl. in Schottland.
Candidum promontorium, Cap Blanc in Africa.

Canencebae, Karansebes, Festung in Ungarn.
Canetum = Bebriacum: Caneto, St. in Oberitalien. [Ungarn.
Canisia, Kanischa, Festung in
Cannae, Canne, Mtfl. im Neapol.
Cannus, Cayo, Berg in Castilien.
Canopus, Abukir, St. in Aegypten.
Canorgia, Canourgue, Benedictiner-Abtei u. St. in Languedoc.
Canoricum, Chanonry, Channery of Rosse, St. in Schottland.
Canosium, Canusium: Canosa, Schloss u. St. in Neapel.
Cantabria, Biscaya, Provinz in Spanien. [Biscaya.
Cantabricum mare, das Meer von
Cantabrigia, Cambridge, St. in England.
Cantacium, Cantazaro, St. in Calabrien.
Cantaropolis, Cana, Canstadinm: Canstadt, St. in Würtemberg.
Cantazarae provincia, Calabrien.
Cantii sinus oder Baraces: der Meerbusen von Katsch an der Westküste von Hindostan.
Cantiaebis = Amberga.
Cantiera, Cantyre, Halbinsel in Schottland, Grafschaft Argyle.
Cantierae rostrum = Epidium promonterium.
Cantii littora, die Dünen an der Ostküste von Kent, die Downs.
Cantium, Kent, Herzogthum in England; Cantoin, St. an der Schelde; Canzo, St. in Italien.
Cantius = Quentia.
Cantuaria, Durovernum: Canterbury, St. in England.

Canusium, Canosa, St. in Neapel.
Capella Domini Gilonis, La Chapelle Dom Gillon od. D'angillon, St. in Frankreich (Cher).
Capena, Civitella, St. im Kirchenstaat.
Capestanum = Caprasium.
Capha, Caffa, St. in der Krim.
Capharacum promontorium, Caphareus: das Vorgebirge Cabo dell' Oro auf der Insel Negroponte.
Capionis oder Capionis Turris: Chipiona, Mtfl. in Spanien.
Caprae dorsum, preuss. St. Ziegenrück in Thüringen.
Capraria = Aegilaon; Aegusa: Gomera, eine der Canarischen Inseln; Cabrières, St. in Frankr.
Caprasium, Capestan, Mtfl. in Frankreich (Seine et Oise).
Capria, Capreae: Capri, Insel am Golf von Neapel.
Caproniensis Processus, der Kapronozische District in Croatien.
Caprulae, Caorle, Insel im Venetianischen Meerbusen.
Capsa, Cafza, St. in Tunis.
Capua, Sta. Maria della Grazia, D. im Neapol.; Capua, St. das.
Capungum, Caufunga, Confugia, Confugium, Confunga: Kaufungen, Stift im Hessen-Casselschen.
Caput Aquenm, Capacio oder Capece, St. in Neapel.
— bonae spei, das Vorgebirge der guten Hoffnung.
— corsum, Capo Corso, Vorgebirge in Corsica.

Caput finis terrae, Cabo de Finis Terre, Vorgebirge in Gallicien.
— **Histriae,** Capo d'Istria, St. in Illyrien. [bündten.
— **Oeni,** das Engadin in Graubündten.
— **Stagni** = Caprasium.
Carabussa, Garabusa, Insel bei Candia.
Caracotinum, Carentan od. Harfleur, St. in Frankreich.
Caractonum, Allerton, St. in England.
Caradrina, Drino, Fl. in Albanien.
Carales, Caralis: Cagliari, St. in Sardinien.
Caramania, ein Theil der Asiat. Türkei, das alte Phrygien, Galatien u. Cappadocien.
Caramentum, Chateau Regnaud oder Renault, St. in Frankreich (Indre et Loire).
Carantonus, Charente, Fl. in Frankreich.
Caravacium, Caravaggio, Marquesat u. Mtfl. im Mailänd.
Carbonacum, Corvey, Kloster in Westphalen.
Carbonaria, Aiguebelle, St. in Savoien; Porto di Goro, St. in Italien.
Carcaso, Carcasona, Carcasum Volcarum: Carcassone, St. in Frankreich.
Carcathiocerta od. Amida: Diarbekir oder Kara-Amid, St. am Tigris in der Asiat. Türkei.
Carcoviana, Kirkwal, Mtfl. in Schottland.
Carcinites sinus, Meerbusen von Negropoli im schwarz. Meere.

Cardania, Cerdagne, Grafschaft in Catalonien.
Cardonia, Carden, Mtfl. im Stift Trier.
Cardia, Caridia, St. in Rumelien.
Carduchi, Curdi: die Kurden.
Carea, Carium, Cherium: Chieri oder Quiers, St. in Piemont.
Carento, Carentan, St. in Frankreich (Manche).
Carentonium, Charenton, St. in Frankreich.
Caricta, Carricta: Carrik, St. in Schottland.
Carilocus, Charlieu, St. in Frankreich (Loire). [reich (Ardennes).
Cariniacum, Carignan, St. in Frankreich.
Carinthia, Kärnthen.
Carinula = Calinula.
Cario comitum, Carrion de los Condes, St. in Spanien.
Caris, Carus: Cher, Fl. in Frankreich. [reich.
Carisiacum, Crecy, Mtfl. in Frankreich.
Caritaeum, caritas, Oppidum charitatis: La Charité, St. in Frankreich (Nièvre).
Carium = Carea.
Carleolum, Carliolae: Carlisle, St. in England.
Carlopolis = Compendium.
Carmana, Kerman od. Sirdjan, St. in der asiat. Türkei.
Carmania, Laristan, Kerman und ein Theil von Kabul.
Carmaniola oder **Carmanola:** Carmagnola, Carmagnole, St. in Piemont.
Carmelus, Karmel, Berg in Palästina.

Carmo, Carmonia: Carmona, St. in Spanien.
Carnarius sinus, Caruero, ein Theil des Venet. Meerbusens.
Carnia, Carniola, Carniolia, Crania: Herzogthum Krain.
Carnicum Julium, Villach, St. in Kärnthen.
Carnioburgum, Krainburg, St. in Krain.
Carnotena urbs, Chartres, St. in Frankreich.
Carnovia, Carnuvia: Jägerndorf, St. in Schlesien.
Carnuntum, Heimburg oder Deutsch-Altenburg, St. in Ungarn.
Carnutensis terra, die Landschaft Chartrain in Frankreich.
Carnutes, Carnutum: Chartres, St. in Frankreich.
Caroburgum, Cherbourg, St. in Frankreich.
Carocelia vallis, Thal Maurienne in Savoien.
Carodunum, Cracovia: Krakau, St. in Polen.
Carolesium, Charolais, Grafschaft in Burgund.
Caroli corona, Carlscrona, St. in Schweden.
Caroli hesychium, Carolsruha: Karlsruhe, St. in Baden.
Caroliae, Charolles, St. in Frankreich (Seine et Loire).
Carolina antiqua u. nova oder Carolopolis: Alt- u. Neu-Carleby, St. in Finnland.
Caroli portus, Carlshamm oder Carlshafen, St. in Schweden.
Carolinae Thermae, Carlsbad, St. in Böhmen.
Carolium, Karoly, Mtfl. in Ungarn.
Carololesium, Caroloregium: Charleroy, St. in den Niederlanden.
Carolomontium, Charlemont, St. in Frankreich (Ardennes).
Carolopolis, Charleville, St. in Frankreich (Ardennes).
Caroloregium = Carololesium.
Carolostadium, Carlstadt, St. in Baiern; C. Suevicum: Carlsstadt, St. in Schweden.
Carolovicia, Carolovitium: Carlowitz, St. in Slavonien.
Caronium, Corunna, St. in Spanien.
Carophium, Charost, St. in Frankreich (Cher).
Carpates, Carpathes, Montes Sarmatici: das Karpathische Gebirge.
Carpathus, Scarpanto, Insel im mittelländischen Meer.
Carpentoracte oder Carpentoractum Mimenorum: Carpentras, St. in Frankreich.
Carpetani, Landschaft Sierra di Guadalupe in Spanien.
Carpio, Kerpen, Mtfl. in Westphalen. [sischen
Carpium, Carpi, St. im Modenc-
Carpona, Karpona od. Karpfen, St. in Ungarn.
Carraca, Guadalaxara, St. in Spanien; = Caravacium.
Carrea, entw. Chieri, St. in Piemont oder Polenza, Mtfl. das.
Carrectanus marchionatus, Marquisat Carretto in Montferrat.

Carrhae, Carrae: Harran, St. in Mesopotamien.
Carrio Comitum, Carrion de los Condes, St. in Spanien.
Carrofum, Charroux, St. in Frankreich (Vienne).
Carsici, Cassis, St. in Frankreich (Bouches du Rhone).
Carteja, Algeziras, St. in Spanien; Gibraltar, ebend.; Rocadillo, St. daselbst.
Cartemunda, Kierteminde, St. in Dänemark.
Carthagena, Karthagena, Hauptstadt von Neugranada.
Carthago, Carthago, St. in Africa (das heut. Mersa in Tunis).
— **nova**, Spartaria: Chartagena, St. in Spanien. [nien.
— **vetus**, Cantavieja, St. in Spa-
Carthus, Cert, Fl. in Schottland.
Carthusia Grandis od. Magna: La grande chartreuse, Hauptkloster bei Grenoble.
Cartris, Jütland.
Carumbus, Caromb, St. in Frankreich (Vaucluse).
Carusa, Gherzeh, St. in der Asiat. Türkei am schwarzen Meere.
Carusadius, das Gebirge Karst im Herzogthum Krain.
Caruo, Grave oder Kuilenburg, St. in Holland. [chenland.
Caryae, Kravada, St. in Grie-
Carystus oder Carysta, Caristoa: Castel Rosso auf der Insel Negroponte.
Casa, Gaiss, D. in der Schweiz.
— **candida**, Whithern, Mtfl. in Schottland.

Casa Dei, Chaise Dieu, St. in Frankreich (Haute Loire).
Casalaqueum, Cazalejas, Mtfl. in Spanien.
Casale S. Evasii, Casalis: Casale, St. in Italien.
— **majus**, Casalmaggiore, St. im Mailändischen. [land.
Casandria, Kadzand, D. in Hol-
Casanum, Casau, St. in Russland; Cassano, St. in Italien; letztere heisst auch Cassanum oder Cosanum.
Cascale, Caseaes, St. in der span. Provinz Estremadura. [nien.
Cascantum, Cascante, St. in Spa-
Caschovia = Cassovia.
Cashilia, Cashel, St. in Irland.
Casimiria, Kazimierz, St. in Polen.
Casinomagus, Coulogne, Mtfl. in Frankr. (Gascogne). [Italien.
Casinum, San Germano, St. in
Casmene, Sicili, St. in Sicilien.
Casos, Casso oder Cago, Insel im Archipel.
Caspiae Pylae, der Engpass Pas de Khaouar in Mazenderan.
Caspium mare, das Meer von Astrakhan.
Caspirus, Kaschemir, St. in Indien.
Cassanum, Cassianum = Casanum.
Casseletum, Chatelet, St. im Lüttichischen; = Cassella.
Cassella, Cassellae, Cassula: Cassel, St. in Kurhessen; Casale, St. in Italien; Casole, St. in Piemont.
Casseletum, Casselium, Cassilium: Cassel, St. in Frankreich.

Cassilia = Casilia.
Cassinas = Mons Cassinus.
Cassinomagus, Chassenon, Mtfl. in Frankreich.
Cassinum, S. Germano, St. in Neapel; Monte Cassino, Kloster das. [Insel Corfu.
Cassiope, Cassopo, D. auf der
Cassiterides = Silurum Insulae.
Cassovia, Kaschau, St. in Ungarn.
Cassula = Cassella.
Castagnedolum, Castagnedoli, D. in Piemont und (Castagneto) Toskana. [St. in Spanien.
Castalia, Castellon de la Plana,
Castelavium Auravium, Castelnaudary, St. in Frankreich.
Casteletum, Le Chatelet, St. in Frankreich (Cher, Seine et Marne).
Castella (od. Castilia) **nova**, Neu-Castilien in Spanien.
— **vetus**, Alt-Castilien in Span.
Castelletum, Le Catelet, Mtfl. in Frankreich (Aisne).
Castellio, Conchae, Conchus: Conches, St. in Frankreich.
Castellio, mehrere Städte Châtillon in Frankreich: — Burgundiae: St. Châtillon les Dombes od. sur Chaleronne;
— ad Carim: St. Ch. sur Cher;
— ad Ingerim: St. Ch. sur l'Indre; — ad Ligerim: St. Ch. sur Loire; — ad Lupiam: St. Ch. sur le Loin;
— ad Matronam: St. Ch. sur Marne; — Medulci: St. Castillon de Medoc; — Pictaviae: St. Ch. sur Sèvre; — ad Sequanam: St. Châtillon sur

Seine; — Superior und Inferior: Ober- und Niedergestelen, D. in der Schweiz (Wallis).
Castellionum, Châtillon sur Marne, St. in Frankreich; Castiglione, St. in Piemont.
Castello, de, Villico: Château Villain, St. in Frankreich (Haute Marne). [in Frankreich.
Castellodunum, Châteaudun, St.
Castellum = Aquae helveticae.
— **ad Fuldam** = Casselium.
— **album**, Castelbranco, St. in Portugal. [Schweiz.
— **aquarum**, Baden, St. in der
— **Arianorum**, Castelnaudary, St. in Frankreich.
— **Baldum**, Castel Baldo, St. in Venetien. [hessen.
— **Cattorum**, Cassel, St. in Kur-
— **Drusi et Germanici**, Alt-Königstein, Schl. auf dem Taunus.
— **Durantium**, Castel Durante im Kirchenstaat.
— **Gubernium**, Governolo, D. in der Lombardei.
— **Heraldi**, Castrum Airaudi: Chatellerault, St. in Frankr.
— **Hunnorum**, Castelaun oder Castelhun, St. in Rheinpreuss.
— **Jctium**, Isle Jourdain, St. in Frankreich.
— **majus**, Castelmaggiore, St. in Lucca; Castelmagno, D. in Piemont.
— **menapiorum**, Kessel, St. an der Mosel im Limburgschen.
— **morinorum**, Cassel, St. in Frankreich (Nord).

Castellum mororum od. **morium,** Cafartout, St. in Kleinas. (Bagdad).
— **mosellanum** oder Tabernarum, Tabernae mosellanicae: Berncastel, St. a. d. Mosel im Stifte Trier. [Dalmatien.
— **novum**, Castel Nuovo, St. in
— **novum Arianorum,** Castelnaudary, St. in Frankreich.
— **novum Grafinianum**, Castel Novo di Garfagnana, St. in Modena.
— **S. Petri**, Castel San Pietro, Mtfl. im Kirchenstaat.
— **Rainaldi** oder Reginaldi = Caramentum. [aquarum.
— **Thermarum** = Castellum
— **Trajani** = Cast. Cattorum.
— **Truentinum**, Torre Segura, Ort in der Mark Ancona.
Castilio, Castiglione, Mtfl. in der Lombardei.
— **Calabriae,** Castiglione Maritimo, Mtfl. in Neapel.
— **Stiverorum**, Castiglione delle Stiviere, St. in der Lomb.
Castiniacum, Chatendis, Landschaft in Frankreich (Niederrhein).
Castiodum, Castiodunum: Oesch oder Oeschenbach, Mtfl. in der Schweiz (Canton Bern).
Castra, Castres, St. in Frankreich; Arpajon, Mtfl. das.
— **Alata**, Edinburgh, Hauptstadt in Schottland.
— **Augustana**, Straubing, St. in Baiern. [nien.
— **Caecilia,** Caceres, St. in Spa-
— **Exploratorum**, Carlisle, St. in England; Netherby, St. das.

Castra Hordeani, Oerdingen, St. in Rheinpreussen. [rorum.
— **Mororum** = Castellum mo-
— **Postumiana**, Castro del Rio, Mtfl. in Spanien.
— **rapida,** Coleah, St. in Algerien.
— **rhaetica,** Gaster od. Gastal, Landvoigtei in der Schweiz.
— **Trajani**, Ribnik, St. in der Wallachei.
— **Ulpia,** Kellen, Ort im Clevisch.
— **Vetera,** Xanten, St. in Rheinpr.
Castremonium, Castricomium: Castro, D. im Kirchenstaat.
Castriferrei Comitatus, die Eisenburger Gespannschaft in Ungarn.
Castriferrense oppidum, Sarvar, Mtfl. in Ungarn.
Castrilocus mons, Mons, St. in Belgien. [St. in Portugal.
Castrobracum, Castellobranco,
Castrodunum, Chateaudun, St. in Frankreich.
Castrum, Castro, St. in Neapel.
— **ad Laedum,** Château du Loir, St. in Frankreich (Sarthe).
— **Airaudi** = Castellum Heraldi.
— **Alarici,** Alairac, Mtfl. in Frankreich (Aude). [Frankreich.
— **Albigensium**, Castres, St. in
— **Albonis,** Albon, D. in Frankreich (Dep. Drôme).
— **Album** = Castellum Album.
— **Altum,** Segura de la Sierra, St. in Spanien.
— **Aragonense,** Castello Aragonese, St. in Sardinien.
— **Ariani**, Ariano, St. in der Lombardei.

7*

Castrum **Badenvillense**, Badenweiler, Schloss, Dorf u. Bad in Baden. [Tyrol.
— **Bellum**, Kastelbell, D. in
— **Bigorrense**, Tarbes, St. in Frankreich.
— **Bilium**, Haro, St. in Spanien.
— **Bilitionis** = Baltiona.
— **Boynum** od. Poynum: Peine, St. im Hannöverschen.
— **Borboniense** = Aquae Borbonicae. [Frankreich.
— **Briennium**, Brienne, St. in
— **Brientii**, Châteaubriand, St. in Frankreich.
— **Cameracense**, Château-Cambresis, St. in Frankreich.
— **Caninum**, Château-Chinon, St. in Frankreich (Nevers).
— **Celsum**, Château-Ceaux, D. in Frankreich (Manche).
— **Cepha**, Hesn-Kaifa, St. in der Asiat. Türkei (Bagdad).
— **cornu**, Castelcorn, Herrschaft in Tyrol. [Thüringen.
— **Cuphese**, der Kyffhäuser in
— **de arcubus**, les Arcs, Mtfl. in Frankreich (Var).
— **Delphini**, Château Dauphin, Schloss in Piemont.
— **Dolense**, Deols, Mtfl. in Frankreich (Indre).
— **Duni** od. Regiodunum: Dun le Roi, St. in Frankreich.
— **Ebredunum**, Ifferten od. Yverdon, St. in der Schweiz (Waadt).
— **Eraldium** oder Heraldi Castrum: Chatellerault, St. in Frankreich. [Ungarn.
— **Ferreum**, Eisenburg, St. in

Castrum **Francorum**, Castel-Franco, Mtfl. in der Lombardei.
— **Fontarabiae**, Aadaya, Mtfl. in Spanien.
— **Gallionis**, Gaillon, Mtfl. in Frankreich (Eure).
— **Gelosum**, Castel Geloux od. Jaloux, St. in Frankreich (Lot et Garonne).
— **Gontheri**, Château Gontier, St. in Frankreich (Mayenne).
— **Iphium**, Château d'If, Schloss in Frankreich (Rhonemündungen).
— **Landonis**, Château Landon, Mtfl. in Frankr. (Seine et Marne).
— **Leonis**, Castel Leone, St. in Neapel u. Mtfl. in der Lombardei.
— **Lucii**, Chalus, St. in Frankreich (Haute Vienne).
— **Ludovici**, Fort Louis, Festung am Rhein. [Italien.
— **Minervae**, Castro, St. in Unter-
— **montis Calvii**, Moncalvo, St. in Piemont.
— **novum**, Château-neuf, St. in Frankreich; Neufchatel, St. in der Schweiz; Corneto, St. im Kirchenstaat; Castel novo, Mtfl. in der Lombardei.
— **novum Ariani**, Castelnaudary, St. in Frankreich.
— **Pipini**, Bipp, Bergschloss in der Schweiz (Bern).
— **Porcianum**, Château-Porcien, St. in Frankr. (Ardennen).
— **Radulphi** oder Rufum: Châteauroux, St. in Frankr. (Indre).
— **Reginaldi**, Château-Regnaud, St. in Frankreich (Indre et Loire).

Castrum ruptum, Kastelruth, Herrschaft in Tyrol.
— **Salinarum**, Château-Salins, St. in Frankreich (Meurthe).
— **S. Michaelis**, S. Michael, St. in Siebenbürgen. [in Frankr.
— **Serris**, Le Grand-Serre, St.
— **Sinemurum Briennense**, Semur, St. in Frankreich (Côte d'or).
— **Taxianum** = C. Iphium.
— **Theoderici**, Château Thierry, St. in Frankreich (Aisne).
— **Valerianum**, Binswangen, D. in Würtemberg oder Bingenheim, Mtfl. in H.-Homburg.
— **Vetrium** od. Veterum, Caulonia: Castel vetere, St. in Neapel.
— **Vicecomitum**, Castel Visconte, Schloss im Cremon.
— **villanum**, Chateauvillain, St. in Frankreich (Haute Marne).
— **Vindonicum**, Vendôme, St. in Frankreich.
— **Vulpinum**, Château Renard, St. in Frankreich (Loiret).
Castulo, Cazorla, St. in Spanien.
Casuentus, Basento oder Vessento, Fl. in Neapel.
Casulae, Casoli, Mtfl. in Neapel.
Catabathmus magnus, Djebel Kebir, Bergkette in Africa.
— **parvus**, El Soughaïer, Bergkette in Africa. [Neapel.
Catacium, Catanzaro, St. in
Catalaunia, Catalonia, Catalonnia, Cathalannia, Gothalaunia: Catalonien, spanische Provinz.
Catalauni, Catalaunum: Chalons sur Marne, St. in Frankreich.
Catana, Catina: Catania, St. in Sicilien.
Catancium = Catacium.
Cataya oder Catayum, das Reich Kathay in der grossen Tartarei.
Cathanasia oder Cathenesia: Caithness, Grafschaft in Schottland; Dunmore, St. in Irland.
Catharum, Catarae Ascrivium: Cattaro, St. in Dalmatien.
Catobrigius pagus, der Klettgau in Schwaben.
Catolacum, Catulliacum, Fanum S. Dionysii: St. Denis, St. in Frankreich.
Catoneum, Codogno, St. in Venet.
Cattarum, Cattaro, St. in Dalmatien.
Catti, die Hessen.
Cattimelibocum, Katzenellenbogen, Mtfl. in Nassau.
Cattorum vicus, Cattwyk, D. in Holland.
Cattus, die Katzbach, Fl. in Schlesien. [reich.
Catuacum, Douay, St. in Frank-
Catulliacum = Catolacum.
Caturicae, Caturigae, Caturiges, Caturigomagus: Chorges, Mtfl. in Frankreich (Hautes Alpes).
Catusiacum, Chaource, St. in Frankreich (Aube).
Cauca, Coca: Coc, St. in Spanien.
Caucasiae pylae, Dariel, Engpass im Caucasus.
Cancoliberis,- rum, Collioure, St. in Frankreich (Pyrenées Orient).

Cauda vulpis, Coda di Volpe, Vorgebirge in Calabrien.
Cauderiae, Caudiès, Mtfl. in Frankreich. [St. in Neapel.
Caudium, Ariola oder Ariengo,
Caufunga = Capungum.
Caulon, Caulonia = Castrum Vetrium.
Caulum, Chaoul, St. in Dekkan.
Caunus, Montayo, Berg in Span.
Caurium, Cauria, Caurita: Coria, St. in Spanien.
Cauros, Andros, Insel im Archipel.
Caurzimensis oder Gurimensis circulus oder provincia: der Kaurzimer Kreis in Böhmen.
Cava Juliani, Cabilhana, St. in Portugal. [in Frankreich.
Cavarum oppidum, Avignon, St.
Cavea, La Cava, Kloster in Italien.
Cavilonum = Cabillonum.
Cavortium, Caours, Mtfl. in Piemont.
Cavum, Caffa oder Feodosia, St. in der Krim.
Cayster od. Caystrus: Kitschek Meinder, Fl. in Kleinasien.
Cea = Ceos.
Ceba, Ceva, St. in Piemont.
Cebanum, Gebenna, Geneva, Janoba, Janua: Genf, St. in der Schweiz.
Cebenna mons oder Cebenna: das Cevennengebirge in Frankr.
Cecropia = Athenae: Athen.
Celeia, Celeja: Cilli oder Zilli, St. in Steiermark. [garn.
Celemantia, Kalminz, St. in Un-
Celenderis, Kelendri, St. in Cilicien.

Celinum, Schlins, Gericht u. Dorf in der Schweiz.
Celia, -um, Cegli, St. in Neapel.
Cella, Cellae: Celle, St. in Hannover; ad lacum inferiorem: Zell am Zellersee im Salzb.; ad Mosellam: Zell im Hamm, St. in Rheinpreussen. [temb.
— bona, Gutenzell, Abt. in Wür-
— St. Canici, Kilkenny, Grafschaft u. St. in Irland.
— Dei inferior, Unter-Zell, Kloster in Würtemberg.
— Dei superior, Ober-Zell, Kloster in Würtemberg.
— Paulina, Paulinzelle, Abt. u. D. in Schwarzburg Rudolstadt.
— principis, Fürstenfeld, Kloster in Steiermark.
— Rudolphi, Zell, Mtfl. in Schwab.
— S. Jodoci, St. Josse, Kloster in der Picardie.
— S. Mariae, Kleinmariazell, Kloster in Oestreich.
— Solae oder Solonis: Solenhofen, Mtfl. in Baiern.
Cellae = Cala. [St. in Spanien.
Celsona, Celsa, Calea: Solsona,
Celtae domus, Celeusum: Kellheim, St. in Baiern.
Celtiberia oder Castella: Königreich Kastilien, auch Königreich Aragonien.
Cemmenus mons, die Sevennen.
Cenadium, Chonader Gespannschaft in Ungarn.
Cenaeum, Capo Liter, Vorgebirge auf der Insel Negroponte.
Cenchreae, Kenkrie, Mtfl. in Griechenland.

Cenebum, Cenobum, Gennepum: Gennep, St. in Belgien.
Cenestum, Corte, St. auf der Insel Corsica. [St. in Neapel.
Cenetum = Acedes; Cerreto,
Cenna, Cinna: Langenzenn, St. in Baiern.
Cennacum, Chiney oder Ciney, St. in Belgien (Namur).
Cenomanensis ager, Landschaft Maine in Frankreich.
Cenomani, Cenomanum: Le Mans, St. in Frankr. [tus.
Cenonis ostium = Volubae por-
Centrones, Centron, Mtfl. in Frankreich (Alpes Grecques).
Centrones Allobroges, Landschaft Tarantaise in Savoien.
Centronum civitas, Moutiers, Hauptstadt darin.
Centulum, St. Riquier, St. in Frankreich (Somme).
Centumcellae, Cività vecchia, St. im Kirchenstaat.
Centumcollis, Hundert-Bücheln od. Zashalon, Mtfl. i. Siebenbürg.
Centuripa, Centorbe od. -vi, St. in Sicilien. [Archipel.
Ceos, Zia, Cia, Ceo, Insel im
Cepelia, die Donauinsel Csepel in Ungarn. [Insel.
Cephalenia, Cephalonia, ionische
Cephaloedis, Cephaloedium: Cefalu, St. in Sicilien.
Cepusiensis comitatus, Grafschaft Zips in Ungarn.
Cepusium, Scepus, Zipserhaus, Scepesvar, Schloss in Ungarn.
Cerasus, Keresoun, St. in der asiat. Türkei.

Ceraunii montes = Acroceraunii montes: das Vorgebirge della Chimera in Epirus. [Neapel.
Cerbalus, Carapella, Mtfl. in
Cerbalus, Cervaro, Fl. in Neapel.
Cercetae, die Circassier.
Cercidius, Liamone, Fl. a. d. Insel Corsica; Pianello, Fl. in Sard.
Cercina, Kerkeni, Insel an der Küste von Tunis.
Cercunum, Cerzun, Gemeine in der ital. Schweiz (Veltlin).
Cerdania, Cerda, St. in Spanien.
Ceredania, Cerdagne, Grafschaft in Spanien und Frankreich.
Cerenthia, Geruntia: Gerenzia oder Cerenzia, St. in Neapel.
Ceres, Serrae, St. in Griechenland.
Ceretani = Ceredania.
Ceretanorum jugum, od. Podium: Puycerda, St. in Catalonien.
Ceretica, Cardigan, St. in England.
Ceretum, Ceret, St. in Frankreich (Pyren. Orient.). [Euboea.
Cerinthus, Zero, St. auf der Insel
Cerne, Insel Madeira od. Porto Santo.
Cernetum, Cerreto, St. in Neapel.
Certeratae, Cotracum: Coutras, St. in Frankreich (Gironde).
Certiacum, Zurzach, Mtfl. in der Schweiz (Aargau).
Cerveria, Cervera, St. i. Catalonien.
Cervia, Chièvres, St. in Belgien.
Cervimontium, Walzenhausen, Gemeine und Pfarrkirche in der Schweiz; ad Salam: Hirschberg, St. im reuss. Voigtland.

Cervimontium, Hirschberg, St. in Schlesien; Westfaliae: Hirzberg, St. in Westphalen.
Cervíum, Cierf, D. in Graubündten.
Cesarista = Citharista.
Cessata, Hita, St. in Spanien.
Cessero, Chartres od. Montpellier, Städte in Frankreich.
Cestria, Chester, Grafschaft und St. in England.
Cetius mons oder Mons Calvus: Kahlenberg, Gebirge in Oestreich, unter der Enns.
Cetobriga, Setubal, St. in Portugal; Almaden, St. in Spanien. [lon.
Ceylanum, Ceilanus: Insel Cey-
Chabellium, Chabulium: Chabeuil, St. in Frankreich (Drôme).
Chaboras oder Aborras, El-Khabour, Fl. in Mesopotamien (Paschalik Reha).
Chactornia, Czakenthurn, St. in Ungarn. [phalen.
Chaemae, Münster, St. in West-
Chaeronea, Capranu od. Skrupi, sonst Arne, St. in Griechenland.
Chalcedon, Kadi Keui, St. am Marmara-Meer, Constantinopel gegenüber. [Negroponte.
Chalcedotis, Chalcodotis: Insel
Chalcis, Insel Negroponte; Egribo, Hauptstadt daselbst.
Chalusus, Trave, Fl. in Holstein.
Chalybon, Aleppo, St. in Syrien.
Chalybs, Cabe od. Queiles, Fl. in Spanien.
Chamarium, Chambariacum = Camberiacum.
Chambordium, Chambord, Lustschloss in Frankreich.

Chanrea, Chanoricum: Chanonry, Channerie of Rosse, Mtfl. in Schottland. [Epirus.
Chaonia, Sandschak Delvino in
Charax, Caracaja, Vorgebirge in der Krimm. [Meerbusen.
— **Pasini,** Karem, St. am pers.
Charitas, Charitaeum, Charitatis oppidum: La Charité, St. in Frankreich. [nien.
Charmona, Carmona: St. in Spa-
Charmuthas, Jambo, St. in Hedjaz.
Charrae, Harran, St. in der asiat. Türkei.
Charras, Kairo, St. in Aegypten.
Charus, Cher, Fl. in Frankreich.
Chastilium (Florentinum): Castiglione Fiorentino, St. in Toscana.
Chelmensis terra, die Landschaft Chelm in Polen.
Chelonites, Cap Tornese od. Jardan auf der Halbinsel Morea.
Chemerig, Kemberg, St. bei Wittenberg in Preussen.
Chemiagus lacus, der Chiemsee in Baiern.
Chemmis = Panopolis.
Chemnitium, Chemnitz, St. in Sachsen. [gus.
Chereburgum = Caesaris Bur-
Cherium = Carea.
Cherrone, Cherson: Eupatoria, St. in der Krimm.
Chersonesus Cimbrica, Halbinsel Jütland.
— **Crimaea** oder Taurica, die Krimm.
— **Novantum,** Galloway, Galway, Halbinsel u. St. in Irland.

Chiemus lacus, der Chiemsee in Baiern.
Chierium, Chieri, St. in Italien.
Chilmoria, Kilmore, Mtfl. u. Kirchspiel in Irland.
Chilonium, Kielia, Kilonia: Kiel, St. in Holstein.
Chimacum, Chimay, St. in Belgien.
Chinejum, Chiniacum: Chiny, St. in Belgien.
Chinonium, Chinon, St. in Frankreich (Indre et Loire).
Chiovia, Kiew, St. in Russland.
Chius, Skio, türkische Insel im ägeischen Meer.
Choama, Koum oder Kom, St. in Persien.
Choaspes oder Eulaeus: Kara-Su oder Abzal, Fl. in Indien.
Choaspes, Kerah oder Kerkah, Fl. in Persien.
Chorasmias lacus, der Aral-See in Turkestan. [Sachsen.
Choriani villa, Kohren, Mtfl. in
Chotinum, Choczim, Festung in Bessarabien.
Chotwicense monasterium, Kloster Göttwich in Oesterreich.
Chremissae monasterium, Kremsmünster, Mtfl. in Oestreich.
Chrepsa, Cherso, Insel (u. St.) im adriatischen Meere.
Christa, Chrast, Mtfl. in Böhmen.
Christiania, Aggerhus, Amt in Norwegen; Christiania, Hauptstadt von Norwegen, sonst auch Opslo genannt.
Christianostadium od. Christianopolis: Christianstadt, St. in Schweden.

Christiani munitio, Christianpries oder Friedrichsort, Festung in Schleswig.
Christianae portus, Christineham, St. in Schweden.
Christopolis, Emboli, St. in Macedonien.
Chronopolis, Tilsit, St. in Preussen.
Chronus, Niemen oder Memel, Fl. in Litthauen.
Chrudimensis circulus, der Chrudimer Kreis in Böhmen.
Chrysii Auraria, Körös-Banya od. Altenburg, Mtfl. in Siebenbürgen. [in Ungarn.
Chrysius, Chrysus: Körös, Fl.
Chrysopolis, Scutari, St. in Anatol.
Cibalis, Swilej, St. in Illyrien.
Cibiniensis comitatus, die Hermannstadter Gespannschaft in Siebenbürgen.
Cibinium, Villa Hermanni: Hermannstadt oder Szeben Szeke, St. in Siebenbürgen.
Cibyra, Cibyrrha: Bourouz, St. in Kleinasien.
Ciceres, Zizaria: Zizers, D. in Graubündten.
Cicestria, Chichester, St. in England. [Tyrol.
Cilarn vallis, das Zillerthal in
Cilicia, Zülz, Zülch od. Biala, St. in Schlesien; die Paschaliks Selefkeh und Adana in Kleinasien.
Cilma oder Oppidum Cilmanense: Gilma, St. in Tunis.
Cimaculum, Comachium, Comacium: Comachio, St. im Kirchenstaat.

Cimarus, Karabonsa, Insel bei Candia im mittell. Meer.
Cimbria, Jütland, Schleswig und Holstein.
— **parva**, Fimbria, Imbria, Femera: Femern, dän. Insel in der Ostsee.
Cimbrorum promontorium, das Vorgebirge Skager an der Küste von Jütland; C. portus: Cimbrisham, St. in Schweden.
Ciminius mons, Viterbo, Berg in Italien.
Cimmerium, Alt-Krimm od. Leukopol, St. in der Krimm.
Cimolos, Argentiera oder Kimolo, Insel im Archipel.
Cinga, Cinca: Singa od. Senga, Fl. in Aragonien.
Cingari, die Zigeuner.
Cingulum, Cingoli, St. im Kirchenstaat.
Cinna = Cenna.
Cinnibantum, Kimbolton, Mtfl. in England.
Cinum, Scinum: Cin, Gemeine in der Schweiz (Graubündten).
Cinyps, Oued Quaham, Fl. in Africa.
Circaeum promontorium, Circaeus mons, Circejum: Circello, Vorgebirge an der Küste des Kirchenstaates, auch Sanfelice genannt.
Circeji, -jum, Monte Cirvello, St. in Italien.
Circesium, Karkissa oder Kirkesich, St. in der asiat. Türkei.
Circonensis lacus, der Czirknitzer See in Krain.

Circulus Brennensis, der Brünner Kreis in Böhmen.
Cireola, Cirle oder Zirl, D. in Tyrol.
Ciriacum, Cirie, Mtfl. bei Turin.
Ciricium, Cirna, Cyriscum: Czersk, St. in Polen.
Cirna = Ciricium.
Cirta, Constantine, St. in Africa.
Cissa = Castra rapida: Guissona, St. in Spanien.
Cistercium, Cisteaux oder Citeaux, Abt. in Frankreich (Côte d'Or.)
Citharista, Ceyreste, D. in Frankreich (Bouches du Rhône); La Ciotat, St. in Frankreich.
Citium, Larnaka oder Chiti, St. auf der Insel Cypern.
Citium, Zeitz, St. in Preussen.
Citron, Citrum, Pinga: Chitro: St. in Macedonien.
Cituatum oder Cituorum insula, die Donauinsel Schütt in Ungarn.
Cius, Ghio oder Kemlik, St. in Anatolien.
Civaro = Cambriacum.
Civitas, La Ciotat, St. in Frankreich (Rhonemündungen).
— **Aeduorum** = Augustodunum.
— **altae ripae** = Brega.
— **antiqua**, Halberstadt, St. in Preussen.
— **Aurelia aquensis**, Baden, St. und Bad in Baden.
— **Ausariensis**, Osero, Insel bei Venedig.

Civitas Biterrensium = Beterrae.
— **Curiosopitum**, Quimper, St. in Frankreich. [Frankreich.
— **Diniensium**, Digne, St. in
— **Ducalis**, Civita Ducale, St. in Neapel.
— **Graviscae**, Montalto, St. im Kirchenstaat.
— **imperialis ad Gosam**, Goslar, St. in Hannover.
— **indaginis**, Haga Schauenburgi: Stadthagen, St. in der Grafschaft Schaumburg. [num.
— **Lingonum** = Antemantu-
— **Meldorum**, Jatinum, Meldi: Meaux, St. in Frankreich.
— **montis Graecensis** od. Zagrabiensis: Zagrab, St. in Croatien.
— **Nemetum**, Nemidona, Spira: Speier, St. in der Pfalz.
— **nova**, Citta Nuova, St. in Illyrien und Neapel.
— **Plebis**, Civita della Pieve, St. im Kirchenstaat. [Spanien.
— **regia**, Ciudad real, St. in
— **Rejensium** = Albece.
— **Remorum** = Durocorturum; Rheims, St. in Frankreich.
— **Roderici**, Ciudad Rodrigo, St. in der span. Provinz Estremadura.
— **Salinarum**, C. salinensis, Salinae: Castellane, St. in Frankreich.
— **S. Angeli**, Civita St. Angelo, St. in Neapel.
— **S. Miniatis ad Tedescum**, S. Miniato (Tedesco), St. in Toscana.
— **tuta**, Cittadella, St. im Venet.

Civitas Vasatica = Cossio.
— **vetus**, Civita Vecchia, St. im Kirchenstaat.
Civitatula = Civitas tuta.
Ciza, Zeitz, St. in Preussen.
Cladrubum, Kladrau, St. in Böhmen.
Clameciacum, Clamiacum: Clamecy, St. in Frankr. (Nièvre).
Clamiacum = Clameciacum.
Clamorgania, Glamorgan, Grafschaft in Wales in England.
Clanis, Chiana, Fl. in Toscana.
Clanius, Clanus: Clain, Fl. in Frankreich.
Clanum, Glocester, St. in England.
Claramontium, Clermont, St. in Frankreich. [mont.
Clarascum, Cherasco, St. in Pie-
Claravallense coenobium, Claraevallis, Charavallis: Clairvaux, Abt. u. Mtfl. in Frankreich (Aube).
Clara Werda, Schönenwerd od. Bellowerd, Mtfl. i. d. Schweiz.
Clarenna ad Lici confluentem, Rain, St. in Baiern; Kirchheim unter Tek, St. in Würtemberg.
Clarentia, Clarence, St. in England; Clarenza oder Chiarenza, Landschaft u. St. auf der Halbinsel Morea. [reich.
Claretum, Clairets, Abt. in Frank-
Clariacum ad Ligerim, Clery, St. in Frankreich; ad Oldam: Clerac, St. das.
Claritas Julia, Espejo, Mtfl. in Spanien.

8*

Clarium, Chiari, St. in Italien.
Clarius = Clanius.
Clarofontanum palatium, Hellebrunn, Lustschloss a. d. Salzach in Oesterreich.
Claromontium, Claromontum, Claromontium Lutevense, Clarus mons: Clermont, St. in Frankreich (Auvergne).
Clarus fons, Clairfontaine, Kloster u. D. in Frankreich; Sherborne, Mtfl. in England.
Clarus mons (Bellovacensis), Clermont en Beauvoisis, St. in Frankr.;(Lotharingiae): Clermont en Argonne, St. in Frankreich; Mtfl. bei Lüttich. [lien.
Clastidium, Casteggio, St. in Ita-
Clatovia, Klattau, St. in Böhmen.
Claudia, Klagenfurt, St. in Krain; Chioggia, Laguneninsel bei Venedig.
— **castra** oder Claudiocestria: Glocester, St. in England.
Claudiopolis, Clausenburg, St. in Siebenbürgen; St. Claude, St. in Frankr.; = Antinoopolis.
Clausa, Chiusa, Mtfl. in Piemont; gleichnam. Pass in der Nähe von Udine. [in England.
Clausentum, Southampton, St.
Clausina, Clausium: Clausen, St. in Tyrol.
Claustriburgum, Klosterneuburg, St. in Oesterreich.
Claustrum, Covoli oder Kofel, Pass in Tyrol. [land.
Clausulae, Sluys, Festung in Hol-
Clavarum, Claverinum: Chiavari, St. im Genues.

Clavasium, Chivasso, St. in Piemont.
Clavenna, Chiavenna, Cläven, Clefen, St. in der Lombardei.
Clazomenae, Vurla, St. in Griechenland.
Claverium, Claverinum = Clavarum.
Clericum, Clairac, St. in Frankreich.
Cleriacum, Clery, St. in Frankreich (Loiret).
Clevum, Glocester, St. in England.
Climberis, -rrum, Auch, St. in Frankreich (Gers).
Cliniacum, Clugny oder Cluny, St. u. Benedictinerabtei in Frankreich (Saône et Loire).
Clissonium, Clisson, St. in Frankreich.
Clitumnus, Clitunno, Fl. in Italien.
Clivia, Cleve, St. in Westphalen.
Clivus S. Andreae, La Cotte S. André, St. in Frankreich.
— **S. Lucii**, Luciensteig, Engpass in der Schweiz (Graub.).
Clodova, Orsowa, St. i. d. Wallach.
Clona, Cluanum: Cloney, Kirchspiel in Irland. [land.
Clonfertia, Clonfert, Mtfl. in Ir-
Cludanus amnis, Cluda: Clyde, Fl. in Schottland.
Cluida = Cludanus amnis.
Cluidae aestuarium, Clyde-Fyrth, Meerbusen in Schottland.
Clundivium = Claudia.
Clunia, Coruna del Conde, St. in Spanien.
Cluniacum = Cliniacum.

Clurium, Chiuro, Pfarrdorf in der Schweiz.
Clusa, Cluse, St. in Savoien; = Clausulae.
Clusina = Clausina.
Clusium, Chiusi, St. in Toscana.
Clusonia vallis, Cluson, Thal in Piemont.
Cluvianus, Clodianus: Fluvia, Fl. in Catalonien.
Cnapdalia, Knapdale, Landschaft in Schottland.
Cnossus, Enadieh oder Ginossa, St. auf der Insel Candia.
Coagium, Kiöge oder Köge, St. in Dänemark.
Cobena, Köben, St. in Schlesien.
Cobiomagum, Cabagnac, St. in Frankreich.
Coburgum, Coburg, St. in Sachsen-Coburg-Gotha.
Cocermutium, Cockermouth, St. in England.
Cochemium, Cochima, Cochomus: Kochheim od. Kochem, St. im Trierschen.
Cociacum, Coucy le Château, St. in Frankreich (Aisne).
Codania = Havnia.
Codanonia, die dänische Insel Seeland.
Codanus sinus, der Cattegat, der Sund, das baltische Meer.
Codiciacum = Cociacum.
Coelanum, Celano, St. im Neapol.
Coeli corona, Himmelskron, Schloss u. D. im Baireuthschen.
Coelius mons = Caelius mons.
Coene, El-Senn, St. in der asiat. Türkei.
Coenobium, Canobio, Mtfl. in Piemont; Kanobia, St. in Tripolis.
— **Mariaevallense** oder monialium vallis b. Mariae: Sornzig, Kloster im Braunschweig.
— **b. Virginis Mariae,** Marienthal, Kloster in Ungarn und in der Lausitz. [in Böhmen.
— **insulanum,** Ostroko, Kloster
Coenoenum = Lauenburgum.
Cognacum, Cognac, St. in Frankreich.
Cola, Coll, hebridische Insel.
Colania, Coldania: Coldingham, St. in Schottland.
Colapis, Kulpa, Fl. in Croatien.
Colcestria, Colchester, St. in England.
Colchis, das heutige Mingrelien und Imerethien.
Coldania = Colania.
Coleda, Kölleda, St. in Preussen.
Colentum, Mortaro od. Mortara, Insel an der Küste von Dalmatien.
Collis, Colle, St. in Toskana.
— **Martis,** Colmars, befestigter Mtfl. in Frankr. (Niederalpen).
Collum longum, Simiane od. Cologne, St. in Frankreich.
Colmaria, Columbaria: Colmar, St. im Elsass.
Colomia, Kolomea, St. in Galizien.
Colocia, Kolocza, St. in Ungarn.
Colomeria, Coulommiers, St. in Frankreich.
Colonesus (falsch für Calonesus), Pulchra insula: Belle Isle en Mer, Insel a. d. franz. Küste.
Colonia = Colcestria; Cöln, St. am Rhein.

Colonia Accitana, Guadix, St. in Spanien.
— ad Spream od. Spreuum: Cölln an der Spree; = Berlin.
— Agrippina, Cölln (Cologne), St. am Rhein.
— Allobrogum, Genf, St. in der Schweiz.
— Augusta Firma, Ecija, St. in Spanien.
— Classensis od. Classica: Frejus, St. in Frankreich.
— equestris, Neuss, St. in Rheinpreussen.
— Fanestris, Fanum Fortunae, Julia Fanestris: Fano, St. in Italien.
— Julia, Pisae: Pisa, St. in Italien.
— Julia Sutrina, Sutri, St. im Kirchenstaat.
— juxta Albim, Kollin, St. in Böhmen.
— Marchica, Marchionum oder Brandenburgica: Cölln, St. an der Spree; = Berlin.
— Marcia, Marchena, Mtfl. in Spanien.
— Munatiana, Basel, St. in der Schweiz.
— Octavanorum = Colonia Classensis.
— Pacensis, Pax Augusta: Badajoz, St. in Spanien; = Colonia Classensis. [nien.
— Patricia, Cordova, St. in Spa-
— Rauracorum, Basel, St. in der Schweiz.
— Romulea, Hispalis: Sevilla, St. in Spanien.

Colonia Ubiorum, Cölln, St. am Rhein.
Colosia, Colosium: Clausenburg oder Kolos, St. in Siebenbürgen.
Colosvariensis comitatus, die Clausenburger Gespannschaft in Ungarn.
Colubraria, Formentera, balearische Insel.
Columbaria, Coulommiers, St. in Frankreich; Cervoli, Insel im mittell. Meer; Colmar, St. im Elsass.
Columbus, St. Columb oder Columbton, Mtfl. in England.
Columnarum caput, Cap Colonna, Vorgebirge der neapol. Küste am ionischen Meer.
Comaclium, Comaclum, Comacium, Comacula: Comachio, St. im Kirchenstaat.
Comana Pontica, Berisa: Gumenik od. Tokat, St. in Carmanien.
Comara, Comarnum, Comaronium, Comaronia: Komorn, Festung in Ungarn.
Comensis lacus, der Comer-See.
Comesianorum conventus, Gambs, D. in der Schweiz (St. Gallen).
Comineum, Commines, St. in Belgien.
Comitatus Avenionensis oder Venascinus: Avignon, Grafschaft in Frankreich.
— Regis, Kings-County, Grafschaft in Irland.
Comitis (falsch -itatis) mola, Grevesmühlen, St. im Mecklenburgischen.

Commerciacum, Commercy, St. in Frankreich (Meuse).
Comminium, Communica = Comineum.
Compendium, Compiegne, St. in Frankreich.
Complutum, Alcala de Henares, St. in Spanien.
— **Allobrogum** = Colonia Allobrogum.
Compostella, Compostella, St. in der Provinz Gallicien in Spanien.
Compsa, Conza, St. in Neapel.
Comum, Como, St. in Italien.
Cona, Conada, Condida, Condate: Cosne, St. in Frankreich (Nièvre).
Conacum, Conaleum: Cognac, St. in Frankreich.
Conca, Concha, Concia: Cuença, St. in Spanien.
Concae, Conques, St. in Frankreich (Aude).
Concana, Santillana oder Cangas de Oniz, St. in Spanien.
Concangium, Kirkby-Kendal, St. in England.
Conchae = Castellio.
Concordia, Drusenheim, St. im Elsass; Tomar, St. in Portugal.
Condaeum, Condatum, Condetum: Condé sur l'Escaut, St. in Frankreich (Nord).
— **ad Nerallum,** Condé sur Noireau, St. in Frankreich (Calvados).
Condahates, Gondok, Fl. in Tibet.
Condate, Rennes, St. in Frankreich; Northwich, St. in England.

Condida = Cona.
Condivicnum, Condivincum: Nantes, St. in Frankreich.
Condomium Vasconum, Condom, St. in Frankreich.
Condriacum, Condrievium, Condrium, Condrusium: Condrieu, St. in Frankreich.
Condrusium, Condros, Landschaft im Lüttichischen.
Conelianum, Conegliano, St. in der Lombardei.
Coneum, Coni oder Cuneo, St. in Piemont.
Confengon = Capungum.
Confluentes, Confluentia: Coblenz, Mtfl. in der Schweiz (Aargau); Conflans, Mtfl. in Frankreich u. Savoien; Coblenz, St. am Rhein; Confolens, St. in Frankreich (Charente); Sepulveda, St. in Spanien.
Confluentia = Confluentes.
— **Westphalica,** Beckum oder Beckem, St. in Westphalen.
Confugia = Capungum; = Christinae portus.
Confunga = Capungum.
Congia, Kiöge, St. in Dänemark.
Congum, Congo, Königreich in Africa.
Conimbria, Coniza: Konitz, St. in Preussen.
Conimbrica, -bra, Colimbria: Coimbra, St. in Portugal.
Connacia, Connaught, Provinz in Irland. [land.
Connovius, Conway, Fl. in England.
Conovium, Aber-Conway, St. in Nordwales in England.

Conquestus, Le Conquet, St. in Frankreich (Finisterre).
Consabum, -urum, Consuegra, St. in Spanien.
Consentia, Cosenza, St. in Neapel.
Consentina provincia, Calabrien.
Conseranum, Conserens, Mtfl. in Frankreich (Ariège).
Consoranni = Conseranum und = Fanum S. Lizerii.
Constantia, Constanz od. Costnitz, St. in Baden.
Constantia, Coutances, St. in Frankreich (Manche).
Constantiana, Praslowitscha, bulg. St. am schwarzen Meer.
Constantiensis lacus, der Bodensee. [reich.
Constantina, Arles, St. in Frank-
Constantinopolis, Constantinopel, Hauptstadt der Türkei.
Constantinus pagus, Cosentin, Landschaft in der Normandie.
Consuanetes, Landshut, St. in Baiern.
Consulinum, Stilo, St. in Neapel.
Contazarae provincia, Calabrien.
Contegium, Gundis, Pfarrdorf in der Schweiz (Wallis).
Contiacum, Contium: Conty, St. in Frankreich (Somme).
Contra Acincum, Hermannstadt, Hauptstadt von Siebenbürgen.
Contributa, Medina de las Torres, St. in Spanien.
Contrum, Runters, Gemeine in der Schweiz.
Convallium, Küblis, Gemeine in der Schweiz (Graubündten).
Convenae od. Convenensis Tractus: Cominges od. Comminges, ehemal. Grafschaft in Frankreich (Gascogne).
Convennos, Canvey, Insel an der Themsemündung. [land.
Conventria, Coventry, St. in Eng-
Conversanum, Cupersanum: Conversano, St. in Neapel.
Cophes, Kabul, Fl. in Indien.
Copinga, Köping, St. in Schweden.
Coptos, Kept, St. in Aegypten.
Coqueda, Coquet, Insel in England.
Cora, Cori, Mtfl. im Kirchenstaat.
Corax, Algeri, Seehafen u. St. auf der Insel Sardinien.
Corax = Crotalus.
Corbacum, Corbach, St. in Hessen-Cassel.
Corbeja, Corbie, St. in Frankreich (Somme).
— **nova** od. Saxonica: Corvey, Kloster in Westphalen.
Corberia, Corbers od. Corberg, Mtfl. u. Schloss in der Schweiz.
Corbiena, Khorrenabad, St. in Persien.
Corbilo od. Pagus Nannetum: Conéron, St. in Frankreich (Unter-Loire).
Corbiniacum, Corbigny, St. in Frankreich (Nièvre).
Corbo, Corbonum: Corbon, D. in Frankreich (Orne).
Corbolium, Corbonium ad Sequanam, Josedium: Corbeil, St. in Frankreich.
Corbonum = Corbo.
Corcagia, Corcavia: Cork, St. in Irland.

Corcoras, Labachus: Laibach, Fl. in Krain.
Corcura, Kerkouk, St. in der asiat. Türkei (Bagdad).
Corcyra, Drepane, Scheria, Phaeacia: Corfu, Insel im mittell. Meer. [matien.
— **nigra**, Curzola, Insel in Dalmatien.
Corduae, Cordes, St. in Frankreich (Tarn).
Corduba od. Colonia Patricia: Cordova, St. in Spanien.
Corfinium, San-Pelino, St. in Neapel.
Coriallum, Cherbourg, St. und Hafen in Frankreich.
Corifus, Insel Corfu. [Neapel.
Coriolum, Corigliano, St. in
Corinium, Cirencester, St. in England; Cori, kleine St. in Dalmatien.
Corinthiacus sinus, der Meerbusen von Lepanto.
Coriosopitum, Quimper, St. in Frankreich.
Coriticum, Krink, Mtfl. in Krain.
Corius oder Salsos: Kour, Fl. in Persien. [reich (Indre et Loire).
Cormaricum, Cormery, St. in Frankreich.
Cormiciacum, Cormicy, St. in Frankreich. [Darmstadt.
Cornelia, Wimpfen, St. in Hessen-
Cornubia, Cornwall, Provinz in England.
Cornubium, Cornouaille, D. in Frankr. (Maine et Loire). [staat.
Cornuetum, Corneto, St. i. Kirchen-
Cornu Galliae, das Bissthum Quimper oder Cornouailles in Frankreich (Basse Bretagne).

Cornuvia = Carnovia.
Corocotinum, Cretense castrum: Crotoy, St. in Frankreich (Somme).
Corona, Kronstadt, St. in Siebenbürgen; Coron, Festung auf Morea; Kloster Güldenkron; Corone, Fl. in der Lombardei.
Coronaeburgum, Kronenburg, Festung auf der Insel Seeland.
Coronea, Conneria, St. in Griechenland. [Insel Schonen.
Coronia, Landscrona, St. auf der
Corsilianum, Pientia: Pienza, St. in Toscana.
Corterate, Coutras, St. in Frankreich (Gironde).
Corteriacum = Cortracum.
Corticata, Cortegana, St. in Span.
Cortiniacum, Cortenacum: Courtenay, St. in Frankreich (Loiret).
Cortracum, Cortriacum: Courtray oder Cortryk, St. in Flandern.
Corvantiana vallis, Churwalden, Landschaft in Graubündten.
Corvantiense monasterium, Churwalden, Kloster das.
Corvi insula, Corvo, azorische Insel.
Corycus, Curco oder Kara-Hissar, St. in Cilicien.
Corythus, Croton, Laura: Cortona, St. in Toscana.
Cosa, Cassano, St. in Neapel; Orbitello, St. in Toscana.
Cosanum = Casanum. [brien.
Cosentia, Cosenza, St. in Cala-
Cosfeldia, Koesfeld, St. in Westphalen.

Cosilinum, Cogliano, St. in Neapel.
Coslinum, Köslin, St. in Pommern.
Cossiacum, Cosne, St. in Frankreich (Nièvre).
Cossio, Cossium, Civitas Vasatica, Vasates, Vasatum: Bazas, St. in Frankreich.
Cossoagus, -anus, Kosi od. Kosah, Fl. in Indien.
Cossobus, Cossovo, Cossovopolis: das Amselfeld in Serbien. [Preussen.
Costrinum, Küstrin, Festung in
Cosyra insula, Pantaleria, Insel im mittell. Meer.
Cotatis, Cutacium: Koutais, St. in Imerethien. [Preussen.
Cotbusium, Cottbus, St. in
Cotha, Cothena: Cöthen, St. in Anhalt Cöthen.
Cotinussa, Leon, Insel an der span. Küste.
Cotoneum, Codogno, St. in Italien.
Cotracum, Coutras, St. in Frankreich (Gironde).
Cotwicum = Goduvicum.
Cotyaeum, Kioutahia, St. in Anatolien.
Cotyora, Bujuk Kaleh, St. am schwarzen Meer.
Covalia, Kyle, alte Provinz in Schottland. [Ungarn.
Covaria, Kövar, altes Schloss in
Covariensis districtus, der Kövarsche District in Ungarn.
Coveliacae, Kochel, Pfarrdorf in Baiern.; **Coveliacus:** Kockel, Fl. in Siebenbürgen.
Coventria, Coventry, St. in England.

Covinum, Cuivin, Mtfl. im Lüttichischen.
Covordia, Coevorden, St. in den Niederlanden.
Cracovia, Krakau, St. in Polen.
Cranaë, Marathonisi, Insel im Meerbusen von Kolokythia.
Crania = Carnia.
Crasnoslavia, Crastnostavia: Krasnistaw, St. in Polen.
Crathis, Crati, Fl. in Calabrien.
Cratumnum, Credonium: Craon, St. in Frankreich.
Creae aestuarium, Cree Fyrth, Meerbusen im irländ. Meer.
Creance, Krichingen od. Creance, St. in Frankreich (Mosel).
Credilium, Creolium: Creil, St. in Frankreich (Oise).
Credonensis ager, Craonois, Landschaft in Anjou; Cremasco, District von Crema in Italien.
— **vicus,** Craon, St. in Frankr.
Credulio, Crillon, St. in Frankr.
Crema, Crema, St. in der Lombardei; Grimma, St. in Sachsen.
Cremera, La Vacca, Bagano oder Baccano, Fl. in Italien.
Cremesia, Cremisium, Cremia: Crems, St. in Niederösterreich.
Cremiacum, Cremieux, St. in Frankreich (Isère).
Cremisanum monasterium, Kremsmünster, Kloster in Oesterreich.
Cremnae, Mariupol, St. in Russland.
Cremnicium, Kremnitz, St. in Ungarn.
Cremonensis ager, District von Cremona in Italien.

Crepiacum, Crepy, St. in Frankreich (Aisne).
Crepicordium, Crepicorium: Crevecoeur, St. in den Niederlanden; Crevacuore, St. in Piemont.
Crepicordium Cameracense: Crevecour, Mtfl. in Frankreich (Nord).
Crequium, Crequy, D. in Frankreich (Artois).
Crescentii turris, die Engelsburg in Rom.
Cressa, Crepsa: Cherso, Insel u. St. das. im adriat. Meer.
Cressiacum, Crecy, St. in Frankreich (Brie).
Crestidium = Crista.
Creta, die Insel Candia.
Cretense castrum = Corocotinum.
Creutzberga, Cruciburgum: Kreuzburg, St. in Schlesien.
Crevantium, Crevant, Mtfl. in Frankreich (Yonne).
Crimaea Tartarica = Chersonesus Taurica.
Crimina, Grimma, St. in Sachsen.
Crimisus, Calatabellota, Fl. in Sicilien; La Lipuda, Fl. in Unteritalien.
Criou metopon, Karadje Buruhn, Vorgebirge in der Krim.
Crisium, Kreutz, St. in Croatien.
Crispeium, Crepy, Mtfl. in Frankreich (Oise).
Crissa, Crecy, St. in Frankreich.
Crista Arnaudorum, Christa, Crestidium, Crestum: Crest, St. in Frankreich.

Croatia, Croatien; Croatia militaris, die Militärgrenze.
Crocconis castrum, Krakow, St. in Mecklenburg-Strelitz.
Crociatonum = Caracotinum; Carentan, Valogne od. vielmehr Turqueville, St. in Frankreich.
Crociotonorum portus, Barneville, Ort in Frankr. (Manche).
Crocodilopolis = Arsinoe, Medynet al Fajûm, St. in Aegypten.
Crollejum, Curlejum: Crevilly, St. in Frankreich (Normandie).
Cromartium, Cromartie, Mtfl. in Schottland.
Cromena, Krumau, St. in Böhmen.
Crosa, Creuze, Fl. in Frankreich.
Crosna, Crossen, St. in Preussen.
Crotalus, Corace, Fl. in Neapel.
Croto, Cotrone, St. in Neapel.
Croton = Corythus od. Croto.
Croviacum, Crouy, St. in Frankreich (Brie).
Crovus, Crou, Fl. in Frankreich (Seine et Oise).
Crozina, Greussen, St. im Schwarzburgschen. [Rumelien.
Crua, Croja: Akhissar, Mtfl. in
Crucenacum, Crucianiacum, Cruciniacum: Kreutznach, St. in Rheinpreussen.
Cruciburgum ad Vierram, Creuzburg, St. an der Werra im Eisenachschen.
— **Venedicum**, Kreuzburg, St. in Preussen.
Crucisora, Korsoer, St. in Dänemark.

Crucium, Grüsch, D. in Graubündten.
Crumavia, Krumau, St. in Böhmen.
Crumenum = Comara.
Crumlavia, Krumlau, Krumau, Mährisch-Kromau, St. in Mähren.
Cruni od. Barne od. Dionysopolis: Varna, Festung am schwarzen Meer.
Crupna, Kraupen oder Graupen, St. in Böhmen.
Crusena, Creussen, St. in Baiern.
Crusina, Chrissée, D. in Frankreich (Jura).
Crustulus, Crostolo, St. in Italien.
Crustumerium, Marcigliano Vecchio, St. im Kirchenstaat.
Crusvicia, Crusvicum: Kruswice, St. in Polen.
Crybenstenium, Kriebstein, Schloss in Sachsen.
Crysus = Chrysius.
Csanadiensis comitatus, die Tschanader Gespannschaft in Ungarn.
Csikiensis sedes, der Zschiner Stuhl in Siebenbürgen.
Csongradiensis comitatus, die Zschongrader Gespannschaft in Ungarn.
Cuba, Caub, St. am Rhein; Cuba, Insel in Westindien.
Cubitanus circulus, der Elnbogener Kreis in Böhmen. [lus.
Cubitense territorium = C. circu-
Cubitus, Elnbogen, St. in Böhmen.
Cucci, Curusca, St. in Ungarn.
Cuchyacum, Coucy le Château, St. in Frankreich.
Cuda, Coa, Fl. in Portugal.

Cuffinstanium, Kostheim, Mtfl. in Hessen-Darmstadt.
Cujavia, Kujawien, Landschaft in Polen.
Cularo = Gratianopolis.
Culma, Culm, Chelmno, St. in Preussen.
Culmbacum, Culmbachium: Culmbach, St. in Baiern.
Culmbacensis oder Culembacensis Marchionatus: Fürstenthum Baireuth.
Culmen S. Bernhardini, der St. Bernhardin in der Schweiz (Graubündten).
— ursi, Speluga, Ursulus: der Splügerberg in Graubündten.
Culmia = Culma. [in Preussen.
Culmigeria, das Culmer Land
Cuma = Comum.
Cumania minor, Klein-Cumanien, Landschaft in Ungarn.
Cumanorum majorum regio od. Cumania major: Gross-Cumanien, Landschaft in Ungarn.
Cumbria, Cumberland, Grafschaft in England.
Cuminum, Comino, Insel bei Malta.
Cuncianum, Gociano, St. in Sardinien.
Cunejum, Coni, St. in Italien.
Cunetia, -io, Marlborough, St. in England.
Cuneum = Cungum.
Cuneus ager, Algarve, Provinz in Portugal.
Cuniculariae insulae, Sanguinare, drei Inseln bei Sardinien.
Cunigamia, Cunningham, Landschaft in Schottland.

Cunonis villa, Kiensheim, St. im Elsass.
Cunorum sedes, Kunselyseg, Mtfl. in Ungarn.
Cuntium = Guntia.
Cupa, Copa, Fl in der Lombardei.
Cupersanum = Conversanum.
Cuphese od. Cuffese castrum: der Kyffhäuser, Schlossruine in Thüringen.
Cupra, Cuprum: Couper oder Cowpar, St. in Schottland.
Cuprimontium, Kupferberg, St. in Schlesien, Böhmen u. Schweden.
Curensis fluvius, Correse, Fl. in Italien.
Cures, Correse, St. im Kirchenstaat.
Curetia, Corrèze, Fl. in Frankreich.
Curetis terra, die Insel Candia.
Curia, Corte, St. auf der Insel Corsica; Chur, St. i. d. Schweiz (Graubündten).
Curia, C. Bavaria, C. Regnitiorum, C. Variscorum: Stadt am Hof, St. in Baiern.
— beata, Pietra oder Picta: Corbette, St. in der Lombardei.
— major, Corte maggiore, St. im Parmesanischen.
— moravica, Hof, St. in Mähren.
— Norici, Am Hof, Mtfl. im Salzburgschen.
— Pannoniae Inferioris, Hof, Mtfl. in Oesterreich (Land unter der Ens).
— Regis oder Curia Regia in arvis: Königshofen im Grabfelde, St. in Baiern.

Curia Regis ad Albim, Königinhof, St. in Böhmen.
— Regis Badensis, Königshofen an der Tauber, St. in Baden.
— Regnitiana = Curia.
— Rhaetorum, Chur, St. in der Schweiz; Teracatriarum, Schlosshof, Mtfl. in Oesterreich.
— Variscorum = Curia.
— vetus, Altenhofen, St. an der Donau in Oberösterreich.
Curictum, Curicum, Vegia: Veglia, St. auf der gleichnam. Insel (Curicta). [torum.
Curiensis civitas = Curia Rhae-
Curiosolimagus, Curiosopitum: Quimper, St. in Frankreich.
Curiovallis, Churwalden, Kloster i. d. Schweiz (Graubündten).
Curiovallis ligae tres, Graubündten, Canton in der Schweiz.
Curlandia = Curland.
Curlejum = Crollejum.
Curmiliaca, Cormeilles, Ort in Frankreich (Oise).
Curonensis od. Curonicus sinus: das curische Haff.
— Peninsula, die curische Nehrung in Ostpreussen.
Curonia, Curonium = Curlandia.
Currensis fluvius = Curensis fl.
Currentia, Curretia: Corèze, Fl. in Frankreich.
Curta, Curtakoes, D. in Ungarn (nicht = Buda).
Curtenacum, Courtenay, St. in Frankreich.

Curtipetra, Courpière, St. in Frankreich (Puy de Dôme).
Curtismilium, Cortemiglia, St. in Piemont. [reich (Saintonge).
Cusacum, Cosnac, St. in Frankreich
Cusentia, Cosenza, St. in Neapel.
Cusionum, Cugione, Mtfl. in der Lombardei.
Cusne, Kösen, D. an der Saale.
Cussenacum, Küssnacht, Mtfl. in der Schweiz (Schwyz).
Custodia Dei, Herrnhut, Mtfl. in der Lausitz.
Cusus, Waag, Fl. in Ungarn.
Cutiae, Cozzo, St. in Piemont.
Cutiliensis lacus, Lago Contigliano, See im Kirchenstaat.
Cutracum, Coutras, St. in Frankreich (Gironde). [Böhmen.
Cuttna, Kuttenberg, St. in
Cuxhavia, Kuxhafen, Mtfl. bei Hamburg.
Cychria, Pityusa, Salamis: Coluri, Insel im Archipel.
Cyclades, die cykladischen Inseln im ägeischen Meer.
Cydlina, Czydlina, Fl. in Böhmen.
Cydnus, Carasu, Fl. in Cilicien.
Cydon, Cydonia: Canea, St. auf der Insel Candia.
Cygnea, 1) Schwaan, St. in Mecklenburg; 2) Zwickau, St. in Sachsen. [nea 2.
Cygneum und Cynavia = Cyg-
Cyllene, Chiarenza, Mtfl. in Griechenland.
Cymaeus sinus, Meerbusen von Sandali a. d. Küste v. Ionien.
Cyminus lacus, Lago di Pico, See im Kirchenst.

Cynopolis, Mehallet el Kebir, St. in Niederägypten.
Cyntianum, Genzano, Mtfl. bei Rom.
Cyparissa, Arcadia oder Calariza, St. auf der Insel Morea.
Cyparissus, Castel Rampano, St. am Meerbusen von Ronchio in Griechenland.
Cyprus, Insel Cypern.
Cyrenaica Regio, Barka od. Barguah, Küstenland von Tripolis.
Cyrene, Cirie od. Grenneh, St. in Nordafrica.
Cyriacum, Cirie, St. in Piemont.
Cyriscum, Czersk, St. in Polen.
Cyrnus, Insel Corsica.
Cyrus, Kour oder Metvori, Fl. in Asien (Paschalik Erzerum).
Cysamus, Kisamos, St. auf der Insel Candia.
Cyssus, Tschesme, Hafen an der Küste von Ionien. [labrien.
Cyterium, Cirisano, Mtfl. in Ca-
Cythaeum, Settia, St. auf der Insel Candia.
Cythera, Cerigo, ionische Insel.
Cythnus, Thermia, Insel im Archipel.
Czaslavia, Czaslau, St. in Böhmen.
Czenstochovia, Czenstochau, St. in Polen.
Czercum = Ciricium.
Czernicum = Circonium.

Dachinabades, das heutige Dekkan in Indien.
Dacia, Dacien: das Banat, der Kreis jenseits und diesseits

der Theiss, die Wallachei, Siebenbürgen, die Moldau und Bukowina umfassend.

Daghoa, Daghö, Insel im finnischen Meerbusen.

Dagoberti saxum, Dachstenium: Dachstein, St. im Elsass.

Daharum regio, das heutige Daghestan im asiat. Russland.

Dalebium = Alebium.

Dalecarlia, Dalia: Dalarne oder Dalecarlien, Provinz in Schweden.

Dalecarlius, Dalelf, Fl. in Schweden.

Dalkethum, Dalkeith, Mtfl. in Schottland.

Dalmatia, Dalmatien.

Dalmannio, Aumignon, Fl. in Frankreich.

Dalmium, Delmino, St. in Bosnien.

Damascus, Damask, St. in Syrien.

Damasia, Diessen, St. in Baiern.

Damiata, Damiette, St. in Aegypten.

Damma, -um, Damme, St. in Flandern.

Dammona, Damum: Dam, St. in Holland; **-monus,** Fivel, Fl. das.

Dammartinum, Dammartin, St. in Frankreich (Seine et Marne).

Damnonium, Cap Lezard in Cornwall in England.

Damovilla, Damville, Mtfl. in Frankreich (Eure).

Danapris, Dnieper, Fl. in Russland.

Danasterrus, Dniester, Fl. in Russland.

Dangellum, Danjolium: Dangeau, Mtfl. in Frankr. (Perche).

Dania, Dänemark.

Danicus sinus = Scagensis sinus.

Danmoniorum promontorium, Ocrinum promontorium: Cap Lezard, Vorgebirge in Cornwall in England.

Danorum vallum od. **opus,** Danewerk, Wall an der Grenze von Schleswig.

Dantiscum, Gedanum: Danzig, St. in Preussen.

Danubii insula = Donaverda.

Danubius, die Donau.

Danubrium, Deneuvre oder Denevre, St. in Frankreich.

Danum, Duncaster, St. in England.

Danus, Ain, Fl. in Frankreich.

Daphne, Safnat, St. in Aegypten.

Daradus, Senegal oder Sus, Fl. in Senegambien.

Darae Gaetuli, Darah, Provinz von Marokko.

Darantasia, Forum Claudii, Monasterium Darentasia, Civitas Centronum: Moustiers en Tarantaise, St. in Savoien.

Dardania, Samondrachi od. Samothraki, Insel im Archipel; der südöstliche Theil des heutigen Serbien; Orduna, St. in Spanien.

Dariorigum od. Civitas Venetorum: Vannes, St. in Frankreich.

Darmstadium, Darmstadt, St. im Grossherzogthum Hessen.

Darnaeum, Darneium: Darney, St. in Frankreich.
Darnasia, Diessenhofen, St. in der Schweiz (Thurgau).
Darnis, Darne, St. in Tripolis.
Darocinium, Draas, Mtfl. in Siebenbürgen.
Dartoritum = Dariorigum.
Darus = Dravus.
Darventus, Derventus: Derwent, Fl. in England.
Dasena, Tetschen, St. u. Kreis in Böhmen.
Datira, Dela: Dattenried oder Delle, St. im Elsass.
Daudyana, Diadin, St. in Asien (Paschalik Erzerum).
Daulis od. Anacris: Dalia, St. in Griechenland.
Daunia, das heutige Capitanat im Königreich Neapel.
Daventria, Devonturum: Deventer, St. in Holland.
Davianum, Veine, St. in Frankreich. [in Schottland.
Davium Sacellum, Falkirk, St.
Dea, Dira: Der, Fl. in Schottland.
— **Vocontiorum,** Die, St. in Frankreich (Drôme).
Deanensis sylva, der grosse Wald Dean-Forest in Glocestershire in England.
Deanum, Dean, Mtfl. in England.
Debona = Cadurcum.
Debrecinium, Debrettinum: Debreczin, St. in Ungarn.
Decastadium, Castidio oder Stellia, St. in Calabrien.
Decelia oder Decelium: Biala Castro, St. in Griechenland.

Decem pagi, Dieuze, St. in Frankreich (Meurthe).
Decentianum, Desentianum: Desenzano, Mtfl. am Garda-See.
Decetia, Decitia: Decize, St. in Frankreich (Nièvre).
Decia, Dietia: Dietz, St. in Nassau.
Decidava, Deva oder Dymrich, Schloss, Pass u. Mtfl. in Siebenbürgen.
Decuma, Palma del Rio, St. in Spanien.
Decumanorum Colonia, Narbo Martius: Narbonne, St. in Frankreich.
Decumates agri, der Breisgau in Baden; nach Andern alle Niederlassungen gallischer Colonisten längs dem östl. Ufer des Rheins und dem nördl. der Donau, auf beiden Seiten des Neckar.
Decus regionis, Landser, Mtfl. im Elsass.
Dedessa, Dedes, Schloss in Ungarn.
Dedessus, Dedes, Berg in Fez.
Dei Cella = Bona Cella.
— **lucus,** Gadebusch, St. in Mecklenburg-Schwerin.
— **mons,** der Deuschberg, Diestalden, Berg in der Schweiz (Wallis).
Delas, Diala, Fl. in der asiat. Türkei.
Delbruggia, Delbrück, Mtfl. in Preussen.
Dela = Datira.
Delemontium, Telamontium: Delsberg, Telsberg od. Delmont, St. i. d. Schweiz (Bern).

Delfi, Delft, St. in Holland.
Delisboa, Dillsboo, Mtfl. in Schweden.
Delitium, Delitschia: Delitzsch, St. in Preussen.
Dellina, Delbna: Dalcke, Mtfl. im Paderbornschen.
Dellium, Delhi, St. in Indien.
Delos oder Delus: Delos, Insel im ägeischen Meer.
Delphi, Castri, Mtfl. in Griechenland (das alte Delphi). (land.
— **Batavorum,** Delft, St. in Hol-
Delphicum templum, Les trois Maries, D. in Frankreich (Rhonemündungen).
Delphinatus, die Dauphiné, Provinz in Frankreich.
Delphinium, Delphino, Hafen an der Ostküste der Insel Chios.
Demetrias, Paros, Insel; Akkar, St. in Syrien.
Demonesi, die Prinzeninseln im Marmarameer.
Denana = Devana.
Denbighum, Denbiga: Denbigh, St. in England.
Denocestria, Duncaster, St. in England.
Deobriga, Miranda de Ebro, St. in Spanien od. Placencia, St. daselbst.
Deodatum, Saint-Dien, St. in Frankreich; Dotis oder Tata, Mtfl. u. Warmbad in Ungarn.
Deorum cursus, Sierra Leone, Landschaft in Africa.
— **insulae,** die bayonischen Inseln an der Küste von Galicien in Spanien.

Deppa, Dieppa: Dieppe, St. in Frankreich.
Derbatum, Derpatum, Derptum, Torpatum: Dorpat, St. in Curland.
Dermuta, Darthmonth, St. in England.
Dernus od. Ernus lacus: Earne, See in Irland.
Derris, Cap Drepano in Macedonien.
Dertho, Dertona: Tortona, St. in Piemont.
Dertona = Dertho.
Dertosa, Tortosa, St. in Spanien.
Derventia, Derby, St. in England.
Derventio, Little Chester oder Auldby, St. in England.
Derventrio, Dervent, Fl. in England.
Desertina, Dissertinum: Disentis, Mtfl. in der Schweiz.
Desertum, Dysartum: Dyss od. Dysart, St. in Schottland.
Desiderii mons, Montdidier, St. in Frankreich (Somme); Mondidier, Mtfl. in Spanien.
Desium, Dees, St. in Siebenbürgen.
Deslonardum, Dieulouard, Ort in Frankreich.
Desmonia, Desmound, Grafschaft in Irland.
Dessavia, Dessau, St. in Anhalt-Dessau.
Deucaledonius oceanus = Caledonius oceanus; das irländische Meer.
Deva, 1) Dee, Fl. in England; 2) Chester, St. daselbst; 3) Dive Fl. in Frankreich (Calvados).

Devana, Devona vetus: Aberdeen, St. in Schottland.
Deviotia od. Teviotia, Teviotdale, Roxburghe, Grafschaft in Schottland.
Devona = Coburgum oder Schweinfurt, St. in Baiern.
Devonia, Devonshire, Grafschaft in England.
Devonturum = Daventria.
Dia, Die, St. in Frankreich.
— Standia, Insel im Meer von Candia.
— Naxia, Insel im Archipel.
Diablintes Noeodunum, Jublains, D. in Frankreich (Mayenne).
Dianae fanum, Favara, Mtfl. in Sicilien.
— **fons,** Favara, Fl. in Sicilien.
Dianam, Ad, Zainah, St. in Africa.
Dianium = Artemisium; Artemisia; Denia, St. in Spanien.
Dianum, Diano, Mtfl. in Neapel.
Dia Vocontiorum, Die, St. in Frankreich.
Dibio = Divio.
Dibona = Cadurcum.
Diciacum, Duciacum: Douzy, St. in Frankreich (Somme) oder Tuisy a. d. Vesle daselbst.
Didymi montes, Ras el Had, Vorgebirge in Arabien.
Dictum, Diganvcia: Diganwy, Mtfl. in Nordwales in England.
Didattium = Dola.
Didyma, Salina, liparische Insel.
Didymotichus, Dimotika, St. in Rumelien.
Diegi villa, Villa Diego, Mtfl. in Castilien.

Diemeni insula, Van Diemensland in Neuholland.
Diensis tractus, Diois, Landschaft in Frankreich.
Dieppa, Dieppe, St. in Frankreich.
Diesta, -um = Distemium.
Dietia = Decia.
Dietmellum, Detmoldia, Diethmelium, Dethmolda: Detmold, St. in Lippe-Detmold.
Digentia, Licenza, Ort in Italien.
Dila, Dilis: Verdon, Hafen in Frankreich (Rhonemündungen).
Dilla, Dille, Fl. in Frankreich.
Dillinga, Dillingen, St. in Baiern.
Dilna, Bela-Banya, St. in Ungarn.
Dimola, Dimel, Fl. in Westphalen.
Dinantium, Dinnanum: Dinant, St. in Frankreich.
Dinastris, Dniester, Fl. in der Moldau.
Dinckelspuhla, Dunkelspila: Dinkelsbühl, St. in Baiern.
Dinellum, Dinant, St. in Frankreich.
Dingolvinga, Dingelfinga: Dingolfing, St. in Baiern.
Dinia, Digne, St. in Frankreich (Niederalpen).
Dinondium, Dionantum: Dionant, St. in Belgien.
Diocaesarea, Safouri, St. in Palästina; D. od. Andrapa: Kirscheher, St. in Caramanien.
Diolindum = Divona.
Diomedeae insula, die Inselgruppe Tremiti an der Küste von Neapel.

Dionysii promontorium, Cap Monastir, Vorgebirge in Tunis.
Dionysianum, Dionysii oppidum, Dionysiopolis: St. Denis, St. in Frankreich.
Dioscoridis insula, Socotora, Insel im indischen Meer.
Dioscurias, Sebastopolis od. Soteriopolis: Iskuriah, St. am schwarzen Meer.
Diospolis, Ludd oder Lydda, St. in Palästina.
— **magna** = Thebae.
— **parva**, Hu, St. in Aegypten.
Dippo, Talavera la Real, St. in Spanien.
Dirachium = Dyrrachium.
Disibodi, S., coenobium: Diesenberg, Mtfl. in Rheinpreussen.
Dismuda, Dixmuda: Dixmuyden, St. in Flandern.
Dispargum, Duisburg, St. in Preussen; Disburg od. Burgscheidungen, St. in Thüringen.
Dissertinum = Desertina.
Distemium, Diest, St. in Brabant.
Ditmarsia, Dithmarsen, Landschaft in Holstein.
Dium, Ketrina, St. in Macedonien.
— **promontorium**, Vorgebirge Sossolo auf der Insel Candia.
Diva = Deva 3.
Divi Laurentii insula = Lunae insula.
Divio, Divionum, Diviodunum: Dijon, St. in Frankreich.
Diviodunensis od. Ocarensis pagus: Dijonois, Landschaft in Frankreich.

Diviodurum, Divodurum Mediomatricorum: Metz, St. in Frankreich.
Divitense monumentum = Tuitium.
Divodurum, Theodonis villa: Diedenhofen, St. an der Maas in Belgien.
Divona Cadurcorum, Cahors, St. in Frankreich.
Dixmuda = Dismuda.
Doadum, Theodoadum: Doue, St. in Frankreich (May. et Loire).
Dobocensis comitatus, die Doboker Gespannschaft in Siebenbürgen.
Dobranum, Dobberan, Mtfl. und Bad in Mecklenburg-Schwerin.
Dobrinia, Dobrinum: Dobrzyn, St. in Polen.
Doccomium, Dochzetum od. Doccumum: Dockum, St. in Holland.
Docea, Tosia, St. in Anatolien.
Doesburgum od. Drusiana arx, Drusoburgum: Doesburg, St. in Geldern.
Dola, -um, Deal, St. in England.
— **Sequanorum**, Dolum: Dole, St. in Frankreich.
Dolchinium, Dolcigno, St. in Albanien.
Domestica vallis, Dombeschgerthal, District im Canton Graubündten.
Dominicopolis, St. Dizier, St. in der Champagne.
Dominorum alba = Alba dom.
Dominorum vallis, Herrengrund od. Spana Dollina, Mtfl. in Ungarn.

Domitium, Dömitz, St. in Mecklenburg-Schwerin.
Dom[i]nus-Aper, Domêvre, D. in Frankreich (Meurthe).
Dom[i]nus-Basolus, Dombasle, D. in Frankreich (Meurthe).
Dom[i]nus-Martinus, Dommartin, D. in Frankreich (Somme).
Domo, de, Martino = Domnus Martinus.
Domo, de, Remigii oder Domus Remigii: Dom-Remy-la-Pucelle, D. in Frankreich (Vogesen).
Domoduscella, Domo d'Ossola, Mtfl. in der Lombardei.
Domus Junoetana, Alten-Biesen, Ort in Westphalen.
Donastienum, S. Sebastian, St. in Spanien. [brien.
Donatus, Donato, Mtfl. in Cala-
Donaverda, Donauwerth, St. in Baiern.
Doncheriacum, Doncherium: Donchery, St. in Frankreich (Ardennen.)
Dongei villa, Dugny, Mtfl. in Frankreich (Meuse).
Donincum, Donicum, Dulincum, Dulingium: Doulens oder Doullens, St. in Frankreich (Somme).
Donnifrons oder Dumfronium: Domfront, St. in Frankreich (Orne).
Donum, Donnan, St. in Irland.
— **Martini,** Dommartin, St. in Frankreich (Somme).
Dorcestria, Dorciniae civitas: Dorchester, St. in England.
Dorcestriensis comitatus, Dorset, Grafschaft in England.
Dordanum, Dordiacum, Dordinga: Dourdan, St. in Frankreich (Seine).
Dordonia, Dordogne, Fl. in Frankreich.
Dordinga = Dordanum.
Dordracum, Dordrechtum: Dortrecht, St. in Holland.
Doricus sinus, Meerbusen von Simo an der Küste von Kleinasien.
Dormunda, Dortmund, St. in Westphalen.
Dorneacum, Dornegg, Schloss im Canton Solothurn.
Dornocum, Dornodunum: Dornock, St. in Schottland.
Dornovaria = Durnovaria.
Dorobernia,-um, Dover, St. in England.
Dorostena, Dorostolus: Silistria, Festung in Bulgarien.
Dorpatum, Dorpat, St. in Curland.
Dorylaeum, Eskischehr, St. in Kleinasien.
Dotecum, Deutichem, St. in den Niederlanden.
Dotis, Tata, Mtfl. in Ungarn.
Dovaeum, Doué, St. in Frankreich.
Dovarnena, Douarnènes, Mtfl. in Frankreich (Bretagne).
Doveona = Divona.
Drabescus, Drama, St. in Macedonien.
Dracenae, Draguignan, St. in Frankreich (Var).

Dracomontium, Trachenberg, St. in Schlesien.
Draconerium, Dronero, Mtfl. in Piemont.
Draconianum od. Draguinianum: Draguignan, St. in Frankreich.
Dracus, Drac, Fl. bei Grenoble in Frankreich.
Dragamuntina od. Travemunda: Travemünde, St. bei Lübeck.
Dragus, Drahisz, St. in Böhmen.
Dravoburgum, Oberdraburg, Mtfl. in Unterkärnthen.
Dravus, Drau, Fl. in Oesterreich.
Drentia, Drenthe, Provinz in den Niederlanden.
Drepane == Corcyra.
Drepanum, Trapani, St. in Sicilien.
— promontorium, Cap Bianco od. Cap de Buffo auf der Insel Cypern; Cap Trapani u. Cap St. Alessio auf der Insel Sicilien; Ezzeit, Vorgebirge in Aegypten.
Dresda, Dresden, St. in Sachsen.
Dressenium, Driesen od. Dreste, St. in der Neumark Brandenburg in Preussen.
Driburgum, Driburg, St. u. Bad in Preussen.
Drilo, Drinus; Drino, Fl. in Bosnien; der Drino Bianco und Drino Negro, Fl. in Rumelien.
Dristia == Durostorum.
Drocae, Druidum fanum: Dreux, St. in Frankreich.
Droghdaea, Drogeda, Pontana: Drogheda, St. in Irland.

Dromaria, Drumoria: Drummore, St. in Irland.
Dromos Achilleos, Rossa-Dscharigadsch, eine vom Dnieper bei seiner Mündung im schwarzen Meer gebildete Landzunge in der nogaischen Steppe.
Drubetis, Krajowa, St. in der Wallachei.
Druentia, Durance, Fl. in Frankreich.
Druma, Druna: Drome, Fl. in Frankreich.
Drusiana fossa, die neue Yssel, Canal in Holland.
— **urbs,** Frauenburg, St. in Preussen.
Drusis, Darusen, See in Westpreussen.
Drusomagus, Druisheim, Memmingen oder Drüsen, St. in Baiern.
Dryopis, Thermia, Insel im Archipelagus.
Dryopolis, Eichstädt, St. in Baiern.
Duaca Gallica, Gallway, St. in Irland.
Duacum, Douay, St. in Frankreich (Nord).
Duba, Düben, St. in Preussen.
Dubis, Dubius: Doubs, Fl. in Frankreich.
Dublana, Dublinum: Dublin, St. in Irland.
Dubrae, Dubri, Dubris: Dover, St. in England.
Ducaledonius sinus == Caledodonius oceanus.

Duderstadium, Duderstadt, St. im Hannöverschen.
Duellium, Hohentwiel, Festung in Würtemberg.
Duestadium = Batavodurum.
Duesmensis pagus, Duesmois. Landschaft in Burgund.
Duglasium, Douglas, Duglass, St. in Schottland.
Duicziburgum, Duisburgum, Tuiscoburgum: Duisburg, St. in Westphalen.
Duina, Duna: Düna, Fl. in Russland.
Duinum, Tybein od. Duin, St. in Illyrien.
Duisburgum = Duicziburgum.
Duitium, Deutz, St. in Rheinpreussen.
Dujona = Divona.
Dulcis = Dubis.
Dulcis aqua, Dolceaqua, Mtfl. in Piemont.
— **vallis**, Vadutz, Schloss im Fürstenthum Lichtenstein.
Dulichium, Neochori od. Cacaba, Mtfl. in Livadien.
Dulincum, Dulingium = Donincum.
Dumbae, Dumbarum, Dombensis principalis: Dombes, ehem. Fürstenthum im Dep. Ain in Frankreich.
Dumbarum, Dunbar, Mtfl. in Schottland.
Dumblanum, Dumblein, St. in Schottland.
Dumbritonium, Dumbarton, St. in Schottland.
Dummera, der Dummersee in Westphalen.

Dumnonii, Devonshire od. Cornwall, Grafschaft in England.
Dumnonium promontorium, Cap Lizard in Cornwall.
Dumnus, Daun, Mtfl. in der Unterpfalz.
Duna, Düna, Fl. in Russland.
Dunelmum, Durham, St. in England.
Dunensis comitatus, Downe, Grafschaft in Irland.
— **tractus**, Dunois, Landschaft in Frankreich.
Dunfreja, Dumfries, St. in Schottland.
Dungalia, Donegal oder Tyrconel, St. in Irland.
Dunkerka, Dunquaercae: Dünkirchen, St. in Frankreich.
Dunoverum, Dunover, St. in Schottland.
Dunrodunum = Dornodunum.
Dunum, 1) Chateaudun, St. in Frankreich; 2) Dun, St. in Frankreich; 3) Down, St. in Irland; 4) Duningen, D. in Baiern.
— **aestuarium**, die Robinhoodsbay oder Whitbybay in England.
Duodeciacum, Douzy, St. in Frankreich (Somme).
Duplices aquae, Zwiefalten, Kloster in Würtemberg.
Dura, Dour, St. in Belgien; Düren, St. in Preussen.
Duracium, Toarcium: Thouars, St. in Frankreich (Poitou).
Duranius, Dordogne, Fl. in Frankreich.

Duranius mons, Mont Doré, Bergkette in der Auvergne.
Durantis = Urbania.
Durastellum, Durstallum: Duretal, St. in Frankreich (Anjou).
Durbutum, Durbis: Durbuy oder Durby, St. im Lüttichischen.
Duregum, Thuregum, Thuricum, Tigurum: Zürich, St. in der Schweiz.
Duremum, Durham, St. in England.
Duria, Thur, Fl. in der Schweiz.
— **major,** Dora Baltea, Fl. in Piemont.
— **minor,** Dora Riparia, Fl. in Piemont.
Durias, Guadalaviar od. Turia, Fl. in Spanien.
Durius, Douro, Fl. in Spanien.
Durlacum, Durlach, St. in Baden.
Durlendarium, Durlendium: Dourlens, St. in Frankreich.
Durlus, Thurles, St. in Irland.
Durnomagus, Dormagen, Mtfl. im Jülichischen.
Durnovaria, Dornovaria, Durnium: Dorchester, St. in England.
Durobrevae = Durobrivis.
Durobrivae, Great-Berkhamsted od. Caster od. Brigh-Casterton, Mtfl. in England.
Durobrivis, Durobrevae, Roffa: Rochester, St. in England.
Duroburgum, Hartenberg, Mtfl. in der Pfalz.
Durocassae, -es, -ium, Dreux, St. in Frankreich.
Durocatalauni = Catalauni.

Durocobrivae, -is, Hartford, St., oder Dunstable, Mtfl. in England.
Durocorovium = Corinium.
Durocortorum civitas, Rheims, St. in Frankreich.
Durolenum, Lenham, Mtfl. in England.
Duroli pons, Godmanchester, St. in England.
Durolitum, Leiton, Mtfl. in England.
Duronum, Capelle, Mtfl. in Frankreich (Aisne).
Durostadium, Wyk de Duurstede, Schloss in Holland.
Durostorum, Dorostena: Silistria, Festung in Bulgarien.
Durovernum = Cantuaria.
Durus campus, das Hartenfeld od. Hartfeld im würtemb. Jaxtkreis.
Durvus mons, Pierreport, Bergpass in der Schweiz (Bern).
Dusa, Douze, Fl. in Frankreich.
Dusiaca, Tousy, Ort in Frankreich (Meurthe).
Dusium, Duns, St. in Schottland.
Dusmisus oder Duesmensis pagus: Duesmois, Landschaft in Frankreich.
Dussella, Düssel, Fl. in Rheinpreussen.
Dussellodorvum, Dusseldorpinm: Düsseldorf, St. in Rheinpreussen.
Duxonum, Dux, St. in Böhmen.
Dycia, Dieue, D. in Frankreich (Meuse).

Dymae, Papas, St. in Griechenland. [gien.
Dyonantum, Dionant, St. in Belgien.
Dyris, der Darah oder Atlas in Africa.
Dyrrachium, Durazzo, St. in Albanien.
Dysporum, Dystporum = Dispargum.

Easo, Olarso: Oiarso, Mtfl. in Spanien.
Eauna, Ejauna, Eona, Jauna: Yenne, Mtfl. in Savoien.
Eba od. Maranus mons: Monte Marano, St. in Neapel.
Ebeltoftia, Pomagrium: Ebeltoft, St. in Dänemark.
Eberacum, Ebuacum: Eberach od. Erbach, Kloster u. Mtfl. im Hochstift Würzburg.
Eberstenium, -stinum, Eberstein, St. in Schwaben.
Ebeshamum, Epsom, St. in England.
Ebillinum, Ayerbe, Mtfl. in Spanien.
Eblana portus, Dublin, St. in Irland.
Ebodia = Arica.
Ebodiae fretum, die Meerenge von Alderney zwischen dieser Insel und Frankreich.
Eboracensis nova civitas, Belgium novum: Staat von New-York.
Eboracum, York, St. in England.
Eboreshemium, Obernay oder Ebenheim, St. im Elsass.

Eborica, Eboricae, Ebroicum: Evreux, St. in Frankreich.
Eborobritum, Alcobaza, Mtfl. in Portugal.
Ebredunum, Ebrodunum, Eburodunum: Embrun, St. in Frankreich.
Ebrodunum, Iferten oder Yverdun, St. in der Schweiz.
Ebroicum = Eborica.
Ebrolium, Ebrolodunum: Ebreuil, St. in Frankreich (Allier).
Ebuda occidentalis, die hebridische Insel Lewis; E. orientalis: die hebridische Insel Sky.
Ebudae = Aebudae.
Ebura, Liberalitas Julia: Evora, St. in Portugal; Obre, Hafen in Spanien.
Eburi, Eboli, St. im Neapol.
Eburo = Eborica.
Eburobergomum, Ebersperga: Ebersberg, Mtfl. in Baiern.
Eburobrica, St. Florentin, St. in Frankreich (Yonne).
Eburodunum = Ebredunum.
Eburovices, Ebrocca, Ebroïcum, Mediolanum = Eborica.
Eburum, Olmutium: Olmütz, St. in Mähren.
Ebusus, Ibiza od. Yviça, span. Insel.
Ecanum, Troja, St. in Neapel.
Ecbatana, das heutige Hamadan in Asien.
Ecclesbrae, Falkirk, St. in Schottland.
Ecclesia = Methymna coelestis.

Ecclesiae, Iglesias, St. in Sardinien.
Echa, Eich, Mtfl. im Limburg.
Echedum, Etsed, Schloss in Ungarn.
Echinades, die heutigen curzolarischen Inseln an der Küste von Akarnanien.
Eckesioea, Ekesjö, St. in Schweden.
Ecnomus, Monte di Licata oder Monteferrato, Berg in Sicilien.
Ecolarium, Frigento, St. im Neapol.
Ecolesimus pagus = Engolismensis pagus.
Ectodurum, Leutkircha: Leutkirch, St. in Würtemberg.
Edelberga, Heidelberga: Heidelberg, St. in Baden.
Edessa, Orfo, St. in Mesopotamien; Vodina, St. in Macedonien.
Edinburgum, Edinum: Edinburgh, St. in Schottland.
Edmontium, Egmontium: Egmont, St. in Holland.
Edrinus lacus, Idro, See in der Lombardei. [bardei.
Edulum, Edulo, Mtfl. in der Lom-
Egabra, Cabra, Mtfl. in Spanien.
Egea, Vostizza, Mtfl. auf der Insel Morea.
Egelasta, Velez Blanco, St. in Spanien.
Egidora = Aegidora.
Eglis, Egly, Fl. in Frankreich (Languedoc).
Egolvinga, Egelfing, D. in Baiern.
Egopolis, Ketskemét, St. in Ungarn.

Egonum vicus, Habentium vicus, Vicohabentia: Vicovenza, Mtfl. im Kirchenstaat.
Egra, Eger, St. u. Fl. in Böhmen.
Ehrenberti Saxum, Ehrenbreitstein, Festung in Rheinpreussen.
Ejauna = Eauna.
Eidera, Eidora: Eider, Fl. im Holsteinischen.
Eiffalia, Eiffel, Landschaft in der preuss. Provinz Niederrhein.
Eimeno, Aa, Fl. in Frankreich.
Eimscherna, Emscher, Fl. in Rheinpreussen. [land.
Eindovia, Eyndhofen, St. in Hol-
Eiphla = Eiffalia.
Elaniticus oder Aelaniticus sinus: Bahr el Akaba, die östliche Bucht des arab. Meerb.
Elaris, Allier, Fl. in Frankreich.
Elaver = Elaris.
Elbii lacus, Lago di Vico, Landsee bei Pisa; E. vicus: Vico od. Pisana, St. in Toscana.
Elbinga, Elbing, St. in Preussen.
Elbora, Libora: Talavera de la Reyna, D. in Spanien.
Elbovium, Ellebovium: Elbeuf, St. in Frankreich.
Elcebus, Helvetus: Ell, St. im Strassb.; nach Andern Schlettstadt oder Zelsenheim im Elsass.
Eldana, Saldanna, Mtfl. in Spanien.
Elea, Castell-a-Mare della Brucca, St. in Neapel.
Electa = Alecta.
Electria, Samondrachi, Insel im Archipelagus.

Elegium, Erlach, Mtfl. in Oesterreich.

Elephanta, Gharipour, Insel im Meerbusen von Bombay.

Elephantiacum, Ellwangen, St. in Würtemberg.

Elephantina, Djeziret-el-Sag, Nilinsel in Oberägypten. [nien.

Eletisa, Ledesma, Mtfl. in Spa-

Eleusis, Lessina od. Lepsina, Mtfl. in Griechenland.

Eleutheropolis, Freystadt, St. in Schlesien; E. Tessinensis: Freystadt, St. in östr. Schles.; E. ad Vagum: Freystadt, St. in Ungarn. [in Syrien.

Eleutheros, Nahr el Kebir, Fl.

Elgina, Elgis: Elgin, St. in Schottland.

Elgoramis, Gograh, Sardjou od. Deva, Fl. in Hindostan.

Elgovia, Sacer pagus: Elg, Ellgöw, Helligan, Mtfl. in der Schweiz (Zürich). [Calabrien.

Elibanus mons, Fisardo, Berg in

Elimberris = Ausci.

Eliocroca, -crata = Ilorcis.

Elis, Kaloskopi od. Paleopoli: St. in Griechenland.

Elisana, Lucena, St. in Spanien.

Elisgaugium, Elisatia, Elisatia, Helsatia: der Elsass.

Elister, Elstra: die Elster, Fl. in Sachsen.

Elixoia = Curonensis Peninsula: die curische Nehrung in Ostpreussen.

Elizatium, Salecio, Salesia, Salsa rhenana, Seletio: Selz, St. in Frankr. (Niederrhein).

Ella, Lille, Fl. in Frankr (Limousin); Ill, Fl. das. (Niederrhein).

Ellebogium, Malmogia: Malmoe, St. in Schweden.

Ellebovium = Elbovium.

Ellopia, Negroponte, Insel im Archipelagus.

Ellus, Ill, Fl. im Elsass.

Elmantica = Calmantica.

Elna, Lianne, Fl. in Frankreich (Picardie).

Elno, St. Amand, St. in Flandern.

Elricum, Ellrich, St. in Preussen.

Elsenora, Helsingör, St. auf der dän. Insel Seeland.

Eltenum = Altinae.

Elusa, Eauze, St. in Frankreich (Gers).

Elusani, -tes, Eauzan, Landschaft in Nieder-Armagnac in Frankr.

Elva, Elvas, St. in Portugal.

Elvelinus Ursara, der St. Gotthardt.

Elyma, Elymea: Greuno oder Canina, St. in Macedonien.

Elymais, Luristan, Provinz von Persien.

Elyster, Elster, Fl. in Sachsen.

Emaus, Amans od. Amansensis pagus: Amanze, Mtfl. in Frankreich (Ober-Saône).

Embasis, Ems, Mtfl. u. Bad im Nassauischen.

Embdanus comitatus, Ostfriesland, hannöv. Provinz. [land.

Embrica, Emmerich, St. in Hol-

Embrodunum Caturigum, Ambrun, St. in Frankreich.

Emda, Emetha: Emden, St. im Hannöverschen.

Emerita, Augusta emerita: Merida, St. in Spanien.

Emesa, -sus, Emissa: Homes od. Homs, St. in Syrien.

Emilia, Emmeli, St. in der Schweiz; Reggio, St. im Neapolitanischen; falsch = Aemilia via: Landstrasse, die Aemilius Scaurus anlegte und von Pisa über Luna nach Dertona führte; Landstrasse, die Aemilius Lepidus anlegte und von Placentia über Bononia nach Ariminum ging; die an dieser Strasse gelegenen, jetzt an Sardinien annexirten Länder.

Emmanae oder Ammae vallis: die Landschaft Emmenthal in der Schweiz.

Emmericum = Embrica.

Emodi montes, das Himalayagebirge in Indien.

Emporiae, Castel Aragonese, St. in Sardinien; Castello de Ampurias, St. in Spanien.

Emporium Arabiae, Makulla, St. in Arabien.

— **Avalites,** Zeilah, Hafenstadt am Golf von Aden.

Empulum, Ampiglione, St. im Kirchenstaat.

Emula, Imola, St. in Italien.

Enchusa, Enkhuizen, St. in den Niederlanden.

Enecopia, Enköping, St. in Schweden.

Enesus, Ens, Fl. in Oesterreich.

Engolisma, Egolisena, Inculisma: Angoulême, St. in Frankreich.

Engolismensis pagus, Angoumois, Landschaft in Frankreich.

Eningia = Fenningia od. Fennonia.

Enjedinum, Enied od. Strassburg, Mtfl. in Siebenbürgen.

Enna, Castro Giovanne, St. in Sicilien.

Enosis, Santo Antioco, Insel bei Sardinien.

Ensigausium, Illigusium: Essengeaux, Issagneaux, Mtfl. in Frankreich (Velay).

Ensishemium, Enshemium: Einsheim, Ensisheim, St. im Elsass.

Ensium civitas = Anisia.

Enus, Oenus: Inn, Fl. in Baiern.

Eona = Eauna.

Epagris, Andros, Insel im Archipelagus.

Epamanduodurum, Mandeure, St. in Frankreich (Doubs).

Epauna, Yenne, St. in Savoien.

Epaunensis, Eponensis od. Pomensis civitas: Pamiers od. Pau, St. in Frankreich.

Eperiesinum, Eperies, St. in Ungarn.

Ephesus, Aya-solouk, St. in Kleinasien.

Epidamnus oder Dyrrhachium: Durazzo, St. in Albanien.

Epidaurum, -us, Ragusa-Vecchia, St. in Dalmatien; Napoli di Malvasia, St. in Griechenland; Pidavro, St. ebendas.

Epidia, -ium, die hebridische Insel Isla.

Epidium promontorium, Cap Cantire, Vorgebirge in der schott. Grafschaft Argyle.

Epidorensis praefectura, Eiderstädt, schleswigsche Landschaft.

Epinaburgum, Biburgum: Biburg, Benedictinerabt. in Baiern.

Epiphanea, Hamath, St. in Syrien; Surpendkhar, St. in Cilicien.

Episcopatus, Vescovato, Mtfl. auf der Insel Corsica.

Episcopi cella, Bischofszell, St. in der Schweiz (Thurgau).

— **insula**, Bischofswerda, St. in Sachsen.

— **villa**, Bischofsweiler oder Bischweiler, Mtfl. im Elsass.

Episcopium, Vescovia, Mtfl. im Kirchenstaat.

Epoissus, Epusus: Yvoix-Carignan, St. im Luxemb.

Epona, Pföring, Mtfl. in Baiern.

Epora, Montore od. Aldea del Rio, St. in Andalusien.

Eporedia, Ivrea, St. in Piemont.

Epternacum, Echternach, Mtfl. im Luxemburgischen.

Equitania, Idanha a Velha, St. in Portugal.

Equotuticus od. Equus Tuticus: Ariano, St. in Neapel.

Erasinus, Rasino od. Kephalari, Fl. in Sicilien.

Eravus, Herault, Fl. in Frankreich.

Ercta, Monte Pellegrino, Schloss bei Palermo.

Ercuriacum, Ribemont, St. in Frankreich (Isère).

Erebantium, Capo della Testa, Vorgebirge auf der Insel Sardinien.

Eremitarum coenobium in Helvetiis, Eremus deiparae matris, Eremus divae virginis, monasterium eremitarum, monasterium in silva, Meginradi cella: das Stift Einsiedeln oder St. Meinrads-Zell in der Schweiz (Schwyz).

Erenberti saxum = Ehrenberti saxum. [reich (Maine).

Ereneum, Ernée, St. in Frank-

Eresburgum, Stadtberg oder Marsberg, St. in Rheinpreuss.

Eretenus, Retone, Fl. im Venet.

Eretria, Rocco od. Paleo-Castro, St. in Thessalien.

Eretum = Mons Rotundus.

Erfordia, Erfurtum, Jerofordia: Erfurt, St. in Thüringen (in Urkdn. Erpesforde).

Ergavia, Milagro, Fl. in Spanien (Navarra).

Ergavica Celtiberum, Alcaniz, St. in Aragonien.

Ergavica od. Ergavia Vasconum: Igualada, St. in Catalonien.

Ergitia, Ergers, Fl. im Elsass.

Eriboea, Croia, St. in Rumelien.

Eribolum od. Heraclea Pontica: Erekli, St. in Anatolien.

Ericinum, Osilo, St. auf der Insel Sardinien. Inseln.

Ericusa, Alicuri, eine der lipar.

Eridanus = Padus: Po, Fl. in Italien; Rodaun, Fl. in Preussen; = Rhodanus.

Erigena, Ayr, St. in Schottland.
Erigon, Vistriza, Fl. in Macedonien.
Erinum, Regina, Mtfl. in Calabrien.
Erlanga, Erlangen, St. in Baiern.
Erlaphus, Arlapa: Erlaf, Fl. in Steiermark.
Ernaginum, St. Gabriel od. Vernegues, Mtfl. in der Provence.
Ernodunum = Exelodunum.
Ernolatia, Hall, Mtfl. u. Bad in Oesterreich.
Eroanum, Terva: Erivan, St. in Südrussland.
Erpachium, Erbach, St. in Hessen-Darmstadt.
Erpesforde = Erfordia.
Ervates = Arnapha.
Erymanthus, Bergkette Xiria in Arkadien; Dimitzana, Fl. im Peloponnes.
Erythia, Aphrodisias, insula Junonia: die Insel Leon in Spanien.
Erythraea = Cotinussa.
Erythropolis, Rödbye, Mtfl. in Dänemark.
Eryx, Calfano, St. in Sicilien; Monte San Giuliano oder Monte del Trapano, St. in Sicilien; Lerica, St. in Italien.
Escheda, Este, Fl. im Lüneburgschen.
Escia, Eskdale, Landschaft in Schottland.
Esco, Schongau, St. in Baiern.
Escovium, Escouis od. Ecouen, St. in Frankr. (Isle de France).
Escuina = Escovium.

Escus, Ischa, St. in Bulgarien.
Escuriacum, Escuriale, Scoriacum, Scoriale: der Escurial, Palast in Spanien.
Esena, Esens, St. in Hannover.
Esia, Oesia: Oise, Fl. in Frankreich.
Esmantia, Amance, Mtfl. in Frankreich.
Espinoium od. Spinetum: Epinay, Mtfl. in Frankr. (Pas de Calais).
Esquilinus mons, Monte Santa Maria Maggiore in Rom.
Essendia, Essen, St. in Westphalen.
Esteva, Staviacum: Stäffis, St. in der Schweiz (Freiburg).
Estia, der Dammersee in Hannover.
Esthonia, Esthland, Provinz in in Russland. [in Tyrol.
Estionum mons, der Ehstenberg
Estola, Esla, Fl. in Spanien.
Esuris, Faro, St. in Portugal; Xerez de los Caballeros, St. in Spanien.
Etobema, Segorvia: Segorbe, St. in Spanien. [land.
Etocetum, Lichfield, St. in England.
Etona, Eton, St. in England.
Etruria, Tuscia: Toscana, Grossherzogthum in Italien.
Euanthia, Galaxidi, St. am Meerbusen von Lepanto.
Euboea, Negroponte, Insel im ägeischen Meer.
Euchaites, Theodoropolis: Marsivan, St. in der asiat. Türkei.
Euganea vallis, Ausugii vallis: Val Sugan, Thal in Tyrol.

Eugenii insula, Inisowen, Halbinsel der Provinz Ulster in Irland.
Eugenius Hyge, das Eugenische Vorgebirge oder der Eugeniusberg in Ungarn.
Eugubium, Jguvium: Gubbio oder Eugubio, St. in Italien.
Eulisia, Kabarda, Landschaft in Kaukasien.
Eumenia, Omegna, Mtfl. in Piemont.
Euphrates, Frat, Fl. in Asien.
Eurae castrum, Yeure le Château, Schloss in Frankreich (Orleanois).
Euripus, Egribo, Egripo, die Meerenge, welche die Insel Negroponte vom Festlande trennt; die Insel u. Stadt Negroponte selbst.
Eurotas, Iri oder Wasili-Potamo, Fl. in Griechenland; Bagrada, Fl. in Calabrien.
Eustadium, Eichstädt, St. in Baiern. [reich.
Evodia, Aurigny, Insel in Frank-
Evonium, Stephanodunum: Dunstafnag, Schloss u. Mtfl. in Schottland.
Evus, Ay, Fl. in Schottland.
Excubiae, Scurcula, D. in Neapel (Abruzzen).
Exelodunum, Issoudun, St. in Frankreich (Berry).
Exidolium, Exideuil, St. in Frankreich (Dordogne).
Exilissa = Septa.
Exitanorum oppidum, Velez Malaga, St. in Spanien.

Exonia, Exeter, St. in England.
Extrema, Stremontium: Estremoz, St. in Portugal.
— **Durii**, Estremadura, Landschaft in Portugal.
— **Minii** = Portugallia Interamnensis: Entre Douro e Minho, portug. Provinz.
Estremadura Legionensis od. Castellana: Estremadura, span. Provinz.
Eysaocus = Atagis.
Ezelinga, Esslingen, St. in Würtemberg.

Fabaria = Byrchanis; D. Pfäfers.
Fabarium, Pfäfers, Abt. u. D. in der Schweiz (St. Gallen).
Fabiana castra, Bebenhausen, Kloster in Würtemberg.
Fabiranum = Brema; Fabriano, St. im Kirchenstaat.
Faentejum, Fanas oder Fenas, Gemeine in der Schweiz.
Faeroae, die (25) dän. Faröer Inseln im Nordmeer.
Faesula, -ae, Fiesole, St. in Toscana.
Fagonia od. Buchonia, die altdeutsche Landschaft Buchau zwischen Franken und Hessen.
Fagonium, Feldsperg, Gemeine u. D. in der Schweiz (Graub.).
Fagus, Foug od. Fau, Mtfl. in Frankreich (Bar).
Falaza, Falaise, St. in Frankreich.

Falciniacum, Faciniacum, Fociniacum: Faucigny od. Fossigny, Herrschaft in Savoien.

Falcomontium, Falkenberg, St. in Schlesien.

Falconis mons, Falkenburg, St. in Holland.

— **petra**, Falkenstein, Mtfl. am Donnersberg in Rheinbaiern.

Falcopia, Falköping, St. in Schweden.

Faleria, Falaria = Falisca 2.

Falesia = Falaza; Piombino, St. in Italien.

Falisca, Faliscum: 1) Fläsch, Gemeine in der Schweiz (Graub.); 2) Civita Castellana od. Sta. Maria di Falari, St. im Kirchenstaat.

Falstria, Falster, Insel in Dänemark.

Falmiensis pagus, Faméne, Landschaft im Luxemburgschen.

Falmutum, Falmouth, St. in England.

Fama Augusta, Famagusta, St. auf der Insel Cypern.

Fanesiorum insula, Wollin, Insel an der Küste von Pommern.

Fanis, Fains, Mtfl. in Frankreich.

Fanum ad Taffum, Landava: Landaff, St. in England (Süd-Wales).

— **Boleslai** = Boleslavia: Bunzlau, St. in Böhmen.

— **Davidis**, St. Davids, St. in England (Südwales). [opolis.

— **divi Audomari** = Audomar-

— **divi Columbani**, St. Colombano, Mtfl. im Mailändischen.

Fanum divi Joannis = Brennovicum.

— **Feroniae**, Pietra Sancta, Mtfl. in Etrurien.

— **Fortunae**, Fano, St. im Kirchenstaat; Glückstadt, St. in Holstein.

— **Jovis**, Fanjeaux, D. in Frankreich (Aude).

— **Mariae Lauretanae**, Loretto, St. im Kirchenstaat.

— **Martis**, Famars, D. in Frankreich (Nord); Corseult, St. das. (Lyonnaise); Montmartin, St. ebend. (Normandie).

— **S. Aegidii**, St. Gilles les Boucheries, Mtfl. in Frankreich (Garonne).

— **S. Africani**, St. Frique, Mtfl. in Frankreich.

— **S. Albini**, St. Aubin du Cormier, St. in Frankreich (Bretagne).

— **S. Amatoris**, St. Amour, St. in Frankreich (Jura).

— **S. Andeoli**, St. Andeol, St. in Frankreich (Rhone).

— **S. Andreae**, S. Andreas, Mtfl. in Ungarn; Santander, Mtfl. in Spanien.

— **S. Asaphi**, St. Asaph, St. in England.

— **S. Augendi** oder S. Claudii: St. Claude od. St. Oyen, St. in Frankreich (Jura).

— **S. Beati**, St. Beat, St. in Frankreich (Obergaronne).

— **S. Bellini**, Bellino, St. im Venetianischen.

Fanum S. Benedicti, Szent Benedek, St. in Ungarn.
— **S. Bonifacii,** St. Bonifacio, St. auf der Insel Corsica.
— **S. Brioci** oder Briocum: St. Brieuc, St. in Frankreich (Côte d'Or).
— **S. Canici,** Kilkenny, Grafschaft in Irland.
— **S. Chanemundi,** St. Chamond, St. in Frankreich.
— **S. Christophori,** St. Christoval de la Havanna, St. auf der Insel Cuba.
— **S. Clodoaldi,** St. Cloud, St. in Frankreich.
— **S. Crucis,** Heilig-Kreuz, Mtfl. in Oesterreich (Viertel unter dem Wiener Walde); St. Cruz, St. auf der Insel Cuba.
— **S. Deodati,** St. Dié, St. in Fraukreich.
— **S. Desiderii,** St. Dizier oder Didier, St. in Frankreich.
— **S. Dionysii,** St. Denis, St. in Frankreich. [nien.
— **S. Eulaliae,** Olola, St. in Spa-
— **S. Eutropii** od. S. Tropetis, St. Tropez, St. in Frankreich (Var).
— **S. Facundi,** St. Fangon, D. in Spanien.
— **S. Fidei,** Sta. Fé, St. in Spanien u. in Neu-Mexico; St. Foy la Grande, St. in Frankreich (Gironde).
— **S. Florentini,** St. Florentin, St. in Frankreich.
— **S. Flori,** St. Flour, St. in Frankreich (Cantal).

Fanum S. Francisci, Quito, St. in Neugranada.
— **S. Galli,** St. Gallen, St. in der Schweiz.
— **S. Germani in Laja** od. de Ledia: St. Germain en Laye, St. in Frankreich.
— **S. Gisleni,** St. Gislain, Mtfl. in Belgien.
— **S. Goari,** St. Goar, St. in Rheinpreussen.
— **S. Gotthardi,** Szent Grot, St. in Ungarn, in der Salader Gespannshaft; Szent Grot oder St. Gotthard, St. in Ungarn, in der Eisenburger Gespannschaft.
— **S. Hippolyti,** St. Pölten, St. in Oesterreich; St. Hippolyte, St. in Frankreich (Elsass).
— **S. Joannis ad Tavum,** Perth, St. in Schottland.
— — **Angeriaci** = Angeriacum.
— — **in Maurianna** = Brennovicum.
— — **Laudonensis,** St. Jean de Losne, St. in Frankreich (Côte d'Or).
— — **Luisii,** St. Jean de Luz, St. in Frankreich (Niederpyr.).
— — **Peteportuensis,** St. Jean Pié de Port, St. in Frankreich (Niederpyr.).
— — **Portus divitis,** St. Juan de Puerto Rico, St. auf der Antille gleichen Namens.
— **S. Jobi,** Szent Job, St. in Ungarn.
— **S. Julianae,** Santillana, St. in Spanien.

Fanum S. **Laudi**, St. Lo, St. in Frankreich.
— **S. Lucerii**, St. Lizier, St. in Frankreich.
— **S. Luciferi**, St. Lucar de Barrameda, St. in Spanien.
— **S. Maclovii**, St. Malo, St. in Frankreich.
— **S. Manechildis**, Menechildis, Sanmanhildis: St. Menehould, St. in Frankreich.
— **S. Marcellini**, St. Marcellin, St. in Frankreich (Isère).
— **S. Margarethae**, Sanct Margarethen, St. in Ungarn.
— **S. Mariae**, S. Maria in fodinis: Markirch, Mtfl. im Elsass.
— **S. Marini**, St. Marino, Republik in Italien.
— **S. Martini**, Martinsberg, St. in Ungarn; Szent Marton, Mtfl. ebendas.
— **S. Mauritii**, St. Maurice, St. in Savoien.
— **S. Maxentii**, St. Maixent, St. in Frankreich (Poitou).
— **S. Michaelis**, Szent Mihaly, Mtfl. in Siebenbürgen; St. Miguel, St. in Guatemala; St. Mihiel, St. in Frankreich (Lothringen).
— **S. Naboris**, St. Avo, Abt. in Lothringen.
— **S. Nicolai**, St. Nicole du Port, St. in Lothringen.
— **S. Nicolai**, St. Miklos, St. in Ungarn; St. Niclas, Mtfl. ebendaselbst.
— **S. Palatii**, St. Palais, St. in Frankreich (Niederpyr.).

Fanum **S. Papuli**, St. Papoul, St. in Frankreich (Languedoc).
— **S. Pauli Leonensis**, Leona: St. Pol de Leon, St. in Frankreich (Bretagne).
— **S. Pauli Tricastini** = Augusta Tricastinorum.
— **S. Petri**, Szent-Peter, Mtfl. in Ungarn.
— **S. Pontii Tomeriarum**, Pontiopolis: St. Pons de Thomières, St. in Frankreich (Herault).
— **S. Portiani**, St. Pourçain, St. in Frankreich (Allier).
— **S. Remigii**, Glanum: St. Remy, St. in Frankreich (Provence).
— **S. Remuli** oder S. Remogii: St. Remo, St. im Genuesichen.
— **S. Salvatoris**, St. Salvador, Mtfl. in der Grafschaft Nizza.
— **S. Sebastiani** = Donastienum; St. Sebastian, St. auf der canar. Insel Gomera.
— **S. Severi**, St. Sever, St. in Frankreich (Landes).
— **S. Spiritus Kesdiense**, Szént-Kesdy-Lelek, Burg in Siebenbürgen.
— **S. Stephani**, St. Etienne, St. in Frankreich (Loire); Lanceston od. Lanston, Mtfl. in England.
— **S. Trinitatis**, Buenos Ayres, St. in Süd-America.
— **S. Trudonis**, St. Trond, St. in Belgien.
— **S. Valerii**, St. Valery, St. in Frankreich.

Fanum S. Vandrigesilli, Saint-Vandrille, Benedictinerabtei in der Normandie.
— **S. Venantii**, St. Venant, St. in Frankreich (Pas de Calais).
— **Virginis Laetitiensis** = Laetitia.
— **S. Viti** oder Candalica: St. Veit, St. im Herzogth. Kärnthen; St. Veit, Mtfl. im Salzb.
— **S. Viti Flumoniensis**, St. Veit am Flaum od. Fiume, St. in Illyrien.
— **S. Yvonis** = Cetobriga.
— **Spiritus Sancti**, St. Esprit, St. in Frankreich (Gascogne); = Pons Spiritus S.: Pont St. Esprit, St. in Frankr. (Languedoc). [lien.
— **Voltumnae**, Viterbo, St. in Italien.
Far, Ferrol, St. in Spanien.
Fara, La Fère, St. in Frankreich (Picardie).
Fardium, Phardum: Verden, St. in Hannover.
Farense oder Brigense monasterium: Farmoutier, D. in Frankreich (Brie).
Faringa, Phöringen, Mtfl. in Baiern.
Fascia, Fassa, Thal in Oesterreich (Gericht Evas).
Faucenae, Füssen, St. in Baiern.
Fauces Noricorum, Schottwien, Mtfl. in Oesterreich.
— **Pertusae**, Pertus, Pass in den Pyrenäen.
Faustini villa, Bury, Mtfl. in England.
Faventia, Barcelona, St. in Spanien; Faenza, St. im Kirchenstaat; Fayence, St. in Frankreich (Var).
Faventia Hosca od. Ilergetum, Huesca, St. in Spanien.
Favonii portus, Porto Favona, Hafen auf der Insel Corsica.
Febiana castra, Bebenhausen, D. in Württemberg.
Felicitas Julia, Olisipo, Ulyssaea, Ulyssipolis: Lissabon, St. in Portugal.
Felsina = Bononia.
Feltria, Feltrum: Feltre, St. in Italien.
Femera, Femern, dänische Insel.
Fenestrellae, Fenestrelles, D. in Frankreich (Dauphiné).
Fenningia, Fennonia, Finlandia, Finnia, Venedia: Finnland, russ. Provinz.
Fennonia = Fenningia.
Ferda, Verden, St. in Hannover.
Ferdinandi insula, Fernando Fo, Insel in Africa.
Ferentinum, Ferentino, St. im Kirchenstaat.
Fergunna, Fünchunden, D. in Böhmen.
Fergusii rupes, Carrick- oder Knockfergus, St. in Irland.
Feritas Milonis, La Ferté Milon, St. in Frankreich.
Fernambocum, Pernambuco, St. in Brasilien.
Ferranus oder Phyretanus Comitatus: der Sundgau, das heutige Dep. Oberrhein.
Ferrara, Ferraria: Ferrara, St. in Italien.

Ferrariae, Ferrières, Mtfl. in Frankreich (Isle de France).
— **Carnorum,** Güntring, Mtfl. in Kärnthen.
Ferrarius portus, Porto Ferrajo, St. auf der Insel Elba.
Ferrata, Ferrete od. Pfrit, St. im Elsass.
Ferratus mons, der Frankenberg im Elsass; Djurdjura, Bergkette in Afrika.
Ferrera, Ferrières, Mtfl. in Frankreich (Lot).
Ferri insula, Ferro, canar. Insel.
Fescamum, Fescamp, St. in Frankreich.
Fescennia, Civita Castellana, St. in Italien.
Fessa, Regnum Fessanum: Fez, Kaiserreich u. St. in Africa.
Fesulae, Fiesole, St. in Italien.
Fevus, Vraita, Fl. in Piemont.
Ficaria, Cortelazzo, Insel bei Sardinien.
Ficella, Vesalia superior: Oberwesel, St. in Rheinpreussen.
Ficocle, Cervia, St. im Kirchenstaat.
Fidentia, Fezenzac, St. in Frankreich; = Julia Chrysopolis; Borgo di St. Donino, St. in Toscana.
Filekiensis Processus, der Filekische District in Ungarn.
Filiceriae, Fulgeriae: Fougères, St. in Frankreich (Bretagne).
Fimae od. **ad Fines,** Fismes, St. in Frankreich.
Fimbria, Imbria: dän. Insel Femern in der Ostsee.

Fimbriae fretum, der Femersund, der Holstein von Femern trennt.
Finarium, Finale, Mtfl. im Genuesischen.
Fines Remorum, Fismes, St. in Frankreich (Marne).
Finisterrae od. Artabrum promontorium: Cap Finistere od. Sanjago in Spanien.
Finis valli, Newcastle, St. in England.
Finmarchia, Finmarken, Landschaft in Norwegen.
Finnia (Finningia, Venedia), Finnland, russ. Provinz.
Fionia, Fünen, dän. Insel.
Firma, Firmana, Firmum Picemum: Fermo, St. in Italien.
— **Augusta,** Ecija, St. in Spanien.
Firmanorum castellum, Firmiano, St. in Italien.
Firmitas, Ferté, St. im Luxemburgschen.
— **ad Albulam,** La Ferté sur Aube, St. in Frankreich (H. Marne).
— **Adelheidis** od. Balduini, F. Alepia: La Ferté-Alais od. Aleps, St. in Frankreich (Seine et Oise).
— **Alepia** = Firmitas Adelheidis.
— **Auculphi** oder Qualquarii: Ferté Gaucher, Mtfl. in Frankreich (Seine et Marne).
— **Auranienis,** Ferté Aurin, St. in Frankreich (Loire et Cher).
— **Bernhardi,** Ferté Bernard, St. in Frankreich (Maine).

Firmitas Milonis, La Ferté Milon, St. in Frankreich (Aisne).
— **Naberti,** La Ferté St. Aubin, St. in Frankreich (Loiret).
Firmium oder Firmum Julium: Motril, St. in Spanien.
Firmum Picenum = Firmana.
Fisca, die grosse Fischa, Fl. in Oesterreich.
Fiscamnum oder Fisci campus, Fecamp oder Fescamp, St. in Frankreich (Normandie).
Fiscellus, Monte della Sibilla od. di Norcia, Berg in Italien.
Fiscus Isiacensis oder Isiacus: Issy, Schloss u. D. bei Paris in
Fismae = Fimae. [Frankreich.
Fixa, Flexia: La Flèche, St. in Frankreich (Sarthe).
Flaminia, die Romagna, Landschaft in Italien. [dern.
Flandrae, besser Flandria: Flan-
Flanaticus sinus, der Meerbusen von Quarnero bei Dalmatien.
Flanona, Fianona, St. in Illyrien.
Flavia Constans, Hispellum: Spello, Mtfl. in Italien.
— **Gallica,** Fraga, D. in Spanien.
— **Iria,** Padrono od. Compostella, St. in Italien.
— **Solva,** Solfeld, D. in Kärnthen.
Flavianum, Fiano, St. im Kirchenst.
Flaviniacum od. Flaviacum: Flavigny, St. in Frankreich.
Flaviobriga, Bilbao, St. in Spanien.
Flavionavia, Aviles, St. in Spanien; nach Andern Andero, Mtfl. in Biscaya od. Fuanes, Hafen das.; nach Andern Navia de Luanca, St. in Spanien (Oviedo).

Flavionia oder Flavionum: St. Jago di Compostella, St. in Spanien.
Flaviopolis od. Cratea: Djerede od. Gerida, St. in Anatolien.
Flavium, St. Andrästadt, St. in Illyrien.
— **Argitanum**=Aurgi od. Jaena.
— **Brigantum,** Betanços, St. in Spanien. [in Spanien.
— **Interamnium,** Ponferrada, D.
— **Laminitanum,** die Alhambra in Granada.
Flavoniensis od. Flamoniensis circulus: Fiume, Landschaft in Illyrien.
Flemium, Flims od. Flimbs, Gemeine in der Schweiz.
Flemma, Flums, Mtfl. in der Schweiz (St. Gallen).
Fleni sinus, Flensburger Wyk oder Meerbusen.
Flenium, Vlaerdingen, Mtfl. in Holland.
Flenopolis, auch Flensburgum, Flensburg, St. in Holstein.
Flensburgum = Flenopolis.
Flesinga, Vliessingen, St. in Holland.
Flevo insula, Urk, Insel im Zuydersee; F. lacus: der Zuydersee.
Flevolandia, Vlieland, Insel in Nordholland.
Flevum, die Rheinmündung Het Vlie. [reich.
Flexia, La Flèche, St. in Frank-
Flora, Fiora, Fl. in Toscana.
Florentia (Tuscorum), Florenz, St. in Toscana; Fiorenzuola, St. in Parma.

Florentiacum, Florensac, St. in Frankreich.
Florentinum, Ferentino, St. im Kirchenstaat.
Floriacum ad Oscarum, Fleury, St. in Frankreich (Burgund).
— **monasterium,** Fleurus, St. in Belgien.
Florida vallis, Florival, Abt. in Brabant.
Florimontium, Blumberg, Mtfl. im Elsass.
Florinae, Floriana: Florennes, St. bei Lüttich in Belgien.
Floriopolis, Saint-Flour, St. in Frankreich (Cantal).
Florius, Rio de Castro, Fl. in Spanien. [Insel.
Florum insula, Flores, azorische
Flumen S. Viti, Vitopolis: St. Veit am Pflaum, St. in Oesterreich.
Fluminis = Flemma.
Fluvianus = Cluvianus.
Fociniacum, Focunatium = Faciniacum.
Foedus cathedrale, Foedus domus dei: der Gotteshausbund in der Schweiz.
— **decem Juris dictionum,** der Zehngerichtenbund im Canton Graubündten.
Fons Aponi, Abano, St. in Italien.
— **beatae virginis,** Fraubrunnen, Landvoigtei in der Schweiz (Bern).
— **Bellaqueus** od. Bliaudi: Fontainebleau, St. in Frankreich.
— **bellus,** Schönbrunn, Lustschloss bei Wien.

Fons Ebraldinus, Fontevrault, Mtfl. in Frankreich (Maine et Loire).
— **Episcopi,** Fontaine l'Evesque, St. in den Niederlanden.
— **Everardi** u. **Evraldi** = Fons Ebraldinus. [nien.
— **Iberi,** Fontibre, Mtfl. in Spa-
— **Latius,** Latzfass, Gericht in Oesterreich (Tyrol).
— **Padirae,** Paderborn, St. in Westphalen.
— **rapidus,** Fuenterrabia, St. in Spanien.
— **resonus** od. **tumultuarius**: der Bullerborn, eine Quelle bei Altenbecken in Westphalen.
— **salutis,** Heilbronn, St. in Würtemberg.
— **sanus,** Fossanum: Fossano, St. in Piemont.
— **Tungrorum,** Spa, St. u. Bad in Belgien.
Fontanella, Fontenelle, St. u. Abt. in Flandern.
Fontenaeum Capitum, Fontenay le Comte, St. in Frankreich.
Fonteniacum, Fontenay, D. in Frankreich (Yonne); Fontenoy, D. in Belgien.
Fontes Belgae, Fontanensis Ecclesia: Wells, St. in England.
— **Baderae,** das Bisthum Paderborn in Westphalen.
Fontia, Ponza, Insel im tosc. Meer.
Fora, die dänische Insel Föhr bei Schleswig.
Forcalquerium = Forum Neronis; Forcalquier, St. in Frankreich (Niederalpen).

Forchena, Forchheim, St. in Baiern.
Fordunium, Fordun, Mtfl. in Schottland.
Forensis pagus, Forez, Landschaft in Frankreich, das heutige Departement Loire.
Forentum, Forenza, St. im Neapolitanischen.
Foresto, de, Hain, St. in Sachsen.
Forgiae, Forges, St. in Frankreich.
Forlivium, Forli, St. in Italien.
Formiae, Mola di Gaeta, St. in Italien.
Formesela, Voormezeele, D. in Belgien.
Forojuliensis civitas, Cividale del Friuli, St. in Friaul.
Forojulium, Fréjus, St. in Frankreich.
Fortalitium oder Fortis mons: La Forza, St. in Sicilien.
— Ludovicianum, Fort-Louis, Festung u. St. auf der Insel Giessenheim im Rhein (Elsass).
Forum Allieni = Ferrara.
— Appii, Borgo Longo od. St. Donato, St. im Kirchenstaat.
— Calcarium = Forcalquerium.
— Claudii = Centrones; 2) Carinola, St. in Neapel.
— Cornelii, Imola, St. im Kirchenstaat.
— Dinguntorum, Crema, St. in Italien; Pizzighettone, St. im Mailändischen.
— Domitii, Frontignan, St. in Frankreich (Herault).

Forum Egurrorum, Medina del Riosecco, St. in Spanien.
— Fulvii oder Valentinorum: Valenza, St. in Piemont.
— Gallorum, Castel Franco od. S. Donino, St. im Modenesischen; Gurrea, St. in Aragonien.
— Julii = Forojulium; Cividale, St. in Friaul.
— Julium, Friaul, Landschaft in Italien.
— Jutuntorum = Forum Dinguntorum.
— Limicorum, Ponte de Lima, Mtfl. in Portugal.
— Livii, Forli, St. im Kirchenstaat.
— Neronis = Forcalquerium; Bourg d'Oisans, Mtfl. in Frankreich (Isère).
— novum, Fornovo, St. in Parma.
— Pompilii, Forlimpopoli, St. im Kirchenstaat; La Fossa, Mtfl. in Neapel.
— Quariatium = Forcalquerium.
— Segusianorum, Feurs, St. in Frankreich.
— Sempronii, Fossombrone, St. im Kirchenstaat.
— Tiberii, Kaisersstuhl, St. am Rhein in der Schweiz (Aargau).
— Trajani, Pordongiano, St. in Sardinien.
— Truentinorum, Brittonoro od. Bertinoro, St. in Italien.
— Ubii = Julium Carnicum.
— Voconii = Camberiacum; Gonfaron od. Le Canet, D. in Frankreich (Var).

Forum Vulcani, Solfatara, St. im Neapol.
Fossa, die Meerenge Bocca di Bonifacio zwischen Corsica und Sardinien.
— **Claudia**, Chiozza od. Chioggia, Insel in Venetien.
— **Corbulonis**, der Vlie od. Vliestrom, Fl. in Holland.
Fossae, Fosse, St. in Belgien.
— **Papirianae**, Fos di nova, St. im Genues. od. Viareggio, Mtfl. daselbst.
Fossanum, Fossano, St. in Italien.
Fossatense monasterium = Bagaudarum castrum.
Fossiniacum, Faucigny, Schloss in Savoien.
Fovea, Grub, Landschaft in der Schweiz; Foggia, St. im Neapol.
Foxum, Foix, St. in Frankreich.
Francia, Frankreich, Franken, das alte Frankenreich, Deutschland.
— **orientalis**, Franconia: Franken; der Wetterau in Würtemberg.
Franciacum, Francicum: Fronsac, St. in Frankreich (Guienne).
Franciscopolis, Portus gratiae: Havre de Grace, St. in Frankreich.
Francofurtum ad Moenum, Frankfurt am Main; F. ad Viadrum od. Oderam: Frankfurt an der Oder, St. in Preussen.
Franconia = Francia orientalis.
Francopolis, Ville franche de Rouergue, St. in Frankreich (Aveiron).
Franechera, Franequera: Franecker, St. in Holland.
Fraustadium, Fraustadt, St. in Preussen (Posen).
Fraxinia = Frisinga.
Fredelatum, Fridelacum: Pamiers, St. in Frankreich.
Fregellae, Ceprano od. Pontecorvo, St. in Neapel.
Frentani, die Provinz Abruzzo Citeriore in Neapel.
Frento, Fortore, Fl. in Italien.
Frequentum, Fricenti, St. in Neapel.
Fretum Britannicum od. Caletanum: Meerenge von Calais zwischen Frankreich und England.
— **Constantinopolitanum** = Bosporus Thraciae.
— **Gaditanum**, Herculeum oder Hispanum: Meerenge von Gibraltar.
— **Siculum**, Il Faro di Messina, Meerenge bei Sicilien.
Friberga, -um, Freiberg, St. in Sachsen.
Friburgum Brisgoiae, Freiburg, St. im Breisgau in Baden.
— **Nuithonum**, Friburgum in pago Aventicensi: Freiburg, St. in der Schweiz. [Preussen.
— **ad Windam**, Freyburg, St. in
Fricdislaria, Fridcslaria: Fritzlar, St. in Kurhessen.
Friderici collis, Friederichsbühel, Schloss bei der St. Germersheim in Rheinbaiern.

Friderici oda, Fridericia, Festung in Jütland.
— **portus,** Friedrichsham, russ. St. am finländischen Meerbusen.
Fridericoburgum od. -polis, Friedrichsburg, St. in Dänemark.
Frienwalda, Freienwalde, St. in Preussen.
Frigentium, Friquentum: Frigento, St. in Neapel.
Frigida vallis, Froideval, Thal im Elsass; Valle Fredda, D. im Neapol.
Frigidus, Wipach od. Vypao, Fl. in Krain; Freddo, Fl. in Toscana.
Frisacum, Freisach, St. in Kärnthen.
Frisia, Friesland.
Frisinga, Frixinia, Frusinum, Fruxinia, Fruxinium: Freising, St. in Baiern.
Friteslaria = Friedislaria.
Fronciacum, Franciacum: Fronsac, Herzogthum u. Ort in Frankreich (Gironde).
Frontinianum, Frontignan, St. in Frankreich.
Frumentaria, Formentera oder Fromentera, span. Insel.
Frusino, Frosinone, St. im Kirchenstaat.
Fruxinia = Frisinga.
Fuldaha, Fulda, Fl. in Kurhessen.
Fulgarida, Vilgreit od. Folgaria, Gericht in Tyrol.
Fulgeriae, Fougères, St. in Frankreich (Ille et Vilaine).
Fulginia, Fulginium: Foligno od. Fuligno, St. im Kirchenst.

Fumacum, Fumay, Herrschaft u. St. in Frankreich (Ardennen).
Fumellum, Fumel, St. in Frankreich (Lot et Garonne).
Fundi, Fondi, St. im Neapol.
Fundus regius Saxonicus, das Land der Sachsen in Siebenbürgen.
Fura, Fervueren, St. in Belgien.
Furca mons, der Furkenberg, Furca oder Gabelberg zwischen den Schw. Cantonen Uri und Wallis.
Furcae caudinae, Furchie, Pass im Neapol.
Furcona, Forcone, St. im Neapol.
Furna, -ae, Veurne od. Furnes, St. in Belgien. [nien.
Furnacis, Hornachos, St. in Spa-
Furonis, Foron, Mtfl. in Belgien.
Furstemberga, Fürstenberg, St. u. Grafschaft in Baden.
Fusculum, Montefusco, St. im Neapol.
Fusniacum, Foigny, Abt. in Frankreich (Picardie).
Fuxensis comitatis, Foix, Grafschaft in Frankreich.
Fuxum, Foix, St. in Frankreich (Ariège).

Gabaleum, Ulpianum, Justiniana secunda: Prisrendi, St. in Bosnien.
Gabali, -es, Gevaudan, Landschaft in Languedoc; = Anderitum.
Gabarus Oleronensis, Gave d'Oleron, Fl. in Frankreich.

Gabarus Palensis, Gave de Pau, Fl. in Frankreich.
Gabatum = Leprosium.
Gabellus, Secchia, Fl. in der Lombardei und Modena.
Gabinus lacus, Lago di Castiglione, See im Kirchenstaat.
Gablona, Jablona: Gabel, St. in Böhmen.
Gades, Cadix, St. in Spanien.
Gaditanum fretum, Strasse von Gibraltar.
Gadiva, Aberfraw, St. auf der engl. Insel Anglesey.
Gaetulia, ein Theil des heutigen Biledulgerid, Sedjelmesse und der Sahara; = Gallia; = Galaecia. [reich.
Galaber, Galaure, Fl. in Frank-
Galactophagi, die Kalmücken.
Galaecia, Galicia, Landschaft in Spanien.
Galatia od. Gallograecia: die Sanjakats von Angourieh und Kiankari in Kleinasien.
Galena (falsch für Calleva, Calcua) **Atrebatum,** Wallingford, St. in England.
Galeria, Galera, St. in Spanien.
Galesus, Galaso, Fl. im Neapol.
Galicia, Halicz, Galitsch, St. in Galizien.
Gallesium, Gallese, Mtfl. in Italien.
Galli castrum, Gollin, St. in Polen.
Gallia, Frankreich, Wälschland oder Italien.
— **cisalpina,** das heutige Parma, Modena u. die Romagna (auch Gallia cispadana gen.); das heutige Piemont, die Lombardei, Istrien und Venetien (Gallia transpadana).
Gallia transalpina, das heutige Frankreich mit Belgien.
Galliacum, Gaillac, St. in Frankreich.
Gallicus, Gallego, Fl. in Spanien.
— **sinus,** Meerbusen von Lyon in Frankreich.
Gallipolis, Gallipoli, St. im Neapolitanischen.
Gallovidia, Gallway, St. in Irland.
Gallus, Iani Sou, St. in der asiat. Türkei.
Galthera, Dendre, Fl. in Ostflandern.
Galveja, Neu-Galloway, St. in Schottland.
Gamachium, Gamapium: Gamaches, Mtfl. in Frankreich.
Gamarodurum, Gamanodunum: Grobming, Mtfl. in Baiern.
Gambracius od. Sambracitanus sinus: Meerbusen von St. Grimaud od. St. Tropez.
Gamundium, Castellazo, St. in der Lombardei.
Gammundia, Gemunda: Schwäbisch-Gmünd, St. in Würtemberg. [Belgien.
Gandavum, Ganda: Gent, St. in
Gandavensis ager, Le Sas de Gand, St. in Belgien.
Gandersium u. Gandesium: Gandersheim, St. im Braunschw.
Ganges, Ganges, Fl. in Indien.
Gangia regia, Santgong, Gour od. Laknaouty, St. am Ganges in Indien.

Gangra, Kiangari, St. in Anatolien.
Gannatum, Gannapum: Gannat, St. in Frankreich (Allier).
Gannodurum, Costnitz, St. am Bodensee od. Laufenburg, St. am Rhein in der Schweiz.
Garactum, Gueretum, Waractus: Gueret, St. in Frankreich.
Garaphi montes, Ghdib el Zickar, Bergkette in Marocco.
Gardari insula, Island, dänische Insel.
Gardena, Greden, Thal in Tyrol.
Gardistallum, Guastalla, St. in Italien.
Gardo, Gar, Fl. in Frankreich.
Garetium, Garessio, Mtfl. in Piemont.
Garganum promontorium, Cap Gargano in Neapel.
Garganus, Gargano od. St. Angelo, Berg in Neapel.
Gargogilum, Jargeau, Mtfl. in Frankreich (Loiret).
Garianonum, Yarmouth, St. in England.
Garienis ostium, Yare, Yere, Fl. in England.
Garocelia od. Maurensis vallis: Maurienne, Grafschaft in Savoien. [land.
Garrejenus, Cley, Mtfl. in England.
Garsaura, Ak-Serai, Festung in Caramanien. [reich.
Garumna, Garonne, Fl. in Frankreich.
Gastenium, Gastein, Mtfl. u. Bad in Oesterreich.
Gatinensis pagus, Gatinois, Landschaft in Frankreich.

Gaudia mundii, Gmünden, St. in Würtemberg.
Gaudiacus, Jouy sur Morin, D. in Frankreich (Seine et Marne).
Gaudiosa, Joyeuse, St. in Frankreich (Ardège).
Gaulos, Gozo, Insel bei Malta.
Gaunodurum, Stein, St. in der Schweiz (C. Schaffhausen).
Gaurus mons, Monte Gauro, Berg in Neapel.
Gauzaca, Ghazna, St. in Indien.
Gaviodorum, Obernheim, Mtfl. in Elsass.
Gaviratium, Ghivira, St. in der Lombardei.
Gaza, Ghazzah, St. in Palästina.
Gazara civitas, Zara, St. in Dalmatien.
Gebenna = Cebanum.
Gebennesium oder Gebennensis Ducatus: Genevois, Herzogthum in Savoien.
Gebennici montes, die Sevennen.
Gedanum, Danzig, St. in Ostpreussen.
Gedrosia, das heutige Land el Mekran in Asien.
Gela, Terranova od. Alicata: St. in Sicilien.
Gelduba, Gelb, Mtfl. in Rheinpreussen.
Geldria, Gelria: Geldern, Provinz in Holland.
Gelurnum, Glorium: Glurenz, St. in Tyrol.
Gemapium, Jemapia = Genapium. [Brabant.
Gemblacum, Gemblours, St. in
Gemella, Salini, sicil. Insel.

Gemellae, Jumilla, St. in Spanien; G. od. Cuiculi: Djmillah, St. in Algerien.
Gementicum, Gemeticum: Jumièges, St. in Frankreich.
Geminga, Gemingen, St. in Holland.
Geminiacum = Gemblacum.
Geminus pons, Zweibrücken, St. in Rheinbaiern.
Gemmacum od. Gemmatium: Jamets, D. in Frankreich (Mosel).
Gemmicense coenobium, Gaming, Kloster in Oesterreich.
Gemunda = Gammundia.
— **ad Nicrum,** Neckar-Gemünd, Mtfl. in Baden.
— **ad Traunum,** Gemünd, St. in Oesterreich.
Gemundanus lacus, der Traunsee in Oestr. (Land ob der Ens).
Genabum, Orleans, St. in Frankreich.
Genapium, Genap od. Genappe, Ort in Brabant.
Genavensis comitatus, Genf, Canton in der Schweiz.
Geneocastrum = Belcastrum.
Geneva, Genf, St. im Cant. Genf.
Gentiforum, Völken- od. Völkelmarkt, St. in Kärnthen.
Genua, Janua: Genua, St. in Italien.
— **Ursorum,** Ossuna, Mtfl. in Spanien.
Genusus, Tobi, Semno oder Scombi, Fl. in Albanien.
Geofanum (eigentl. Jovis fanum), Gifuni od. Gifoni, Mtfl. in Italien.

Gera, Gera, St. im Reussischen.
Gerardimontium, Mons Gerardi: Geentsberghe, Geersbergen oder Grammont, St. in Ostflandern.
Gerasa, Djerrah, St. in Palästina.
Geratia, Gerace, St. in Neapel.
Geraus, Geres, Mtfl. in Oesterreich.
Gerboracum, Gerboretum: Gerberoy, St. in Frankr. (Oise).
Gereorenum, Raab, St. in Ungarn.
Gerlocuria, Gerolzhofen, St. in Baiern.
Germani, S., civitas, St. Germano, St. in Neapel.
Germania, Deutschland.
Germania Caesarea, Marach, St. in der asiat. Türkei.
Germanicopolis, Kastamoni, St. in Anatolien.
Gerningeroda, Gernroda: Gernrode, St. in Anhalt-Bernburg.
Geronium, Gerunium: Dragonara, St. in Neapel.
Gerpinis, Gerpinnes, Mtfl. in Belgien.
Gerthrudis, S., mons, Gertrudenberg bei Osnabrück in Hannover; = Bergae S. Gertrudis: Gertruidenberg, St. in Holland.
Gerulata, Karlburg, Mtfl. in Ungarn.
Gerunda, Gerona, St. in Spanien.
Geruntia = Cerenthia.
Gesia-, um, Gex, St. in Frankreich.
Gesocribate, Brest, Hafenstadt in Frankreich.
Gesoriacum, Boulogne sur Mer, St. in Frankreich.

Gestricia, Gaestrikland, Landschaft in Schweden.
Geta, Gets, Fl. in Brabant.
Getarum desertum, das heutige Bessarabien.
Gevalia, Gefle, St. in Schweden.
Gianum, Gien, St. in Frankreich (Loiret).
Giastum Amonium (auch Istonium): Il Vasto od. Guasto di Amone, St. in Italien.
Giennum, Jaen, St. in Spanien.
Giessa, Giessen, St. in Hessen-Darmstadt.
Gigia, Gijon, D. in Spanien.
Giglavia, Iglau, St. in Mähren.
Gilavia Borussica, Preussisch-Eylau, St. in Preussen.
— **Germanica**, Ilawa od. Deutsch-Eylau, St. in Preussen.
Gildonacum oder Judonia: Judoigne, Mtfl. in Brabant.
Gilovia, Gihlowey, Eylau oder Eule, Mtfl. in Böhmen.
Ginsium, Günz, St. in Ungarn.
Gippevicum, Ipswich, St. in England.
Girundia, Gerunna: Gironde, Fl. in Frankreich.
Giso, Gisortium: Gisors, St. in Frankreich.
Gisonis castra, Geisenfeld, Mtfl. in Baiern.
Gitmiacinum, Gitzinum: Gitschin, St. in Böhmen.
Glacium, Glocium: Glatz, St. in Schlesien.
Glandeva, Glannata, Glamnateva, Glanum Livii: Glandèves, frühere St. in Frankr.

Glanum = Fanum S. Remigii.
Glarona, Glarus od. Glaris, St. in der Schweiz.
Glaronensis pagus, Glarus, Canton in der Schweiz.
Glasconia, Avalonia: Glastonbury, St. in England.
Glasgua, Glasgow, St. in Schottland.
Glatovia, Klattau, St. in Böhmen.
Glessaria od. Amelandia: Ameland, holländ. Insel an der Küste von Friesland od. die dän. Insel Nordstrand bei Schleswig.
Glevum, Glocestria: Gloucester, St. in England.
Glichberga, Glizberg, in Urkdn. für Luxemburg (Orig. Guelph. V. II. p. 722.), St. im Luxemb.
Glicho, Glico: Gleichen, Schloss in Thüringen.
Glocestria = Glevum.
Glocium = Glacium.
Glogovia od. Glocovia major: Glogau, St. u. Festung in Schlesien.
Glorium, Glurenz, St. in Tyrol.
Glota, Clyde, Fl. in Schottland.
Glotae aestuarium, der schottische Meerbusen Clyde-Firth.
Glotiana, Clydesdale, Landschaft in Schottland.
Glunicense coenobium, Glcink (eigentl. Glunick), Kloster in Oesterreich.
Gnesna, Gneznensis od. Gnezdensis civitas: Gnesen, St. in Polen.
Goaris, Tapti, Fl. in Indien.

Gobannium, Abergavenny, St. in England. [a. d. Maas.
Goderea, Goeree, südholl. Insel
Godewicum, Gottweig, Kloster in Oesterreich.
Goemöriensis comitatus, die Gömörer Gespannschaft in Ungarn.
Gomesianorum conventus, der Distr. Gombs in der Schweiz (Wallis).
Gomphi, Stagi, St. in Griechenland.
Goppinga, Göppingen, St. in Würtemberg. [cedonien.
Gordenia, Gradisca, St. in Ma-
Gordiana (mit dem alten Assyrien) ein Theil des heutigen türkischen Kurdistan.
Gordiaei montes = Carduchii m., ein Theil des Taurusgebirges in Armenien.
Gorichemium, Gorinchem, St. in Holland.
Goritia, Görz, St. in Oesterreich.
Gorlicium, Görlitz, St. in Preussen (Oberlausitz).
Gormetia = Borbetomagus.
Gornacum, Gournay, St. in Frankreich (Seine Infer.).
Gortys, Caritena, St. in Griechenland. [am Harz.
Goslaria, Goslar, braunschw. St.
Gota, Gotha: Gotha, St. in Sachsen-Coburg-Gotha.
Gothalania = Catalania.
Gothia, Gothland, Landschaft in Schweden.
Gothlandia, Gothland, Insel in der Ostsee.
Gothoburgum, Gothenburg, St. in Schweden.

Gotinga (nicht Gottinga, von Gauding, Gaugericht), Göttingen, St. in Hannover.
Gottorpia, Gottorp, Schloss in Schleswig.
Gotzgaugia, Gützkow, St. in Preussen.
Gouda, Gouda, St. in Holland.
Gouttinga, Gauding, D. in Baiern.
Gozeka, Goseck, D. in Preussen.
Graca, Grassa, Grinnicum, Crassa: Grasse, St. in Frankreich.
Gradicum, Grajum, Graeum: Gray, St. in Frankreich (H. Saone).
Gradium Regium, Gradecium: Königgrätz, St. in Böhmen.
Oraea, Hohenkrähn, Ort in Baden.
Graecia, Griechenland.
Graecium, Grätz, St. in Steiermark.
Graeum, Gray, St. in Frankreich.
Grajus mons, der kleine St. Bernhard.
Grammatum, Grandweiler, St. im Elsass.
Grampius mons, das Grampiengebirge in Schottland.
Granata, Granada, (Grenade), St. in Spanien.
Grancejum castrum, Grancey le Castel, St. in Frankreich.
Grandipratum, Grandpré, St. in Frankreich.
Grandisonium, Gransia, Granzonium: Granson, St. in der Schweiz (Waadt).
Grandisvilla, Granville, St. in Frankreich (Normandie).

Grani palatium, Aachen, St. in Rheinpreussen.
Granicus, Ousvola od. Sousoughirli, Fl. in Kleinasien.
Grannonium, Granville, St. in Frankreich (Manche).
Grannopolis = Gratianopolis.
Gransia = Grandisonium.
Granus, Gran, Fl. in Ungarn.
Granzonium = Grandisonum.
Grassa = Graca.
Gratiae cella, Gnadenzell, Kloster in Würtemberg; G. mons: Gnadenberg, Mtfl. in Baiern.
Gratianopolis, Grenoble, St. in Frankreich.
Gratianopolitanus Pagus, das Land Grésivaudan, ein Theil der Dauphiné in Frankreich.
Gratiarum vallis, Gnadenthal, Kloster im Canton Aargau.
Graudentium, Grudentum: Graudenz, St. u. Fest. in Preussen.
Gravescenda oder Gravesinda: Gravesend, St. in England.
Graviaci, Murau od. Gurk, Mtfl. in Kärnthen.
Gravionarium = Bamberga.
Gregorii, S., cella, Reichenbach, Kloster bei Constanz in Baden; Gregorsmünster, Kloster im Elsass. [in Belgien.
Grenbergis, Grimbergen, Mtfl.
Grenovicum, Greenwich, St. in England. [in Pommern.
Grimus, Grim od. Grimmen, St.
Grinario, Grüningen od. Nürtingen, St. in Würtemberg.
Griniacum, Grignan, St. in Frankreich.

Grinnicum = Graca.
Gripeswolda, Gryphiswalda: Greifswalde, St. in Preussen.
Grisones, die Einwohner von Graubündten in der Schweiz.
Grisonia od. Grisonum res publica: Canton Graubündten.
Grissovium, Grüssau, D. in Schlesien.
Gronia, Groenlandia: Grönland, dän. Halbinsel.
Groninga, Gröningen, St. in den Niederlanden.
Gronvicum oder Gronaicum: Greenwich, St. in England.
Grotgavia, Grottkau, St. in Schlesien.
Gruarii portus, Porto Gruaro, St. in Friaul.
Grueria, Griers oder Greiers, St. in der Schweiz (C. Freiburg).
Grumentum, Armento od. Agrimonte, Ort im Neapol.
Grunum, Gron, Mtfl. i. d. Schweiz (Graubündten).
Grupna, Graupen, Mtfl. in Böhmen.
Grypeswaldia, Gryphiswaldia = Gripeswolda.
Gryphaeum, Greifensee, St. in der Schweiz (Zürich).
Gryphimontium, Greiffenberg, St. in Schlesien.
Guadicia, Guadix, St. in Spanien.
Guardistallum, Guastalla, St. im Parmesanischen.
Guarmatia = Borbetomagus.
Guategissum, Weggis, D. am Luzerner See in der Schweiz.
Gubernula, Governolo, Mtfl. in Venetien.

Guelpherbytum, Vadum lupi: Wolfenbüttel, St. in Braunschweig.
Guesta, Wesen, Mtfl. in der Schweiz (St. Gallen).
Guestfalia, Westphalia: Westphalen, preussische Provinz.
Guinae, Guines, St. in Frankreich.
Guintonium, Winchester, St. in England.
Guisium castrum, Gusgia, Guisia: Guise, St. in Frankreich.
Guisnae, Guinae: Guines, St. in Frankreich.
Guissunum, Guiche, Grafschaft in Frankreich.
Gulia, Jugila: Geule, Fl. in Westflandern.
Gundulphi curia od. Gondrecurtium: Gondrecourt, St. in Frankreich (Maas).
Guntia, Guntium villa: Güntzburg, St. in Baiern.
Gurca, Gurk, Mtfl. in Illyrien.
Gurgolinum, Jargeau od. Gergeau, St. in Frankreich.

Habala, Havel, Fl. in Preussen.
Habitaculum Mariae, Mariboe, St. auf der dänischen Insel Laland.
Habola, Havila = Habala.
Habus, das frische Haff, Meerbusen in Preussen.
Hadelia, Haduloha, Adaloha: Hadeln, Landschaft in Hannover.
Hadria, Atri, St. in Neapel.
Hadrumetum, Adrumetum: Herkla, St. in Tunis.
Haediopolis oder Haedicollis, Kitzbichl, St. in Tyrol.
Haemi extrema, Vorgeb. Emineh Boroun am schwarzen Meere.
Haemonia, Thessalien.
Haemus, das Balkangebirge in der Türkei.
Haffligense coenobium, Hafflingis, Afflingis: Afflinghem, Kloster in Belgien.
Hafnia od. Havnia, St. Kopenhagen in Dänemark.
Haga Aurelianensis, La Haye, St. in Frankreich (Indre et Loix).
— **Comitis** od. Comitum: Haag, St. in Holland.
— **Schauenburgi**, Stadthagen, St. in Schauenburg.
— **Turonica** = H. Aurelianensis.
Haganoa, Hayna: Grossenhain, Stadt in Sachsen (Hagyn in Urkdn.).
Hagenoa, Hagenoia: Hagenau od. Haguenau, St. im Elass.
Hainovia, Haynau od. Hayn, St. in Schlesien.
Hala ad Oenum, Hall am Inn in Tyrol.
— **Hermundurorum**, oder Venedorum oder Magdeburgica oder ad Salam: Halle an der Saale, St. in Preussen.
— oder **Hallae Suevorum** od. Suevica: Hall oder Schwäbisch-Hall, St. in Würtemberg.
Halapia = Aleppum, Halberstadium: Halberstadt, St. in Preussen.
Halex, Alece, Fl. in Calabrien.

Haliacmon, Indjeh Kussasou, Fl. in Macedonien.
Haliartus, Mazi, St. in Griechenland.
Halica, Cheladia, St. in Griechenl.
Halicarnassus, Bodroun, St. und Schloss in Klein-Asien.
Halicia, Galicia: Halicz, Galitsch, St. in Galizien.
Halifacia od. Hortonium: Halifax, St. in England.
Haliola od. Hallulla: Hallein, St. in Salzburg.
Halla oppidum od. praepositum: Reichenhall, St. in Baiern.
Halmostadium, Halmstadt, St. in Schweden.
Halmyris, der Razelm-See od. der See U. lieben Frauen in Bulgarien.
Halonesus, Insel Dromi, aber nicht Pelagnisi od. Pelagisi, im Archipelagus.
Halycia, Salemi, St. in Sicilien.
Halys, Kisil-Irmak, Fl. in Klein-Asien.
Hamburgum, Hammonia, Hochburi castellum: St. Hamburg. [tum.
Hamburgum Austriae = Carnun-
Hamela, Hameln, St. in Hannov.
Hamerthe, Neer-Hamert, D. in Belgien.
Hametum od. Hamum: Ham, St. in Frankreich (Somme).
Hammona, (unrichtig) Hamma: Hamm, St. in Westphalen.
Hammonia = Hamburgum.
Hammus, Hamus: St. Ham in Frankreich.
Hamons, St. Hamont in Limburg.

Hanagavensis comitatus, der Hennegau, Hainaut oder Hene Gowuen, Belgische Provinz.
Hannebotum, Hennebon, St. in Frankreich.
Hannonia, Haginoja: Grafschaft Hennegau.
Hannonis insula, Insel Madagascar.
Hanonia, Hampshire, Grafschaft in England.
Hanovera oder Hanovra (nicht Hannovera): Hannover, St. u. Königreich.
Hanovia, Hanau, St. in Churhessen.
Hanseaticae urbes, die Hansestädte.
Hapselia, Hapsal, St. in Esthland.
Harcurtium, Harcourt, St. in Frankreich.
Harderovicum, Hardervicum: Harderwyck, St. in Holland.
Harflevium, Harfleur, St. in Frankreich.
Harlemum, Harlem, St. in Holland.
Harlingia, das Harlinger Land in Ostfriesland.
Harmozia, Armuzia: Insel Hormus oder Ormus.
Haromszekiensis sedes, der Haromszekische Stuhl in Siebenbürg.
Harthicus od. Harticus mons: der Harz.
Hartiana sylva, der Schwarzwald.
Harviacum, -vicum: Harwich, St. in England.
Hasa, Hase, Fl. in Hannover.
Hasbaniensis comitatus, Hasbain, Grafschaft in Belgien.

Hasseletum, Hasselt, St. in Holland; H. ad Demeram: Hasselt, St. in Limburg.
Hassia, Churfürstenthum Hessen.
Hasteria, Hastière Lavaux, D. in Belgien.
Hathaloga, Hadaln, Landschaft im Hannöverschen.
Hattonis castrum, Hattonchatel, St. in Lothringen.
Hatuanum, Hatvan, St. in Ungarn.
Haugastaldium od. Sancta Insula: Holy Island, Insel bei der Grafschaft Northumberland.
Havnia, Kopenhagen.
Havrea, Havre, St. in Frankreich.
Heberanum = Brema.
Hebrides = Aebudae.
Hebron, Cabre Ibrahim oder Habrun, St. in Palästina.
Hebrus, Maritza, Fl. in der Türkei.
Hecatompylos, Damghan, St. in Iran (Tabaristan).
Hecatonnesi, die Inselgruppe Musconisi an der griech. Küste.
Hedena, Hesdin, St. in Frankreich (Pas de Calais).
Hedua, Autun, St. in Frankreich.
Heerevilla, Heers, D. in Limburg.
Hegetmatia = Lignitium.
Hegovia, Landsch. Hegau in Bad.
Heideba od. Slesicum: Schleswig, St. in Schleswig.
Heidelberga, Heidelberg, St. in Baden.
Heilbronna, Heilsbrunna: Heilbronn, St. in Würtemberg.
Helcipolis, Commotau, St. in Böhmen. [pelagus.
Helena, Insel Macronisi im Archi-

Helena vicus = Hisdinum.
— Illiberis: Elne, St. in Frankreich (Pyren. Orient.).
Helenopolis, Frankfurt am Main.
Helia, Ely, St. und Insel im Fl. Ouse in England.
Helicon, Zagara Vouni, Berg in Griechenland.
Heliopolis, Balbek, St. in Syrien.
Hellanes, Linares, St. in Spanien.
Helmstadium, Helmstädt, St. in Braunschweig.
Helorum, Helore, St. in Sicilien.
Helos, Tsili, St. in Griechenland.
Helsingia, Helsingland, Landschaft in Schweden.
Helsingoforsa, Helsingfors, St. in Finnland.
Helsingora, Helsingör, St. in Dänemark.
Helvae, Helvis, Alba, Elva: Elvas, St. in Portugal.
Helvatium, Helvaux, Mtfl. in Frankreich (Limousin).
Helvetia, die Schweiz.
Helvia od. Ricina: die heut. St. Macerata im Kirchenstaate.
Helvinus, Salinello, Fl. in Neapel.
Hemeroscopium = Artemisium: Cap St. Martin in Spanien.
Hemipyrgum, Halb-Thurn, Mtfl. in Ungarn.
Hennepolis, Hildesheim, St. im Hannöverischen.
Henniacum Litardi, Henin-Liétard, Mtfl. in Frankreich (Artois).
Henrici Hradecium, Nova Domus: Neuhaus, St. in Böhmen.
— **pagus**, Einrich, Gegend bei Wiesbaden in Nassau.

Henricomontium, Boscobellum: Henrichemont od. Boisbelle, St. in Frankreich (Cher).
Hephaestia, Insel Comino, zwischen Malta und Gozo.
Heptanomis, Vastouni, Theil von Aegypten.
Heracleopolis, Samanhoud, St. in Aegypten.
Heraclea, Kidonia od. Haivali, St. in Anatolien; Heraclitza, St. in Rumelien.
— == Herculanum: Gibraltar.
— **Caccabaria** == Fanum S. Eutropii. [Unteritalien.
— **Lucaniae**, Policoro, St. in
— **Pontica** oder Eribolum: Erekli, St. am schwarz. Meer.
— **Viennensis**, St. Gilles, St. in Frankreich.
Heraclius, Bulla od. Herace, Fl. in Griechenland.
Heraei od. Junonii montes: das Gebirge Sori in Sicilien.
Herbanum, Oropitum: Orvieto, St. im Kirchenstaat.
Herbipolis, Wirceburgum: Würzburg, St. in Baiern.
Herborna, Herborn, St. in Nassau.
Herculanum, Resina, St. in Neapel.
Herculis Cusani portus, Porto Ercole, St. in Etrurien.
— **fanum**, Castillo, Mtfl. in Spanien; Massa Carrara, Hauptstadt des gleichnam. Herzogthums.
— **insula**, die sicilianische Insel Basiluzo; die sardinische Insel Asinara od. Zavara.
— **lucus**, das Suntelgebirge bei Minden.

Herculis Liburni od. Labronis portus: Livorno, St. in Tosc.
— **Monaeci portus**, Monaco, St. in Italien (Grafschaft Nizza).
— **templum**, San Pedro, St. in Spanien.
Hercynia sylva, die Karpathen od. der Oden-, Schwarz- und Thüringerwald, Spessart, Rhön, Harz, Steigerwald u. Böhmerwald.
Herdalia, Herjedalen, Provinz in Schweden.
Herdonia, Ordona, St. in Neapel.
Herfordia, Herevordia, Hervordia: Herford, preussische St. in Westphalen.
Heria == Aeria.
Hericus od. Herne: Insel Heis in Frankreich (Vendée).
Herisiae novae, Kloster Nien-Herse bei Paderborn.
Heristallum, Haristellum, Heristalium: Heristall, St. in Belgien.
Herius, Vilaine, Fl. in Frankr.
Hermaeum promontorium, die drei Vorgebirge Della Cacca in Sardinien; Jeni Hissar, Vorgebirge in der Meerenge von Constantinopel; Cap Bon, Vorgebirge in Tunis.
Hermaea, Insel Tavolara an der Küste von Sardinien.
Hermonthis, Ermonth, St. in Aegypten.
Hermopolis od. Coene: Benisoueyf, St. in Aegypten.
— **magna**, Achmuneim, St. in Aegypten.

Hermopolis parva, Damanhour, St. in Aegypten.
Hermus, Sarabat od. Kermout, Fl. in Anatolien.
Herocampia, Hersfelda: Fürstenthum Hersfeld in Churhessen.
Heroopolis, Aboukscheid, St. in Aegypten.
Heroopolites sinus, Bahr el Kolsum, Meerbusen von Suez.
Hertha, die Insel Helgoland.
Hervordia = Herfordia.
Hesperia, Italien; Spanien.
Hesychia Carolina, Carlsruhe, St. in Baden.
Hesydrius, Setledsch, Fl. in Ind.
Hethlandia, die Insel Shetland.
Hethlandicae insulae, die schottischen Shetlandsinseln.
Hetruriae magnus ducatus, Grossherzogthum Toscana.
Hetruscum fretum = Bonifacii sinus.
Heudena, Huyden, St. in Holland.
Hexapolis, die Sechsstädte in der Oberlausitz.
Hibernia, Irland.
Hicesia, sicilianische Insel Parerotto oder Panari.
Hiera, Therasia, Thermissa, Vulcania, sicilianische Insel Volkano, Borcano, Bolcano; Maretimo, ägatische Insel im mittelländischen Meere.
Hieracium od. Giraecum, Gerace od. Gieraci, St. in Calabrien.
Hierapolis, Thetford, St. in Engl.
Hierasus, Porota, Pyretus: Pruth, Grenzfl. zwischen Russland und der Türkei.

Hieropolis, Imbripolis, Ratisbona, Reginoburgum: Regensburg, St. in Baiern.
Hierosolyma, Jerusalem, St. in Palästina.
Hilaria, Willering, Cistercienserabtei in Oberösterreich.
Hilariacum, St. Arold, Mtfl. in Frankreich (Mosel).
Hildesia, Hildesheim, St. in Hannover.
Hilpertohusa, Hilpershusia: Hildburghausen, St. in Meiningen.
Himera, Termini, St. in Sicilien; die Flüsse Fiume grande u. Fiume salso das.
Hiona = Isauna.
Hiovia, Hjo, St. in Schweden.
Hippo, Bivona, St. in Calabrien.
Hippocura, Hyderabad, St. in Indien.
Hippo regius, Bona, St. in Africa (Beled el aneb).
Hippo Zarytos, Bizerte, St. in Tunis.
Hipponium, Vibo, Vibona Valentia: Bivona, St. in Calabrien.
Hippo nova, Montefrio, St. in Spanien.
Hirschavia, Hirschau, St. in Baiern.
Hisarcus, = Atagis.
Hisdinum, Hesdin, St. in Frankreich.
Hispalis, Sevilla, St. in Spanien.
Hispania, Spanien.
Hispaniola od. St. Dominici insula: Insel Haiti; Hispaniola nova: Mexico.

Hispellum = Flavia Constans.
Hispiriatis, Ipsira, St. u. Landsch. in Armenien.
Hissa, dalmatische Insel Sissa.
Histiaea oder Oreus: Oro, St. in Griechenland.
Histonium, Giastum Amonium: Vasto d'Ammone, St. in Neapel.
Histria, Istria: Istrien, Landschaft in Italien. [nover.
Hizgera, Hitzacker, St. in Han-
Hobroa, Hopontum: Hobroe, Mtfl. in Dänemark.
Hocseburcum, Ocsioburgum: Seeburg, Mtfl. im Magdeburg.
Hodingae, Altöttingen, Mtfl. in Baiern.
Hoechsta oder Trajani monumentum: Höchst, St. in Nassau.
Holacheus oder Hohenloicus comitatus: Grafschaft Hohenlohe in Würtemberg.
Hola, Holum, St. auf Island.
Holdstebroa, auch Holzepontum: Holstebroe, St. in Dänemark.
Hollandia, Holland; Hollandia nova: Neuholland in Austral.
Holmia, Stockholm, St. in Schwed.
Holsatia, Holstein.
Holtena, Altena, St. in Preussen.
Honflevius, Honflorium: Honfleur, St. in Frankreich.
Hontensis comitatus, die Honther Gespannschaft in Ungarn.
Hopontum = Hobroa.
Hornanum caput, Cap Horn in Süd-Amerika.
Hordeani castra oder Ordinga: Urdingen, Mtfl. u. Schloss im Clevischen.

Horrea, ad, Cannes, St. in Frankr.
— **Coelia**, Erklin, St. in Africa; = ad Horrea.
— **Margi**, Morava Hissar, St. in Serbien.
Horrisonus mons, der Hörselberg bei Eisenach in Thüringen.
Horsnesia, Hothersnesium: Horsens in Dänemark.
Hortanum, Horta, Hortae, Oortae, Orti, Horti: Orta, oder Horta, St. im Kirchenstaate.
Horthesium, Orthes, St. in Frankreich (Niederpyren.)
Hortus Dei, L'Hort-Dieu, Gegend in Frankreich.
Hortus floridus, Baindt, Abtei in Schwaben.
Hosdenenses, Hesdin, St. in Frankreich (Pas de Calais).
Hosemum, Husum, St. in Schleswig.
Hospitellum, Sospello od. l'Espel, St. in der Grafschaft Nizza.
Hostilia, Ostiglio, Mtfl. b. Modena in Italien.
Hostunum, Ostuni, St. in Neapel.
Hoyum, Hoium: Huy, St. in Belgien.
Hradisca, Hradisch, St. in Mähren.
Hradistiensis circulus, der Hradischer Kreis in Mähren.
Hrapa, Raab, Fl. in Ungarn.
Hriustri od. Rustringia: Landschaft Rustingen in Hannover.
Hubertiburgum, Schloss Hubertusburg in Sachsen.
Huculbi, Petershagen, St. an der Weser in Preussen.
Huegium, Ivry, Mtfl. in Frankreich (Eure).

Huena, Hween, schwedische Insel im Sund.
Hugonis curia, Hugshofen, Kloster im Elsass.
Hultonia, Ulster, Provinz in Irland.
Hungaria, Ungarn.
Huninga, Hüningen, St. in Frankreich (Oberrhein).
Hunnicuria od. Hunonis curia: Honnecourt, Mtfl. in Frankreich (Picardie).
Hunnicus pagus = Hunnorum tractus.
Hunnobroda, Ungarisch-Brod, St. in Mähren.
Hunnorum tractus, der Hundsrück, Gebirge der Unterpfalz.
Hustum, Husat, Bergschloss in Ungarn.
Huum, Huyum: St. Huy an der Maas im Lüttich.
Huxaria, Höxter, St. in Westphalen.
Hybla major, Paterno, Mtfl. in Sicilien.
Hybla minor, Calatagirona od. Ragusa, Mtfl. in Sicilien.
Hyccara, Muro di Carini, St. in Sicilien.
Hydaspes, Djelem, Fl. in Indien.
Hydraotes, Ravei, Fl. in Indien.
Hydrea, Hydra, griechische Insel.
Hydropolis, Feuchtwangen, St. in Baiern.
Hydruntum, Idrontum, Ydruntum: Otranto, St. in Calabrien.
Hydrussa, Tenos, Opiusa: Tine, Insel im Archipelagus.
Hylaea, die nogaische Steppe.
Hylaria = Hilaria.
Hymettus, Trelo Vouno oder Dely Dagh od. Monte Imetto, Berg in Griechenland.
Hypaea od. Sphia: Insel If in Frankreich; Isle du Levant od. du Titan, hyerische Insel.
Hypanis, Bog oder Bug, Fl. in Russland.
Hyperia = Camarina.
Hyphasis, Beyah, Fl. in Hindostan, und bei seiner Vereinigung mit dem Sutletsch Gorra.
Hyrcania, die heutigen persischen Provinzen Masanderan, Tarabistan, Astrabad, Khorasan, Dahistan u. Corcan; Sebsvar, St. in Khorasan.
Hyria, Insel Paros.
Hysadrus, Hesydrius, der Sutletsch, Fl. in Indien.
Hypselis, Sciothb, St. in Aegypten.

Iabadice oder Jabadi insula: Insel Java od. Sumatra.
Jacca, Jaca, St. in Spanien.
Jacea castrum, Jauche, D. in Belgien.
Jacopolis = Broagium.
Jader, Salone, Fl. in Dalmatien.
Jadera, Zara, St. in Dalmatien.
Jadrensis regio, Jathria: die Vogtei Jederen in Norwegen.
Jaenum, Jaen, St. in Spanien.
Jagodina, Jagodna, St. in Serbien.
Jamma, Jamno: Ciudadela, Hafenstadt auf Minorca.
Jamna, Janina, St. in der Türkei.
Janoba, Janua: Genf, St. in der Schweiz.

Janus mons, Mont Genièvre, Theil der cottischen Alpen.
Japodum vallis, Engadin, Landschaft in Graubündten.
Japonia, Japan.
Japygia, die Provinz Terra di Otranto in Neapel.
Japygium promontorium, Cap di Leuca od. Finisterre in Neap.
Jaromirium, Jaromierz, St. in Böhmen.
Jasonium promontorium, Cap Vono, Vorgebirge am schwarzen Meere (Sivas).
Jasos, Assem Kalassi, St. u. Insel in Anatolien.
Jasicus sinus, Meerbusen von Assem Kalassi.
Jassium, Jassiorum municipium: Jassy, St. in der Moldau.
Jassos = Jasos.
Jathria = Jadrensis regio.
Jatinum, Meaux, St. in Frankreich.
Jatrus, Jantra oder Otzuma, Nebenfl. der Donau.
Jauna = Eauna.
Jauravia, Jauravium, Javoria, Javorium: Jauer, St. in Schlesien.
Jauriensis comitatus, die Raaber Gespannschaft in Ungarn.
Javennum, Giavenno, Mtfl. in Piemont.
Javoria = Jauravia.
Javorium = Jauravia.
Jaxartes, Sichoun od. Sir-Darja, Fl. in Innerasien.
Iberus, Ebro, Fl. in Spanien.
Ibissa, Ipsium: Ips, St. in Oesterreich.
Ibliodurum, Beauville, D. in Frankreich (Lothringen). [Baden.
Iburinga, Ueberlingen, St. in
Icaria, Nikaria, Insel im ägeischen Meere.
Icauna, Yonne, Fl. in Frankreich.
Icenorum oppidum, Ixworth, St. in England.
Ichthys, Cap Zanchi od. Tornese in Griechenland.
Icidmagus, Issengeaux, St. in Frankreich (H. Loire).
Iciniacum, Izing, Mtfl. in Baiern.
Iciodurum, Issoire od. Yssoire, St. in Frankreich (Puy de Drome).
Iconium, Konieh, St. in Kleinasien.
Ictimuli, Victimolo, Mtfl. in Piemont.
Ictium castrum, L'Isle Jourdain, St. in Frankreich (Gers).
Iculisma, Inculisma = Egolisma.
Ida, Psiloriti od. Monte Giovio, Berg a. d. Insel Candia; Kas Dagh, Bergkette in Kleinasien.
Idaea, Insel Candia.
Idalia od. **-um,** Dalia, Mtfl. auf der Insel Cypern.
Idanus = Danus.
Idistavisus campus, Ebene von Hastenbeck an der Weser.
Idonia oder Vinca: Huisne, Fl. in Frankreich.
Idubeda mons, Sierra d'Oca, Bergkette in Spanien.
Idunum, Judenburg, St. in Oesterreich (Steiermark).
Jecora, Jecker, Fl. im Lüttichschen.
Jemelevum, Memmleben, Kloster in Thüringen.

Jemtia, Jämtland, Landschaft in Schweden.
Jena, Jena, St. in Sachsen-Weimar.
Jenecopia, Jönköping, St. in Schweden.
Jenisia, Jenisei, Fl. in Sibirien.
Jernis, Cashell, St. in Irland.
Jernus, Suire, Fl. in Irland.
Igaedita od. Egiditania: Idanha a Velha, St. in Portugal.
Igenia, Tegengill, Mtfl. in Wales in England.
Igilgilis, Dschigelli od. Gigeri, St. in Algerien.
Igilium, Iginium: toskanische Insel Giglio.
Iglavia, Iglau, St. in Mähren.
Iglovia, Giglovia, Neocomium: Iglo od. Neudorf, St. in Ungarn.
Ignium terra, Feuerland oder Tierra del Fuego auf der Südspitze von Amerika.
Ignium insula, Ilha de fuego, portugiesische Insel beim grünen Vorgebirge.
Iguvium = Eugubium.
Ilantium, Ilanz, St. in der Schweiz.
Ilarcuris od. Larcuris: Caros de los Infantes, Mtfl. in Span.
Ilargus, Iller, Fl. in Baiern.
Ildum, Salsadella, D. in Spanien.
Ileburgum, Eilenburg, St. in Preussen.
Ilerda, Lerida, St. in Spanien.
Ilice, Elche, St. in Spanien.
Ilipa, Pennaflor, Mtfl. in Spanien; nach Andern Olvera, St. das.
Ilipula Laus, Villa Nuova del Rio, D. in Spanien; Ilipula mons: Sierra Nevada, Sierra de Antequera u. Alpujarra in Spanien.
Iliturgis, Andujar, St. in Spanien.
Illarco, Alarcon, St. in Spanien.
Illiberis, Elvira, St. in Spanien; = Helena.
Ilma, od. -us, Ilm, Fl. in Weimar; Ilm, Stadt in Schwarzburg-Rudolstadt.
Ilmi monasterium, Illmünster, Abtei in Baiern.
Ilorci, Lorca, St. in Spanien.
Ilunum, Hellin, St. in Spanien.
Iluro, Mataro, St. in Spanien; Oloron oder Oleron, St. in Frankreich (Niederpyren.).
Imachara, Traina, St. in Sicilien.
Imaus, Der Himelaya in Indien od. der Mustag gen. Theil dess.
Imbria = Fimbria.
Imbripolis = Hieropolis.
Imbrus, Imbro, Insel im ägeischen Meere.
Impatis ministerium od. Supra saxum: Oberhalbstein, Landschaft in Graubündten.
Imperius, Imperiale, Fl. im Genuesischen.
Imum Castrum, Tiefencastell, Schloss in Graubündten.
Imus Pyrenaeus, Saint Jean Pied du Port, St. in Frankreich (Niederpyren).
Inachus, Najo od. Planizza, Fl. in Griechenland.
Inculisma = Engolisma.
Inda, Korneliusmünster, Mtfl. bei Aachen in Preussen.
Indago Marchionis, Grossenhain, St. in Sachsen.

India = Aguntum; J. occidentalis, Westindien; orientalis, Ostindien.
Indibile, Xert od. S. Mateo, St. in Spanien.
Indus, Sind, Fl. in Indien.
Industria = Bodincomagus.
Inferum Mare, das toscanische oder tyrrhenische Meer.
Infra portam, Unter-Porta, Gericht in der Schweiz (Graubündten).
Ingena, Avranches, St. in Frankreich.
Inger, Ingeris: Indre, Fl. in Frankreich.
Ingermannlandia, Ingria, Provinz Ingermannland in Russland.
Ingolstadium, Ingolstadt, St. in Baiern.
In montibus, Mons oris: Mund od. Monti, Mtfl. in der Schweiz.
Innernium oder richtiger Invernium: Inverness, St. in Schottland.
Insula, Ysel, Fl. in Tyrol; l'Isle, Fl. in Frankreich (Gironde); Aye od. Eye, Mtfl. in England.
— **Bruttiorum**, Isola, St. in Neapel.
— **Dei**, Nigrum monasterium: Insel Dieu und Insel Noirmoutiers in Frankreich; Kloster Holme in Fühnen.
— **diaboli**, Insel Perim in der Strasse Bahr el Mandeb.
— **Erroris**, Insel Alboran an der Küste von Fez.
— **Ferri**, Insel Ferro im atlantischen Meere.

Insula Franciae, Isle de France, Landschaft in Frankreich (Dep. Seine, Aisne, Seine et Oise, Oise, Seine et Marne).
— **Mariana**, Marienwerder, St. in Ostpreussen.
— **S. Andreae**, St. Andreas, Donauinsel in Ungarn.
— **S. Genesii**, St. Genais, Halbinsel in der Provence.
— **S. Laurentii**, Insel Madagascar.
— **S. Margarethae**, Czepel, Hasen- oder St. Margaretheninsel, Donauinsel in Ungarn.
— **S. Stephani**, St. Etienne, Insel an der Küste der Provence.
Insulae Baleares, die balearischen Inseln im mittelländischen Meere.
— **cuniculares**, die zwei mailändischen Borromeischen Inseln im Süden des Lago maggiore.
— **Faeroenses** = Faeroae.
— **Fortunatae**, die canarischen Inseln.
— **ad ventum**, die antillischen Inseln Barlovento; infra ventum, die antillischen Inseln Sottovento.
Interamna, Interamnium: Terni, St. in Neapel.
— **Lirinas**: Terano, St. im Kirchenstaate.
— **Palaestina** od. Teramum: Teramo, St. in Neapel.
Interamnis, Antrain oder Entrains, St. in Frankr. (Nièvre).
Interamnium = Interamna; Salvaleon, St. in Spanien.

Interaquae, Entraigues, D. in Frankreich (Isère).
Intercisa, Rackskeney, D. in Ungarn.
Interlacus, Unterseen, St. in der Schweiz (Bern).
Intermontium, Entremont, St. in Savoien.
Intervallium, Intervallis: Entrevaux, St. in Frankreich (Niederalpen).
Intica = Aguntum.
Intra fluvios, Jovis villa: Joinville, St. in Frankreich.
Inutrium, Mittenwald, Mtfl. in Baiern.
Joachimica vallis, Joachimsthal, St. in Böhmen und in Preussen.
Joannis Georgii oppidum od. Villa: Johanngeorgenstadt, St. in Sachsen.
Joanvilla, Jovis villa: Joinville, St. in Frankreich.
Jobini villa, Jupille, St. in Belgien.
Jocosa oder Jucunda vallis: Freudenthal od. Brunthal, St. in Schlesien.
Jodrum od. Jovara: Jouare, Benedict.-Abt. in Frankreich (Seine et Marne).
Jogalia, Youghall, St. in Irland.
Joja, Gioja, St. in Neapel.
Jolcus, Volo, St. in Thessalien.
Jomanes, Dschumnah, Djomnah, Jumnah, Fl. in Hindostan.
Jonia, das heut. Küstenland Sivas, Saroukan und Aïdin.
Jonium mare, das jonische Meer an der Südwestküste der europäischen Türkei.

Jonosia, Villa Loysa, St. in Spanien.
Jopila = Jobii Villa.
Jordanes, Nahr el Arden od. El Charia, Fl. in Syrien.
Josedum = Corbolium.
Jovallium, Valpo, St. in Slavonien.
Jovara = Jodrum.
Jovia, Legrad, Mtfl. in Ungarn.
Joviacum, Pied, Mtfl. in Oesterreich (Land ob der Ens).
Joviniacum, Jovinium: Joigny, St. in Frankreich (Yonne).
Jovis fanum = Geofanum.
— **mons**, der St. Bernhard.
— **villa**, Joinville, St. in Frankreich.
Jovium, Juca: Joux, Mtfl. in Frankreich (Doubs).
Joza = Julia Traducta.
Iporegia, Ivrea, St. in Piemont.
Ipra, Ipretum: Ypern, St. in Flandern.
Ipsara, Psyra, Insel im Archipel.
Ipsium = Isipontum.
Ircius od. Lertius: Lers, Fl. in Frankreich.
Irenopolis, Veria, St. in Rumelien.
Iria, Voghera, St. in Piemont.
Iria Flavia, El Padron, St. in Spanien.
Iris, Iekil-Irmek, Fl. in Kleinasien.
Irsingum, Ursingum, Abt. Yrsee in Schwaben.
Is oder Aiopolis: Hit, St. in Mesopotamien.
Isabellae arx, Fort Isabelle in Nordbrabant.
Isaca, Isca: Ex, Fl. in England.

Isala, Yssel, Fl. in Holland.
Isalandia, das Quartier Salland in den Niederlanden (Oberyssel.)
Isamnium, Vorgebirge St. John's Point in Irland.
Isana, Isen, Mtfl. in Baiern.
Isapis od. Sapis, Savio od. Alps, Fl. im Kirchenstaate.
Isara, Fl. Isar in Baiern.
— od. Isar: Isère, Fl. in Frankreich; die Oise, Fl. ebendas.
Isaurus, Foglia, Fl. im Kirchenstaate.
Isca Dumnoniorum, Exeter, St. in England.
Isca Legio, Isca Silurum: Caer Lleon, St. in England.
Iscalis, Ischalis: Ilchester, St. in England.
Isca Silurum, Caer Lleon, St. in England (Monmouth).
Isenacum, Eisenach, St. im Weimarischen.
Isenberga, Eisenberg, St. in Thüringen.
Isia od. Isinisca: Isen, Fl. in Baiern.
Isipontum od. Pons Isis: Ips, St. in Oesterreich.
Isla = Insula.
Islandia, Insel Island.
Islebia, Eisleben, St. in Preussen.
Isna, Issny, St. in Würtemberg.
Isocus, Eisack, Fl. in Tyrol.
Isontius od. Sontius: Isonzo, Fl. in Illyrien.
Ispinum, Yepes, D. in Spanien.
Issa insula, Lissa, Insel bei Dalmatien.

Issiodurum, Issoire, St. in Frankreich.
Issoldunum, Issoudun, St. in Frankreich.
Issus od. Adjacium: Aiazzo, St. in Cilicien.
Istadium, Ystadt, St. in Schweden.
Istonium, Vasto d'Amone, St. in Neapel.
Istria = Histria.
Istropolis, Pressburg, St. in Ungarn; Portitza, St. am schwarzen Meere.
Isurium, Ripponod. Aldebrough, St. in England.
Itabyrius mons, Berg Tabor in Syrien.
Italica od. Divi Trajani civitas: Sevilla la vieja, St. in Spanien.
Itargus = Atagis.
Itero, Eythra, D. in Sachsen.
Ithaka, Thiaki, ionische Insel.
Ithome, Vorcano, Bergfestung in Griechenland.
Itius portus, Wissant, D. in Frankreich (Pas de Calais).
Itrium, Itri, St. in Neapel.
Ituna, Eder, Fl. in England.
Itunae aestuarium, Meerbusen Fyrth of Solway in England.
Iturisa, Lerin od. Tolosa, St. in Spanien.
Judeca, Giudecca, Laguneninsel bei Venedig.
Judocum, Apud S.: S. Josse sur Mer, D. in Frankreich.
Juenna, Jaunstein, Mtfl. in Krain.

Juernus, Shannon, Fl. in Irland.
Juficum, Sasso-Ferrato, St. im Kirchenstaat.
Juga Suevonis montis, das norwegische Gebirge Kiölen.
Juia, Juvia, Fl. in Spanien.
Juiniacum, Joigny, St. in Frankreich (Yonne).
Julia, Zea: Gail, Fl. in Tyrol.
— Gyula, Schloss in Ungarn.
— **Augusta**, Parma, Stadt in Italien.
— **Caesarea**, Dscherdschel, Küstenstadt in Algerien.
— **Chrysopolis**, Borgo San Donino, St. im Parmesanischen.
— **Concordia** = Nertobriga.
— **Contributa** = Contributa.
— **Fanestris**, Fano, Stadt in Italien.
— **Felix** = Berytus; Berwick, St. in England.
— **Joza**, Julia traducta: Tarifa, St. in Spanien.
— **Myrtilis**, Mertola, Festung in Spanien.
— **Opta**, Opta: Huete, St. in Spanien.
— **Pax**, oder Pax Augusta: Beja, St. in Spanien.
— **Restituta**, Zafra, St. in Spanien. [gum.
— **Scarabantia** = Oedenbur-
— **Traducta** = Julia Joza.
— **Valentia**, Valence, St. in Frankreich.
— **Zilis**, Azilla od. Arsilla, St. in Marocco.
Juliacensis ducatus, Herzogthum Jülich in Preussen.
Juliacum, Jülich, St. in Westphalen.
Julina, -num, Wollin, St. in Preussen.
Juliobriga, Lucronium: Logrono, St. in Spanien; Aguilar del Campo oder Valdeviejo, St. ebendas.
Juliobona, Lillebonne, St. in Frankreich; = Vindobona od. Castra Flaviana.
Juliodunum, Loudun, St. in Frankreich (Vienne).
Juliomagus = Andegavum; 1) Pfullendorf in Schwaben; 2) Dutlingen, St. a. d. Donau; 3) Hohentwiel, Festung in Würtemberg; 4) Angers, St. in Frankreich; 5) Wutach, Fl. in Baden.
Julipa, Zalamea de la Serena, Mttl. in Spanien.
Julium Carnicum, Zuglio, St. in Venetien.
Julius vicus, Germersheim, Festung in Rheinbaiern.
Juncaria, Junquera, Festung in Spanien.
Junecopia, Jönköping, St. in Schweden.
Junianum od. Luganum: Lavis oder Lugano, St. im Canton Tessin.
Junicladislaviensis palatinatus, die Woiwodschaft Inowladislaw in Polen.
Junonis promontorium, Cap Trafalgar in Spanien.
Jupilia = Jobini villa.

Jupuscoa, Guipuscoa, Landschaft in Spanien.
Jurassus od. Juratus mons: das Jura-Gebirge.
Juravia, Jauer, St. in Preussen.
Jurensis urbs, St. Rambert le Joux, St. in Frankreich.
Justinopolis, Capo d'Istria, St. in Illyrien.
Jutia, Jütland, dänische Insel.
Jutrebocum, Jüterbock, St. in Preussen.
Juvavia, Salisburgum: Salzburg, St. in Oesterreich.
Juvenacia, Juvenacium, Juvenacus: Giovenazzo, St. in Neapel.
Juveniacensis abbatia, Juvigny, Abt. in Frankreich.
Ivarus, Salzach, Fl. im Salzburgschen.
Ivia, Juvia, Fl. in Spanien.
Iviniacum, Joigny, St. in Frankreich.
Ivodium, Ivoix, St. in Frankreich.

Kalais, Calais, St. in Frankreich.
Kalis, Kalisch, St. in Polen.
Karakorum, Erdeni Tschao, St. in der Mongolei.
Kaufbura, Kaufbeura: Kaufbeuern, St. in Baiern.
Kekkojensis Processus, der Kekköische District in Ungarn.
Kesdiensis sedes, der Kesdische Stuhl in Siebenbürgen.
Ketskemetensis Processus, der Ketskemetische District in Ungarn.

Kijovia, Kiew, St. in Russland.
Kilia, Kilonium: Kiel, St. in Holstein.
Killocia, Kilmalon, Mtfl. in Irland.
Kioviensis Palatinatus, die Woiwodschaft Kiew in Russland.
Kiphhusa, Kiphhusanus mons = Cuphesis.
Kiritium, Kyritz, St. in Preussen.
Kis-Topoltanensis districtus, der Kisch-Toboltschanische District in Ungarn.
Kisdemum, Kaydt, St. in Siebenbürgen.
Kizinga, Chissinga: Kissingen, St. in Baiern.
Kolloe, Kullen, Berg in der schwed. Provinz Schonen.
Kovariensis districtus, der Köwarsche District in Ungarn.
Krasznensis comitatus, die Krassner Gespannschaft in Ungarn.
Krisiensis comitatus, die Kreutzer Gespannschaft in Croatien.
Kukoliensis comitatus, die Kokelburger Gespannschaft in Siebenbürgen.
Kyriopolis, Herrnstadt, St. in Schlesien.

Labacum, Laybach, St. in Krain.
Labbana, Mossul, St. am Tigris in der asiat. Türkei.
Labeatis lacus, See von Scutari od. Zenta in Albanien.
Labellum, Lavello, St. in Neapel.
Laberus, Killair od. Kells, St. in Irland.

Labiavia, Labiau, St. in Preussen.
Labieni castra, Lobbe, Mtfl. in Belgien.
Laborinus campus = Campania felix.
Labro, Livorno, St. in Italien.
Laciacum, Gmünden, St. in Oberösterreich.
Laciburgum, Ratzeburg, St. im Lauenburgschen.
Lacidulemium, Grazalema, St. in Spanien.
Lacinium promontorium, das Vorgebirge delle Colonne in Calabrien.
Lacobriga, Lagos, St. in Portugal.
Lactis mons, Monte Lattario, Berg in Neapel.
Lactodurum, Bedford, St. in England.
Lactora, Lactura: Lecture, St. in Frankreich.
Lacus Acronius, der Boden- oder Ueberlingersee in Baden.
— **Aegerius,** der Aegerisee in der Schweiz.
— **Albuneus,** Lago di Bagni, See in der Campagna von Rom.
— **Andurianus,** Lago Salso od. d'Andoria, See in Neapel.
— **Aventicensis** od. Aventicus, Murtensis: der Murtenersee in der Schweiz.
— **Benacus,** der Gardasee in Venetien.
— **Biellensis,** Biennensis, Bipennensis: der Bielersee in der Schweiz.
— **Bodamicus,** Potamicus: der Bodensee in der Schweiz.

Lacus Brigantinus = Lacus Bodamicus.
— **Cerusius,** der See Lauis oder Lugano bei der gleichn. St. im Canton Tessin.
— **Circoniensis,** der Czirknitzer See in Illyrien.
— **Curius,** der Ortasee in Piemont bei Novara.
— **Curonicus,** das Curische Haff.
— **Egerius** = Lacus Aegerius.
— **Fucinus,** der See Celano in den Abruzzen.
— **Idranus** od. Edrinus: der Idro-See im Gebiete v. Brescia.
— **inferior** oder Venetus: der Unter- oder Zeller-See in Schwaben.
— **Iseus** od. Sebinus: der See Iseo im Gebiete von Brescia.
— **Italicus** = Lacus Vallensis.
— **Larius,** der Comersee in Italien.
— **Lemanus,** Lemannus, Lausinium, Lausonium, Losanete: der Genfersee in der Schweiz.
— **Murtensis** = Lacus Aventicensis.
— **Neocastrensis,** Neocomensis: der Neuenburger See in der Schweiz.
— **Peisonis,** der Neusiedlersee in Ungarn.
— **Plumarius,** der Federsee in Schwaben.
— **Potamicus** = Lacus Bodamicus.
— **Ripanus,** Rivarius, Rivanus, Ripensis, Wallenstadien-

sis, **Vesenius:** der Wallenstädtersee in der Schweiz (St. Gallen).
Lacus Rubracensis, der See Robrino in Frankr. (Languedoc).
— **S. Christinae,** Lago di Bolsena in Italien.
— **S. Mariae,** Kloster Mariensee im Fürstenth. Calenberg in Hannover.
— **Sabinus** od. Sivinnus: Lago d'Iseo in Italien.
— **tabanorum,** der Mückenwassersee auf der dän. Insel Jütland.
— **Tarquiniensis** od. Vulsinus: Lago di Bolsena in Italien.
— **Trasimenus,** Lago di Perugia in Italien.
— **Triviae,** der See Nemi in Italien.
— **Vallensis** od. Valgensea: der Valgensee bei München in Baiern.
— **Venedicus,** das frische Haff in Preussen.
— **Venetus** = Lagus Bodamicus.
— **Verbanus,** der Locarner- od. Langen-See od. Lago Maggiore in Italien.
— **Vesenius** = Lacus ripanus.
— **Vulsinus** = Lacus Tarquiniensis.
— **Wallenstadiensis** = Lacus ripanus.
Ladanum, Laudun, Mtfl. in Frankr.
Ladesia od. Gladussa: Lagusta od. Agusta, Insel an der Küste von Dalmatien.
Ladicus mons, Codos de Ladoce, Berg in Spanien.
Ladigara, Guagida, St. in Algerien.
Ladona, Laune, St. in Frankreich.
Laedus, Lez, Fl. in Frankreich (Languedoc).
Laeros, Leriz, Fl. in Spanien.
Laetiae od. (richtiger) **Laetitiae:** Notre Dame de Liesse, Mtfl. u. Abt. in Frankreich (Aisne).
Laevefanum, Levendal, Mtfl. in Holland.
Lagaholmia, Laholm, St. in Schweden.
Lagana, Lahn, Fl. in Nassau.
Lagenia, Leinster, Landschaft in Irland.
Laguedonia, Lacedogna, St. in Neapel.
Lagurina vallis, Lagerthal, Thal in Tyrol.
Laha, Lava: Laa, Laab, St. in Oesterreich (Land unter der Ens).
Lama = Lameca.
Lambacum, Ovilabis: Lambach, St. in Oesterreich.
Lambaesis, Lambessa, St. in Algerien.
Lambalium, Lamballe, St. in Frankreich.
Lambesca, Lambesc, St. in Frankreich.
Lameca, Urbs Lamacenorum: Lamego, St. in Portugal.
Lamecus, Lamatus oder Amatius: Amato od. Lamato, Fl. in Calabrien.

Lametia, Sancta Eufemia, St. im Neapol.
Lamia, Zeituni, St. in Thessalien.
Lamida, Medeah, St. in Algerien.
Laminium = Montiela.
Lampsacus, Chardak, St. in der asiat. Türkei.
Lana = Lagana.
Lancia oppidana, Guarda, St. in Portugal.
— **transcudana,** Ciudad Rodrigo, St. in Spanien.
Lancicia, Lentschitz, St. in Polen.
Lancianum od. Anxanum: Lanciano, St. im Neapol.
Lancioburgum, Lamburgum: Lanebourg, Mtfl. in Savoien.
Landarum tractus oder Landae Burdigalenses: das franz. Departement Landes.
Landavia, -vium, -vum, Landau, Festung in Rheinbaiern.
Landecca, Landeck, St. in Preuss.
Landorum status, Stato di Landi, Landschaft im Herzogthum Piacenza.
Landrecium, Landrecy, St. in Frankreich (Nord).
Landsberga, Landsberg am Strengbach, St. in Preussen.
Landshutum, Landshut, St. in Baiern.
Langae od. Langarum tractus: Langues, Landschaft in Savoien.
Langarus, Lanquart, Fl. in Graubündten.
Lang[u]edocia, -cum, Laugedoca: Languedoc, franz. Provinz.

Langelandia, Insula longa: Langeland, Insel bei Dänemark.
Lanuvium, Civita Indovina, Mtfl. im Kirchenstaat.
Lanzonis mons, Roccalanzone, St. im Parmesanischen.
Laodicaea ad Lycum, Eski Hissar, St. in der asiat. Türkei.
— **ad mare,** Latakieh, St. in Syrien.
— **combusta,** Ladik, St. in der asiat. Türkei (bei Konieh).
— **scabiosa** oder ad Libanum: Jouschia, St. in Syrien.
Laodunum, Lodunum, Lugdunum clavatum: Laon, St. in Frankreich.
Laous = Aous.
Lapidaria od. Sexamniensis vallis: das Schamserthal in Graubündten.
Lapis regius, Königstein, St. in Nassau.
Lapponia, Lappia: Lappland.
Lapurdensis tractus, Labourd, Landschaft in Frankreich, ein Theil von Gascogne.
Lapurdum, Bayonne, St. in Frankreich.
Larenusiae insulae, die Inseln Mollicorno a. d. Küste von Tunis.
Larica, Malwah, Provinz in Hindostan.
Larinum = Alarinum.
Larissa, Jenischeher oder Larissa, St. in Thessalien.
Larius lacus, der Comer-See in Italien.
Larus, Arone, Fl. im Kirchenst.

Lascara Bearnensium, Lescar, St. in Frankreich.
Lasia, Andros, griechische Insel.
Latae aquae, Igualada, St. in Spanien.
Latera, Le Château des Lattes D. in Frankreich (Languedoc).
Latiniacum, Lagny, St. in Frankreich (Seine et Marne).
Latium, die heutige Campagna di Roma.
Latobriga, Lagos, St. in Portugal.
Latobrigicus pagus, der Klettgau, Landgrafschaft in Baden (Donaukreis am östl. Rheinufer).
Latomagus, Caudebec, St. in Frankreich (Seine Infér.).
Latona, St. Jean de Losne Belle defense, St. in Frankreich (Côte d'Or).
Latopolis, Esneh, St. in Oberägypten.
Latris = Osilia od. Selandia.
Latronum insulae, die Diebsinseln, östlich von den Philippinen.
Lauda od. **Laus Pompeja,** Laudum: Lodi Vecchio, Ort in der Lombardei.
Laudania, -donia, Lothiania: Lothian, schottische Grafschaft.
Laudensis comitatus oder **ager,** Lodesano, Landschaft im Mailändischen.
Laudera = Lüders, Stift im Elsass.
Laudona, St. Jean de Laune, St. in Frankreich.
Laudunum, Lugdunum Clavatum od. Bibrax: Laon, St. in Frankreich.

Lauginga (Grinaria): Lauingen, St. in Baiern.
Laumellum, Lomello, Mtfl. in Piemont.
Laura = Corythus.
Laurana, Auran od. Uran, Schloss u. St. in Illyrien.
Lauranum, Urana = Laurana.
Laureacense od. **Laureshamense monasterium:** Lorsch, Kloster in Würtemberg.
Laurentum, Torre di Paterno, St. im Kirchenstaat.
Lauretum, Loretto, St. in Italien.
Lauriacum, Laurisamum, Laurissanum: Lorch, St. in Oesterreich; Lorris, St. in Frankreich (Loiret).
Lauriacus ager, Lauragais, franz. Grafschaft in Oberlanguedoc.
Laurium, Legrano, St. in Griechenland.
Lauro u. **Laurona:** Liria, St. in Spanien.
Laus, Laino, Fl. in Neapel.
— **Pompeja** = Lauda Pompeja.
Lausanius lacus = Lacus Lemanus.
Lausanna, Lausonium, Lausodunum: Lausanne, St. in der Schweiz (Waadt).
Lausinium, Lausonium = Lacus Lemanus. [nuesischen.
Lavania, Lavagna, Mtfl. im Ge-
Laventina od. **Laventi ostium:** Lavemünde, St. in Kärnthen.
Laventus, Lavant, Fl. in Steiermark.
Laviacum od. **Lupha:** Lauffen, St. in Würtemberg.

Lavinium, Lavigna, St. im Kirchenstaat, nach Andern Patrica, Mtfl. das.
Lavur, Livorno, St. in Italien.
Lavus, Lohe, Fl. in Schlesien.
Lazica, das Land der Lesghier od. Lazen am Caucasus.
Lea, Lee, Fl. in Irland.
Lealensis terra = Esthonia.
Lebadea, Livadia, St. in Griechenland.
Lebreti vicus, Albret, St. in Frankreich.
Lebusium, Lebus, St. in Preussen.
Lechlinia, Leighlinbridge, St. in Irland.
Lechus, Lycus: Lech, Fl. in Tyrol.
Lectodurum, Bedford, St. in England.
Lectum, Cap Baba in Kleinasien.
Ledi, Lierre, St. in Belgien.
Ledia, Laye, Wald in Frankreich (Isle de France).
Ledo Salinarius, Ledum Salinarium, Lugdunum Salinatorium: Lons le Saulnier, St. in Frankreich (Jura).
Legecestria = Leogara.
Legedia, Havre de Longueville, St. in Frankreich (Normandie).
Legia, Lezia: Leye, Lys, Fl. in Westflandern; L. od. Leodium: Lüttich, St. in Belgien.
Legio, St. Pol de Leon, oder gewöhnl. blos Leon, St. in Frankreich.
— **septima gemina** od. Germanica: Leon, St. in Spanien.

Legionense regnum, Leon, Königreich in Spanien.
Legioniacum, Legnicium: Leghenich od. Lechenich, St. in Rheinpreussen.
Legnicium = Legioniacum.
Leherici oder Letherici mons: Mont Lhery, St. in Frankreich (Seine et Oise).
Leicestria, Leicester, St. in England.
Leinius od. Lynius: Leine, Fl. in Hannover.
Leisnicium, Leissnig, St. in Sachsen.
Leitae pons, Bruck a. d. Leitha, St. in Oesterreich.
Lemanis portus, Lyme, St. u. Seebad in England.
Lemanus Lacus = Lacus Lemanus.
Lemnus, Stalimene, Insel im Archipelagus.
Lemovicensis provincia = Lemovices.
Lemovices, Limousin, Landschaft in Frankreich.
Lemovicum, Limoges, St. in Frankreich.
Lemuris, Lemo, Fl. im Genues.
Lencia, Linza, Fl. in Neapel.
Lendinaria, Lendinara, St. in Venetien.
Lentudum, Luttenberg, Mtfl. in Steiermark.
Lentia, Linz, St. in Oesterreich.
Lentium, Lendum, Vicus Helenae: Lens, St. in Frankreich (Pas de Calais).

Leoberga, Leopolis: Lemberg, Löwenberg, St. in Schlesien.
Leobergum, Lauenburg, St. in Niedersachsen.
Leobusium, Leobustum, Luba: Leubus, Abt. u. Mtfl. in Schlesien.
Leocata, Leucate, Mtfl. in Frankreich (Aude).
Leodicum, Leodium, Legia, Leudicum: Lüttich, St. in Belgien.
Leodo = Lonsalinum.
Leogara = Leicestria.
Leomania, Lomagne, Landschaft in Frankreich (in der Gascogne).
Leona, Lugdunum, Lugdunum Segusianorum: Lyon, St. in Frankreich.
Leonensis pagus, St. Pol de Leon, St. in Frankreich (Finistère).
Leoniacum, Legnano, St. in Venetien.
Leonicenum, Lonigo, St. in der Lombardei.
Leonicae, Lorgues, St. in Frankreich.
Leonis mons, Monte Leone, St. in Neapel.
Leontium, Leontini: Lentini, St. in Sicilien.
Leonto oder Leontopolis: Tel Essabeh, St. in Aegypten.
Leopoldopolis, Leopoldstadt, Festung in Ungarn.
Leopolis, Santi Leonis civitas: San Leone, St. in Italien.
Leopolis = Leoberga u. Leorinum; Lemberg, St. in Galizien.

Leorinum, Löwenberg, St. in Schlesien.
Leostenii comitatus, Löwenstein, Grafschaft in Würtemberg.
Leovallis, Löwenthal od. Liebenthal, St. in Schlesien.
Leovardia, Leuwarden, St. in Friesland.
Lepontina vallis, das Livinerthal in der Schweiz (Tessin).
Leporacensis vallis, Leporea: das Leberthal od. Leberachthal im Elsass.
Leprosium, Levroux, St. in Frankreich (Indre).
Leptis magna, Lebedah, St. in Tripolis; L. minor od. parva: Lemta, St. ebendas.
Lerina, Planasia od. Plana insula: die Insel St. Honorat an der Küste von Frankreich (Var).
Lerinae, die lerinischen Inseln an der Küste von Frankreich.
Lero, die lerinische Insel St. Marguerite.
Lertius, Lers, Namen zweier Flüsse in Oberlanguedoc in Frankreich.
Lesa, Gabina, St. auf der Insel Sardinien.
Lesbos, Metelino, Insel im ägeischen Meer.
Lescuria, Lescar, St. in Frankreich.
Lesora, Losère, Berg in den Cevennen.
Lessinae, Lessines, St. in den Niederlanden.
Lesua, Lewes, St. in England.

Lesura, Leser, Fl. im Trierschen.
— **mons** = Lesora.
Letavia, Bretagne, Provinz in Frankreich.
Letha, Leith, St. in Schottland.
Letia, Lesche, Fl. im Grossherz. Luxemburg.
Letoa, Christina, Insel in der Nähe der Insel Candia.
Letschia vallis, das Lettscherthal in der Schweiz (Wallis).
Letteranum, Lettere, St. im Neapol.
Letusa, Leuse, St. in Belgien.
Leuca = Alexani civitas.
Leucaristus, Cunstadt, St. in Schlesien.
Leucate promontorium, Vorgebirge Cap Ducato auf der ionischen Insel St. Maura.
Leuce, die Schlangeninsel Fidonisi im schwarzen Meer.
Leucenses od. Leucerae Thermae: das Leukerbad in der Schweiz (Wallis).
Leuciana, Herrera del Duque, St. in Spanien.
Leuconaus, Sanctus Valaricus: Saint Valery, St. in Frankreich.
Leuconium oder Leutschovia: Leutschau, St. in Ungarn.
Leucopetra, Weissenfels, St. in Preussen.
Leucorea, Wittenberga: Wittenberg, St. in Preussen.
Leucosia, Nicosia, St. auf der Insel Cypern.
Leucostabulum, Liestall, St. in der Schweiz (Basel).

Leucum, Lecco, St. in Neapel.
Leuphana, Lübtheim, Mtfl. in Mecklenburg-Schwerin.
Leuteva, Luteva: Lodève, St. in Frankreich (Herault).
Leva, Lewenz, St. in Ungarn.
Levensis Processus, der Lewische District in Ungarn.
Levia, der Thüringer Wald; Lewenz, Mtfl. in Ungarn.
Levico, Lewig, Mtfl. in Oesterreich.
Levidona, Alvidona, Mtfl. in Neapel.
Levinia oder Elgovia: Lenox, Landschaft in Schottland, nach Andern Dumbarton.
Levinia = Levina.
Levitania, Lavedan, Thal in Frankreich.
Lexovii, Lieuvin, Landschaft in Frankreich, ein Theil der Normandie.
Lexovium, Lisieux, St. in Frankreich.
Leythae pons (nicht pontum), Bruck, St. an der Leytha in Oesterreich.
Leziniacum, Lusignan, St. in Frankreich (Poitou).
Libera civitas, Freistadt, St. in Oesterreich.
— **mansio**, Szabad-Szalas, Mtfl. in Ungarn.
Liberalitas Julia, Evora, St. in Portugal.
Liberdunum, Liverdun, St. in Lothringen.
Libetha, Libethen, St. in Ungarn.

16*

Libissonis turris, Porto de Torre, St. auf der Insel Sardinien.
Libora, Libura: Talavera de la Reina, St. in Spanien.
Liburna, -nus, Livorno, St. in Italien.
Liburnia, das heutige Croatien und Dalmatien.
Liburnus portus = Labro.
Libya, das heutige Africa.
Libyssa, Gebseh, St. in der asiat. Türkei.
Licerium Conseranum, Fanum St. Lucerii: St. Lizier, St. in Frankreich.
Lichades, die 3 Inseln Ponticonesi a. d. Küste von Euböa.
Lichus, Licus: Lech, Fl. in Baiern.
Lidalia, Liddesdalia: Liddesdale, Landschaft in Schottland.
Lidcopia, Lidecopia, Licopia: Lidköping, St. in Schweden.
Lidericus od. **Laedus:** Lez, Fl. in Frankreich.
Ligera, Ligeris: Loire, Fl. in in Frankreich.
Ligerula, Loiret, Fl. in Frankreich.
Lignacus portus, Porto Legnano, Mtfl. im Veronesischen.
Lignium, Ligny, St. in Frankreich.
Ligula, Evola, Fl. in Italien.
Ligurnus = Liburnus.
Ligus, Lignitium, Lignitia: Liegnitz, St. in Schlesien.
Ligusticus sinus od. Ligusticum mare: der Golf von Genua.
Lillerium, Lillers od. Lilliers, St. in Frankreich.

Liloa, Lilloa: Lillo, Festung in Holland.
Lilybaeum promontorium, Böo, Vorgebirge in Sicilien; Marsala, St. das.
Limaeas od. **Belio, Baela Claudia:** Baelonia od. Barbato, St. in Spanien.
Limaga, -gus, Lindemagus: Limmat, Fl. in der Schweiz.
Limburgum, Limburg, St. in den Niederlanden.
Limia = Belis od. Belio.
Limiosaleum, Lissa, St. in preuss. Polen.
Limosum, Limoux, St. in Frankreich (Aude).
Linarium, Lignières, St. in Frankreich.
Linca, Linz, St. in Oesterreich.
Lincium, 1) Ligny, St. in Frankreich; 2) Linz, St. in Oesterreich.
Lincolonia, -colnium, Lincoln, St. in England.
Lincopia, Linköping, St. in Schweden.
Lindaugia, Lindavia, Lindoa: Lindau, St. am Bodensee in Baiern.
Lindavia = Lindaugia.
Lindemagus, Limmat, Fl. in der Schweiz.
Lindesberga, Lindesberg oder Linde, St. in Schweden.
Lindoa = Lindaugia.
Lindrensis lacus, Lindre, See in Lothringen.
Lindua, Limbach (Lindva), St. u. Bergschloss in Ungarn.

Lindum od. Lindunum: Linlithgow, St. in Schottland.
— **Colonia** = Lincolonia.
Lindus, Lindolo, St. auf der Insel Rhodus.
Lingo, Lingen, Grafschaft an der Ems im Hannöverschen.
Lingones od. Lingonica urbs: Langres, St. in Frankreich.
Linterna palus, Lago di Patria, See in Neapel.
Linternum, Torre di Patria, St. in Neapel.
Lipara, Lipari, sicil. Insel.
Lippia, Leippia: Lippe, Fl. in Westphalen.
Lippiae fontes, Lippspring, St. in Westphalen.
Lipsia, Leipzig, St. in Sachsen.
Liptaviensis comitatus, die Liptauer Gespannschaft in Ungarn.
Liquentia, Livenza, Fl. in Venetien.
Liris, Garigliano, Fl. in Italien.
Lismea, Linsmeau, D. in Belgien.
Lissa = Septa; Selino, St. auf der Insel Candia.
Lissabona, Lissabon, St. in Portugal.
Lissus, Alessio, St. in Albanien.
Lisvinus comitatus = Lexovii.
Lita, Litaha: Leitha, Fl. in Ungarn.
Litabrum, Buytrago, St. in Spanien.
Litanobriga, Pont Saint Maxence (sonst Levandriac), St. in Frankreich (Oise).
Liternum = Linternum.
Lithopolis, Stein, St. in Krain.
Lithuania, Litthauen, Grossherzogthum in Russland.
Litomerium, Litomericium: Leutmeritz, St. in Böhmen.
Litomislium, Leutomischl, St. in Böhmen.
Livonia, Liefland, russische Provinz.
Lixa od. Lixus: Larache od. El Arisch, Seestadt in Marocco.
Liza = Legia.
Lobavia, Löbau, St. in der Oberlausitz in Sachsen. [nien.
Lobetum, Requena, St. in Spa-
Loboduna civitas, Lobdunum, Lupodunum: Ladenburg, St. in Baden.
Locata, Leucate, Mtfl. in Frankreich.
Lochabria, Lochaber, Grafschaft in Schottland.
Lochia, Loches, Mtfl. in Frankreich.
Locopolis, Bischofslack oder Lack, St. in Oberkärnthen.
Locoritum, Forchheim, St. in Baiern.
Locra, Liamone od. Talaro, Fl. auf der Insel Corsica.
Locri, Lokeren, St. in Belgien.
Locus coeli, Himmelstedt, Amt in der Neumark.
— **Dei**, Lygum od. Löhmkloster, Amt in Dänemark.
Loda od. Olda: Lot, Fl. in Frankreich.
Lodunum = Laudunum.
Loedus = Laedus.
Logana, Lahn, Fl. in Nassau.
Logia, Lagan, Fl. in Irland.

Loja, Loyes, St. in Frankreich (Ain).
Lomacia, Lomme, Grafschaft u. D. in Frankreich (Nord).
Lombardia, Longobardia: die Lombardei.
Lombaria, Lombez, St. in Frankreich (Auch).
Loncium, Lienz od. Lüenz, St. in Tyrol.
Londino-Deria, Londonderry, St. in Irland.
Londinum, London, St. in England.
Londinum Gothorum od. Scandinorum: Lund, St. in Schweden.
Longa Salina = Salodium.
Longarium, Calatafimi, St. in Sicilien.
Longobardorum Ida, Lombaerdhyde, Mtfl. in Brabant.
Longosalissa, Langensalza, St. in Preussen.
Longovicum, Alaunum: Lancaster, St. in England.
Longovicus, Longwy, St. in Frankreich (Mosel).
Longum Gemellum, Lonjumeau, Mtfl. in Frankreich (Seine et Oise).
Longus, Linnhe-Loch, Fl. in England.
Lontici, Moguer, St. in Spanien.
Lophosagium, Luciol, St. in Frankreich.
Lorium, Vaucouleurs, St. in Frankreich (Maas).
Loryma, Lloret, St. in Spanien.
Losanete = Lacus Lemanus.
Loscana, Lösau, D. bei Merseburg in Preussen.

Losontium, Loschontz, Mtfl. in Ungarn.
Losontziensis Processus, der Losontzische District in Ungarn.
Lotharingia, das Herzogthum Lothringen in Frankreich.
Lotitia Parisiorum = Lutetia Parisiorum.
Lovania, Lovanium: Löwen, St. in Belgien.
Lovitium, Lowicz, St. in Polen.
Lovolautrium, Vollore-Ville, St. in Frankreich (Puy de Dome).
Loxa, Lossie od. Struth, Fl. in England.
Luba, Leubus, Abt. in Schlesien.
Lubeca, Lübeck, freie St. in Deutschland.
Lubena, Lübben, St. in Preussen.
Lubicanorum Cambaetum, Miranda, St. in Portugal.
Lublinum, Lublin, St. in Polen.
Luca, Lucca, St. in Italien.
Lucania, Basilicata, Provinz von Neapel.
Lucarnum, Locarno, Mtfl. in der Schweiz (Tessin).
Luccae, Loches, St. in Frankreich (Indre et Loire).
Luccavia, Luckau, St. in der Niederlausitz.
Lucena, Lützen, St. in Preussen.
Lucensis oder Zatecensis circulus: der Saatzer Kreis in Böhmen.
— **abbatia** — Loccumensis abbatia.
Lucentum, Alicante, St. in Spanien.

Luceoria, Luck, Lutzk, St. in Polen.
Luceria, Nuceria, Nocera: Lucera, St. in Neapel.
Luceria, Lucerna: Luzern, St. in der Schweiz.
Lucida vallis, Lichtenthal, Kloster in Schwaben.
Luciferi fanum od. Lux dubia: San Lucar de Barrameda, St. in Spanien.
Luciliburgum, Luciburgum: Luxemburg, St. im Luxemburg.
Lucio, -onia, Luçon, St. in Frankr.
Lucomonis mons, das Lukmaniergebirge zwischen Graubündten und Tessin in der Schweiz.
Lucretilis mons, Monte Pennechio in Italien. [Neapel.
Lucrinus lacus, Lago Lucrino bei
Lucronium, Logrono, St. in Spanien.
Lucus Asturum, Oviedo, St. in Spanien.
— od. Forum Lucium: Lugo, St. im Kirchenstaate.
— **Augusti**, Lugo, St. in Spanien.
— — **Vesontiorum**, Lucen Diois, St. in Frankreich (Drôme).
—. **Dei**, Gadebusch, St. in Mecklenburg-Schwerin.
Luda ad Ambram, Lugda, Lusdum, Luyda: Lügde od. Lüde, St. in Westphalen.
Ludensis comitatus, Grafsch. Louth in Irland.
Ludomircium = Lidomericum.
Ludosia nova, Nylödese, St. in Schweden; L. antiqua: Gamlalödese das.

Ludovici arx, Ludwigsburg, St. in Würtemberg.
— **mons**, Mont Louis, St. in Frankreich (Pyren. Orient).
Ludum, Lutha: Louth, St. in Irland.
Lugda = Luda. [reich.
Lugdunum, Lyon, St. in Frank-
— **Batavorum**, Leyden, St. in Holland.
— **clavatum** = Laudunum.
— **convenarum**, Saint Bertrand de Comminges, St. in Frankr.
— **Segusianorum** = Lugdunum.
Lugeolum, Pontefract, St. in England.
Lugovallum od. Lugae vallum = Brovoniacum.
Lugrunnium = Juliobriga.
Luisium, St. Jean de Luz, St. in Frankreich.
Lula, Lulea, St. in Schweden.
Luna od. Lunensis urbs: Luni od. Lunegiana, St. u. Landschaft im Modenesischen.
Lunae insula, Insel Madagascar.
— **lacus**, Monsee, Kloster in Oesterreich. [nuesischen.
— **portus**, Spezzia, St. im Ge-
— **promontorium**, Cap Rocco in Portugal.
Lunare regnum, Toscana.
Lunaris villa, Luneville, St. in Frankreich (Meurthe).
Lunate, Lunelium: Lünel, St. in Frankreich.
Lunda Gothorum = Londinum Gothorum.
Lundonia, Lundunensis civitas = Londinum.

Luneburgum, Selenopolis: Lüneburg, St. in Hannover.
Lunelium = Lunate.
Lupara, das Louvre in Paris.
Luparia, Louviers, St. in Frankreich (Eure).
Lupetia, Altamura, St. in Italien.
Lupia od. Luppia: Loing, Fl. in Frankreich; Lippe, Fl. im Paderbornischen; Lecce, St. in Neapel.
Lupiclivium, Wolfshalden, Gemeine und Pfarrkirche in der Schweiz.
Lupinum, Majae villa, Maji campus: Mayenfeld, St. in der Schweiz.
Lupodunum = Loboduna civitas.
Luppia = Lippia.
Luquido, Lugodori, St. auf der Insel Sardinien; Ogliastro, St. auf der Insel Corsica.
Lusa, Leuse, St. in Belgien.
Lusatia, die Lausitz; superior u. inferior: Ober- u. Niederlausitz.
Lusignanum, Lusignan, St. in Frankreich.
Lusino, Lüsen, Ort in Oesterreich.
Lusitania, Portugal.
Lussonia insula, die philippinische Insel Manila od. Luçon.
Lustena, Lustenan, Mtfl. in Tyrol.
Lutera, Lure, St. in Frankreich (Franche Comté).
Lutetia, Lutetia Parisiorum, Parisii: Paris, St. in Frankreich.
Luteva = Leuteva. [sen.
Lutfurdum, Meissen, St. in Sachsen.
Lutitia, Loitz, St. in Preussen.
Lutomericum, Leitmeritz, St. in Böhmen.
Lutra Caesarea, Kaiserslautern, St. in der Pfalz.
Luttera oder Lotheria regia, Lutre: Königslutter, St. in Braunschweig.
Luvia, Louain, Fl. in Frankreich.
Luxovium, Luxenil, St. in Frankreich (Franche Comté).
Lycaeus mons, Berg Mintha in Griechenland.
Lychnidus, Ochrida od. Achrida, St. in Rumelien.
Lycia, das heutige Livah Tekka und ein Theil des Livah Mentech in der asiatischen Türkei.
Lyciorum campus, das Lechfeld bei Augsburg in Baiern.
Lycopolis, Syout, St. in Aegypten.
Lycus, Keulu Hissar, Fl. in der asiatischen Türkei.
Lycus = Lechus; Degnizzi, St. in Anatolien; Nahr el Kelb, Fl. in Syrien.
Lygnum regis, St. Lynn od. Kings Lynn, St. in England.
Lynus, Leine, Fl. in Hannover.
Lyra, Lier, St. in Brabant.
Lyris = Liris.
Lystra, Latik, St. in der asiat. Türkei (B. Konieh).
Lytarmis promontorium, Cap Oby in Sibirien.
Lyubasa, Loisach, Fl. in Baiern.
Lythe insula, Insel Lysoe in Norwegen.

Maalis, Mailly, Mtfl. in Frankreich.

Macastellum, Matarello, D. und Schloss in Tyrol.

Maceriae, Mezières, St. in Frankreich (Ardennen).

Machao, Menerbes, St. in Frankreich (Vaucluse).

Machera comitis, Gravenmachern, St. im Luxemburg.; M. regis: Königsmachern, St. das.

Machicolium, Machecoul, St. in Frankreich (Bretagne).

Machtolvinga, Machtelfing, D. in Baiern.

Maclopolis, Macloviopolis, Maclovium: St. Malo, St. in Frankreich (Ille et Villaine).

Maclovium = Maclopolis.

Macra, Magra, Fl. im Genues.

Macrum, Maro, Mtfl. in Piemont.

Madia, Main od. Maggia, Fl. in der Schweiz (Tessin).

Madiae vallis, das Mainthal das.

Madritum, Matritum: Madrid, Hauptstadt von Spanien.

Madus Vagniacae, Maidstone, St. in England.

Maeander, Bujuk Meinder, Fl. in Kleinasien.

Maenalus mons, Berg Roino in Griechenland.

Maenaria, Insel Mellora an der Küste von Toscana.

Maense monasterium, Mondsee od. Mansee, Mtfl. u. Kloster in Oesterreich.

Maeotis palus, das Asowische Meer.

Maesolus, Krishna, Fl. in Indien.

Magalona, Maguelone, Inselchen im Dep. Herault in Frankreich.

Magdeburgum, Magdeburg, St. in Preussen.

Mages, Mais, Ort in Oesterreich.

Magdalona, Meta leonis: Maddaloni, Mtfl. in Italien.

Magdunum, Méung od. Mehun, St. in Frankreich.

Magetobriga, Mons Bellicardus: Mümpelgard, St. in Frankreich.

Magnesia ad Maeandrum, Ghuzel Hissar, St. in Anatolien.

— **ad Sipylum**, Manika oder Mansa, St. in Anatolien.

Magniacum, Mayen, St. im Erzstift Trier (Rheinpreussen).

Magnum promontorium, Vorgebirge Patani od. Bragu in Indien; Vorgebirge Rocca di Sintra in Portugal.

Magnus portus, Portsmouth, St. in England; = Arsenaria; Hafenst. Corunna in Spanien; Marsalquivir od. Mers-el-kebir, Hafenstadt in Algerien.

Magonis portus, Mahon od. Port Mahon, St. auf Minorka.

Maguntia = Moguntiacum.

Mahildis = Fanum S. Manechildis.

Maja villa = Lupinum.

Maji campus = Lupinum.

Maininga, Meiningen, St. im gleichn. Herzogth.

Majoritum = Madritum.

Majorum, Majori oder Majuri, Mtfl. in Italien.

Majus oder Majoris monasterium: Marmoutier, Mtfl. in Frankreich (Touraine).
Maïs od. Gouris: Mahi, Fl. in Indien.
Mala domus, Malmaison, Schloss bei Paris.
Malaga, Malaga, St. in Spanien.
Malaga, Malacca, St. u. Provinz in Indien. [nien.
Malavilla, Semlin, St. in Slavo-
Malbodium, Maubeuge, Festung in Frankreich (Nord).
Maldra, Maudre, Fl. in Frankr.
Maldunense monasterium, Malmesburg, Mtfl. in England.
Male, die Küste Malabar in Indien.
Malea, das Vorgebirge Malio od. Sant-Angelo auf der Insel Morea.
Maleos, die hebridische Insel Mull.
Maleventum = Beneventum.
Maliacus sinus, Meerbusen von Zeituni im ägeischen Meere.
Maliana od. Maniana, Miliana, St. in Algerien.
Maliarpha, Maliapur, St. in Indien.
Malinae, Mechlinia: Mecheln, St. in Brabant (Belgien).
Malleo, Malleosolium od. Malus Leo: Mauleon, St. in Frankreich (Niederpyren.).
Mallesium, Mals, Mtfl. in Tyrol.
Mallorum metropolis, Multan, St. in der indisch. Provinz gleiches Namens.
Malmesburia, Malmesbury, St. in England.

Malmogia, Malmö, St. in Schweden; = Ellebogium.
Malmundariae od. -ium, Malmedy, St. in Rheinpreussen.
Malobo- oder **Malmodium**, Maubeuge, St. in Frankreich (Nord).
Malogia, Mons Molejus, der Berg Maloyen od. Melojen in der Schweiz.
Malva od. Malucha: Molokath, Fl. in Marocco.
Malvae, Mauves od. Mauve, Mtfl. in Frankreich.
Malvana od. Maloa: Moulonnia, St. in Marocco.
Mamaceae, Maumagues, Mtfl. in Frankreich.
Mamerciae, Mamers, St. in Frankreich (Sarthe).
Mamertium, Martorano od. Oppido, St. in Calabrien.
Mamertum = Mamertium.
Mamurra, Itri, Ort in Italien.
Manapia, Wexford, St. in Irland.
Manarmanis Portus, Campen, St. in Holland.
Mancunium, Manduessarum: Manchester, St. in England.
Manesca, Manuesca: Manosque, St. in Frankreich (Niederalpen).
Manhemium, Mannheim, St. in Baden.
Manliana, Magliana, Mtfl. in Toscana.
Mansalla, Chellah od. Sebilah, St. in Marocco.
Mansum Azili, Maz d'Azil, Mtfl. in Frankreich.
Mantala, Montmeillan oder Montemigliano, St. in Savoien.

Mantinea, Gritsa, Goritza od. Paleopoli, St. in Griechenland.

Mantinorum oppidum, Mantinum: Bastia, St. auf der Insel Corsica.

Mantua Carpetanorum, Madrid, St. in Spanien.

Manuesca = Manesca.

Marabodui castellum, Königswart, Mtfl. in Böhmen.

Maracanda, Samarcand, St. in Indien (Bokchara).

Maramarusiensis comitatus, die Maramaroscher Gespannschaft in Ungarn.

Maranum, Marianum: Marano, St. in Italien.

Marburgum, Marburg, St. in Churhessen.

Marca, Marche-en-Famine, St. im Luxemburgschen.

Marcerum, Merzig, preuss. St. im Stift Trier.

Marcha, March, Fl. in Mähren.

Marchia, Mark, Grafsch. in Rheinpreussen; La Marche, Landschaft in Frankreich; March, Fl. in Mähren; = Stiria.

— **Anconitana**, die Mark Ancona im Kirchenstaat.

— **Famina**, Marche en Famine, St. in Belgien.

— **Tarvisina**, die Treviser Mark in Italien.

Marchus, Marus: March oder Morawa, Fl. in Mähren.

Marci, Marquise, St. in Frankreich (Pas de Calais).

Marcia, Marchena, St. in Spanien.

Marciana, Marchianae: Marchiennes, St. in Frankreich.

—, Marcena, Mariana castra: Marburg, St. in Steiermark.

— **sylva**, der Schwarzwald.

Marcilliacum, Marcillac, St. in Frankreich (Puy de Dome).

Marcina, Cava, St. in Italien.

Marciniacum, Marcigny, St. in Frankreich (Saone et Loire).

Marcodurum, Düren, preuss. St. in Westphalen.

Marcomagus, Markmagen, Mtfl. in Rheinpreussen.

Mardus, Kizil-ousen, Fl. in Iran.

Mare balticum, die Ostsee.

— **caspium** od. hyrcanum, das caspische Meer.

— **externum**, das atlantische Meer.

— **germanicum**, die Nordsee.

— **internum** = Mare mediterraneum.

— **mediterraneum**, das mittelländische Meer.

— **mortuum** od. Lacus Asphaltites: das todte Meer (Bahr. el Loud) in Palästina.

— **nigrum** od. Pontus Euxinus: das schwarze Meer.

— **orientale**, Toung Hai Gen, ein Theil des chinesischen Meeres.

— **pigrum**, das faule Meer, ein Theil des baltischen Meeres.

— **putridum**, das faule Meer, ein Theil des asowischen Meeres.

Marengium, Marvège, St. in Frankreich (Lozère).

Mareotis lacus, Mariout, See in Aegypten.
Margarethae divae insula, die Margaretheninsel bei Pesth.
Margiana, ein Theil des heutigen Khorasan. [bien.
Margum, Passarowitz, St. in Ser-
Margus, Mariab, Fl. in Hochasien; Morava, Fl. in Serbien.
Maria ad nives, Maria zum Schnee, St. in der Schweiz.
Maria-Theresianopolis, Theresiopel, St. in Ungarn.
Mariaechelmum od. Mariaeculmia: Culm, Mtfl. in Böhmen.
Mariae domus, Mergentheim od. Mergenthal, St. in Würtemberg.
— **Verda** od. Mariana insula: Marienwerder, St. in Preussen.
Marianum == Maranum; 2) Bonifacio, St. auf der Insel Corsica.
Maricus vicus, Marengo, D. in Piemont.
Maridunensis comitatus, englische Grafschaft Caermarthen in Südwales.
Maridunum, Caermarthen, St. in England (Wales).
Marilliacense coenobium, Marvilles, D. u. Kloster in Frankreich (Nord).
Maris stella, Wettingen, Stift in der Schweiz.
Mariscum, Maradsch, türk. St am Euphrat. [bürgen.
Marisus, Maros, Fl. in Sieben-
Maritima colonia, Les Martigues, St. in Frankr. (Rhonemündung).

Marobodum, Prag, St. in Böhmen, od. richtiger Mtfl. Königsberg daselbst.
Marochium, Marocco, St. in Africa (Marocco).
Marologium == Marengium.
Marpessus, Marpeso, Berg auf der Insel Paros.
Marpurgum, Marburg, St. in Churhessen.
Marrubium, San Benedetto, St. am Fuciner See in Italien.
Marsallum od. Budatium: Marsal, St. in Frankreich (Meurthe).
Marsilinum, Marschlins, D. in der Schweiz (Graubündten).
Marsipolis, Merseburgum: Merseburg, St. in Preussen.
Martalum, Martellum: Marchthal, Abt. u. D. in Würtemberg.
Martia Famina == Marchia Famina.
— **villa**, Marville, St. in Frankreich (Maas).
Martigium == Maritima colonia.
Martini monasterium, Marmoutier, Benedictinerabtei bei Tours in Frankreich.
Martiniacum, Martinach, Mtfl. in der Schweiz.
Martinica, Insel Martinique.
Martinopolis, Szent-Marton, St. in Ungarn. [mont.
Martis statio, Houlx, St. in Pie-
Martispurgum == Marsipolis.
Martoranum, (eigentl. Mamertium), Martorano, St. in Calabrien.
Martula, Obermarchthal, D. in Würtemberg.

Marus = Marchus.
Marusiensis sedes, der Maroscher Stuhl in Siebenbürgen.
Marusius, Mariscus: Maros, Fl. in Ungarn und Siebenbürgen.
Masaris, Mazzara, St. in Sicilien.
Maseca, Maseum: Maaseyk, St. im Limburgschen.
Masius mons, Karadja Dagh, Bergkette in der asiat. Türkei.
Masonis monasterium, Masmünster od. Masevaux, Kloster im Elsass.
Massa Lubrensis od. Lubiensis: Massa Lubrense od. Massa di Sorrento, St. in Neapel.
— **Veternensis**, Massa, Mtfl. im Kirchenstaat.
Massicus mons, Mondragone, Berg in Neapel.
Massilia, Massalia: Marseille, St. in Frankreich.
Masteno = Mastramelus.
Mastramelus, Maintenon, Mtfl. in Frankreich (Eure et Loire).
— **lacus**, See von Martigues in Frankreich.
Matavonium, Cabasse, D. in Frankreich.
Mateala, Matera, St. in Neapel.
Materna = Matrona.
Matilica, Matelica, St. im Kirchenstaat.   [den in Holland.
Matilo, Rhynsburg, D. bei Ley-
Matiscone, Matisco Aeduorum: Macon, St. in Frankreich.
Matra, Motter, Fl. im Elsass.
Matrejum, Matray, Mtfl. in Tyrol.
Matrinum, Porto d'Atri, St. in der Mark Ancona.

Matrona, Marne, Fl. in Frankreich.
Matthaei villa, Matzdorf, Mtfl. in Ungarn.
Matthias, S., St. Mahè, St. im französischen Indien.
Mattiacae aquae, Wiesbaden, Bad u. St. in Nassau.
Mattium, Mattiacum: Marburg, St. in Churhessen.
Matusia, San Remo (eigentl. San Remulo), St. in Italien.
Maureciacus oder Morentiacus mons, Montmorencianum: Montmorency, St. in Frankreich (Seine et Oise).
Mauretania Caesareensis, Algerien; M. Tingitana: das Kaiserthum Fez und Marocco.
Mauriana civitas, St. Jean de Maurienne, St. in Savoien.
Maurianum, Aquilense oder Mauri monasterium: Maurmünster oder Marmoutier, St. u. Kloster im Elsass.
Mauriliacum, Milliacum: Milly, St. in Frankreich (Seine et Oise).
Maurocanum od. Maurocitanum regnum: das Kaiserthum Marocco.
Maurocastrum, Melezgerd, St. in Rumelien.
Mauronti villa, Merghen oder Merville, St. in Belgien.
Mausilium, Mossul, St. in der asiat. Türkei.
Maxima Sequanorum, La grande Sequanoise, ein Theil des alten Galliens, welches die ganze

Franche Comté und einen Theil der Schweiz begriff.

Magensis comitatus, Mayo, Grafschaft in Irland.

Marus, Mero, Fl. in Spanien.

Mechlinia, Mecheln, St. in Belgien. [Holland.

Medde acum, Middlaer, St. in

Medelica, -licum, Mölk, Kloster u. Mtfl. in Oesterreich.

Medelpadia, die Landschaft Medelpad in Schweden.

Medemelacum, Medenblik, St. in Holland. [vischen.

Mederiacum, Brück, St. im Cle-

Media, Meath od. Eastmeath, Grafschaft in Irland.

—, ein Theil der heutigen pers. Provinz Kurdistan oder des heutigen Aderbidjan u. Irak Adjemi.

—, Medyeschinum: Medwisch, St. in Siebenbürgen.

Medianum castellum, Midroë, St. in Algerien.

Mediensis sedes, der Medwischer Stuhl in Siebenbürgen.

Mediesus, Medwisch, St. in Siebenbürgen.

Medioburgum, Middelburg, St. in Holland.

Mediolanum od. Med. Insubrum: Mailand, St. in Italien.

— **Cuborum,** Château Meillant od. Meylieu, St. in Frankreich (Cher).

— **Eburovicum,** Evreux, St. in Frankreich.

— **Santonum,** Saintes, St. in Frankreich.

Mediolarium od. **Ad tres lares:** Metseln, St. an der Vecht in Holland.

Mediomatrica urbs, Metz, St. in Frankreich.

Medium Coronae, Kronmetz, St. in Tyrol.

— **S. Petri,** Wälschmetz, Mezzo Lombardo, Mtfl. in Tyrol.

Medlindum, Mellentum, Mulancum: Meulant, St. in Frankreich.

Medoacus major, Brenta, Fl. in Venetien.

— **minor,** Bacchiglione, Fl. in der Lombardei.

Medobriga, Montemor o Velho, Mtfl. in Portugal.

Medoslanium, Mesisau, St. in Oesterreich.

Meduana, Mayenne, Fl. in Frankreich.

Meduanum, Mayenne, St. in Frankreich.

Meduli, Medoc, Landschaft in Frankreich.

Medulli, Meuillon, Baronie in Savoien.

Medunta, Mantes, St. in Frankreich.

Megalopolis, Herzogthum Mecklenburg-Schwerin; Leontari, St. in Griechenland.

Meginlanum, Mejulanum, Milanum: Meilen, Mtfl. in der Schweiz.

Meginradi cella, Meinradszell od. Einsiedlen, Kloster in der Schweiz.

Mejulanum == Meginlanum.

Melae, Molise, St. in Neapel.
Melanes sinus, Meerbusen von Megissa im schwarzen Meer.
Melange, Madras, St. in Indien.
Melantias, Bujuk od. Kutschuck Tschackmedjeh, St. in Rumelien.
Melaria, Fuente Ovejuna, Mtfl. in Spanien.
Melas, Kara Sou, Fl. i. d. asiat. Türkei; Sulduth od. Cheri, Fl. das.; Menouget, Fl. ebend.
Meldae, -di, Meaux, St. in Frankreich.
Meldunum, Minnodunum: Milden, St. in der Schweiz (Bern).
Melfia == Amalphis.
Melficta, Melfita, Melphictum, Melfitum: Molfetta, St. in Italien.
Melibocus, der Brocken, Theil des Harzgebirges in Preussen.
Melicium, Mölk od. Melk, St. in Oesterreich.
Melita, Malta, Insel im mittelländ. Meere; Meleda, Insel im adriat. Meere.
Melitene, Malatia, St. am Euphrat; Meledni, Landschaft das.
Mellentum, Meulant, St. in Frankreich (Seine et Oise).
Melocabus, -cavus, -mus, Melchede, Ort in Westphalen.
Mellusum, Melle, St. in Frankreich (Deux Sèvres).
Melodunum, Melun, St. in Frankreich.
Melos, Milo, Insel im Archipel.
Melphia == Amalphis.
Melphictum == Melficta.

Memmale, Mimas, Mimate: Mende, St. in Frankreich (Lozère).
Menariacum oder Minariacum: Merghem od. Merville, St. in Flandern.
Menasterium, Moutier sur Saux, Baronie in Frankreich.
Menavia, Monabia: Man, Insel im irländischen Meer.
Mendrisio, Mendriso od. Mendris, Mtfl. in der Schweiz.
Menesthei portus, Porto de Sta. Maria, St. in Spanien.
Menevia, St. David, St. in England.
Meninx, Lotophagitis insula od. Girba: Zerbi, Insel im mittelländ. Meere an der afric. Küste.
Menoba, Velez Malaga, St. in Spanien; Guadiamar, Fl. das.
Menosca, St. Sebastian, St. in Spanien.
Menuthias insula, Comore, Insel im arabischen Meerbusen, nach Andern Madagascar.
Meppia, Meppen, St. in Hannover.
Mercuriale, Mercogliano, D. in Neapel.
Mercurii Curtis, Mirecourt, St. in Frankreich (Vogesen).
— **insula**, Tavolara, Insel bei Sicilien.
Mercurium, Reismarkt, Ort in Siebenbürgen.
Meriniacum, Marignano, St. in der Lombardei.
Merinium, Viesti, St. in Neapel.
Meriscus == Marisius.

Merlinius, das Amselfeld in Serbien.
Merobriga, Ciudad Rodrigo, St. in Spanien.
Meroe, das heutige Land Chendi in Nubien; Chendi, St. ebendas.
Meropia = Acis.
Mervinia, Merionethshire, Grafschaft in Wales in England.
Mesambria, Misivri, St. am schwarzen Meere.
Mesaucum, Vallis Mesaucina: das Hochgericht Misex oder Misox in der Schweiz.
Meseria, Mezières, St. in Frankreich (Ardennen).
Mesopotamia, Adgezireh, Provinz in Asien (mit Ausschluss der Landschaft Diarbekir).
Messana, Zancle: Messina, St. in Sicilien.
Messapia, Terra d'Otranto, Landschaft in Neapel.
Messeniacus sinus, Meerbusen von Calamata in mittelländ. Meere.
Messinae, Messines, Kloster bei Tournay in Frankreich.
Messua collis od. Setuis: Cette, St. in Frankreich.
Mesteno, Maintenon, St. in Frankreich.
Meta leonis = Magdalona.
Metae, Metis: Metz, St. in Frankreich.
Metagonium, Cazaca, St. in Marocco; Capo de Tres Forcas, Vorgebirge das.
Metapontum, Metapus: Torre di Mare, St. in Unteritalien.

Metaurus, Mattro od. Metaro, Fl. in Unteritalien.
Metelli castrum, Voigtei Mittelburg, jetzt Strubelsdorf in Oesterreich.
Metellinum, Metallinum: Medellin, St. in Spanien.
Metensis pagus, die Landschaft Messin in Frankreich.
Methone, Modon, St. auf der Halbinsel Morea.
Methullum, Metulum: Möttling od. Metlika, St. in Krain.
Methymna, Mollivah, St. auf der Insel Lesbos.
— **Asindo** od. Asidonia: Medina Sidonia, St. in Spanien.
— **Campestris** od. Duelli: Medina del Campo, St. in Spanien.
— **Coeli** od. Celia: Medina Celi, St. in Spanien.
— **Sicca**, Medina del Rio Secco, St. in Spanien.
— **Turrium**, Medina de los Torres, St. in Spanien.
Metiosedum, Modunum, Moldunum: Meudon, St. in Frankreich.
Mettis, Metium = Metae.
Metropolis ad Castrum, Tirch, St. in Anatolien.
Metulum = Methullum.
Meursia, Meurs, St. in Preussen.
Meusa, Mous, Fl. in der Schweiz (Graubündten).
Mevania, Bevagna, Mtfl. im Kirchenstaat.
Michaëlopolis od. Arcangelopolis: Archangel, St. in Russland.

Midae, Medhurst, Mtfl. in England.

Miestecium Hermanni, Hermann-Miestitsch, St. in Böhmen.

Milanum = Meginlanum.

Miletum, Mileto, St. in Neapel.

Miletus, Palatscha, D. in Kleinasien.

Milevis, Milah, St. in Algerien.

Milicium, Militsch, St. in Schlesien.

Milidunum, Melun, St. in Frankreich.

Millae, Millas, Mtfl. in Frankreich (O. Pyrenäen).

Mille sancti, Miossens, D. in Frankreich (Niederpyrenäen).

Milliacum = Mauriliacum.

Mimas od. Meminate, Mimate = Memmate.

Mimigardefordum, Mimigardum, Minimigardum, Miningroda: Münster, St. in Westphalen.

Mimilevum, Memmleben, Kloster u. D. in Thüringen.

Minae, Mineo, St. in Sicilien.

Minariacum, Estaires, St. in Frankreich (Nord).

Mincius, Mincio, Fl. in Italien.

Minda, Mindus: Minden, St. in Preussen.

Mindonia, Mondonedo, St. in Spanien.

Minerbium, Minervina: Minervino, St. in Italien.

Minervae promontorium, Capo Campanilla oder della Minerva in Sicilien.

Minidunum, Moudon od. Milden, St. in der Schweiz (Waadt).

Minnodunum = Meldunum.

Minoa, Minois: Insel Paros.

Minora, Minori od. Minuri, St. in Neapel.

Minorica, Insel Minorca.

Minorisa, Manresa, St. in Spanien.

Minscensis Palatinatus, die Minskische Woiwodschaft in Polen.

Minturnae, Trajetto, St. in Neapel.

Mirapensis pagus, Mirepoix, Landschaft in Frankr. (Ariège).

Mirapicae, Mirapicum: Mirepoix, St. in Frankreich.

Miroaltum, Murat, D. in Frankreich (Tarn).

Misena, Meissen, St. in Sachsen.

Misenum, das Vorgebirge Miseno in Neapel.

Misnia, das Land Meissen in Sachsen; die St. Meissen das.

Mitavia, Mitau, St. in Russland.

Mithridatium, Hussein Abad, St. in der asiat. Türkei.

Mitylene, Castro od. Metelino, St. u. Hafen auf der Insel Metelino.

Mlidava, Mulde, Fl. in Sachsen.

Mocenia, Mötzing, St. in Baiern.

Modoetia, Monza, St. in der Lombardei.

Modunum, Meudon, Schloss bei Versailles in Frankreich.

Moenus, Main, Fl. in Deutschland.

Moesia, das heutige Bosnien, Serbien u. Bulgarien.

— **inferior**, das heutige Bulgarien.

Mogelini, Mogelina urbs: Mügeln, St. in Sachsen.
Mogontia = Modoetia.
Moguntia, Moguntiacum, Magontia: Mainz, St. im Grossherzogthum Hessen.
Moguntiacum, Monaetia: Monza, St. in Italien.
Molburium monasterium, Maubeuge, St. in Frankr. (Nord).
Moldavia, die Moldau.
Moldunum = Modunum.
Moliberga, Mühlberg, St. im preuss. Herzogthum Sachsen.
Molinae, Moulins, St. in Frankreich (Allier).
Momonia, Landschaft Munster, Mounster od. Mown in Irland.
Mona, Virginia Danica, die dänische Insel Möen.
—, Monabia, Moneitha, Moneitha, Monoeda: die engl. Insel Man od. Anglesea, Anglesey.
Monachium, München, St. in Baiern.
Monachodamum, Monnikendam, St. in Holland.
Monachopolis = Hierapolis.
Monaetia, Monza, St. in Italien.
Monalus, Pollina, Fl. in Sicilien.
Monasteriolum, Montreuil, St. in Frankreich.
— Senonum od. ad Jeaunam od. Condate: Montereau-Faut-Yonne, St. in Frankr. (Seine et Marne).
Monasterium, Münster, St. in Westphalen.

Monasterium, Moutier, St. in Frankreich.
—, Monostor, Kolos Monostor, Abt. in Siebenbürgen.
—, Münster, D. in der Schweiz; Münstereifel, St. in Preussen; Marchmünster, Kloster bei Regensburg in Baiern.
—, Moutiers, St. in Savoien.
— ad Icaunam = Monasteriolum Senonum.
— Aquilejense od. Maurianum: die Mark Mauersmünster im Elsass.
— Corvariense, Churwalden, Kloster in der Schweiz.
— Eiffaliae, Münster-Eiffel, St. in Preussen.
— grandis vallis, Probstei Münster in Granfelt im C. Basel.
— Gregorianae vallis, Münster, Kloster im Elsass.
— Hegenense, Hüningen, St. in Frankreich.
— in Argonna, Moutier en Argonne, St. in Frankreich.
— Maurianum = Monasterium Aquilejense.
— monialium vallis b. Mariae, Sornzig, ehem. Klost. in Sachsen.
— montis Mariae, Marienberg, Kloster in Baiern.
— Porcetense, Burscheid, Stift bei Aachen in Preussen.
— S. Joannis Baptistae in silva, Holz, Kloster in Schwaben.
— S. Michaelis Clusini, S. Michele, Abt. in Italien.
— Vallis S. Mariae, Marienthal, Kloster in der Oberlausitz.

Monbarrum, Montbard, St. in Frankreich.
Monconturium, Montcontour, St. in Frankreich.
Monda, Mondego, Fl. in Spanien.
Monedulae Petra, Schloss Csokakä in Ungarn.
Monesi, Moneins, St. in Frankreich (Niederpyr.).
Monilia, ad, Moneglia, St. im Genuesischen.
Monoeci portus, Monaco, St. in der Grafschaft Nizza.
Monopolis, Monopoli, St. in Neapel.
Mons acutus, Scherpenhavel, St. in Holland; Montaigu, St. in Frankreich.
— **Ademari** od. Montilium: Montelimart, St. in Frankreich.
— **aethereus**, der Ettersberg in Thüringen.
— **Albanus**, 1) Montauban, St. in Frankreich; 2) Montalvan, St. in Spanien.
— **Alcinoi**, Alcinus, Ilcii, Ilicii, Umbronis, Lucis, Lucinus, Ilcinus: Monte Alcino od. Montalcino, St. in Toscana.
— **Altus**, Montalto, St. im Kirchenstaat.
— **Anguis**, Montanches, St. in Spanien.
— **Antonii**, der Tonniesberg in Westphalen.
— **Aquilarum**, das Gebirge Arlberg an der Grenze von Tyrol.

Mons Argensis, Argisus, Argus, Montargium: Montargis, St. in Frankreich.
— **Asciburgius**, Sequas, Sabothus, Silensis, Silentius, Zabothus, Zobtensis, Zatensis: der Zobten od. Zobtenberg in Schlesien.
— **Aureolus** = Mons Albanus 1.
— **Aureus**, Montoire, St. in Frankreich.
— **Biligardus** od. Belligardus: Mümpelgard, St. in Frankr.
— **Brennus** = Mons Pyrenaeus.
— **Brisiacus**, Breisach, St. am Rhein in Baden.
— **Bructerus**, der Brocken.
— **Brunonis**, Braunsberg, St. in Preussen.
— **Caepionis** = Mons Scipionis.
— **Caesaris**, Kaysersberg, St. im Elsass.
— **Calvariae**, Kalwarya, Mtfl. Galizien.
— **Caprarius**, der Geisberg bei Heidelberg.
— **Cassinus** od. Cassinas(-atis): Monte Cassino, Kloster in Neapel.
— **Catus**, Mont du Chat, Gebirge in Frankreich.
— **Caucasus**, das Caucasusgebirge in Asien.
— **Cesius** od. Cetius: der Kalenberg in Oesterreich.
— **Christi**, Montechristo, Insel an der Küste von Toscana.
— **Cineris**, Cinereus, Cinisius, Cittenius: Berg Mont Cenis.

Mons Claudii, der Bezirk Moszlovina in Croatien.
— **Columnae Jovis**, der kleine St. Bernhardsberg in Italien.
— **Cuculli**, Montecuccolo, Mtfl. im Genuesischen.
— **Dei**, der Deutschberg in der Schweiz.
— **Desiderii**, Montdidier, St. in Frankreich.
— **edulius** od. Serratus: Monserrat, Bergkette in Spanien.
— **Faliscorum**, Fiasconus, Flasconus, Phisconus: Montefiascone, St. im Kirchenstaat.
— **Feretranus**, der District Montefeltro in Italien.
— **Ferratus**, Montferrat, Markgrafschaft in Piemont.
— **Ferreus** = Isenberga.
— **Georgii, S.**, od. Asolveroth: Georgenthal, Kloster in Thüringen.
— **Gerardi** = Gerardimontium.
— **Gomericus**, Mongomery, St. in England (Nordwales).
— **Hannoniae** od. Castri locus: Mons od. Bergen, St. in Belgien.
— **Heinsilianus**, der Heinzenberg od. Montagnia in der Schweiz.
— **Herminius**, der Berg Estrella in Portugal.
— **Honoris**, Ehrenberg, Festung in Tyrol. [cinoi.
— **Ilcii** od. Ilicii = Mons Al-
— **Jovis**, der Donnersberg in der Unterpfalz; = Penninus; Mongri, Berg in Spanien.

Mons Julius, der Julierberg in der Schweiz.
— **Leherici**, Letherici: Monthery, St. in Frankreich (Seine et Oise).
— **Leonis**, Mauleon (od. s. 1737 Chatillon sur Sèvre), Mtfl. in Frankreich (Deux Sèvres).
— **Lucinus** = Mons Alcinoi.
— **Lupelli**, Montluel, St. in Frankreich.
— **Maledictus**, Montmedy, St. in Frankreich (Mons). [Spanien.
— **Mariorum**, Marines, Mtfl. in
— **Martini, S.**, Martinsberg, Mtfl. in Oesterreich.
— **Martis**, der Magganaberg od. Fö in der Schweiz.
— **Martyrum** od. Martis: Montmartre, Mtfl. bei Paris.
— **Masius**, Karadja Dagh, Bergkette in Mesopotamien.
— **Massicus**, Mondragone, Bergkette in Neapel.
— **Maurelli**, Monte Murlo, Mtfl. in Toscana.
— **Maurenciacus**, Mons Morentiacus: Montmorency, St. in Frankreich.
— **Medius** = Mons Maledictus.
— **Melojus** = Malogia.
— **Mirabilis**, Montmirail, St. in Frankreich.
— **Oliveus** od. Castrum Melasti: Montolieu, St. in Frankreich (Aude).
— **oriens**, Osterberg, ehemal. Kloster in Westphalen.
— **oris** = In montibus.
— **Pelicardis**, Montbeliard od.

Mömpelgard, St. in Frankreich (Donbs).
— Mons Pelusius, Monte Peloso, [St. in Italien.
— Penninus, der St. Bernhardsberg in der Schweiz.
— Pessulanus, Mons Puellarum: Montpellier, St. in Frankreich. [rum.
— Physcon = Mons Falisco-
— Pileatus, der Pilatusberg in der Schweiz. [in Baiern.
— Piniferus, das Fichtelgebirge
— Politianus, Montepulciano, St. in Italien.
— Presbyteri, Pfarrdorf u. Herrschaft Montprevaire in der Schweiz. [lanus.
— Puellarum = Mons Pessu-
— Pyrius, der Brenner, Gebirge in Tyrol.
— Regalis, Montreal, St. in Frankreich; Königsberg, St. in Preussen.
— Regalis, Mons regius: Mondovi, St. in Piemont.
— Regalis, Monreale, St. in Italien.
— Regius, Königsberg, St. in Preussen; der Königsberg in Friaul.
— Relaxus, Morlaix, eigentlich Montrelais, St. in Frankreich.
— Rotundus, Monterotondo, St. im Kirchenstaat.
— Sacer, Puerto de Rabanon, Berg in Spanien.
— S. Florae, St. Florenberg, St. im Hochstift Fulda.
— S. Gertrudis, Gertruidenberg, St. in Holland.

Mons S. Georgii, Georgenberg, Mtfl. in Ungarn.
— S. Hippolyti, Peltenberg od. Pöltenberg, Kloster in Mähren.
— S. Michaelis, Mont Saint Michel, St. in Frankreich.
— Sabothus = Mons Asciburgius.
— Scipionis oder Sempronius: der Simplon, Gebirge in der Schweiz.
— Seleuci, La Bastie Mont Saléon, D. in Frankreich (Hautes Alpes), nach Andern Montmaur, St. das.
— Silensis = Mons Asciburgius. [netien.
— Silicis, Montelise, St. in Ve-
— Solis od. Mons Badonicus: Bath, St. in England.
— Thabor oder Montaborina: Montabaur, St. in Nassau.
— Umbronis = Mons Alcinoi.
— Vici, Mondovi, St. in Piemont.
— Vogetius, der Botzberg in der Schweiz.
— Vulturius, der Geyerberg in Schlesien.
— Wedekindi, der Wedenberg in Westphalen.
— Zabothus, Zobtensis, Zotensis = Mons Asciburgius.
Montallia od. Montulia: Montilla, St. in Spanien.
Montanus ducatus, Berg, Herzogthum in Preussen.
— tractus, La Montagne, Landschaft in Frankreich (Côte d'or).
Montargium, Montargis, St. in Frankreich.

Monteolum, Montey od. Montay, Monthus, Mtfl. in der Schweiz.
Montes od. Montes Hannoniae: Mons od. Bergen, St. in Belgien.
— **acuti** oder Terra montium acutorum: die Insel Spitzbergen.
— **Brigantini**, das Brianzagebirge im Mailändischen.
— **Ceraunii**, Elvend u. Albordj, Bergketten des Kaukasus.
— **Gigantei**, das Riesengebirge in Schlesien.
— **Mariani**, die Sierra Morena, Bergkette in Spanien.
— **Moschici**, Amasintha, Bergkette in Kleinasien.
— **Sarmatici** = Carpates.
Montilaris, Montella, St. in Neapel.
Montilium (Ademari), Montelimart, St. in Frankreich.
Montilium, Monteux, St. in Frankreich.
Montiniacum regium, Montigny le Roi, St. in Frankreich.
Montisgaudium, ehemal. Baselsche Grafschaft Froberg am Doubs.
Montisjovium, Montjoie, St. im preuss. Fürstenthum Jülich.
Monumethia, Monmouth, St. in England.
Moranga, Moringen, St. in Hannover.
Moratum, Murten, St. in der Schweiz (C. Freiburg).
Moravi Scotiae, die Grafschaft Murray in Schottland.
Moravia, Mähren, Markgrafschaft in Oesterreich.
Moravia = Marcha.
Morbium, Moresby, Mtfl. in England.
Morgentia, -tium, St. Giorgio, St. in Neapel.
Morgia, Morgiacum: Morsee, St. in der Schweiz.
Morgus, Orco, Fl. in Oberitalien.
Morini, die Landschaft Boulonnais in Frankreich.
Morisana ecclesia, Csanad, Pfarrdorf in Ungarn.
Moritania, Moritonia, -um: Mortagne, St. in Frankr. (Nord).
Moritolium, Moretonium: Mortain, St. in Frankr. (Manche).
Moritonia = Moritania.
Morlacum, Morlas, St. in Frankreich.
Mornacium, Mornas, St. in Frankreich.
Morosgi, St. Sebastian, St. in Spanien.
Mortingia od. Mortinhauga: die Ortenau, Landschaft in Baden.
Mortuum mare, Mortemer, Mtfl. in Frankreich (Seine Infér.).
Morus, Velez Rubio, St. in Spanien.
Morvinus Pagus, District Morvant in Frankreich.
Mosa, Maas od. Meuse, Fl. in Frankreich.
Moscha, Mascat, St. in Arabien.
Moschovia, Moschötz, Mtfl. in Ungarn.
Moscovia, Mosqua, Moseua: Moskau, St. in Russland.

Mosella, Mosula: Mosel, Fl. in Deutschland u. Frankreich.
Mosomagum, Mouson, St. in Frankreich (Ardennen).
Mosomium = Mosomagum.
Motenum od. Mutenum, Mostorpitum od. Costorpitum: Morpeth, St. in England.
Motyca, Modica, St. auf der Insel Corsica; Bruck a. d. Leitha, St. in Niederösterreich.
Motyum, Naro, St. in Sicilien.
Mucialla, Mugello, D. in Toscana.
Mulancum = Medlindum.
Mulcedonum, Mucidan od. Mussidan, St. in Frankreich.
Mulifontanum coenobium, Maulbrunn, Kloster in Würtemberg.
Munda Rurae, Roermonde, St. in Holland.
— **Tenerae,** Dendermonde, St. in Holland.
— **Vistulae,** Weichselmünde, St. in Preussen.
Munda, Monda, St. in Spanien; Mondego, Fl. in Portugal.
Muraepontum, Bruck od. Prugg an der Mur, St. in Steyermark.
Muranum, Murano, St. in Calabrien.
Muratum Alverniae, Murat, St. in Frankreich (Cantal).
Murgis = Portus magnus; Majacar, St. in Spanien.
Muri veteres, Murviedro, St. in Spanien.
Murium, Mori, Mtfl. in Oesterreich.
Murostoga od. Cartenna: Mostaganem, St. in Algerien.

Mursa major, Essek, St. in Ungarn.
— **minor,** Darda, St. in Ungarn.
Murta, Meurthe, Fl. in Frankreich.
Murus, Mara = Graecium; Muro, St. in Neapel.
— **Picticus,** The Picts Wall, St. in England. [reich.
Musciacum, Moissac, St. in Frank-
Musopale, Visapur, St. in Indien.
Mussidunum = Mulcedunum.
Mussipons, -ontum, Pont-a-Mousson, St. in Frankr. (Meurthe).
Mutila, Mottola oder Medolo, St. in Italien.
Mutina, 1) Modena, St. in Italien; 2) Mutschen, Städtchen in Sachsen.
Myconus, Myconi, eine der cykladischen Inseln.
Mylae, Melazzo, St. in Sicilien.
Mylassa, Melasso, St. in Anatolien.
Myndus, Mentech, St. in Anatolien.
Myos hormos, Kosseir, Hafenstadt in Aegypten.
Myrina, Lemno, St. auf der Insel Lemnos.
Myrlea od. Apamea Bithyniae: Moudania, St. in Anatolien.
Myrmidonia, Aegina, Insel im Archipelagus.
Myrtilletum oder Myrtillorum mons = Heidelberga.
Mysia, die heutige Landschaft Karassi in der asiat. Türkei.
Mytistratus oder Amastrus: Mistretta, St. in Sicilien.

Naburga claustralis, Kloster-neuburg, St. in Oesterreich.
— **forensis**, Korneuburg, St. in Oesterreich.
Naebis, Neya, Fl. in Spanien.
Naeomagus, Bayeux, St. in Frankreich. [berg.
Nagalda, Nagolt, Fl. in Würtem-
Nagara, Nedjeran od. Najeran, arab. Fürstenthum in Yemen.
Naha, Nahe, Fl. in der Pfalz.
Naissus, Nissa, St. in Serbien.
Namnetae, Namnetes od. Con-divicnum, Condivincum: Nantes, St. in Frankreich.
Namurcum, Namurum: Namur, St. in Belgien.
Nancejum (falsch Nasium): Nancy, St. in Frankreich.
Nandralba, Belgard, St. in Preussen. [netae.
Nannetes, Nannetum = Nam-
Nannetodurum od. Neptodurum: Nanterre, St. in Frankreich.
Nantuacum, Nantua, St. in Frankreich (Ain).
Nantuates, Uechtland, schweiz. District.
Naparis, Jalomnitza od. Proava: Fl. in der europ. Türkei.
Narbo Martius od. Julia Paterna od. Colonia Decumanorum: Narbonne, St. in Frankreich.
Narbonensis Gallia (prima): Languedoc; (secunda): ein Theil der Provence u. Dauphiné.
Nares Lucaniae, Monte Nero, Bergpass in Neapel.
Narisci = Varisci.

Narnia, Nequinum: Narni, St. im Kirchenstaat.
Naro, Narenta, Fl. in Dalmatien.
Narona, Narensa, St. in Bosnien.
Nasium, Naix, D. in Frankreich (Maas).
Nassovia, Nassau.
Natiolum, Giovenazzo, Hafenstadt in Neapel.
Naucratis od. Metelis: Fouah, St. in Niederägypten.
Naulum, Noli, St. in Italien.
Naupactus, Lepanto od. Aina bachti, St. in Griechenland.
Nauplia, Napoli di Romania, St. auf der Halbinsel Morea.
Nauportus, Oberlaubach, St. in der Wetterau.
Nava, Nahe, Fl. in der Pfalz.
Navalia, Näfels, Mtfl. in der Schweiz.
Navalis beatae Mariae virginis, Marienrode, Kloster im Fürstenthum Calenberg in Hannover.
Navarra alta, Navarra, Königreich in Spanien. [Spanien.
Navarrete, Navarette, Mtfl. in
Naxuana, Nakshivan, St. in russ. Armenien.
Naxus, Naxia, Insel im Archipelagus; Castel Schisso, St. in Sicilien.
Neapolis, Nabal, St. in Tunis; Sichem od. Naplus, St. in Syrien.
—, Parthenope: 1) Neapel, St. im Königreich Neapel; 2) La Cavale, Hafenstadt in Rumelien; 3) Scala Nova, St. in Anatolien.

Neapolis Danica oder Nicopia: Nyekiöbing, St. in Dänemark.
— **Nemetum,** Neostadium: Neustadt an der Hart, St. in Baiern.
— **Severiae** oder Novogardia: Nowgorod Sewerski, St. in Russland.
Neapolitanus sinus, Busen von Hamamet an der Küste von Africa.
Nebo, Attarus, Berg in Palästina.
Nebrissa, Lebrija, St. in Spanien.
Necera = Luceria.
Negellienses, Nesle, St. in Frankr.
Nemausus, -um, -ium, Nimes od. Nismes, St. in Frankreich.
Nemci castrum, Nemecia: Nimptsch, St. in Schlesien.
Nemea, Colonna od. Tristena, D. in Griechenland.
Nemenus, Niemen, Fl. in Polen und (als Memel) in Preussen.
Nemetacum, Nemetocenna = Atrebatae.
Nemodona, Speyer, St. in der baier. Rhein-Pfalz.
Nemorosium, Nemosium, Nemus: Nemours, St. in Frankreich.
Nemosium = Nemorosium.
Nemotum od. Nemetum = Augustonemetum.
Nemus = Nemorosium.
Neo-Aelia, Niel, D. am Rhein im Clevischen.
Neoburgum, Neocomum, Novicastrum: Neuenburg oder Neufchâtel, St. in der Schweiz.
Neoburgum, Nyeborg, St. auf der Insel Fünen. [asien.
Neocaesarea, Niksar, St. in Klein-
Neo-Carolina, Ny-Carleby, St. in Finnland.
Neocastrum, Sicania: Nicastro, St. in Calabrien; Navarin, St. in Griechenland.
Neocomium = Iglovia.
Neocomum = Neoburgum.
Neocorcinum, Korczyn, St. an der Weichsel in Polen.
Neodunum, Nevidunum, Nividunum, Noviodunum: Nyon, St. in der Schweiz (Waadt).
Neo-Eboracum, New-York, St. in Nord-America.
Neofanum, Mark-Neukirchen od. Neukirchen, St. im Voigtlande in Sachsen.
Neogardia, Nowgorod, St. in Russland.
Neogradiensis comitatus, die Neograder Gespannschaft in Ungarn.
Neomagus, 1) Nyon, St. in der Schweiz; 2) Buckingham, St. in England.
Neomagus, Noviomagum: Nimwegen, St. in Holland.
Neoplanta ad Petrovaradinum, Neusatz, St. in Ungarn.
Neoportus, Nieuport, St. in Holland. [Ungarn.
Neoselium, Neuhäusel, St. in
Neosolium, Neusohl, St. in Ungarn.
Neostadium, Neustadt an der Hart, St. in Baiern.
—, Nysted, St. in Dänemark.
Neovilla, Neuweiler, St. im Elsass.
Nepe, Nepet, Nepete, Nepeta: Nepi, St. im Kirchenstaat.

Neptunium, Nettuno, St. im Kirchenstaat.
Nequinum = Narnia.
Nericia, Neringa: die Landschaft Nerike in Schweden.
Nerissania, Neresheim, St. in Würtemberg.
Neritum, Nardo, St. in Neapel.
Nerii cella, Nesle, St. in Frankr.
Nertobriga, Frejenal de la Sierra, St. in Spanien; nach Andern = Valeria od. Ricta, St. das.
Nervicanus tractus, Manche, Landschaft in Frankreich.
Nesis, Nesita, Insel bei Italien.
Nestus, Kara-sou, Fl. in der Türkei.
Netolicum, Netolitz, St. in Böhmen.
Neunburga forensis, In, Mark-Neuburg, St. in Ungarn.
Neusia, Neuss, St. in Rheinpreussen.
Neustria, Normannia: die Normandie.
Nevesdum = Lyra. [duorum.
Nevirnum = Noviodunum Ae-
Nicaea, Nicia: Nizza, St. in Italien; Isnik, St. in Anatolien.
Nicephora, Vallalonga, St. in Neapel.
Nicephorium, Racca, St. am Euphrat (Diarbekir).
Nicephorius, Khabour, Fl. in der asiat. Türkei (Pasch. Van).
Nicer, auch Nicrus: Neckar, Fl. in Würtemberg.
Nicia = Nicaea; 2) Crostolo, Fl. in Italien.
Niciobriges, Montpellier, St. in Frankreich.

Nicomedia, Ismid od. Isnicmid, St. in Anatolien.
Nicopia, Nyköping, St. in Schweden; = Neapolis Danica.
Nicopolis, Devrighi, St. in Caramanien; Prevesa Vecchia, St. in Griechenland; Aias oder Ajazzo, St. in Cilicien; N. od. Juliopolis: Kars Kassiera, St. in Niederägypten; ad Istrum: Nicopoli, St. in Rumelien.
Nicopolium, Sanct Nicolas, St. in Ungarn.
Nicotera, Nicotera, St. in Calabrien.
Nicrus = Nicer.
Nidrosia, Drontheim, St. in Norwegen.
Niella, Nivelle, St. in Belgien.
Nigella, Nesle, St. in Frankreich; = Nicia 2.
Nigrum monasterium, Noirmoutiers, Insel an der Küste der Vendee in Frankreich.
— Palatium, Negrepelisse, Mtfl. in Frankreich.
Nimitium, Nimptsch, St. in Schlesien.
Niniva, Ninove, St. in Belgien.
Niortum = Novirogus.
Niphates mons, das Gebirge Nimrud in Armenien.
Nisibis, Nizib od. Nisibin, St. in der asiat. Türkei.
Nissa, Neisse, St. in Schlesien.
Nissena, Nissus: Nissa, St. in Serbien.
Nitasa, Neete od. Nette, Fl. in Rheinpreussen.
Nitiobrigum, Agen, St. in Frankr.

Nitrava, Nitria: Nitra, Neutra, Schloss in Ungarn.
Niusa = Novesium.
Nivaria, Insel Teneriffa.
Nivernum, Nevers, St. in Frankr.
Nividunum oder Niviodunum: Nyon, St. in der Schweiz.
Niviellenses, Nivigella: Nivelle, D. in Frankreich (Nord).
Niza, Neisse, Fl. in Schlesien.
Nobiliacum, St. Leonard, St. in Frankreich. [reich.
Nocetum, Montbard, St. in Frank-
Noeomagus Vadicassiorum, Nevers, Chalons od. Chateau Thierry, St. in Frankreich.
Noiodunum od. Colonia Equestris = Noviomagus 2.
Nomentum, La Mentana, St. im Kirchenstaat.
Nomisterium, Nimptsch, St. in Schlesien.
Noniantus, Void, Mtfl. im Elsass.
Norba, Norma, Ort im Kirchenstaat.
— **Caesarea**, Alcantara, St. in Spanien.
Norcopia, Norköping, St. in Schweden.
Nordovicum, Nortvicus: Norwich, St. in England.
Noricum, ein Theil von Baiern, Oesterreich u. Steiermark.
Norimberga, Nürnberg, St. in Baiern.
Northumbria, Provinz und Grafschaft Northumberland in England.
Nortmannia, Normannia: die Normandie.

Norvegia, Nortveia, Nortwegia: Norwegen.
Notessa, Netze, Fl. in Preussen.
Noti cornu, Cap das Baxas od. Guardafui an der Küste von Ajan im Osten von Africa.
Nova Babylon, Bagdad, St. in Asien.
— **Castella**, Neuchateau, St. in Frankreich (Wasgau) und im Luxemburgischen; Neuchastel, St. in der Normandie.
— **Cella**, Neustift, Kloster in Tyrol.
— **Civitas**, Neustadt od. Wienerisch Neustadt, St. in Oesterreich.
— **Civitas Aruccitana**, Moura, St. in Portugal.
— **Corbeja**, Corbey, Kloster in Westphalen.
— **Curia**, Naunhof, Mtfl. bei Grimma in Sachsen.
— **Curia Numburgensis**, Freiburg an der Unstrut, St. in Preussen.
— **Domus**, Neuhaus, St. bei Paderborn in Preussen.
— **Domus** = Henrici Hradecium.
— **fodina** oder Regiomontium: Königsberg, St. in Ungarn.
Novalicia, Novalese, St. in Italien.
Novantum Chersonesus od. Mula: Mull of Galloway, Halbinsel bei Schottland.
Novaria, Novara, St. in Piemont.
Nova Teutonica, Deutsch Nofen, Gericht in Tyrol.

Novempagi, Bracciano, Mtfl. in Toscana.
Novempopulania, Guyenne, Landschaft in Frankreich.
Novena, Nuffeken, Pfarrdorf in der Schweiz.
Novesium, Nova Castra, Nussia: Nuys od. Neuss, St. im Erzstift Cöln (Rheinpreussen).
Noviburgum od. -castrum, Neufchâtel, St. u. Canton in der Schweiz; = Numburgum.
Novidunum, Nyon, St. in der Schweiz.
Novidunum, Thun, St. u. Schloss in der Schweiz.
Novientum, Novigentum: Saint Cloud, Mtfl. in Frankreich.
Novigentum (ad Sequanam), Nogent sur Seine, St. in Frankreich (Aube).
— **Artaldi**, Nugent le Roi, St. in Frankreich (Haute Marne).
— **Rotroci** od. Retrudum: Nogent le Rotrou, St. in Frankreich (Eure et Loire).
Noviliaca, Noailles, St. in Frankreich (Oise).
Noviodunum, Nyon, St. in der Schweiz.
Noviodunum (Aeduorum): Nevers, St. in Frankreich.
—, Noviomagus Veromanduorum, Novionum: Noyon, St. in Frankreich.
Noviomagum, Nimwegen, St. in Holland.
— (in treviris): Neumagen, Ort a. d. Mosel im Trierschen.
Noviomagus = Lexovii.

Noviomagus = Neomagus; 1) Castelnau de Medoc, St. in Frankreich (Gironde); 2) Nyon, St. in der Schweiz (Waadt); 3) Nyons, St. in Frankreich (Drôme).
— **Veromanduorum** = Noviodunum.
Novionum = Noviodunum.
Novioregum, Regianum: Royan, St. in Frankr. (Charente Infér.).
Novirogus, Niort, St. in Frankreich.
Novivillaris cella, Neuville, D. in Belgien.
Novobardum, Novus mercatus: Nowibasar, Jenibasar, St. in Serbien.
Novocomum, Como, St. in Italien.
Novodunum, Jubleins, Mtfl. in Frankreich.
Novogrodensis Palatinatus, Woiwodschaft Nowogrodek in Polen.
Novum castrum, Newcastle, St. in England.
— **forum**, Neumarkt, St. in Thüringen.
— **oppidum**, Gravelingen, St. in Frankreich (Nord); Nay, St. daselbst (Niederpyren.).
Novumvillare, Neuweiler, D. in Würtemberg.
Novus mercatus = Novobardum.
— **mons**, Neuberg, Neyperg, Kloster in Steiermark.
Nuceria, Nuceria camellaria: Nocera, St. im Kirchenstaat.
— **Apulorum**, Lucera, St. in Neapel.
Nuceriae, Noyers, St. in Frankr.

Nuceria paganorum oder Alfaferna: Nocera de Pagani, St. in Italien.
Nucillum, Nozeroy, St. in Frankreich.
Nuithones, das Uechtland in der Schweiz.
Numantia nova, Soria, St. in Spanien.
Numburgum, Naumburg, St. in Preussen.
Numidia, die heutige Provinz Constantine in Algerien und ein Theil von Tunis.
Numistro, Nusco, Mtfl. in Neapel.
Nuremberga, Nürnberg, St. in Baiern. [staat.
Nursia, Norcia, St. im Kirchen-
Nussia = Novesium.
Nutium, Nuits od. Nuyts, St. in Frankreich (Côte d'Or).
Nyrax, Niort, St. in Frankreich.
Nystadium, Nystadt, St. in Finland.

Oaracta, Kischin od. Keischme, Insel im pers. Meerbusen.
Oasis ammonis, die Oase Siouah in Aegypten; O. inferior: die Oase Dakhel ebend.; O. magna: die Oase El-Ouah oder El-Kargeh ebend.; O. parva: die Oase El-Ouah-el-Bahryeh ebend.
Obernaca, Ehenheim, St. im Elsass.
Obila, Avila, nach Andern Oliva, St. in Spanien.
Oblincum, Oblimum: Le Blanc, St. in Frankreich (Indre).
Obrincus od. -ca, Ahr, Fl. in Rheinpreussen.
Obringa od. Abricca: der Oberrhein.
Obulco, Porcuna, St. in Spanien.
Occitania, die Provinz Languedoc in Frankreich.
Oceanus britannicus, der Canal (british Channel, Manche).
— **cantabricus,** das Meer von Biscaya.
— **sarmaticus,** ein Theil der Ostsee an der preuss. Küste.
— **septentrionalis,** das Nordmeer.
Ocellodurum, Zamora oder nach Andern Toro, St. in Spanien.
Ocellum Durii, Fermosella, St. in Spanien.
Ocellus civitas = Torgavia.
Ocelum oder Ocellum: Exiles, St. in Frankreich; nach Andern Oulx od. Usseaux, St. das.
Ochus, Tedjen, Fl. in Iran.
Ocricolae, -um, Otricoli, St. in Mittelitalien.
Ocrinum promontorium, Cap Lizard, Vorgebirge in England.
Octapitarum, St. David's Head, Vorgebirge in England (Wales).
Octodurus, St. Maurice od. auch Martigny od. Martinach, St. in der Schweiz (Wallis); Toro, St. in Spanien.
Octogesa, Mequinenza, St. in Spanien; nach Andern La Granja, Lustschloss das.
Octolophum, Monastir od. Bitolia, St. in Rumelien.
Odera, Viadrus: Oder, Fl. in Preussen.

Odessus, Varna, türk. Festung am schwarzen Meer.
Odyssea = Ulisippo.
Oeaso, Oyarzun, St. in Spanien; nach Andern Fuentarabia, St. daselbst.
— **promontorium,** Vorgebirge Machicaco in Spanien.
Oebalia = Laconia; ein Theil von Griechenland.
Oechalia, Carpenitza, St. in Griechenland.
Oenipons, Oenipontum: Innspruck, St. in Tyrol.
Oenone, Insel Aegina.
Oenotria, alter Name für Mittelitalien.
Oenus, Inn, Fl. in Baiern.
Oesia oder Isara: Oise, Fl. in Frankreich.
Oestrymnicus sinus, der Meerbusen der Gascogne in Frankreich. [terides.
Oestrymnides insulae = Cassi-
Oesus, Isker, Fl. in Rumelien.
Oeta, der Berg Cammaïsa oder Katavothra in Griechenland.
Ogia insula, Ile Dieu od. d'Yeu, Insel an der Küste der Vendée in Frankreich.
Ogurris, Ubrique, St. in Spanien.
Ogyris od. Armuzia: Ormus od. Hormuz, Hafenstadt auf der gleichnamigen Insel.
Oglusa, Monte Christo, Insel bei Toscana.
Oita Frisica, Frisoyta od. Oithe, D. im Oldenburgischen.
Oitinum, Utina: Eutin, St. im oldenburg. Fürstenthum Lübeck.

Ola, Aalen, St. in Schwaben.
Olandia, Oeland, schwed. Insel.
Olario oder Uliarus: Oleron, Insel an der Küste von Frankreich.
Olarso, Oyarzo, D. bei Irun in Spanien.
Olaszium, Villa italica: Wallendorf, Mtfl. in Ungarn.
Olavia, Ohlau, St. in Schlesien.
Olbia, Satalieh, St. in Kleinasien; od. Obia: Hyères, St. in Frankreich; Grimaud, Ort in Frankr. (Var); Terra Nuova, St. in Sardinien.
— **Borysthenis** od. Miletopolis: Kidac od. Oczakow, St. in Russland.
Olbrami ecclesia, Wolframitzkirchen, Mtfl. in Mähren.
Olcania od. Althaea: Ocanna, St. in Spanien.
Olchinium, Olcinium, Dolchinium: Dulcigno, St. in Albanien.
Olea, Oglio, Fl. in der Lombardei.
Olenacum = Virosidum; Ellenborough, St. in England.
Olimacum, Limbach, St. in Ungarn.
Olina, Orne, Fl. in Frankreich.
Olisippo = Lisboa.
Olita, Olta: Olten, St. in der Schweiz.
Olitis, Lot, Olde od. Oulde, Fl. in Frankreich.
Olivula portus, St. Hospicio, Hafenstadt i. d. Grafsch. Nizza.
Ollius = Olea.
Olmuncia, Olmutium, Olomucium: Olmütz, St. in Mähren.

Olonna curtis, Corte Olonno, Mtfl. im Mailändischen.
Olsna, Oels, St. in Schlesien.
Olsnitium, Oelsnitz, St. in Sachsen.
Olta = Olita.
—, Aluta, Fl. in Siebenbürgen.
Oltis = Olitis.
Olympia, Longenico od. Miraka, St. auf der Halbinsel Morea.
Olympus, Berg Lacha in Thessalien; Berg Kechich Dagh in Mysien.
Olysippo, Lissabon, St. in Portugal.
Ombos, El Boueth oder Koum Ombos, St. in Aegypten.
Onacrus, Ocker, Fl. in Braunschw.
Onasus, Ens, Fl. in Oesterreich.
—, Onasum: Ens, St. in Oesterreich.
Onoba, Huelva, St. in Spanien; = Lentici.
Onoldinum, Onoldum: Onolzbach oder Ansbach, St. in Baiern.
Opavia, Troppau, St. in Schlesien.
Ophiusa = Hydrussa; balearische Insel Formentera; Thermia, Insel im Archipelagus.
Opiae, Bopfingen, St. in Würtemberg.
Opica, alter Name für Süd- und Mittelitalien.
Opinum, Opino, St. auf der Insel Corsica.
Opitergium, Oderzo, St. in der Lombardei.
Oppavia = Opavia.
Oppidum, Oppido, St. in Italien.
Oppidum faucense od. fiessense: Fuessen od. Füssen, St. in Baiern.
— **S. Amandi**, Saint-Amand-les-Eaux, St. in Frankreich (Nord).
— **S. Ferrioli**, St. Fargeau, St. in Frankreich.
— **S. Flori**, St. Flour, St. in Frankreich.
— **Ladislavii** od. Quintoforum: Donnersmark od. Stwartek, St. in Ungarn.
— **S. Pelagii**, Saint Palais, St. in Frankreich.
— **Scalorum**, Les Echelles, St. in Savoyen.
— **Velae**, Pont de Veyle, St. in Frankreich (Ain).
Oppolia, Oppolium: Oppeln, St. in Schlesien.
Opta = Julia Opta.
Opus, Talnuti, St. in Griechen- [land.
Oralunum = Arlunum.
Ora occidentalis u. orientalis: die Riviera di ponente u. ponente, Landsch. bei Genua.
Oratorium, Dorat, St. in Frankr.
Orbacensis sedes, der Orbaische Stuhl in Siebenbürgen.
Orbatium, Orbais, Kloster in Frankreich.
Orbelus, Argentaro od. Egrisou-Dagh, Bergspitze des Balkan zwischen Rumelien und Bulgarien. [Inseln.
Orcades, die schottischen Orkney-
— **australis**, die Inselgruppe Nouvelles Orcades od. Powell im Archipel von Neuschottland.

Orcelis, Orihuela, St. in Spanien.
Orchesium, Origiacum:Orchies, St. in Frankreich.
Orchoe, Bassora, St. in Asien.
Orchomenus Arcadiae, Kalpaki, D. in Griechenland; O. Boeotiae: Scripou, D. ebend.
Orcia, Alcaraz, St. in Spanien.
Ordessus, Sereth, Fl. in der Walachei.
Oretum, Calatrava, St. in Spanien; nach Andern Nostra Sennora de Oreto, Mtfl. ebendas.
Orgelum, Urgel, St. in Spanien.
Oriens = Ariola.
Orientalis plaga, das Osterland, Landschaft in Sachsen.
Origantium = Brigantio.
Origiacum, 1) Arras, St. in Flandern; 2) Orchies, St. in Frankreich (Nord).
Orippo, Villa de los Hermanos, D. in Spanien.
Orine, Daholac, Insel im rothen Meere.
Orobis, Orbe, Fl. in Frankreich.
Orodiensis comitatus = Aradiensis comitatus.
Orolaunum = Arlaunum.
Oronda, Onda, St. in Spanien.
Orontes = Axius 2.
Orontes od. Arosis: Tab, Fl. in Persien.
Orospeda, Bergkette Sierra d'Alcaraz in Spanien.
Orrhea, Forfar, St. in Schottland.
Orta, Ort od. Orth, Mtfl. in Oesterreich.
Ortae = Hortanum.
Orthona maris, Orthonium, Orton: Ortona a mare, St. in Italien.
Orthosia, Tortosa, St. in Syrien.
Orthunga, Wordingborg, St. in Dänemark.
Orti = Hortanum.
Ortrantum, Otranto, St. in Neapel.
Orubium, Cabo de Silleiros od. Cabo Corrovedo, St. in Spanien.
Osca Illergetum, Huesca, St. in Spanien.
Oscara, Ouche, Fl. in Frankreich (Côte d'Or).
Oscarensis Pagus, die Landschaft Dijonnois in Frankreich.
Oscella, Corte di Matarello od. Domo d'Ossola, St. in Piemont.
Oscellum, Seineinsel Ile de Besdane in Frankreich.
Oscha, Huesca, St. in Spanien.
Osericta od. Osilia: Oesel, Insel in der Ostsee am Eingang des rigischen Meerbusens.
Osnabruga, Osnabrück, St. in Hannover.
Osopo, Ossopo, Mtfl. in Venetien.
Osquidates, Bearn, Landschaft in Frankreich.
Ossa, Kissovo, Berg in Griechenland.
— **villa,** Beinweil, ehemaliges Kloster in der Schweiz.
Osseca, Ossecense monasterium: Ossegg, Kloster in Böhmen.
Ossigi Laconicum oder Ossigitania: Espeluy od. Maquiz, Ort in Spanien.

Ossitium, Oschatz, St. in Sachsen.
Ossonoba, Gibraleon, nach Andern Estoy, St. in Spanien.
Ostia Lici, Lechsgemünd, D. in Baiern.
Ostium Cenionis, Falmouth, St. in England.
Ostrawa, Mährisch-Ostrau, St. in Oesterreich.
Ostrea, Istres, St. in Frankreich (Rhonemündungen).
Ostrogothi, die Ostgothen.
Ostro-Gothia, Oester-Göthland, schwed. Provinz.
Ostunum, Ostuni, St. in Neapel.
Oszlanensis Processus, der Osslauische District in Ungarn.
Othania, Othenae, Othinia, Ottinium: Odensee, St. in Dänemark.
Othelima, Fife, Grafschaft in Schottland.
Othona, Otterton, Mtfl. in England.
Othoniana, Volaterrae: Volterra, St. in Italien.
Otilinga, Aidlingen, D. in Würtemberg.
Otina, Eutin, St. in Oldenburg.
Otinga, Altenöttingen, Mtfl. in Baiern.
Otriculum, Otricoli, St. im Kirchenstaat.
Ottinium = Othenae.
Ottinpurra, Ottobeuern, St. in Baiern.
Ottonia sylva, der Odenwald in Deutschland.
Ouckare, Ocker, Fl. in Braunschw.
Ovetum, Oviedo, St. in Spanien.
Ovilabis, Ovilla: Lambach oder Wels, St. in Oesterreich.

Oxoma, Burgo de Osma, St. in Spanien.
Oxonia, Oxonium: Oxford, St. in England.
Oxovium, Ochsenfurt, St. im Hochstift Würzburg.
Oxus, Djihoun od. Amou-Daria, Fl. in Innerasien.
Oxyrrynchus, Behneseh, St. in Aegypten.
Oya, Ile d'Yeu, Insel an der Küste der Vendée.
Ozecarus, Zezaro, Fl. in Portugal.
Ozene, Oudjein, St. in Indien.

Paala, Savena, Fl. bei Bologna in Italien. [Baiern.
Pabeberga, Bamberg, St. in
Pablia, Paglia, Fl. in Toscana.
Pachynum, Pachino, St. bei dem Vorgebirge Passaro in Sicilien; das Vorgebirge selbst.
Paciacum, Pacy, St. in Frankreich (Eure).
Pactolus, Sart od. Bagoulet, Fl. in Lydien. [chenstaat.
Padinum, Bodeno, St. im Kir-
Padua, Passau, St. in Baiern.
Padus, Po, Fl. in Italien.
Paderborna,-burnum, Paderborn, St. in Rheinpreussen.
Paeonia, Name des alten Macedoniens und Thraciens.
Paestum, Posidonia: Pesti, St. in Neapel.
Pagantia = Pegnesus.
Pagasae, Volo, St. in Thessalien.
Pagus, Pago, Grafschaft u. St. in Italien.

Pagus Occidentalis, Westergo, Landschaft in Friesland.
— **Orientalis**, Oostergo, Landschaft in Friesland.
— **sacer** = Elgovia.
— **de Salta**, Sault, Landschaft in Frankreich.
— **Wolsatorum**, Bremer Landschaft Alte Land.
Palacia, La Palisse, St. in Frankreich (Allier).
Palaeopyrgum = Altenburgum.
Palantia, Palencia, St. in Spanien; Valentia de D. Juan, St. das.
Palathi = Palithi.
Palatinatus, die Pfalz od. Rheinpfalz (Pal. ad Rhenum); P. Bavariae od. superior: Pfalzbaiern; P. inferior: Unter- od. Churpfalz an beiden Seiten des Rheins; P. Neoburgensis: baier. Herzogthum Pfalz-Neuburg; P. Saxoniae: Sachsen; P. Sueviae: Schwaben.
Palatiolum, Palaiseau, St. in Frankreich (Seine et Oise).
Palatium, Palazzo, St. in Mittelitalien; P. Adriani: Palazzo, St. in Sicilien; P. Diocletiani: Spalatro, St. in Dalmatien.
Palea = Alexandria Statelliorum.
Palgocium, Freistädtl, St. in [Ungarn.
Palibothra, Putna, St. in Indien.
Palidensis ecclesia, Pöhlde, Kloster in Hannover.
Palinurum promontorium, Cap Palinuro od. Punta dello Spartimento in Neapel.

Palithi, Palichi, Palthi: Poelde, St. im Herzogth. Braunschweig.
Pallentia, Gross- u. Klein-Pallenz, St. im Erzstift Trier.
Palma = Balma.
Palmarum civitas, Jericho, St. in Palästina.
Paludes Pomptinae, die pontinischen Sümpfe im Kirchenstaat; P. Venetae: die Lagunen von Venedig.
Palum, Pau, St. in Frankreich.
Palus Aria, See Zerreh in Afghanistan.
— **Eneph**, Palos, St. in Spanien.
Pamisus, Pirentza, Fl. in Griechenland.
Pampalona, Pampelona, Pampelo, Pompejopolis: Pampelona, St. im Königreich Navarra.
Pamphylia, ein Theil des heutigen Paschaliks Itschil und Anatoliens. [reich.
Pancinga, Penzing, D. in Oester-
Pandataria, Vendotena oder Ischia, Insel an der Küste von Neapel. [teritalien.
Pandosia, Anglona, Mtfl. in Un-
Paneus = Caesarea Philippi.
Pangaeus, das Castagnatzgebirge in der europ. Türkei.
Pannonia, Ungarn; P. superior: Oesterreich. [gypten.
Panopolis, Akhenyn, St. in Ae-
Panormus, Palermo, St. in Sicilien. [der Krim.
Panticapaeum, Kertsch, St. in
Panyasus, Siomini od. Spirnazza, Fl. in Albanien.
Papalma, Bapaume, St. in Frankr.

Paphlagonia, die Landschaft Kastamouni und Kiangari in Kleinasien.
Paphos od. Augusta: Bafa, St. auf der Insel Cypern. [Italien.
Papia, Ticinum: Pavia, St. in
Papulum, Papols, St. in Siebenbürgen. [in Aegypten.
Paraetonium, Al Baretonn, St.
Pareium moniale od. Moniacum: Paray le Monial, St. in Frankreich (Saône et Loire).
Parentium, Parenzo, St. in Italien.
Parietina, Velez de Gomera, St. in Marocco.
Parisiense monasterium, Paris, Abtei im Elsass.
Parisii, Parisiaca urbs: Paris, Hauptstadt von Frankreich.
Parma, Parma, St. in Italien.
Parnassus, Liakoura, Berg in Griechenland.
Paronina = Parrona.
Paropamisus, das Land Kandahar in Indien.
— **mons**, Hindukhusch, Bergkette in Centralasien.
Parra, Ferrah, Festung in Afghanistan.
Parradunum, Parthmum, Patrodunum: Bartenkirchen, Mtfl. in Baiern.
Parrona, Peronna: Peronne, St. in Frankreich.
Parthenium mare, das Meer um die Insel Cypern oder der zur Rechten Aegyptens befindliche Theil des Mittelmeeres.
Parthenope, Neapel, Hauptstadt des Königreichs Neapel.

Parthenopolis, Magdeburg, St. Preussen.
Parthia, ein Theil des heutigen Khorassan und von Irak Adschemi. [Fl. in Ungarn.
Parthiscus, Pathyssus: Theiss,
Particus saltus, La Perche, Landschaft in Frankreich.
Parva Petra, Lützelstein, Schloss im Elsass.
Pasargadae, Fesa od. Pasa, St. in Persien. [in Spanien.
Passagium, Le Passage, Hafen
Passanum, Bassano, St. in Italien.
Passavium, Patavia, Batava castra od. Bavodurum: Passau, St. in Baiern.
Passinum, Possenheim, D. bei Merseburg in Preussen.
Patala, Takah, St. in Indien.
Patavium, Padua, St. in Italien.
Paterniacum, Payern od. Peterlingen, St. in der Schweiz.
Paternum, Cariati oder Torre di Fiumenica, St. in Neapel.
Pathmos, Patmo od. Palmosa, Insel im Archipel.
Patrae, Patras od. Patrasso, St. auf der Halbinsel Morea.
Patricia, Varegia: Amaya, Mtfl. in Spanien.
Paulinae, S., Cella, Paulinzelle, St. in Schwarzburg-Rudolstadt.
Pauliniacensis abbatia, Poulangy, Mtfl. u. Kloster in Frankreich.
Pausilippus, Posilippo, Berg bei Neapel. [schloss in Preussen.
Pausilypum, Sanssouci, Lust-
Pavonis mons, Bamberg, St. in Baiern.

20*

Pax Augusta, Pax Julia: Beja, St. in Portugal.
— **Augusta,** Badajoz, St. in Spanien.
— **Julia** = Pax Augusta.
— **Mariae,** Mariefred oder Marienfried, St. in Schweden.
Paxos, Paxo, ionische Insel.
Pecetum, Peceto, Ort in Italien.
Pedemontium, Piemont.
Pedena, Petina, Petinum, Pucinum: Biben od. Pitschem, St. im Herzogthum Krain.
Pedepontium, Stadt am Hof, St. in Baiern.
Pegnesus, Pegnitz, Fl. in Baiern.
Peiso od. **Pelso:** der Balaton- od. Plattensee in Ungarn.
Pelasgicus sinus, Meerbusen von Volo im ägeischen Meere.
Peleus = Beleus.
Pelion, Petra od. Zagoura, Berg in Thessalien.
Pella = Bunomia; Palatisia, St. in Macedonien.
Peloponnesus, Halbinsel Morea.
Pelorum promontorium, Fano, Vorgebirge in Sicilien. [land.
Peltiscum, Polotzk, St. in Russ-
Pelusiana, Damiette od. Tineh, St. in Aegypten.
Pelusius mons, Monte Peloso, St. in Neapel.
Peneus, Salampria, Fl. in Thessalien.
Penica, Penig, St. in Sachsen.
Peninsula Curonensis, die curische Nehrung in Ostpreussen.
Penni locus, Penni lucus: Villeneuve, St. in der Schweiz.

Penninus mons, der grosse St. Bernhard oder Mont Jon.
Pentapolis libyca = Cyrenaica.
Pentedactylus, Ras el Enf, Vorgebirge in Aegypten.
Peparethe u. -us, Piperi, Insel im Archipel.
Pequicurtium, Pequincourt, Mtfl. in Flandern. Frankreich.
Pequiniacum, Pequigny, St. in
Pera, Peer, St. in Westphalen.
Perga, Karahissar, St. in Pamphylien. [sien.
Pergamus, Bergamo, St. in My-
Pergiae, Pergen, Mtfl. in Oesterreich.
Perisaboras, Anbar, St. in der asiat. Türkei (Pasch. Bagdad).
Peristhlaba, Braila, St. in der Wallachei.
Permessus, Panitza, Fl. in Griechenland.
Pernae, Pernes, St. in Frankreich.
Peronna, Peronne, St. in Frankreich.
Perpenianum, Perpiniacum: Perpignan, St. in Frankreich.
Persepolis, Tschehil Minar, St. in Persien.
Persicus sinus, auch mare viride oder Babylonium oder Erythraeum: der persische Meerbusen.
Persinis, Bertschis oder Berschis, D. in der Schweiz.
Persis, Fars, Landschaft in Persien.
Perticensis comitatus, Perche, Grafschaft in Frankreich.
Pertisus pagus, die Landschaft Pertois in Frankreich.

Perusia, 1) Perugia, St. im Kirchenstaat; 2) Perouse, Waldenser Thal in Piemont.
Pervia, Werfen, Fest. im Salzb.
Pesauria, Pesaro, St. im Kirchenst.
Pesclavium, Postclavium: Pusclas od. Poschiavo, Mtfl. in der Schweiz. [Schweiz.
Pes nucis, Pedenos, D. in der
Pestinum, Pesth, St. in Ungarn.
Petenisca = Petinesca.
Petershusium, Petridomus: Petershausen, Abt. in Schwaben.
Petilia, Petelia: Belcastro od. Strongoli, St. in Calabrien.
Petina = Pedena.
Petinesca, Biel, Bienne, St. in der Schweiz (C. Bern). [mark.
Petovio, Pettau, St. in Steier-
Petra od. Araceme: Krak, St. am todten Meer.
— **Comitis,** das Grafen-Castel in der St. Gent in Belgien.
— **forata,** Peire-Hurade, St. in Frankreich. [Italien.
— **Honorii,** Bertinoro, St. in
Petraepons castrum, Pierrepont, St. in Frankreich.
Petrense oppidum, Osterhofen, St. in Baiern.
Petri, S., de Calamis, Chaumes, St. in Frankreich.
Petricordium, Petricorium: Perigueux, St. in Frankreich.
Petricovia, Petrikau od. Peterkau, St. in Polen.
Petri domus = Petershusium.
Petroburgum, Peterborough, St. in England.
Petrocorii, Perigord, Landschaft in Frankreich; Perigueux, St. in Frankreich (Dordogne).
Petropolis, St. Petersburg, St. in Russland.
Petrosium, Peyrois, St. in Erankreich.
Petrucia, Peyrusse, St. in Frankreich.
Petuera castrum, Pithiviers, St. in Frankreich.
Peuce, Quinque ecclesiae: Fünf-Kirchen, St. in Ungarn.
Peuceliotis, Peischawer, St. in Afghanistan.
Peucetia, Terra di Bari, Landschaft in Neapel.
Pfirretum, Herrschaft Pfirt im Elsass.
Phabiranum = Brema.
Phaeacia = Corcyra.
Phalacum, Cap Sidani auf der Insel Corfu.
Phardum = Fardium.
Pharsalus, Farsa, St. in Thessalien.
Pharus, Lezina, Insel an der Küste von Dalmatien.
Phasis, Fasso, Fazzo, Fasi od. Rione, Fl. in Armenien.
Phazania, Provinz Fez in Marokko.
Pherae, Velestina, St. in Thessalien.
Pheugarum, Halberstadt, St. in Preussen.
Phigalea, Paulitza od. Phanari, St. in Griechenland.
Philadelphia, Alaschehr, St. in Anatolien; Amman, St. in Palästina.

Philae, Geziret el Heif od. El Birbe, Nil-Insel in Oberägypten.
Philaeum = Groninga.
Philippi, Filibeh, D. in Macedonien.
— mansio, Felep-Szalas, St. in Ungarn.
Philippoburgum, Philippsburg, St. in Baden.
Philippopolis, Philippeville, St. im franz. Hennegau.
Philyraea, Lindau, St. in Baden.
Philyreia urbs = Lipsia.
Phintias, Alicata, St. in Sicilien.
Phocaea, Fokia, St. in Kleinasien.
Phoenicusa oder Phoenicodes: Filicuri, liparische Insel.
Pholegandros, Policandro, cykladische Insel.
Phorbantia = Buccina.
Phorca, Phorcenum: Pforzheim, St. in Würtemberg.
Physcus, Marmorizza od. Marmora, St. in Anatolien.
Picardia, die Picardie, Provinz in Frankreich.
Picenum, Ancona, Mark u. St. in Italien.
Pictavia, Pictaves, Pictavium: Poitiers, St. in Frankreich.
Pictones od. Pictavi: Landschaft Poitou in Frankreich.
Pictonium promontorium, Les sables d'Olonne, Vorgebirge in Frankreich.
Pientia = Corsilianum.
Pieria, Name eines Theils von Macedonien.
Pietas Julia, Pola, St. in Istrien.

Piguntia, Almissa, St. in Italien.
Pilavia, Pillau, St. in Preussen.
Pileatus mons, der Pilatusberg in der Schweiz (Luzern).
Pilisiensis Processus, der Pilischer District in Ungarn.
Pilonensis Circulus, der Pilsner District in Böhmen.
Pinarolium, Pignerol, St. in Spanien.
Pinciacensis pagus, der Bezirk Le Pinserais in Frankreich.
Pincianum, Poissy, St. in Frankreich.
Pindus, Mezzovo, Berg in Thessalien.
Pinga, Pingnia: Bingen, St. am Rhein in Preussen.
Pinna Vestina, Civita di Penne, St. in Neapel.
Pintia, Valladolid, St. in Spanien.
Pippium, Bipp, Landvoigtei in der Schweiz.
Piriseum, Pirissa: Petris oder Pyritz, St. in Pommern.
Pirus, der heilige Berg bei Heidelberg.
Pisae, 1) Poix, Mtfl. in Frankreich; 2) Pisa, St. in Italien.
Pisaurum, Pesaro, St. im Kirchenstaat.
Pisaurus, Foglia, Fl. in Italien.
Piscaria, Peschiera, Festung in Venetien.
Piscennae, Pezenas, St. in Frankreich.
Piscia, Pescia, St. in Italien.
Piscina, Fischingen, Kloster in der Schweiz; Peschiera, Festung in Venetien.

Pisinum, Mitterburg od. Pisino, St. in Krain.
Pisonium, Posonium: Pressburg, St. in Ungarn.
Pistoria u. -ium, Pistoja, St. in Toscana. [Anatolien.
Pitane, Tschanderli, Mtfl. in
Pithecusa, Procida, Insel an der Küste von Neapel.
Pitinum = Pedena.
Pitovia, Piteå, St. in Schweden.
Pitueris castrum, Pithiviers, St. in Frankreich.
Pityusae insulae, die Balearen Iviça, Formentera u. Cabrera.
Pityussa = Cychria.
Placentia, Piacenza, St. in Parma.
Plagense coenobium, Schlögl od. Unser lieben Frauen Schlag, Kloster in Oesterreich.
Planasia, Pianosa, Insel im toscanischen Meer; = Lerina.
Planities aurea, die goldne Aue in Thüringen.
Plantedium, Piantedo, Gemeinde in der Schweiz.
Planura, Ebi od. Aebi, Ort in der Schweiz.
Plariobriga, Bilbao, St. in Spanien.
Platea, Insel Paros.
Platena, Pindena, Mtfl. im Cremonesischen.
Plavia, Plauen, St. in Sachsen.
Plavis, Piave, Fl. in Venetien.
Plemmyrium promontorium, Punta di Gigante, Vorgebirge in Sicilien.
Plevisacium, Piève di Sacco, St. im Paduanischen.

Plissa, Pleisse, Fl. in Sachsen.
Ploccensis Palatinatus, die Woiwodschaft Plotzk in Polen.
Plotae insulae, die 2 Inseln Strivali, im ionischen Meere.
Plumbinum, Piombino, St. in Italien.
Plutium, Monte Pulciano, St. im Kirchenstaat.
Pluvialia od. Ombrios: Isla del Hierro, île de Fer., eine der canarischen Inseln; nach Andern = Nivaria.
Pobinga, Bopfingen, St. in Würtemberg.
Podeniacum, Polignac, Mtfl. in Frankreich.
Podgoriensis od. Submontanus Processus: der Podgorische District in Croatien.
Podium od. Civitas Vellavorum: Le Puy, St. in Frankreich.
— **Laurentii,** Puylaurens, St. in Frankreich (Tarn).
Podlachia, Podlachien, Woiwodschaft in Polen.
Podoliae Palatinatus, Podol, Woiwodschaft in Polen.
Podomus, Potamicus lacus: der Bodensee.
Poistoina, sclavonischer Name für die St. Adelsberg in Illyrien.
Polemniacum, Poligny, St. in Frankreich (Bourgogne).
Polemonium, Vatija, St. in Kleinasien.
Polichnium, Ligny, St. in Frankr.
Polinianum, Polignano, St. in Italien.

Pollentia od. Carrea: Polenza, Mtfl. in Piemont; La Pollenza, St. auf der Insel Majorca.
Polocensis Palatinatus, Polozk, Woiwodschaft in Polen.
Polonia, Polen.
Polotia, Polozk, St. in Polen.
Polymartium, Bomarzo, Mtfl. in Italien. [Italien.
Polymniacum, Polignano, St. in
Polytimetus, Zer Afghan oder Sogd, Fl. in Bochara.
Pomagrium = Ebeltoftia.
Pomarii mons, Baumgartenberg, Kloster in Oesterreich.
Pomerania, Pommern.
— citerior, Vorpommern.
— ulterior, Hinterpommern.
Pomonia, die orcad. Insel Mainland.
Pompejanum, Panigliano d'Arco, St. in Neapel.
Pompejopolis, Pompelo: Pampelona, St. in Spanien.
Pomponiana, Giens, Halbinsel in Frankreich (Var).
Pons ad Sequanam, Pont sur Seine, St. in Frankreich.
— **Aelii**, Pontarlum: Pontarlier, St. in Frankreich (Doubs).
— **Alvemari**, Pontaudemer, St. in Frankreich (Eure).
— **Arcuatus**, Pons Arcus, Pons de Arcis: Pont de l'Arche, St. in Frankreich.
— **Arulae** = Bruga.
— **corvi**, Pontecorvo, St. im Kirchenst.(Enclave v. Königr. Neapel).
— **Drusi**, Botzen od. Bolzano, St. in Südtyrol.

Pons Fellae, Ponteba, Pontafel od. Pantoffel, St. in Kärnthen.
— **ferratus** = Intra fluvios.
— **fractus** = Lugeolum.
— **Isarae** oder Briva Isarae: Pontoise, St. in Frankreich.
— **longus**, Ponte-Lungo, Mtfl. in der Lombardei.
— **Oeni**, Neu-Oetting, St. in Baiern.
— **Oesiae**, Pontoise, St. in Frankreich.
— **Saji**, Les Ponts de Lé, St. in Frankreich (Maine et Loire).
— **Saravi**, Saarburg, St. im Elsass.
— **Scaldis**, Escaut-Pont, Mtfl. in Frankreich.
— **Siculus**, Szekely Hid, Festung in Ungarn.
— **Sorgiae**, Pont de Sorgue, St. in Frankreich.
— **Trajani**, Alcantara, St. in Spanien.
— **Tremulus**, Pontremoli, St. in Toscana.
— **Ursonis**, Pontorson, St. in Frankreich.
— **Valensis**, Pont de Vaux, St. in Frankreich (Ain).
— **Vetus** od. Hellenes: Pontevedra, St. in Spanien.
Pontanus lacus, See von Lesina in Neapel.
Pontes Dessenii, Diessen, Mtfl. in Baiern; P. Santonum: Pons, St. in Frankreich (Manche).
Pontiae insulae, die Ponza-Inseln im toscanischen Meer.

Pontificense municipium, Porcunna, St. in Spanien.
Pontilevium, Pontleroy, Mtfl. in Frankreich (Loire-Cher).
Pontiopolis Tomeriae, St. Pons de Tomières, St. in Frankreich.
Pontisara, Pontoise, St. in Frankreich.
Pontivus Pagus, die Landschaft Ponthieu in Frankreich.
Pontum, Brix, St. in Böhmen.
Pontus, Bregenz od. Bregenzer Ach, Fl. in Tyrol.
Pontus Euxinus, das schwarze Meer; P. vetus: Pontevedro, St. in Spanien.
Poppium = Forum Pompilii.
Populonium oder Poplonium: Piombino, St. in Toscana.
Poratas, Poras, Pyretus = Hierasus.
Porcariola, Porquerolles, franz. Insel (eine der Hyèren).
Porcetum, Burtscheid, St. in Preussen.
Porci insula, Parus, griech. Insel.
Porcifera, Polcevera, Mtfl. im Genuesischen.
Porta (prope Numburgum): Schulpforte, D. u. Schule bei Naumburg in Preussen.
— **Angelica**, Engelport, Kloster im Erzstift Trier.
— **Augusta**, Turris cremata: Torquemada, Mtfl. in Spanien.
— **Claudia**, Schärnitz, Festung in Tyrol.
— **Ferrea**, das eiserne Thor in Siebenbürgen.
Porta Hercyniae, Pforzheim, St. in Würtemberg.
— **S. Mariae**, Aggspach oder Unser Frauen Pfort, Kloster in Oesterreich.
— **Trajani**, Kapouli Derbent, Engpass in Bulgarien.
Porthmus, Porto Bufalo, Hafen auf der Insel Negroponte.
Portugalis, Porto od. Oporto, St. in Portugal.
Portugallia interamnensis, Provinz Entre Douro e Minho in Portugal.
Portunata, Pontedura, Insel an der Küste von Dalmatien.
Portus, Porto, Mtfl. in Italien.
— **Abucini**, Port sur Saône, St. in Frankreich (Haute Saône).
— **Adurnus**, Porthsmuth, St. in England.
— **Alacer**, Portalegre, St. in Portugal; P. albus: Whitehaven, St. in England.
— **Amanes** = Flaviobriga.
— **Argous**, Porto Ferrajo, St. auf der Insel Elba.
— **Brundulus**, Brondolo, St. in Venetien.
— **Buffoleti**, Porto Bufale, St. in Italien.
— **Calle**, Oporto, St. in Portugal.
— **Cimbrorum**, Cimbrishamm, St. in Schweden.
— **Davernus**, Dover, St. in England.
— **Delphini**, Porto Fino, Hafen im Genuesischen.
— **Deorum**, Arzef od. Marsalquivir, St. in Marocco.

Portus Dubris, Dover, St. in England.
— **Ericus,** Luna oder Lerice, St. an der Küste von Genua.
— **Ferrarius,** Porto Ferrajo, St. auf der Insel Elba.
— **Gratiae,** Havre de Grace, St. in Frankreich.
— **Gruarii,** Porto Gruaro, St. in Italien.
— **Herculis Cosani,** Porto Ercole, St. in Toscana.
— **Ilius** od. **Iccius:** Boulogne sur Mer, St. in Frankreich (Pas de Calais).
— **Liburnicus,** Livorno, St. in Toscana.
— **Longus,** Porto Longone, St. in Italien.
— **Ludovici,** Portlouis, Blavet od. Port de la Montagne, St. in Frankreich.
— **Lunae,** der Golfo della Speccia in Italien.
— **Magnus,** Portsmouth, Hafen u. St. in England; Almeria, St. in Spanien; od. Gilba: Oran, St. in Algerien;=Portus Deorum.
— **Menesthei,** Puerto de Sta. Maria, St. in Spanien.
— **Monaeci,** Monaco, St. in Italien.
— **Naonis,** Pordenone, St. in Italien.
— **omnium sanctorum,** Bahia de todos os Santos, St. in Brasil.
— **Regius,** Port Royal des Champs, St. in Frankreich; Puerto Real, St. in Spanien.
— **Santonum,** La Rochelle, St. in Frankreich.

Portus Ulterior, Calais, St. in Frankreich.
— **Veneris,** Port-Vendres, St. in Frankreich (Pyren. Orient.).
— **Volubae,** Falmouth, St. in England.
Posania = Posonium.
Posidium, Punta della Licosa, Vorgebirge in Neapel.
Posidonia = Paestum.
Posnania, Posen, St. in Preussen.
Posonium, Bozonium, Busonium, Bisonium, Brecislaburgum: Presburg, St. in Ungarn.
Possavanus Processus, der Possavansche District in Croatien.
Posseganus od. **Possegiensis comitatus:** die Poscheger Gespannschaft in Slavonien.
Postclavium = Pesclavium.
Potamicus lacus, der Bodensee.
Potentia, Potenza, St. in Neapel.
Potestampium, Postenum: Potsdam, St. in Preussen.
Pountum = Abbatia Bintensis.
Prachensis Circulus, der Prachiner Kreis in Böhmen.
Praeclara, de, Pöchlarn oder Grosspechlarn, St. in Oesterreich.
Prascopia, Perekop, St. in der Krim.
Praegantium = Brigantium.
Praeneste, Palestrina, St. im Kirchenstaat.
Praesidii status, Stato degli Presidii, Landsch. in Toscana.
Praesidium, Puebla de Gusman, St. in Spanien.

Praesidium Julianum = Scalabis.
Praetutii, die Abruzzen, neapol. Provinz.
Praetutiana regio, der Bezirk von Teramo im Neapol.
Praga, Prag, St. in Böhmen.
Prasia Elysiorum, auch Thalloris: Grünberg, St. in Schlesien.
Prasum promontorium, Capo del Gado, Vorgebirge in Mozambique.
Pregolla, Prigora: Pregel, Mtfl. in Preussen.
Premislavia, Prenzlau, St. in Preussen.
Premislia, Przemysl, St. in Galizien.
Presbyteronesus, Praestöe, Mtfl. in Dänemark.
Priene, Samsoun, St. in Kleinasien.
Prigora = Pregolla.
Primislavia, Primkenau oder Primmikau, St. in Schlesien.
Prinda, Frauenberg, Schloss in Böhmen.
Pripetius, Prsypietsch, Fl. in Polen.
Priscinniacum, Brignais, D. bei Lyon.
Priunciae monasterium, Prüm, Kloster in Rheinpreussen.
Privernum, Piperno, St. im Kirchenstaat.
Prividia, Priwitz, Mtfl. in Ungarn.
Probatopolis, Schaffhausen, St. in der Schweiz.
Procia, Brosse, Ort in Frankreich.
Procolitia = Colcestria.

Proconesus, Marmara, Insel im schwarzen oder Marmara-Meer.
Prodonia, Sphacteria od. Sphagia, Insel im ionischen Meer.
Promontorium, Promontöng, D. in der Schweiz.
— Actium, Capo Figolo in Albanien.
— Artabrum, Celticum: Cap Finisterre, Vorgebirge in Spanien.
— Beruvium oder Veruvium: Dungsbyhead, Vorgebirge in Schottland.
— Brutium, Capo di Spartivento, Vorgebirge in Neapel.
— Buchananum, Buquamnes, Vorgebirge in Schottland.
— Calbium, Le Raz, Vorgebirge des Departement Finistère in Frankreich.
— Celticum — Promontorium Artabrum.
— Charidemi, Cabo de Gata in Spanien.
— Crucis, Cabo de Cruz in Spanien.
— Cuneum, Capo de Santa Maria, Vorgebirge in Portugal.
— Japygium, Salentinum: Vorgebirge S. Maria di Leuca od. Cap Finisterre in Italien.
— Junonis, das Vorgebirge Trafalgar in Spanien.
— Lunae, Vorgebirge Roca in Portugal.
— Lunarium, Vorgebirge Toza in Spanien.
— Magnum, Vorgebirge Roca in der portug. Provinz Estremadura.

Promontorium Messanense od. Pelorum: Capo di Faro in Sicilien.
— **Nerium** = Artabrum.
— **Pachynum**, Capo Passaro in Sicilien.
— **Salentinum** = Promontorium Japygium.
— **Sanctum**, Vorgebirge Capo de S. Vicente in Portugal.
— **Sanctum**, Assens od. Assnes, St. in Dänemark.
— **Saturni** oder Sumbrarium: Cabo de Palos in Spanien.
— **Setium**, Cap de Sête in Frankreich.
Pronectus, Karamoussal, St. in Anatolien.
Propontis, das Marmara-Meer.
Provincia, die Provence in Frankreich; P. Theatina: die Abruzzen; P. Transtajana: Provinz Alentejo in Portugal.
Provinum, Provisina: Provins, St. in Frankreich.
Pruhraenum, Prurheim, Name der Gegend bei Bruchsal in Baden.
Prukka, Bruck an der Mur, St. in Oesterreich.
Prusa, Brussa, St. in Anatolien.
Prussia, Preussen.
Ptolemaïs, Tolometa, St. in Tripolis.
Ptychia, Insel Scoglio di Vido im ionischen Meere.
Pucinum = Pedena od. St. Duino, St. in Krain.
Puerinum, La Pouget, D. in Frankreich.
Puhila, Pahl, D. in Oesterreich.

Pulchra insula = Colonesus.
Pulka, Pulkau, St. in Oesterreich.
Pullariae insulae, die venet. Inseln Brioni.
Purpurariae insulae, Madeira u. die benachbarten Inseln.
Pupulum, Ponto Paglia, Mtfl. auf der Insel Sardinien.
Puteoli, Puzzuolo od. Puzzuoli, St. in Neapel.
Puteolus, Puiseaux, St. in Frankreich.
Putiscum, Pautzke, St. in Preussen.
Pydna, Chitro od. Kidros, St. in Macedonien.
Pylae Albanicae, der Pass von Derbent od. das eiserne Thor in Albanien.
— **Carpiae**, der Darielpass im Caucasus.
Pylus, Alt-Navarin od. Zuchio, St. auf der Halbinsel Morea.
Pyramus, Djihoun, Fl. in Cilicien.
Pyrastarum vallis, das Pusterthal in Tyrol.
Pyrendum, Pyrenaeus: der Berlinger Berg in Graubündten.
Pyrene od. Pyrenaei montes: die Pyrenäen.
Pyreneschia, Büren, St. in der Schweiz.
Pyricaeus, der Brenner, Berg in Tyrol.
Pyretus = Hierasus.
Pyrgos, Pyrgo, St. in Griechenland.
Pyxus = Buxentum.

Quadrigellae, Charolles, St. in Frankreich.
Quaetus, Quieto, Fl. in Istrien.
Quaradaves, Grabs, D. in der Schweiz (St. Gallen).
Quedlinburgum ad altam arborem, Quedlinburg, St. in Preussen.
Quentia, Canche, Fl. in Frankreich.
Quercetum, Quesnoy, St. in Frankreich.
Quercuum peninsula, Ekenäs, St. in Finnland.
Quernofurtum, Querfurt, St. in Thüringen.
Quidelingeburgum = Quedlinburgum.
Quilebovium, Quilleboeuf, St. in Frankreich.
Quimperlacum, Quimperlay, St. in Frankreich.
Quinque ecclesiae od. **basilicae:** Fünfkirchen, St. in Ungarn.
Quintinopolis, S. Quintini mons, Quintinianum, Augusta Veromanduorum: St. Quentin, St. in Frankreich.
Quintoforum, Donnersmark, St. in Ungarn.
Quissus, Queis, Fl. in Schlesien.

Raba, Raab, Fl. in Ungarn.
Rabae insula, die Insel Rabaköz in der Donau in Ungarn.
Raconisium, Racoonigi, St. in Piemont.
Racospurgum, Rackelsburg, St. in Untersteyermark.
Racovia, Rakow od. Rackau, St. in Polen.
Racownicensis Provincia, der Rakownitzer Kreis in Böhmen.
Radantia, Rednitz od. Regnitz, Fl. in Baiern.
Radinga, Reading, St. in England.
Radis, Insel Ré an der Küste von Frankreich.
Rado, Raon l'Etape, St. in Frankreich.
Ragnetum, Ragnit, St. in Preussen.
Ramboletum, Rambouillet, Schloss bei Paris.
Ramertum = Martoranum.
Randrusia, Randrusium: Randers, St. in Dänemark.
Ranisium, Camporanice, Ort in Italien.
Rappolti Petra, das Schloss Rappolstein im Elsass.
— **villa,** Rappoltsweiler, St. im Elsass.
Raptum promontorium, Cap Formosa in Aethiopien.
Rara, Gross-Rohrheim, Mtfl. in Hessen-Darmstadt.
Rarapia, Ferreira, St. in Portugal.
Rasbacis od. **Hierusalem:** Rebais, Kloster bei Meaux in Frankreich.
Rasciani, die Raitzen, Völkerschaft in Ungarn.
Ratae Coritanorum, Leicester, St. in England.
Ratiaria od. **Raetiaria:** Artsar od. Artzer Palanca, St. in Bosnien.

Ratiastum, Angoulême, St. in Frankreich; R. Lemovicum: Limoges, St. in Frankreich.

Ratiatensis od. Ratensis pagus: Grafschaft Retz in Frankreich (Seine inf´er.).

Ratisbona, Regisburgium, Regina Castra: Regensburg, St. in Baiern.

Ratostathybius, Wye, Fl. in England.

Rauciacus = Rauziacum.

Rauga, Rhodium, Rodrina: Roye, St. in Frankreich.

Rauraci, ein Theil des Sundgau und des Canton Basel.

Rauranum, Raum, D. bei Poitiers in Frankreich.

Rautena, Ruda: Raudten, St. in Schlesien.

Rauziacum palatium, Rouzy, Schloss in Frankreich.

Ravellum, Ravello, St. in Neapel.

Ravensis Palatinatus, die Woiwodschaft Rawa in Polen.

Ravensburgum, Ravensburg, St. in Würtemberg.

Ravenstenium, Ravenstein, Herrschaft u. St. an der Maas in Holland.

Raxa, Recknitz, Fl. in Mecklenburg-Schwerin.

Raygradense monasterium, Raygern, Kloster in Mähren.

Rea, Reacus, Cracina: Insel Ré an der Küste von Frankreich.

Reate, -tum, Rieti, St. in Italien.

Rebellum, Revel, St. in Frankreich.

Recens lacus, das frische Haff, Meerbusen in Ostpreussen.

Recinetum, Recanati, St. in Italien.

Recuperata Terra, Reconquis, Landschaft in Frankreich (Picardie).

Reddensis comitatus od. pagus: Grafschaft Rogez in Frankreich.

Redones od. Condate: Rennes, St. in Frankreich.

Regia, Armagh, St. in Irland.

Regiana, Llerena, St. in Spanien.

Regianum, Royan, St. in Frankreich.

Regillus lacus, Lago di Santa Prasseda, See im Kirchenstaat.

Regina, Reggio, St. in Neapel; der Rigi, Berg in der Schweiz.

Reginoburgum, Regensburg, St. in Baiern.

Regiodunum, Dun-le-Roy, St. in Frankreich.

Regiomontium, Kingsberg oder Königsberg, Bergschloss in Schlesien.

Regiomontum, Königsberg, St. in Preussen; Königsberg, St. in Ungarn.

Regio metallifera, das Erzgebirge in Sachsen.

— **Morgiana** = Morgia.

— **Aemilia** od. Flaminia: die Romagna, Landsch. in Italien.

Regiopolis, Kingston, St. in England.

Regis curia in arvis, Königshofen im Grabfelde, St. im Hochstift Würzburg.

— **saxum**, Königstein, Festung in Sachsen.

Regiteste, Reiteste: Rethel, St. in Frankreich (Ardennen).
Regium, Ries, St. in Frankreich.
— **Julii**, Reggio oder Santa Agata delle Galline, St. in Calabrien.
— **Lepidi**, Reggio, St. im Modenesischen.
Regna, -us, Regen, Mtfl. in Siebenbürgen.
Regnum, Ringwood, St. in England.
— **Arelatense**, Burgund, Provinz von Frankreich.
Regula, Réole, St. in Frankreich.
Reguli fanum, St. Andrews, St. in Schottland.
Reiteste = Regiteste.
Reji od. Albiaeci: Riez, St. in Frankreich (Niederalpen).
Remi oder Durocorturum: Rheims, St. in Frankreich.
Remorum Domus, Aarhuus, St. auf der Insel Jütland.
— **Pagus**, die Landschaft Remois in Frankreich.
Remusium, Remus, Gericht u. D. in der Schweiz.
Rendesburgum, Rendsburg, St. u. Schloss im Herzogthum Holstein.
Renfroana, Renfrew, St. in Schottland.
Resena oder Theodosiopolis: Ras el Ain, St. in der asiat. Türkei (Diarbekir).
Resetum, Rozoy en Brie, St. in Frankreich.
Resinum, Retina, St. in Neapel.
Resse, Rees, St. in Rheinpreussen.
Rethelium, Rethel, St. in Frankreich.
Rethia, Rodium: Roeulx, Roulx, D. im belg. Hennegau.
Rethymna, Rethymnia: Rettimo, St. auf der Insel Sethia.
Retia pagus, das Ries in Würtemberg.
Reussia, Rusa, Rusia, Ursa: Reuss od. Russ, Fl. in der Schweiz.
Reuvisium, die franz. Halbinsel Ruys.
Revessio, Saint-Paulien, St. in Frankreich (Haute Loire).
Rezna, Regen, Fl. in Baiern.
Rhabon, der Sylfluss in der Wallachei.
Rhaedestus od. Bisante: Rodosto (od. Tekir Dagh), St. am Marmara-Meer.
Rhaetia, das Graubündtnerland in der Schweiz (ein Theil v. Veltlin, Tyrol u. Baiern); = Alemannia.
Rhaetica vallis, Rhaetigoia, Rhetico: der Brattigau in Graubündten.
Rhaetium, Rhetium: Rezüns, D., Schloss u. Gemeine in der Schweiz.
Rhaetorum curia, Chur, St. in Graubündten; Rh. statio: Wallenstadt, St. in der Schweiz.
Rhauraris = Eravus.
Rhausium, Ragusa, St. in Dalmatien.
Rhedones, Rennes, St. in Frankreich.

Rhegium == Regium.
Rhegusia, das Rheinthal in Preussen.
Rhenaea, Rhenia, Rhene: die Insel Deli im Archipelagus.
Rheni Augia, die Insel und Dorf Rheinau in Nassau.
Rhenus, Rhein, Fl. in Deutschland; Reno, Fl. in Toscana.
Rheon od. Phasis: Rioni, Fl. in Imerethien.
Rhetico mons, das Siebengebirge in Rheinpreussen.
Rhetium == Rhaetium.
Rhicinium, Risano od. Rhizana, St. in Dalmatien.
Rhigodunum, Ripon od. Richmond, St. in England.
Rhinocolura, El Arich, Festung in Aegypten.
Rhithymna, Retimo, St. auf der Insel Candia.
Rhiusiava, der Riesgau od. das Ries, Landschaft in Würtemberg.
Rhizaeum, Rizeh, türkische St. am schwarzen Meer.
Rhobodunum, Hraditsch, St. in Mähren.
Rhoda, Rosas, St. in Spanien.
Rhodanus, Rhone, Fl. in Frankreich.
Rhodia Ducis, Hertogenrade od. Herzogenraid, St. u. Schloss im Limburgschen.
Rhodigium, Rovigo, St. in Venetien.
Rhodium == Rauga.
Rhodope, Bergkette Despoto-Dagh in Rumelien.

Rhodopolis, Rostock, St. in Mecklenburg; Rosas, St. in Spanien.
Rhubon, Wiedau, Fl. in Preussen.
Rhugium, Regenwalde, St. in Preussen.
Rhymnus, Ural, Fl. in Russland.
Rhyndarus, Lupati, Fl. in Kleinasien.
Ribiniacum, Rübenach, D. in Rheinpreussen.
Ribodimontenses, Ribemont, St. in Frankreich (Aisne).
Richovilla od. Ricomum: Reichenweiler, St. im Elsass.
Ricina, Recco, Mtfl. im Genues.
Ricolocus, Richelium: Richelieu, St. in Frankreich.
Ricomagus, Riom, St. in Frankreich (Puy de Dôme).
Riduna, Ricina: Aurigny oder Alderney, kleine Insel an der Küste des franz. Dep. la Manche.
Riedensis Pagus, das Amt Roppenheim im Elsass.
Riga, Riga, St. in der russ. Provinz Liefland.
Rigodulum, Riol, D. im preuss. Erzstift Trier.
Rigomagus, Rheinmagen oder Remagen, St. am Rhein in Preussen.
Rincopia, Ringkiöbing, St. in Dänemark.
Ringstadium, Ringsted, St. in Dänemark.
Rintelia, Rintelium: Rinteln, St. im Schaumburgschen (Chur-Hessen).
Riomagum, Riom, St. in Frankreich.

Ripa, Riva di Chieri, Mtfl. in Italien; Reifelbach, St. in Baiern; R. curtia: Ripacorsa, Grafschaft in Spanien.
Ripae altae, Rivesaltes, Mtfl. in Frankreich.
— **Cimbricae** oder Phandusiorum: Ribe, Ripen, St. auf der Insel Jütland.
Riparia, Stadt am Hof, St. in Baiern.
Ripulae, Rivoli, St. in Piemont.
Rithymna = Rhithymna.
Ritumagum, Rodepont, D. bei Rouen in Frankreich.
Ritupae oder Ad Ritupis portum: Richborough, St. in England.
Riva Villa, Statio Rhaetorum: Wallenstadt oder Walenstadt, St. in der Schweiz.
Rivi, Rivenae: Rieux, St. in Frankreich (Haute Garonne).
Rivonium, Rovigno oder Trevigno, St. in Illyrien.
Rivulus Dominorum, Nagy-Banya, St. in Ungarn.
Rivus, Ponte della Riva, Mtfl. in Venetien.
— **Morentini,** Romorantin, St. in Frankreich.
Roanium, Rohan, St. in Frankreich.
Roboretum, Roveredo, St. in Tyrol.
Rocameltis, Rochemeau, Ort in Frankreich.
Rochia, Rupes Allobrogum: La Roche, St. in Piemont.

Rodericopolis, Ciudad Rodrigo, St. in Spanien.
Rodigium, Rovigo, St. in Italien.
Rodium = Rethia.
Rodna, Rodnen, St. in Ungarn.
Rodomum, Rothomagus, Rothomum: Rouen, St. in Frankreich.
Rodoria, Rotta, Fl. in der Grafschaft Nizza.
Rodrina = Rauga.
Rodumna, Roanne od. Rouane, St. in Frankreich (Loire).
Roë Fontes, Roëskildia: Röeskilde, St. in Dänemark.
Roëskildia = Roë Fontes.
Roffa, Rochester, St. in England.
Rollarium, Rosselaere oder Rousselaar, St. in Flandern.
Romana ditio, das Waadtland in der Schweiz.
Roman[d]iola, die Romagna, Landschaft im Kirchenstaat.
Romani Aggeres, die Römerschanze in Ungarn.
Romani monasterium, Romainmôtier, St. in der Schweiz (Waadt).
Romania minor, der District Saccania auf der Insel Morea.
Romanorum arx, Erzerum, St. in Armenien.
Romarici od. Romericus mons: Remiremont, St. in Frankreich.
Romiliacum, Rumilly, St. in Savoien.
Ros Insula, Andreas-Insel, Donau-Insel in Ungarn.

Rosacum, Rorschach, St. in der Schweiz (St. Gallen).
Rosariae, Rosières aux Salins, St. in Frankreich.
Rosarum urbs = Rostochium.
— **vallis**, Rosenthal, D. im Bisthum Hildesheim.
Roscianum, 1) Rossano, St. in Neapel; 2) Perpignan, St. in Frankreich.
Rosetum, Rossoy, St. in Frankreich; Grossetto, St. in Italien.
Rosfariensis villa, Roulers, St. in Belgien.
Rosnyo, Rosenau, St. in Siebenbürgen.
Rossa = Durobrevis.
Rossana, Rosseno, St. in Neapel.
Rostochium, Rostock, St. in Mecklenburg.
Rostrum Nemoviae, Mindelheim, St. in Baiern.
Rotalyenses, Rueil, St. in Frankreich (Seine et Oise).
Rotena urbs, Rhodez, St. in Frankreich.
Rotenburgum, Rotenburg, St. in Würtemberg.
Rotevilla, Rottunvillare, Rotwila: Rottweil, St. am Neckar in Würtemberg.
Roterodamum, Rotterdam, St. in Holland.
Rothomagus, Rotomagus, Rudomum: Rouen, St. in Frankreich.
Rotinicum, La Rouergue, Landschaft in Frankreich.
Rotnacum, Rosne, Mtfl. in Frankreich.
Roto, Redon, St. in Frankreich.
Rottovilla oder Arae Flaviae: Rottweil, St. in Würtemberg.
Rotundus mons, Romont, Remont, St. in der Schweiz.
Rouro, Rouvres, D. in Frankreich (Côte d'Or).
Rovinium, Rovigo, St. in Italien.
Rubeacum, Ruffach, St. im Elsass.
Rubeae aquae = Rubeacum.
Rubi, Rubio oder Ruvo, St. in Neapel.
Rubicon, Fiumesino od. Pisatello, Fl. im Kirchenstaat.
Rublanum, Rogliano, St. in Neapel.
Rubo, -onis = Duna.
Rubras, Ad Cabezas: Rubias, St. in Spanien.
Rubrensis lacus, Rubresus: der See Robrine od. l'étang de Sigean bei Narbonne in Frankreich.
Rubricatus, Llobregat, Fl. in Spanien; Seibous, Fl. in Algerien.
Rubum, Ruvo, St. in Italien.
Rucci castrum, Roucy, Mtfl. in Frankreich (Aisne).
Ruda = Rauteca.
Rudiae, Rugge od. Rotigliano: St. in Neapel.
Rudolphopolis, Rudolstadt, St. in Schwarzburg-Rudolstadt.
Ruesium, Rieux, St. in Frankreich.

Buffa ecclesia, Rotkirch, D. in Schlesien.
Ruffiana, Oppenheim, St. in der Pfalz.
Rugia, die Insel Rügen.
Rumiliacum, Rumilly, D. in Frankreich u. St. in Savoien.
Runa od. Runense coenobium: Rein, Kloster in Untersteyermark.
Ruotlingia, Reutlingen, St. in Würtemberg.
Rupe, de, La Roche en Ardennes, Mtfl. in Frankreich.
Rupella, Rupecula: La Rochelle, St. in Frankreich.
Rupellum, Revello, Schloss in Italien.
Rupemorus, Rochemaure, St. in Frankreich (Ardège).
Rupensis comitatus, Grafschaft de la Roche in Frankreich.
Ruperti Augia, die Ruprechtsau bei Strassburg.
Ruperti villa, Rapperswyl, St. in der Schweiz.
Rupes, Reps, Mtfl. in Siebenbürgen.
— **Alba**, Aps, St. in Frankreich.
— **Allobrogum**, La Roche, St. in Savoien.
— **Cavardi**, Rochechouart, St. in Frankreich (Haute Vienne).
— **Fergusii**, Knockfergus, St. in Irland.
— **Fucaldi**, Rochefoucault, St. in Frankreich.
— **Guidonis**, Rocheguyon, St. in Frankreich.

Rupes maura, Roquemaure, St. in Frankreich.
— **picarum**, der Exterstein, ein hoher Fels bei der Stadt Horn in der Grafschaft Lippe.
— **regia**, Rocroy, St. in Frankreich.
— **varia**, Roquevaire, St. in Frankreich.
Rupifortium, Rupes fortis: Rochefort, St. in Frankreich.
Rura, Roer od. Ruhr, Fl. in Holland.
Ruremonda, Roermonde, St. in Holland.
Rus regis, Rye, Mtfl. auf der Insel Jütland.
Rusa = Reussia.
Rusadirum, Melilla, span. Festung in Africa.
Ruscellonum, Roussillon, St. in Frankreich.
Ruscino, La Tour de Roussillon, Ort in Frankreich (Roussillon), nach Andern Perpignan.
Ruscurrum, Rusucurrum: Algier, St. in Africa.
Rusellae, Rosello, St. in Toscana.
Rusicada, Stora od. Sgigata, St. in Algerien.
Russia, Russland.
Russilio = Ruscino.
Rusticiana, La Corchuela, Ort in Frankreich.
Rusupis, Saffi od. Azaffi, St. in Marocco.
Ruteni, Rouergue, Landschaft in Frankreich (Guyenne).

Rutenorum civitas, Rutena: Rodez, St. in Frankreich (Aveyron).

Ruthenia, Reussen, Russland.

Rutuba, Rova, Fl. im Genuesischen.

Rutupiae, Richborough (nach Andern Sandwich), St. in England.

Sabana, Sabiona: Seben oder Säben, St. in Oesterreich.

Sabaria, Szombathely Sarvar od. Kothburg, St. in Ungarn; S. od. Claudia Augusta: Stein am Anger, St. das.

Sabata, Sabatia: Savona, St. in Italien.

Sabatinca, S. Johann im Taurn, Ort in Oesterreich (Land unter der Ens).

Sabaudia, Sabogia, Saboia: Herzogthum Savoien.

Sabea regia, Zebid, St. in Yemen.

Sabesus, Müllembach, St. in Siebenbürgen.

Sabini, die Legationen Spoleto u. Rieti im Kirchenstaat.

Sabiona = Sabana.

Sabis, Sambre, Fl. in Frankreich; Savio, Fl. in Italien; Torre di Savio, St. das.

Sablones, Venloo, St. in Holland.

Sabogia = Sabaudia.

Saboia = Sabaudia.

Sabrata, Tripoli Vecchio od. Sabart, St. in Tripolis.

Sabrina, Savern, Fl. in England.

Sabrinae aestuarium, der Canal von Bristol in England.

Sabuleta Burdigalensia, Dep. Les Landes in Frankreich.

Sabulonetta, Sabbionetta, Mtfl. im Mantuanischen.

Sacae, die heutige kleine Bucharei.

Sacer, Orbo, Fl. in Corsica.
— mons, Heiligenberg, St. in Schwaben.
— pagus = Elgovia.
— portus = Barbellum.

Sacilinium, Seclin, Mtfl. in Frankreich.

Sacillum, Sacille, Mtfl. in Savoien.

Saconium, Säckingen, St. in Baiern.

Sacra insula od. terra sancta: Insel Helgoland.

Sacro-Caesarinum, Sacrum Caesaris, Sincerra: Sancerre, St. in Frankreich (Cher).

Sacrum promontorium, Vorgebirge St. Vincent n. Capo Corse auf der Insel Corsica.

Saeboium, Säbye, St. in Dänemark.

Saetabicula, Alzira, St. in Spanien.

Saetabis, Xativa, St. in Spanien.

Saettae caput, Saetto, Vorgebirge in Calabrien.

Saganum, Sagan, St. in Schlesien.

Sageda, Singapore, St. in Indien.

Sagium, Saji: Seez, St. in Frankreich (Orne).

Sagonna, Sagouna: Saône, Fl. in Frankreich.

Sagra od. Sagras: Sagriano, Fl. in Neapel.

Sagrus, Sangro, St. in Neapel.
Saguntum, Murviedro, Mtfl. in Frankreich.
Saji = Sagium.
Sailentes, Saillans, St. in Frankreich.
Sala, Saale, Fl. in Deutschland; Daleh, St. in Marocco.
Salacia, Alcaçar do Sal, St. in Portugal.
Saladiensis Comitatis, die Salader Gespannschaft in Ungarn.
Salamantica, Salamanca, St. in Spanien.
Salamine, Porto-Constanza, St. auf der Insel Cypern.
Salamis, Colouri, Insel im ägeischen Meer.
Salancema = Acimincum.
Salancia Sabaudorum, Salanche, St. in Savoien.
Salapia, Torre delle Saline, St. in Neapel.
Salapina palus, Lago di Salpi, See in Neapel.
Salaria, Chinchilla, St. in Spanien.
Salauris, Puerto de Salon, St. in Spanien.
Salaviorum od. Salyorum terra: die Provence, Provinz von Frankreich.
Salca, Langensalza, St. in Thüringen.
Saldae, Bugiah (Bougie), St. in Spanien.
Salduba, Saragossa, St. in Spanien; Rio Verde, Fl. das.
Salebia, Selby, St. in England.
Salebro, Scalino, Ort in Toscana.

Salecio = Elizatium.
Salem, Salemium: Salmansweyler, Abtei in Schwaben.
Salembrucca, Saarbrücken, St. in Rheinpreussen.
Salentinum promontorium = Promontorium Japygium.
Salernum, Salerno, St. in Italien.
Salesia = Elizatium.
Saletio, Saliso: Selz, St. im Elsass.
Salia, Seille, Fl. in Frankreich; S. vetus: Oldensael, St. in Holland.
Salina, Hallein, St. im Salzburgschen.
Salina, Salinae: Castellane, St. in Frankreich; Salins, St. das.; Thorenburg od. Thorda, St. in Siebenbürgen.
Salingiacum, Solingen, St. in Rheinpreussen.
Salinis, de, Salm, D. in Rheinpreussen.
Salinis Saxonicis, In, = Hala Hermundurorum.
Salis Aqua, Salsae aquae: Selzach, D. in der Schweiz (Solothurn); S. vallis: Salzdalum, Lustschloss in Braunschweig.
Salisburgium, Salzburg, St. in Oesterreich.
Salisso, Sulzbach, St. in der Oberpfalz.
Salla = Mansalla.
Salmanciacum, Samoucy, Ort in Frankreich.
Salmantica, Salamanca, St. in Spanien.

Salmona, Salm, Nebenfluss der Mosel in Rheinpreussen.
Salmurus, Salmurium: Saumur, St. in Frankreich.
Salmydessus, Midiah, St. am schwarzen Meer.
Salo, Xalon, Fl. in Spanien; S. novae: Spalatro, St. in Dalmatien.
— Salon, St. in Frankr. (Rhonemündung).
Salodurum = Solodurum.
Salomonis villa, Salomonium: Salmansweiler, Abt. in Schwaben.
Salonae, Salona, St. in Italien.
Salopia, Shrewsbury, St. in England.
Salopiensis Comitatus, Landschaft Shropshire in England.
Salsa od. Juvavus, Salza, Fl. in Oesterreich.
Salsa rhenana = Elizatium.
Salsae aquae = Salis aqua.
Salsulae, das Fort Salsés oder Salces in Frankreich (Pyren. Orient.).
Salsum mare, der Salzsee in in Thüringen (Mannsfeld).
Salto, Saltus: Sault, St. in Frankreich (Vaucluse).
Saltus od. Silva Clevensis: das Amt Cleverham in Westphalen.
— Rheginorum, Sila, Wald in Neapel.
— Tagiensis, Sierra d'Alcaraz, Bergkette in Spanien.
— Venatorius, Harzgerode, St. in Anhalt-Bernburg.

Salucia, Salutiarum civitas, Salutiae, Salutium: Saluzzo, St. in Italien.
Salugri, Salugia, St. in Piemont.
Salumbrona, Tuscia, Tuscania, Tyrrhenia: Toscanella, St. im Kirchenstaate.
Salva, Sauve, St. in Frankreich.
— terra, Sauveterre, St. in Frankreich.
Salvitas, Sauvetat, St. in Frankreich.
Salvius, Sauve, Fl. in Frankreich.
Salzwita, Salzwedel, St. in Preussen.
Salverna, Saverin, St. in Frankreich (Niederrhein).
Samara, Sumina: Somme, Fl. in Frankreich.
Samaria, Samoja, St. in Ungarn.
Samarobriva Ambianorum = Ambianum.
Sambia, das Samland, Landschaft in Preussen.
Sambra, die Sambre, Fl. in Frankreich.
Sambracia, Grimaud, St. in Frankreich.
Sambroca, El Ter, Fl. in Spanien.
Sambutinum jugum, der Säntis, Berg in der Schweiz.
Samnium, Sannio: die heutige Grafschaft Molise in Neapel, ein Theil der Abruzzen etc.
Samogitiae Ducatus, Herzogthum Samogitien in Litthauen.
Samosate, Samisat, St. in der asiat. Türkei (Marach).

Samosius, Szamos, Fl. in Ungarn und Siebenbürgen.
Samothrace, Semendraki, St. im Archipelagus.
Sampolitanum oppidum, St. Pölten, St. in Oesterreich.
Samsoa, Samus Danica: Insel und Grafschaft Samsoe oder Sams in Dänemark.
Samulocenae, Duttlingen, St. in Würtemberg.
Samusius, Szamos, Fl. in Siebenbürgen.
Sana casa, Sanagaunum, Sarunetum: Sargans, Landvoigtei in der Schweiz.
Sanbonetum, St. Bonnet, St. in Frankreich.
San-Claudianum, St. Claude, St. in Frankreich.
Sancta Agatha, Santia: Santa Agata, St. in Neapel.
— civitas, Heiligenbeil, St. in Preussen.
— Crux, Szveti Kris, St. in Croatien.
— insula, Siseln, Pfarrdorf in der Schweiz.
— Maria, Szabadka od. Szent Maria, Mtfl. in Ungarn.
— Maria in fodinis = fanum S. Mariae.
Santae, Sancti, Xantae, secunda Troja: Xanten, St. in Rheinpreussen.
Sancti Aegidii villa, St. Gilles, St. in Frankreich.
S. Albini monasterium, St. Aubin d'Angers, St. in Frankreich.
S. **Audoeni fanum**, Saint-Ouen, D. in Frankreich (Seine).
S. **Aniani ecclesia Aurelianis**, St. Aignan, St. in Frankreich.
S. **Aurelii monasterium**, Hirschau, Kloster u. St. in der Oberpfalz.
S. **Carilesi oppidum** od. Anilla, Anisota: Saint-Calais, St. in Frankreich (Sarthe).
S. **Crucis oppidum**, Heilig-Kreuz, St. im Elsass.
S. **Desiderii oppidum**, St. Didier, St. in Frankreich.
S. **Eugenii vicus**, Saint-Heand, St. in Frankreich (Loire).
S. **Florentini Castrum**, St. Florentin, St. in Frankreich.
S. **Florentini oppidum**, San Fiorenzo, St. auf der Insel Corsica.
S. **Gaudentii oppidum**, St. Gaudens, St. in Frankreich.
S. **Gengulfi oppidum**, Saint Gengour le royal, St. in Frankreich.
S. **Jacobi monasterium**, S. Jago de Compostella, St. in Spanien.
S. **Leonis civitas** = Leopolis.
S. **Magni coenobium**, Füssen, St. in Baiern.
S. **Michaelis fanum**, Saint Mihiel, St. in Frankreich (Maas).
S. **Petri de calamis**, Chaumes, St. in Frankreich.
S. **Spiritus oppidum**, St. Esprit, St. in Frankreich.
S. **Stephani oppidum**, St. Etienne, St. in Frankreich.

Sanctio, Säckingen, St. u. Schloss in Baden.
Sanctum Seccovium = Sanctio; S. Cereris: Sancerre, St. in Frankreich.
Sanctus Albertus, S. Alberto, St. am Po in Italien.
— **Angelus Papalis** = Callium.
— **Clericus,** San Quirito, D. in Italien.
— **Deodatus,** Saint Diè, St. in Frankreich.
— **Laudus** = Briovera.
— **Mauritius, Bergintrum, Bergintium:** St. Maurice, St. in Savoien.
— **Valaricus** = Leuconaus.
Sandaliotis, Insel Sardinien.
Sandesiderianum = S. Desiderii Oppidum.
Sandomiria, Sendomiria: Sendomirz, St. in Polen.
Sandovicus, Sandwich, St. in England.
San-Florum = Oppidum S. Flori.
San-Gallum, St. Gallen, St. in der Schweiz.
Sangarius, Sakaria, Fl. in Anatolien.
San-Germanum, St. Germain, St. in Frankreich.
Sangona, Saravus: Savre oder Saar, Fl. in Frankreich.
Sangossa, Sanguesa, St. in Spanien.
Sanguitersa, Santerre, St. in Frankreich.
Sanitia, -um, Senez, St. in Frankreich.

San-Maclovium, St. Malo, St. in Frankreich.
San-Manhildis, St. Menehould, St. in Frankreich.
Sannum, Salino, Mtfl. in der Mark Ancona.
San-Saphorinum, St. Saphorin, D. in der Schweiz (Waadt).
Santamandum, St. Amand, St. in Belgien.
Santena, Xanten od. Santen, St. in Rheinpreussen.
Santones, Saintonge, Landschaft in Frankreich.
Santonia, Gouvernem. Saintonge in Frankreich.
Santonum portus = Rupella.
San-Valerium, St. Vallier, St. in Frankreich.
Saponariae, Savonières, Ort in Frankreich.
Saporosa amnis, Savoureuse, Fl. im Elsass.
Sara, La Sère, Fl. in Frankreich.
Sarabris od. Octodurum: Toro, St. in Spanien.
Sarae castrum od. Caranusca: Saarburg, St. in Frankreich (Meurthe).
— **pons** oder Saravi pons: Saarbrücken, St. in Rheinpreussen.
Saram, Arx Ludovici ad, Saarlouis, St. in Rheinpreussen.
Saravus od. Sara = Sangona.
Sardes, Sart, St. in Anatolien.
Sardica, Sophia, St. in Bulgarien.
Sardones, Le Roussillon, Landschaft in Frankreich.

Sardopatris fanum, S. Honorato, Ort auf der Insel Sardinien.
Sarepta, Sarfend, St. in Phönicien.
Sargia, Sark od. Sercq, englische Insel im Canal La Manche.
Sarisberia, Salisbury, St. in England.
Sarnia, Guernsey, engl. Insel.
Sarnus, Sarno, St. in Neapel.
Saronicus sinus, der Meerbusen von Egina od. Athen.
Sarosiensis comitatus, die Scharoscher Gespannschaft in Ungarn.
Sarraepontum, Saarbrücken, St. in Rheinpreussen.
Sartha, Sarthe, Fl. in Frankreich.
Sarunegaunum, Sargans, St. in der Schweiz.
Sarus, Seïhoun, Fl. in Cilicien.
Saso, Saseno, Insel im adriat. Meer.
Sassina = Bobium.
Satala, Erz Inghian, St. in Kleinarmenien.
Satanacum, Stenay, St. in Frankreich (Meuse).
Satec, Saaz, St. in Böhmen.
Satiza civitas = Satec.
Saurgium, Saorgio, St. in der Grafschaft Nizza.
Savaria, -um = Graecium.
Savilianum, Savigliano, St. in Piemont.
Savo, Saona, Fl. in Neapel.
Savus, Sawa: Sau, Fl. in Illyrien; Mazafran od. Oudjar, Fl. in Algerien.

Saviacum, Sessieux, St. in Savoien.
Saxilis, Seyssel, St. in Frankreich (Ain).
Saxina = Bobium.
Saxium, Saas, Gemeine in der Schweiz.
Saxonia, Sachsen.
Saxonum insula, die Insel Dyksand a. d. Küste von Holstein od. Helgoland.
Saxopolis, Broos, Mtfl. in Siebenbürgen.
Scaidava, Rustschuk, St. in Bulgarien.
Scalabis, Santarem, St. in Portugal.
Scalarum, Scalorum oppidum: Les Echelles, St. in Savoien.
Scaldia, Schouwen, Insel in der Provinz Seeland.
Scaldis, Schelde, Fl. in Holland.
Scania, Schonia: die schwedische Halbinsel Schonen.
Scaphusum, Sebasthusia: Schaffhausen, St. in der Schweiz.
Scara, Cher, Fl. im Elsass.
Scarabantia = Sopronium.
Scardona, Isola Grossa od. Arbe, Insel an der Küste von Dalmatien.
Scardus (siehe Scordus mons): Tscherdagh od. Argentaro, Bergkette in Epirus.
Scarponna, Charpoigne, D. in Frankreich.
Scepusiensis arx, Zipser-Haus, Schloss in Ungarn.

Scepusiensis comitatus, die Zipser Gespannschaft in Ungarn.
Schadwienna, Schottwien, Mtfl. in Oesterreich.
Schafnaburgum, Aschaffenburg, St. in Baiern.
Schalotum, Skalholt, St. in Island.
Schasburgum, Sciburgum: Segeswar od. Schasburg, St. in Siebenbürgen.
Schedvia, Sköfde, St. in Schweden.
Schemnicium, Schemnitz, St. in Ungarn.
Schera, Calagero, St. in Sicilien.
Scheria = Corcyra.
Schevia, Schiva: Skive, St. in Dänemark.
Schidinga, Burgscheidungen, St. in Thüringen.
Schiedamum, Schiedam, St., oder Vlaardingen, Mtfl. in Holland.
Sciathus, cyclad. Insel Skiatho od. Sciatta im Archipelagus.
Scinum = Cinum.
Scipiode = Scaldis.
Scipionis mons, Sempronius mons: Simplon, Berg in der Schweiz. [land.
Sclus castrum, Sluys, St. in Hol-
Sclusa, Sluis, St. in Holland.
Scodra, Scutari, St. in Albanien.
Sconga, Schongavia: Schongau, St. in Baiern.
Scopelos, Scopelo, sporad. Insel.
Scopi od. Instiniana: Ouskoub, St. in Rumelien.
Scordus mons, die Bergkette Glioubotia, welche Serbien von Albanien trennen.

Scorialense monasterium, Scoriacum od. Scoriale: Escurial, Schloss in Spanien.
Scotia, Schottland; S. major: Irland.
Scropuli villa, Ecrouves, D. in Frankreich.
Scudici, Skeuditz, Mtfl. bei Leipzig (in Preussen).
Scultena, Panaro, Fl. im Kirchenstaat.
Scutarium, Escodar, Scodra od. Scutari, St. in Albanien.
Scylla, Scilla od. Sciglio, St. in Neapel.
Scyllacium, Squillace, St. in Neapel.
Scyrus, Skiro, Insel im ägeischen Meer.
Scythopolis, Bisan od. Bethsan, St. in Syrien.
Sebaste od. Cabirae: Sivas, St. in Kleinasien.
Sebastianopolis, S. Sebastian, St. in Spanien.
Sebastopolis, Tourkal, St. in Kleinasien; Isgaur, St. in Imerethien; Sebastopol, St. in der Krim.
Sebatum, Sevacium: Schwatz, Mtfl. am Inn in Tyrol.
Sebennytus, Djenmouti, St. in Aegypten.
Sebinus lacus, Iseo, See in der Lombardei.
Sebusianus ager, Bresse, Landschaft in Frankreich.
Secalaunia, Segalonia, Secolaunia: Sologne, Landschaft in Frankreich (Orleanois).

Secanense coenobium, Säckingen, Kloster in Baden.

Seconium, Secovium: Seckau, Mtfl. u. Schloss in Niedersteyermark.

Secura, Segura de Leon, St. in Spanien.

Secusio, Seculia, Segusina, Segusium, Segusio, Secussis terra: Susa, St. in Piemont.

Sedanum, Sedan, St. in Frankreich.

Sedelaucum, Sedelocus, Sidilocum, Sidoleucum: Saulieu, St. in Frankr. (Côte d'or).

Sedena, Sezena: Seine, Fl. in Frankreich.

Sedera, Saudre, Fl. in Frankreich.

Sedinum, Stettin, St. in Preussen.

Seduni, die Walliser.

Sedunum, Sitten, St. i. d. Schweiz (Wallis).

Sega od. Segaba: Sieg, Fl. in Rheinpreussen.

Segalonia = Secalaunia.

Segeda = Julia restituta.

Segedunum, Segestero: Szegedin, St. in Ungarn; = Norimberga.

Segessera, Bar sur Aube, St. in Frankreich.

Segesta Tiguliorum, Sestri di Levante, St. im Genues.

Segesterica, Segestero, Secustero: Sisteron, St. in Frankreich (Niederalpen). [nien.

Segestica, Hiniesta, Mtfl. in Spa-

Segnia, Segna, St. u. Festung in Croatien.

Segnia, Signia: Segni, St. im Kirchenstaat.

Segobodium, Seveux, Mtfl. in Frankreich.

Segobriga, Segorbe, St. in Spanien.

Segodinum, Rodez od. Rhodez, St. in Frankreich (Aveyron).

Segora = Salmurium.

Segontia, Seguntia: Siguenza, St. in Spanien.

Segubia, Segovia, St. in Spanien.

Seguntium, Caernarvon, St. in England.

Segusina, -ium = Secusio.

Segusianus ager, Forez, Landschaft in Frankreich.

Segustero = Segesterica.

Seilliniacum, Seignelay, St. in Frankreich.

Seiras = Cychria.

Selaricum, Selkirk, Mtfl. in Schottland.

Selenopolis, Lüneburg, St. in Hannover.

Selestadium, Schlettstadt, St. im Elsass.

Seleucea Trachea od. Ciliciae: Selefkeh, St. in der asiat. Türkei (Adana).

Seleucus mons, Mont Saleon, Berg bei Embrun in Frankreich.

Selinensis Processus, der Selinische District in Croatien.

Selingostadium, Seligenstadt, St. am Main in Hessen-Darmstadt.

Selinus, Torre di Polluce, St. in Sicilien; Selinti, St. in Kleinasien.

Selmiczlania, Schemnitz, St. in Ungarn.
Selybria, Selymbria: Silivri, St. in der europ. Türkei.
Selymnia, Selimno: Islandji, St. in Bulgarien.
Semana, das Lausitzer Gebirge, nach Andern der Thüringer Wald.
Semigallia, Herzogthum Semgallen in Curland.
Sempacum, Sempach, St. in der Schweiz.
Sempronium, Sopronium: Oedenburg, St. in Ungarn.
Sempronius mons = Mons Scipionis.
Semurium, Semur, St. in Frankreich (Côte d'or).
Sena, Sein, Insel an der Küste des Dep. Finistère.
Sena od. Sena Gallica: Sinigaglia, St. im Kirchenstaat.
Senae od. Sena Julia: Siena, St. im Grossherzogth. Toscana.
Senderovia, Sonderovia: Semendriah, St. in Serbien.
Sendomiria, Sandomirz, St. in Polen.
Senensis comitatus, Sayn, Grafschaft in Westphalen.
Senlenses, Senlis, St. in Frankreich.
Senogallica, Sinigaglia, St. im Kirchenstaat.
Senones, 1) Sens, St. in Frankreich; 2) Senonais, Landschaft in Frankreich (Champagne und Brie).
Senoniensis ager = Senones 2.

Sentiacum, Sinzig, St. im preuss. Herzogthum Jülich.
Sentica, Zamora, St. in Spanien.
Sentinum, Sassoferrato, St. in Italien.
Senus, Shannon, Fl. in Irland.
Separa Nannetensis u. Niortensis: Seèvre Nantoise u. Niortoise, Fl. in Frankreich.
Sepinusa, Sepino oder Sipiciano, St. in Neapel.
Sepsiensis sedes, der Sepser Stuhl in Siebenbürgen.
Septa, Ceuta, St. in Africa.
Septe = Fretum Gaditanum.
Septem arae, Aronches, St. in Portugal.
— **castra**, Siebenbürgen.
— **fontes**, Seevenborren, Abtei in Flandern.
— **fratres**, die Affenberge im Kaiserthum Fez.
— **sales**, Semsales, D. in der Schweiz.
— **saltus** oder Siliae: Sevenwolden, District in Friesland.
— **urbium regio** = Septem castra.
Septemburius, Zepperen, D. im Lüttichischen.
Septemiacis, Memmingen, St. in Baiern.
Septempeda, Septempedana: San Severino, St. im Kirchenstaate.
Septimanca, Simancas, St. in Spanien.
Septimus mons, Septimer, Gebirge in Graubündten.

Sequana, Seine, Fl. in Frankreich.
Sequania, die Franche Comté, Landschaft in Frankreich.
Serbium = Quinque ecclesiae.
Sergentium, Artesina Monte, St. in Sicilien.
Sergianum, Sarzana, St. in Italien.
Seriphus, Serpho od. Serphanto, Insel im Archipelagus.
Sermanicomagus, Charmé, D. in Frankreich (Charente).
Serota, Veröcze, St. in Ungarn.
Serpane, Scarponne, D. in Frankreich (Meurthe).
Servesta, Zerbst, St. in Anhalt.
Servia, Servitza, St. in der Türkei.
Sesa, Seesen, St. in Braunschweig.
Sesselium, Setellum: Seyssel, St. in Frankreich.
Sessites, Sesia, Fl. in Piemont.
— **Burgus**, Borgo di Sesia: St. in Savoien.
Sesterio, Strione, Fl. in Italien.
Sestos, Bovalli Kalessi, St. am Hellespont.
Sestum, Saracena, St. in Neapel.
Setaurum, Stono, Mtfl. in Oesterreich.
Setia, Setinum: Sezza, St. im Kirchenstaat; Exea, St. in Spanien.
Setiena, Setius mons, Setium oder Sigium: Cette, St. in Frankreich.
Setinum = Setia.
Setuci, Cayeux, St. in Frankreich (Somme).
Setuia, Setiva, Sevia od. Segovia: Käsmark, St. in Ungarn.

Sevacium = Sebatum.
Severiana, Montescaglioso, St. in Neapel.
Severinum, Szöreny, Mtfl. in Ungarn.
Sevilia, Sevilla, St. in Spanien.
Sevo mons, das Grenzgebirge Kjölen zwischen Schweden u. Norwegen.
Sexamniensis vallis, Sexamnis: das Schamserthal in Graubündten.
Sexna, Siena, St. in Italien.
Sexoniae, Soissons, St. in Frankreich.
Sezania, Sezanna: Sezanne, St. in Frankreich.
Sezena = Sedena.
Sfinga, Singum: Sign, Bergfestung in Dalmatien.
Siata, Houat, kleine franz. Insel an der Küste von Morbihan.
Sibaris, Simmari, St. in Italien.
Sibenica, Ziska, Berg in Böhmen.
Sibenicum jugum = Mons Cineris.
Sibenus mons, das Siebengebirge in Rheinpreussen.
Siborena, Santa Severina, St. in Neapel.
Sibidata, Cividale, St. in Venetien.
Sibilia = Hispalis u. Sevilia.
Sicania = Neocastrum; = Sicilia.
Sicca venerea, El Ket, St. in Tunis.
Sichemium, Sichem, St. in Brabant.

Sichionna, Yonne, Fl. in Frankreich.
Sicilia, Cicilia: Insel Sicilien; das Szecklerland in Ungarn.
Sicoris, Segre, Fl. in Spanien.
Siculi, die Sicilianer; die Szeckler.
Sicum, Sebenico, St. in Dalmatien.
Sicusis, Susa, St. u. Provinz in Piemont.
Sicyon, Basilica, St. in Griechenland.
Sidoleucum = Sedelaucum.
Sidon, Saide, St. in Syrien.
Siga od. Celama: Ned-Roma od. Tlemcen, St. in Algerien; Tafna, Fl. das.; S. od. Sigedunum: Siegen, St. in Preussen.
Sigeberti castrum, Siersberg, Schloss in Frankreich (Lothringen).
Signia = Segnia.
Sila, Sill, Fl. in Tyrol.
Silarus, Selo, Fl. in Neapel.
Siles, Zilis, D. in der Schweiz.
Silesia, Schlesien.
Sillinae insulae, die Sorlingischen Inseln.
Silurnum, Schliers, Stift in Baiern.
Siloënse monasterium, Selau, Kloster in Böhmen.
Silusia, Schleusingen od. Suhl, St. in Preussen.
Silva apiaria, der Bienwald im Elsass.
— Bocauna, Buchau, St. in Würtemberg.
Silva Clevensis = Saltus Clevensis.
— Ducis, Herzogenbusch, St. in Holland.
— Gabreta, der Böhmer Wald.
— Hercynia, der Harz.
— Martiana oder nigra: der Schwarzwald.
Silvanectis, -um, Senlis, St. in Frankreich.
Silvaticus sinus, der Holzkreis im Magdeburgischen.
Silvestres od. Silvarum insulae = Sillinae.
Silviniacum, Sauvigny, Mtfl. in Frankreich.
Simaethus, Chiaretta, Fl. in Sicilien.
Simeghiensis comitatus, die Schimeghier Gespannschaft in Ungarn.
Simigium, Samogye-Var, Mtfl. in Ungarn.
Simois, Mendere Sou, Fl. in Kleinasien.
Sina, Sinai oder Djebel Tor, Berg in Arabien.
Sincerra, Santerre, St. in Frankreich.
Sindilisdorfa, Sindelsdorf, D. in Baiern.
Sinemurum castrum, Semur en Brionnois, St. in Frankreich (Saône et Loire).
Singara, Sindjer, St. in der asiat. Türkei (Bagdad).
Singidava, Szegedin, St. in Ungarn.
Singidunum, Nander Fejerwar, Belgrad, St. in Serbien oder

Griechisch-Weissenburg, St. in Siebenbürgen.
Singilis, Xenil, Fl. in Spanien.
Singone, Trentsin, St. in Ungarn.
Singum = Sfinga.
Sintice, Seres, St. in Rumelien.
Sintria, Sitter, Fl. in der Schweiz.
Sinus Arabicus, das rothe Meer (nicht: mare Erythraeum).
— **Bothnicus**, der bothnische Meerbusen.
— **Ceramicus**, der Meerbusen Stanco im ägeischen Meer.
— **Codanus**, der grosse Belt, das baltische Meer.
— **Crater**, der Golf von Neapel.
— **Finnicus**, der finnische Meerbusen.
— **Flanaticus**, Carnivorus oder Polanus: der Meerbusen Il Golfo di Carnero, Quarnero oder Quarnerolo im adriatischen Meer.
— **Heroopolites**, der Meerbusen von Suez im arabischen Meer.
— **Hipponiates**, Lameticus od. Terinaeus: der Meerbusen von S. Eufemia im Meere von Neapel.
— **Laconicus**, Golfo di Colochinna in Macedonien.
— **Limicus**, der Lymfurtsche Meerbusen in Dänemark.
— **Melas**, der Golf von Saros im Archipel.
— **Messeniacus**, Golfo de Coron in Morea.
— **Naupactinus** od. Corinthiacus: Golfo di Lepanto in Livadien.

Sinus Neapolitanus oder Puteolanus: der Golfo di Napoli bei Neapel.
— **Polenus** = Sinus Flanaticus.
— **Sambracitanus**, Golfe de Grimaud od. St. Tropez in der Provence in Frankreich.
— **Scagensis**, der Cattegat.
— **Singiticus**, der Golfo di Monte Santo in Macedonien.
— **Strymonicus**, der Golfo di Contessa in Macedonien.
— **Sulcitanus**, der Meerbusen von Palmas bei Sardinien.
— **Tergestinus**, der Golfo di Trieste in Friaul.
— **Thermaeus**, der Golfo di Salonichi in Macedonien.
— **Toronaicus**, der Golfo d'Aiomama in Macedonien.
— **Urias**, der Meerbusen von Manfredonia im adriat. Meer.
— **Velinus**, der Meerbusen von Ischia bei Neapel.
Siphnus = Acis; Sifanto, cyclad. Insel.
Sipron, Sapri, St. in Neapel.
Sipus, Manfredonia od. Siponto, St. in Neapel.
Siradia, Sieradz, St. in Polen.
Siradiensis sedes, die Woiwodschaft Sieradz in Polen.
Sirio, Pont de Siron, Mtfl. in Frankreich.
Siris, Torre di Senna, St. in Neapel.
Sirma, -mium, Sirmisch od. Mitrowitz, St. in Ungarn.

Sirmio, Sermione, Mtfl. in der Lombardei.
Sisacum, Siscia: Sissek, St. in Croatien.
Siscium, Herrschaft Sziszeg in Croatien.
Sitanstetense coenobium S. Mariae, Seitenstätten, Kloster in Oesterreich.
Sitavia civitas, Zittau, St. in Sachsen.
Sithonia, die Provinz Rumelien in der Türkei.
Sitifis, Setif, St. in Algerien.
Sitomagus, Thetford, St. in England.
Sitticium, Sittich od. Sitizena, Kloster in Krain.
Skia, Skye, Insel bei Schottland.
Slagosia, Slagelse, St. in Dänemark.
Slaukovia, Austerlitz, St. in Mähren.
Slavo-Graecium,Vendo- od.Vindo-Graecium:Windisch-Grätz, St. in Steiermark.
Slavonia, Slavonien.
Slegum, Sligo, St. in Irland.
Slesia = Silesia.
Slesvicum, Schleswig, St. in Schleswig.
Slia, Schlei, Bucht an der Ostküste von Schleswig.
Slucensis Ducatus, Slutz, Herzogthum in Polen.
Smalcaldia, Schmalkalden, St. in Churhessen.
Snelandia, Island.
Sobisaeum, Soubise, St. in Frankreich.

Soetabis, Alcoy, Fl. in Spanien.
Sogdiana, die grosse Bucharei.
Sogniacum, Soignies, St. in Belgien.
Solemniacum, Solignac, St. in Frankreich (Haut Loire).
Soli od. Aepeta: Solia, St. auf der Insel Cypern.
Soliensis campus, das Saal- oder Zolfeld, zwischen den Städten Klagenfurt u. St. Veit in Kärnthen.
Solis oder Pompejopolis: Mezetlu, St. in der asiat. Türkei.
Solisbacum, Sulzbach, St. in Baiern.
Solium Vetus, Altsohl, St. in Ungarn.
Solliacum, Sorèze, St. in Frankreich (Tarn).
Solma, Solms, Grafschaft in der Wetterau.
Solodorum, Solodurum: Solothurn, St. in der Schweiz.
Solorius, das Siera-Nevadagebirge in Spanien.
Soltaquella, Solis urbs: Soltwedel od. Salzwedel, St. in der alten Mark Brandenburg.
Soltensis Processus, der Scholther District in Ungern.
Solus, Castello di Solanto, St. in Sicilien.
Solvaeum aestuarium, Solway Firth, Meerbusen bei Irland.
Somena, Somona, Somora: Somme, Fl. in Frankreich.
Somnium, Sonnino, Mtfl. im Kirchenstaat.

Sonderovia = Senderovia.
Sontius, Isonzo, Fl. in Venetien.
Sonus, Soane, Fl. im nördlichen Indien.
Sopronium, Oedenburg, St. in Ungarn.
Sora, Soroe, St. in Dänemark; Sora, St. in Neapel; S. od. Germanicopolis: Kastamouni, St. am Euphrat.
Sorabis, Staberum, Terebus: Segura, Fl. u. Mtfl. in Spanien.
Soracte, Monte S. Silvestro bei Rom.
Sorbiga, Zörbig, St. in Preussen.
Sorbiodunum, Old-Sarum oder Old-Salisbury in England.
Sordiliaco (od. Solliaco) **Beata Maria de**, Sorèze, St. in Frankreich (Tarn).
Sorelli castrum, Monsereau, Schloss in Frankreich.
Sorethum = AbbatiaSorethana.
Sorna, Sorr, Fl. im Elsass.
Sorrentum, Surrentum: Sorrento, St. in Italien.
Sospitellum, Sospello, St. in der Grafschaft Nizza.
Sostomagus, Castelnaudary, St. in Frankreich.
Soteropolis, Bahia od. San Salvador, St. in Brasilien.
Sozusa od. Apollonia: Marza Souza, Hafen in Tripolis.
Spalatum, Spalatro, Seestadt in Dalmatien.
Spandavia, Spandau, St. u. Festung in Preussen.
Sparnacum, Epernay, St. in Frankreich.

Sparno, Sparnonum: Epernon: St. in Frankreich (Eure et Loire).
Spartaria, Carthagena, St. in Spanien.
Spatana, Trincomale, Hafenstadt auf der Insel Ceylon.
Speculationis castrum, Schaumburg, Schloss an der Weser.
Speluca, quod dicitur desertum: Disentis, St. in der Schweiz (Graub.); posterior = Speluga.
Speluca, Splügen, Mtfl. u. Berg in der Schweiz (Graubündten).
Spera, Espera, St. in Spanien.
Sperchius, Hellado od. Agriomela, Fl. in Griechenland.
Sperleca, Eperlecques, D. in Frankreich (Pas de Calais).
Spernacum = Sparnacum.
Sphaeria, Insel Poros im Archipelagus.
Sphagia, Sapienza, Insel im Archipel.
Spicimeria, Spicimiersz, St. in Polen.
Spinaciolum, Spinazzola, St. in Neapel.
Spinae, Newbury, St. in England.
Spinalium, Epinal od. Espinal, St. in Frankreich.
Spinetum, Epinoy, St. in Frankreich.
Spineticanum ostium, Pô di Primaro, die Südmündung des Po.
Spira, Baronie Espières in Belgien.
— **Nemetum**, Speyer, St. in Rheinbaiern.

Spoletum, Spoleto, St. im Kirchenstaat.
Sponhemium, Spanheim, Grafschaft in Rheinpreussen.
Spreha, Spreva: Spree, Fl. in Preussen.
Squirsina, Schwerin, St. in Mecklenburg-Schwerin.
Staberum = Sorabis.
Stabiae, Castel a mare di Stabia, St. in Neapel.
Stabuletum, Stablo, St. in Westphalen.
Stabulum, Gericht Bevio, Bivio od. Stella in der Schweiz; Stavelot, St. im Lüttichischen.
Stadicum, Staditz, D. in Böhmen.
Stadium, Stade, St. in Hannover.
Stagira, Libesade od. Stravro, Hafenstadt in Macedonien.
Stampae, Stampis, -pe: Etampes, St. in Frankreich.
Stampha, Stampfen, Mtfl. in Ungarn.
Stanacum, Schärding, St. in Baiern.
Staphense monasterium, Staffelsee, Kloster in Baiern.
Stapulae, Etaples, St. in Frankreich (Pas de Calais).
Statio Rhaetorum = Riva villa.
Statuas, ad, Oliva, St. in Spanien.
Stauropolis, St. Croce, St. in Natolien.
Staviacum, Stäffis, St. u. Schloss am Neuenburger See in der Schweiz.
Stebecna, Smekna, D. in Böhmen.
Stella Carnovium u. Carnonium: Estella, St. in Spanien.
Stellae campus, San Jago de Compostella, St. in Spanien.
Stenacum, Steinach, Kloster in Tyrol; Stenacum od. Sathanacum: Stenay, St. in Frankreich.
Stenium, Stein, St. in Oesterreich.
Stenovicum, Steenwyk, St. in den Niederlanden.
Stephanopolis, Kronstadt oder Brassow, St. in Siebenbürgen.
Stetingia orientalis, Osterstedt, D. in Holstein.
Stetinum, Stettin, St. in Pommern.
Stilus, Stilo, St. in Italien.
Stira, Steyer, St. in Oesterreich.
Stiria, Steiermark.
Stiriacum, Stiriaticorum castra fortia: Sterzing, St. in Tyrol.
Stobi, Istib, St. in Macedonien.
Stockholmia, Stockholm, Hauptstadt von Schweden.
Stoechades insulae, die hyerischen Inseln.
Stoquemium, Stochem, St. im Hochstift Lüttich.
Strabetum, Segura, St. in Spanien.
Strada montana, die Bergstrasse in Nassau.
Stralsundum, Stralsund, St. in Preussen.
Stratioburgum = Argentoratum.
Stratonicea, Eski Hissar, St. in Anatolien.

Stregonum, Strigovia, Trimontium: Striegau, St. in Schlesien.
Strelicia major, Gross-Strehlitz, St. in Schlesien.
Stremontium, Estremos, St. in Portugal.
Strewa, Streu, Fl. im Eisenachschen.
Stridonia, -um, Strigau oder Strido, Mtfl. in Ungarn.
Stridonium, Soregna, St. in Italien.
Strigonium, Gran, St. in Ungarn.
Strigovia = Stregonum.
Strongyle, lipar. Insel Stromboli od. Strongoli.
Strongylis, Strongoli, St. in Neapel.
Strophades, die Inselgruppe Strivali im ionischen Meer.
Strymon, Stroumo, Fl. in der Türkei.
Strymonicus sinus, Meerbusen von Orfano od. Contessa im Archipel.
Stutgardia, Stuttgard, Hauptstadt von Würtemberg.
Stymphalus, Zareco, St. in Griechenland.
Styra civitas, Steyer, St. in Oesterreich.
Stivagiense monasterium, Estival, Kloster in Frankreich.
Suana, Sovana od. Soana, St. im Grossherzogthum Toscana.
Suarzanense coenobium, Schwarzach, Kloster bei Würzburg in Baiern.
Suavedria, Sèvre, Fl. in Frankreich.
Sublacense coenobium, Sublacium od. Sublaqueum: Subbiaco, Kloster u. St. bei Rom.
Sublavione, Seben, Mtfl. in Tyrol.
Subola, Saule, Landschaft in der Gascogne in Frankreich.
Subsilvania, Unterwalden, Canton in der Schweiz.
Suburbium Herculanense, Portici, St. in Neapel; Reginoburgi: Stadt am Hof, St. in Baiern.
Sucro, Jucar od. Xucar, Mtfl. in Spanien; Fl. gleiches Namens das.
Sudercopia, Söderköping, St. in Schweden.
Sudermannia, Südermannland, Provinz von Schweden.
Sudernum, Sorleano, Mtfl. in Toscana.
Sudetes, Montes Sudeti: das Riesengebirge, nach Andern das Erzgebirge mit dem Thüringer Wald und dem Lausitzer Gebirge.
Suebissena, Suebodinum, Suibissa, Suibusium: Schwiebus od. Schwiebusen, St. in Schlesien.
Suebodinum = Suebissena.
Suecia, Schweden.
Suel = Capion.
Suerinum, Schwerin, St. in Mecklenburg.
Suessa = Aurunca; Sanguesa, St. in Spanien; Roccamonfina, St. in Neapel.
— **Pometia** = Setia.
Suessio od. Saessionum Civitas = Noviodunum.

Suessola, Maddaloni od. Sessola, St. in Neapel.
Suevia, Schwaben.
— **Austriaca,** Oesterreich.
Suevicum mare = Codanus sinus.
Suevofortum, Trajectum Suevorum: Schweinfurt, St. in Baiern.
Suevus, Oder, Fl. in Preussen.
Suffetula, Spaitla, St. in Tunis.
Suibissa, Suibusium = Suebissena.
Suidnicium, Schweidnitz, St. in Schlesien.
Suintimum = Cenomanum.
Sulga, Sorgue, Fl. in Frankreich.
Sulliacum, Sully sur Loire, St. in Frankreich (Loiret).
Sulmo, Sermoneta, Mtfl. im Kirchenstaat.
Sulmo, Solmona, St. in Italien.
Sulphureus mons, Solfatara, Gegend in Neapel.
Sulphurinum, Solferino, Mtfl. in der Lombardei.
Sumeriae, -um, Sommières, St. in Frankreich.
Sumina = Samara.
Summa riva silvae, Sommariva del Bosco, Mtfl. in Italien.
Summontorium = Alta Specula.
Sunium, Cap Colonne in Attica.
Sunnemotinga, Sulmetingen, St. in Würtemberg.
Superaequana colonna od. Superequum: Castel Vecchio Subrequo, St. in Neapel.
Superum mare, das adriatische Meer.

Suria, Surlacus: Sursee, St. in der Schweiz.
Surina, Bila, Bach in Böhmen.
Surlacus = Suria.
Surregia, Surrey, St. in England.
Surrentum = Sorrentum.
Susatum, Soest, St. in Westphalen.
Susiana, Khouzistan, Provinz von Persien.
Susudala, Sayda, St. in Preussen.
Suthriona, Surrey, St. in England.
Sutrium, Sutri, St. im Kirchenstaat.
Swinforde, Schweinfurt, St. in Baiern.
Swyberti, S., Castra, Kaiserswerth, St. in Preussen.
Sybaris, Coscile, Fl. in Neapel.
Syberona, Santa Severina, St. in Italien.
Syene, Assuan, St. u. Insel in Aegypten.
Sylva, La Sila, Plateau in den Apenninen.
Sylva Constantiniana, Selva, St. in Spanien.
— **Ducis,** Herzogenbusch, St. in Holland.
— **Martiana,** der Schwarzwald.
Sylvanectes = Augustomagus.
Sylvania, Unterwalden, Canton in der Schweiz.
Sylvense coenobium, Selau, Kloster in Böhmen.
Symbolon, Balaclava, St. in der Krim.
Symethes, Jaretta, Mtfl. in Sicilien.

Syracusanus portus, Porto Vecchio, Hafen a. d. Insel Corsica.
Syros, cyclad. Insel Syra, Sira od. Siro im Archipel.
Syrticus ager, Landes, Dep. in Frankreich.
Syrtis magna, Meerbusen von Sidra an der Küste von Africa; S. minor od. parva: Meerbusen von Cabes das.
Szaboltsensis Comitatus, die Saboltscher Gespanuschaft in Ungarn.
Szathmariensis Comitatus, die Sathmärer Gespannschaft in Ungarn.
Szekoltzensis Processus, der Szakoltische Kreis in Ungarn.
Szetseniensis Processus, der Szetschenische District in Ungarn.
Szklabinyensis Processus, der Szkabinysche District in Ungarn.
Szolnociensis Comitatus, die Szolnoker Gespannschaft in Siebenbürgen.

Tabanorum lacus, My Vatn, See in Island.
Taberna, Taverna, St. in Italien.
Tabernae od. Tres Tabernae od. Tab. Triboccorum od. Tab. Alsatiae: Elsass-Zabern, St. im Elsass.
— **Montanae**, Bergzabern, St. im Elsass.
— **Mosellanicae** od. Riguae = Castellum mosellanum.
— **Rhenanae**, Rheinzabern, St. im Elsass.
Tabernarum castellum, Berncastel, St. in Rheinpreussen.

Tablae Batavorum, Delft, St. in Holland.
Tacabis, Yanar, St. in Portugal.
Tactschena, Tetschen, St. in Böhmen.
Tader, Segura, Fl. in Spanien.
Taenarum promontorium, Cap Matapan auf der Halbinsel Morea.
Taenarus, Caibares, St. auf der Halbinsel Morea.
Tagara, Daouletabad, St. in Dekkan.
Tagina, Lentagio, St. in Italien.
Tagus, Tajo, Fl. in Portugal.
Talabrica od. Ellora: Talavera de la Reyna, St. in Spanien.
Talcinum, Talcino, St. auf der Insel Corsica.
Talleburgum, Taillebourg, St. in Frankreich.
Talnus, Qalabscheh, D. in Nubien.
Tamara, Tamerton, St. in England.
Tamara, -ris, Tambre od. Tamar, Fl. in Spanien.
Tamarae ostium, Plymouth, St. in England.
Tamesis, die Themse, Fl. in England.
Tamiathis = Damiata.
Tamisia, Freiheit Tensche in Flandern.
Tanagra, Scameno, St. in Griechenland.
Tanais, Don, Fl. in Russland.
Tanara = Taenarum promontorium.
Tanarus, Tanaro, Fl. in Piemont.

Tanfanae lacus, das Kloster Corvey in Westphalen.
Tanis, Samnah od. San, St. in Unterägypten.
Taphros, Perekop, St. in der Krim; = Fossa.
Tarantasia Civitas Centronum = Darantasia.
Taras, Dniester, Fl. in Russland.
Tarasco, Tarascon, St. in Frankreich.
Tarba, Tarbes, St. in Frankreich.
Tarentum, Tarento, St. in Italien; Trient, St. in Tyrol.
Targetium, Stulingen, D. in Würtemberg.
Tarnaca od. Tarnadae: St. Maurice, St. in Savoien.
Tarno, Tarn, Fl. in Frankreich.
Tarodunum, Reutlingen, St. in Würtemberg.
Tarquinii, Turchina, St. in Toscana.
Tarraco, Tarragona, St. in Spanien.
Tarraconensis Hispania, das heutige Catalonien.
Tarraga, Tarraja, St. in Spanien.
Tarsus, Tarsouh, St. in Kleinasien.
Tartessus, Tarifa, Fl. in Spanien.
Taruntus, die (westliche) Dwina, Fl. in Russland.
Tarus, Taro, Fl. im Genues.
Tarvenna, Therouanne, St. in Frankreich (Pas de Calais).
Tarvesium, Tarvisium, Trevisium: Treviso od. Trevigi, St. in Italien.

Taunus mons, der Donnersberg od. die Höhe in Nassau.
Taurasia = Taurinum.
Tauriana, Seminara, St. in Calabrien.
Taurinum, Augusta Taurinorum: Turin, Hauptstadt von Piemont.
Tauris, Tebriz, St. in Iran.
Taurisci, Steiermark.
Taurodunum, Taurunum (falsch) = Singidunum.
Taurodunum, Tournon, St. in Frankreich.
Tauromenium, Taormina, St. in Sicilien.
Taurominius, Cantera, Fl. in Sicilien.
Taurunum, Belgrad, St. in Serbien.
Taurus, Djebel Kurin, Bergkette in Kleinasien; Capo di Santa Croce, Vorgebirge in Sicilien.
Tava, Meerbusen Fyrth of Tay an der schottischen Küste.
Tavium, Tschouroum, St. in der asiat. Türkei (Sivas).
Tavus, Tay, Fl. in Schottland.
Taxandria, Herzogthum Turnhout in Flandern.
Taxila, Attok, St. in Afghanistan.
Taxovia, Teissholz, Mfl. in Ungarn.
Taygetus, Monte di Maina, Bergkette auf der Halbinsel Morea.
Teanum Apulum, Ponte Rotto od. Rotello, St. in Neapel.
Teanum Sidicinum, Teano, St. in Neapel.

Teate Marrucinorum, Civita di Chieti, St. in Neapel.
Teba, Theba, St. in Spanien.
Tectensis pagus, Franchemont, Marquisat im Lüttichischen.
Tectosagi, Languedoc, Provinz von Frankreich.
Tectosagum, Toulon, St. in Frankreich.
Telamon, Telamone, Ort in Italien.
Telamontium = Delemontium.
Telebra, Melaena = Cephalenia.
Telga australis, Södertelge, St. in Schweden.
— **borealis**, Norrtelge, St. in Schweden.
Telis, Tet, Fl. in Frankreich.
Telmessus, Macri od. Meis, St. in Anatolien.
Telo Martius od. Telonis Portus: Toulon, St. in Frankreich.
Telonnum od. Telumnum: Toulon sur Arroux, Mtfl. in Frankreich.
Temena, Temesvarinum: Temesvár, St. in Ungarn.
Temesa, Tempsa: Torre di Nocera, St. in Neapel.
Temessus, Temes, Fl. in Ungarn.
Temesvarinum = Temena.
Templum Petri, Dompierre, D. in der Schweiz.
Tenebrium promontorium, Forbat, Vorgebirge in Spanien.
Tenera, Dender, Fl. in Belgien.
Teneraemonda, Tenremonda: Dendermonde, St. in den Niederlanden.

Tenos, San Nicolo, St. auf der Insel Teno; Teno od. Tina, cyclad. Insel.
Tentyra, -is, Denderah, St. in Aegypten.
Teoracia, Thiérache, St. in Frankreich.
Teos, Bodroun od. Sedschickschik, Kloster in Kleinasien.
Teplicia, Teplitz, St. in Böhmen.
Teramum = Interamnia.
Terapne, Insel Corsica.
Terebus = Sorabis.
Tergeste od. -um, Triest, St. in Illyrien.
Tergum Caninum, der Hundsrück, Gebirge in der preuss. Provinz Niederrhein.
Terminus Helvetiorum, Landschaft March in der Schweiz.
Termus, Ozieri od. Coguinas, Fl. in Sardinien.
Ternobum, Ternowa, St. in der Türkei.
Ternodorum, Tornodorum: Tonnerre, St. in Frankreich.
Terodon, Balsora, St. am pers. Meerbusen.
Terra Advocatorum, Variscia: das Voigtland in Sachsen.
— **Boitinensis**, die ehemal. Rupperstorfische Voigtei in der Oberlausitz.
— **cruda**, Croyland, St. in England.
— **Iberia**, Aragonien, span. Provinz.
— **Jordana**, Calabria meridionale, das jenseitige Calabrien in Italien.

Terra laboris = Campania felix.
— **sancta** = sancta insula.
— Siculorum, das Land der Szekler in Siebenbürgen.
— Velunensis, das Wielunsche Land in Polen.
Terrascea sylva, Thiérache, St. in Frankreich.
Tersactum, Tersat, Castel in Croatien.
Teschena, Tessinum: Teschen, St. in Schlesien.
Tesqua aquitanica, Landes, Provinz von Frankreich.
Tessinum = Teschena.
Tetina, Teyn, St. in Böhmen.
Tetricus mons, Monte St. Giovanni, Berg in den Apenninen.
Tetus, Trieux, Mtfl. in Frankreich.
Teuchira, Taoukrah, St. in der Berberei (Barca).
Teuderium, Paderborn, St. in Westphalen.
Teurnia, Radstadt, St. im Salzburgschen.
Teutoburginum, Detmold, St. im Lippischen.
Teutoburgum, Duisburg, St. in Rheinpreussen.
Teynecium Rochi, Hrochow Teynetsch, Mtfl. in Böhmen.
Thalloris, Grünberg, St. in Schlesien.
Thambrax, Tambrax: Asterabad, St. in Iran.
Thapsacus, Deïr, St. am Euphrat.
Thapsus, Demses, St. in Africa.
Theanum, Teano, St. in Italien.

Thearunum, Belgrad, St. in Serbien.
Thebae, Diva, St. in Griechenland.
Thebae Saxonicae = Duba.
Thebaica regio, die Landschaft Saïd und Uestanieh in Aegypten.
Thelesini, Telesa, D. in Neapel.
Themiscyra, Thermeh, St. in Kleinasien.
Thenae, Thenae in montibus, Tillae mons: Tillae mons: Tienen, Tienhofen od. Tirlemont, St. in Brabant.
Theodoadum = Doadum.
Theodomirensis pagus, Thimerais, St. in Frankreich (Perche).
Theodonis villa, Thionville, Diedenhofen, St. in Frankreich (Mosel).
Theodophorum, Dietfurt, St. in Baiern.
Theodorodunum, Wells, St. in England.
Theodosia, Caffa od. Feodosia, St. in der Krim.
Theodosiopolis, Hassankaleh, St. in der asiat. Türkei.
Theodosium, Gottesgab, St. in Böhmen.
Theodota, Dotis, Schloss in Ungarn.
Theologia, -gicum, -gium, Tholei, Abtei bei Verdun in Lothringen.
Theorascia, die Landschaft Thierache in Frankreich (Picardie).
Theorosburgum = Speculationis castrum.
Theotmala = Teutoburginum.

Thera = Calista.
Theranda, Perserin od. Prisrend, St. in Rumelien.
Therapne od. Theramnae: Kalamata, St. in Griechenland.
Therasia = Hiera.
Therma = Thessalonice.
Thermae Austriacae, Baden, St. in Oesterreich.
— Carolinae, Carlsbad, St. in Böhmen.
— Ebeshamenses, Epsom, St. in England.
— Ferinae, Wildbad, St. in Würtemberg.
— Helveticae = Aquae helveticae.
— Himerenses, Termini, St. in Sicilien.
— inferiores, Baden, St. u. Bad in Baden.
— Selinuntiae, Sciacca, St. in Sicilien.
Thermida, Sacedon, St. in Spanien.
Thermissa = Hiera.
Thermodon, Thermeh, Fl. in der asiat. Türkei.
Thermopolis = Aquae helveticae.
Thermopylae, Lycostomus oder Bocca di Capo, Engpass in Griechenland.
Thespiae, Erimo Castro oder Neocorio, Mtfl. in Griechenland.
Thessalia, das heutige türk. Sandjak Trikala.
Thessalonica, Salonichi, St. in der Türkei.

Theveste, Tebessa, St. in Algerien.
Thiceris, Thicis: Ter, Mtfl. in Spanien.
Thilia, Dyla, Fl. in Holland.
Thordensis comitatus, die Torenburger Gespannschaft in Siebenbürgen.
Thori portus, Thorshavn, St. in Norwegen.
Thoroltum, Thorout, Mtfl. in Belgien.
Thorunium, -um, Thorn, St. in Preussen.
Thosnites, See von Erzan in Armenien.
Thospia od. Arzaniorum oppidum: Eyer, St. in der asiat. Türkei.
Thracia, ein Theil des heutigen Rumelien.
Thronium, Bodonitza, St. in Griechenland.
Thronus regalis, der Königsstuhl bei Rense am Rhein.
Thudinum, Tudinium: Thuin, St. in Westphalen.
Thuetmonia, Clare, St. in Irland.
Thule, die Faröer- u. Shetlandsinseln, nach Andern Tiloen, Insel an der Küste von Norrland in Norwegen, oder auch Island.
Thuregum, Thuricum: Zürich, St. u. Canton in der Schweiz.
Thuringia, Thüringen.
Thurium novum, Terra nuova od. Torre Brodognato, Ort in Neapel.

Thurotziensis comitatus, die Thurotzer Gespannschaft in Ungarn.
Thyanus, Bucharest, Hauptstadt der Wallachei.
Thyatira, Akhissar, St. in Anatolien.
Tiberiacum, Berchem od. Bergheim, St. im Jülichischen.
Tiberii forum, Zurzach, St. in der Schweiz.
Tiberinum, Citta di Castello, St. in Neapel.
Tiberis, Tiber, Fl. im Kirchenstaat.
Tibiscum, Temesvar, Festung in Ungarn.
Tibiscus, Theiss, Fl. in Ungarn.
Tibula, Longo Sardo, St. auf der Insel Sardinien.
Tibur, Tivoli, St. im Kirchenstaat. [nien.
Tichis, Tecus: Tech, Fl. in Spa-
Ticinum, Pavia, St. in Italien.
Ticinus, Tessin od. Ticino, Fl. in der Schweiz u. Lombardei.
Tifernas, Tiferno, Fl. in Neapel.
Tifernum Metaurense, San Angelo in Vado, Ort in Neapel.
— **Tiberinum**, Citta di Castello, St. in Neapel.
Tigranocerta, Sert, St. in der asiat. Türkei (Bagdad).
Tigurina aedes, Tegernsee, Schloss in Baiern.
Tigurum, Zürich, St. u. Canton in der Schweiz.
Tilavemptus, Tagliamento, Fl. in der Lombardei; T. minor: Stella, St. in Friaul.
Tilesium, Ajello, St. in Italien.
Tiletum, Thielt, Mtfl. in Belgien.
Tilium, Tullum: Tell od. Teglio, Mtfl. in der Schweiz.
Tillae mons = Thenae.
Timacus, Timok, Grenzfluss von Serbien.
Timavus, Timao, Fl. bei Triest.
Timina, Demmin, St. im Mecklenburg.
Timium, Thumium: Thun, D. bei Cambray in Frankreich.
Tinae ostium, Tinmouth, St. in England.
Tingis, Tanger, St. in Marocco.
Tininium, Tinen od. Tenen, St. in Illyrien.
Tinurcium castrum, Tournus, St. in Frankreich (Saône et Loire).
Tiparenus, Spezzia, Insel im Archipel.
Tiphernum tiberinum = Tifernum T.
— **Metaurum** = Tifernum M.
Tiranum, Sondrio, St. im Veltlin.
Tirolis, Tyrol.
Tissa, Randezza, St. in Sicilien.
Tittuntum, Stagno, St. in der Republik Ragusa.
Tmolus, Bouzdag od. Tomolitzi, Berg in Kleinasien.
Toarcium, Thouars, St. in Frankreich.
Tobinium, Zopfingen, St. in der Schweiz.
Tobius, Towy, Fl. in England.
Tobolium, Tobolsk, St. in Sibirien.
Toggium, Toggenburg, Grafschaft in der Schweiz.

Togisonus, Fossana Paltana, Fl. in Venetien.
Togissium, Toissey, St. in Frankreich.
Tolanium, Soulon, St. in Frankreich.
Tolbiacum, Tolbiae od. Tulpetum: Zulpich od. Zulch, St. im Erzstift Cöln.
Tolca, Toucque, Fl. in der Normandie.
Toletum, Toledo, St. in Spanien.
Tolnensis Comitatus, die Tolner Gespannschaft in Ungarn.
Tolonum, Tullonum, Tullus: Toulon sur.Arroux, St. in Frankreich.
Tolosa, -atium, Toulouse, St. in Frankreich.
Tomi, Tomisvar od. Eski Purgana, St. in Bulgarien.
Tongera, Tanger, St. in Marocco.
Tons civitas, Tunis, St. in Africa.
Torgavia, Torgau, St. in Preussen.
Toriallum, Tourlaville, Mtfl. in Frankreich (Manche).
Tornacum, Dornik od. Tournay, St. in Frankreich.
Tornehecenses, Tournehem, Mtfl. in Frankreich (Pas de Calais).
Tornensis Comitatus, die Torner Gespannschaft in Ungarn.
Tornodorum = Ternodorum.
Tornomagensis vicus, Tournon, St. in Frankreich (Ardèche).
Tornucium, Tournus, St. in Frankreich.
Torpatum = Derbatum.
Torsilia, Torshella, St. in Schweden.

Tosibia, Torre del Ximeno, St. in Spanien.
Tossiacus, Toissey, St. in Frankreich.
Totarium od. Cottysium: Soghat, St. in Anatolien.
Trabus, Drau, Fl. in Oesterreich.
Tractus adjacens, Ommelanden, Landschaft in der holländ. Provinz Gröningen; T. occidentalis: Westerquartier, District das.
Traducta Julia = Tingis.
Tragurium, Trau, St. in Dalmatien.
Trajanopolis, Trajanopoli oder Orikhora, St. in Rumelien.
Trajectum, Trajetto, Mtfl. in Italien.
— **ad Mosam**, Maestricht, St. in Holland.
— **ad Oderam**, Frankfurt an der Oder, St. in Preussen.
— **ad Rhenum** od. Ultrajectum: Utrecht, St. in Holland.
— **Suevorum**, Schweinfurt, St. in Baiern.
Trajectus = Bristolium.
Tralles, Sultan-Hissar, St. in Anatolien.
Tramontum, Tramonti, St. in Italien.
Transcolapianus Processus, der District jenseits der Kulpa in Ungarn.
Transisalana provincia, Oberyssel, Landschaft in Holland.
Transmontana provincia, Tras-os-Montes, Provinz von Portugal.

Transmontanus Processus, der jenseits des Anfangs des Carpathen-Gebirges gelegene District in Ungarn.
Transmosana provincia, Limburg, Provinz von Holland.
Transsilvania, Siebenbürgen.
Tranum, Trani, St. in Italien.
Trapezus, Trebisonde, St. in der asiat. Türkei.
Trasimenus lacus, See von Perugia im Kirchenstaat.
Traunus, Traun, Fl. in Steiermark.
Trebia, Trevi, Mtfl. im Kirchenstaat; Trebbia, Fl. im Genuesischen.
Trebnitium, Trebnitz, St. in Schlesien.
Trebunium, Trebigne, St. in Bosnien.
Trecae, Troyes, St. in Frankreich.
Trecora, -;ium, Treguier, St. in Frankreich (Côtes du Nord).
Treguena, Bossiney, Burgflecken in England.
Treisma, Treismauer, Mtfl. in Oesterreich (unter der Ems).
Tremithus, Nicosia, St. auf der Insel Cypern.
Tremolia, Trimouille, St. in Frankreich.
Tremona, Tremonia: Dortmund, St. in Westphalen.
Tremunda, Dartmouth, St. in England.
Trentschiniensis Comitatus, die Trentschiner Gespannschaft in Ungarn.

Tres Tabernae, Cisterna, Mtfl. im Kirchenstaat.
Treva, Warendahl, Schloss in Holstein.
Treventum, Trivento, St. in Neapel.
Triveri, Treveris, Treviris: Trier, St. in Rheinpreussen.
Trevisium = Tarvisium.
Tribisa, Triebisch, Fl. in Sachsen.
Tribocorum = Argentoratum.
Tribulium, Tribunia: Trebigne, St. in Bosnien.
Triburia, Triburium: Trebur, Mtfl. in Rhein Hessen.
Tributum Caesaris, Tribbses od. Tribsee, St. in Pommern.
Tricala, Calata Bellota, St. in Sicilien.
Tricasses = Trecae.
Tricca, Tricala, St. in Rumelien.
Tricollis, Zeacollis, Zeapolis: Dinkelsbühl od. Dünkelspühl, St. in Schwaben.
Tridentum, Trient od. Trento, St. in Tyrol.
Tridinum, Trinum: Trino, St. in Italien.
Trigentina, Trient, St. in Tyrol.
Trigisamum, Trisiganum: Treismauer, Mtfl. in Oesterreich.
Trigisamus, Trasen, Fl. in Oesterreich.
Trimontium, 1) Trimmis, D. in Schweiz; 2) Striegau, St. in Schlesien.
Trinius, Trigno, Fl. in Neapel.
Trinum = Tridinum.

Triocala, Calatabellota, St. in Sicilien.
Tripolis, Karschout, Fl. in Syrien; Tripoli und Lebedah, St. in Africa; Tripolitza, St. in Griechenland; Tireboli, St. in Kleinasien.
Tritonis lacus, der See Farooun od. El Loudeah in Africa.
Trivastum, Drivasto, St. in der Türkei.
Triventum, Trivento, St. in Italien.
Trivicum, Trevico oder Vico della Baronia, St. in Neapel.
Trivium, Trivordium, Trivultium: Trévoux, St. in Frankreich.
Trocensis Palatinatus, die Woiwodschaft Troki in Polen.
Troezene, Damata, Ort in Griechenland.
Tronthemium, Drontheim, St. in Norwegen.
Tropaea, Tropea, St. in Neapel.
Trophaea Augusti, Turbia, Villa Martis: Torbia, St. in Italien.
Trovius, Trobis od. Gru, Fl. in Schottland.
Truccia, Droissy od. Briel, Mtfl. bei Soissons in Frankreich.
Truentus, Tronto, Fl. in Neapel.
Trudonopolis, St. Truyen od. St. Trond, St. im Lüttichischen.
Truma, Trim, St. in Irland.
Truna, Traun, Fl. in Steiermark.
Trutavia, Forchheim, St. in Baiern.
Trutina, Trautenau, St. in Böhmen.
Trutmania, Drotmannia: Dortmund, St. in Westphalen.
Tubalia, Tafella, St. in Spanien.
Tubantia, Quartier Twenthe in den Niederlanden.
Tubaris, Tuberus: Tauber, Fl. in Würtemberg.
Tubinga, Tübingen, St. in Würtemberg.
Tucci = Colonia Aug. Gem.; Martos, St. in Spanien.
Tucconia, Tuggen, Pfarrdorf in der Schweiz.
Tudae ad fines, Tude, Tyde: Tuy, St. in Spanien.
Tuder, Tudertum: Todi, St. im Kirchenstaat; Guadalentia, Fl. in Spanien.
Tudinium, Thuin, St. im Lüttich.
Tueda, Tweed, Fl. in Schottland.
Tueria, Twer, St. in Russland.
Tuesis, Berwick, St. in Schottland.
Tugensis pagus, Canton Zug in der Schweiz.
Tugium, Zug, St. in der Schweiz (C. Zug).
Tuila alta, Hohentwiel, Festung in Würtemberg.
Tuiscoburgum, Duisburg, St. in Rheinpreussen.
Tuitium, Deutz, St. im Erzstift Cöln.
Tuliphordium, Göttingen, St. in Hannover.
Tuliphurdum, Verden, St. in Hannover.
Tulisurgium, Braunschweig, St. in Braunschweig.

Tullonium od. **Tutela**: Tudela, St. in Spanien.
Tullonum, Toulon, St. in Frankreich.
Tullum Leucorum, Toul, St. in Frankreich.
Tullus = Tullum.
Tulpetum, Zulpich od. Zulch, St. im Jülichischen.
Tumbella, Tumbellana: Tombellaine, Vorgebirge in Frankreich.
Tumbellana = Tumbella.
Tunesium, Tunetum, Tunitium: Tunis, St. in Africa.
Tungri, Tongern, St. in Belgien.
Tungrorum fons, Spa, Bad im Lüttichischen.
Tunonium, Thonon, Fl. in Savoien.
Turantus, Narva, Fl. in Finnland.
Turbia, Torbia, St. in Italien.
Turbula, Tobarra, St., od. Teruel, St., od. Villena, Mtfl. in Spanien.
Turcia, die Türkei.
Turdetanorum urbs, Teruel, St. in Spanien.
Turegum, Zürich, St. in der Schweiz.
Turena, Turenne, Mtfl. in Frankreich.
Turenum, Trani, St. in Neapel.
Turgea, Turgoia: Canton Thurgau in der Schweiz.
Turia, Guadalaviar, Fl. in Spanien.
Turia, Albarazin, St. in Spanien.
Turiaso, Taragona, St. in Spanien.

Turicum, Turigo, Duregum = Tigurum.
Turnuorum = Tinurcium castrum.
Turnus, Tournus, St. in Frankreich.
Turones = Caesarodunum; Touraine, Landschaft in Frankreich.
Turres veteres, Torres Vedras, Mtfl. in Portugal.
Turricium, Terlizzi, St. in Neapel.
Turris ad lacum = Durlacum.
— **cremata**, Torquemada, St. in Spanien.
— **Juliana**, Mola, St. in Neapel.
— **Julii** od. **Julia**: Truxillo od. Trujillo, St. in Spanien.
— **Libysonis**, Sassari, St. in Sardinien.
— **Peliana**, La Tour od. Tour de Peiel, St. in der Schweiz (Bern).
— **pinus**, La Tour du Pin, St. in Savoien.
— **sillae**, Tordesillas, St. in Spanien.
Tursium, Tursi, St. in Italien.
Turuntus, Düna, Fl. in Russland.
Tuscanella, Toscanella, St. im Kirchenstaat.
Tuscania, Tuscia = Tuscanella.
Tuscia, Tuscis, Mtfl. in der Schweiz.
Tuscia = Etruria.
Tusciacum, Tulley, Mtfl. in Belgien.
Tusculum, Frascati, St. im Kirchenstaat.

Tusis, Tossena, Mtfl. in Graubündten.
Tussa, Illerdissen od Tussen, D. an der Iller in Baiern.
Tuta vallis, Tryggewalde, Schloss in Dänemark.
Tutela, Tulle, St. in Frankreich.
Tyana, Kara Hissar, nach Andern Ketsch od. Nikdeh, St. in Caramanien.
Tyberia = Tibur.
Tychopolis, Glückstadt, St. in Holstein.
Tyde, Tuy, St. in Spanien.
Tyllesium, Ajello, St. in Neapel.
Tympania, Strovis, St. auf der Insel Morea.
Tyndarium, Tindaro, St. auf der Insel Sicilien.
Tyras = Danasta.
Tyrnavia, Tyrnau, St. in Ungarn.
Tyrus, Sour, St. in Phönicien.
Tyrvanda civitas, Tervanne, Mtfl. in Frankreich.
Tyrrhenia, Toscanella, St. in Italien.
Tyrrhenum mare, das Meer zwischen der Ostküste von Italien, Sicilien, Corsica und Sardinien.
Tysdrus, El Jem, St. in Africa.

Ubimum, Gihaud, Mtfl. in Frankreich.
Ubiopolis, Cöln, St. in Rheinpreussen.
Ubiorum arx, Bonn, St. in Rheinpreussen.
Ucetia, Uzès, St. in Frankreich.
Ucra oder Uckerana Marchia:
Uckermark, Landschaft im Brandenburgischen.
Udenae, Weiden, St. in der Pfalz.
Udenhemium, Philippsburg, St. in der Pfalz.
Uduba, Mijares, Fl. in Spanien.
Udvarhelyensis sedes, der Oderhelyer Stuhl in Siebenbürgen.
Ufinga, Uffing, Pfarrdorf in Baiern.
Ugernum, Beaucaire, St. in Frankreich (Gard).
Ugotgensis comitatus, die Ugotscher Gespannschaft in Ungarn.
Ujavarinum, Neuhäusel, Mtfl. in Ungarn.
Ulcinium, Dulcigno, St. in Rumelien.
Ulia, Montemayor, Mtfl. in Spanien.
Uliarus, die franz. Insel Oleron.
Ulidia, Ultonia: Ulster, Landschaft in Irland.
Ulma, Ulm, St. in Württemberg.
Ulmeta, -tum, Ormea, St. in Italien.
Ulmigavia, Preussen.
Ulpia Sardica, Sophia od. Triaditza, St. in Bulgarien.
— **Trajana** = Zarmigethusa.
Ulpianum, Justiniana secunda: Prisrend od. Perserin (nach Andern Kostendil od. Ghiustendil), St. in Rumelien.
Ulricum, Ourique, St. in Portugal.
Ulterior portus, Le Treport, Hafenstadt in Frankreich.
Ultinum, Alten, St. an der Aar in der Schweiz.

Ultonia, Ulster, Landschaft in Irland.
Ultrajectum, Utrecht, St. in Holland.
Ululeus, Argento, Fl. in Albanien.
Ulysippo, Ulyssipolis, Ulyssipona: Lissabon, Hauptstadt von Portugal.
Umber, Humber, Fl. in England.
Umbilicum, Malix od. Umblü, Pfarrdorf in der Schweiz.
Umbilicus maris, der Mälstrom, Meerstrudel bei Norwegen.
Umbista, Imst, Mtfl. in Tyrol.
Umbriaticum, Umbriatico, Mtfl. in Neapel.
Umbro, Ombrone, Fl. in Toscana.
Unda, Ontiar, Fl. in Spanien.
Unsingis, Unse, Fl. in Hannover.
Untervaldia, Unterwalden, Canton in der Schweiz.
Ungaria, Hungaria: Ungarn.
Unghensis Comitatus, die Ungher Gespannschaft in Ungarn.
Unxnonnia, Usedom, St. in Pommern.
Upsalia, Upsala, St. in Schweden.
Ura, Herrenaurach, Kloster bei Würzburg in Baiern.
Uracum, Aurach, St. in Würtemberg.
Urana, Laurana, St. in Krain.
Urania, Vallis in Urah, Vallis Urania: das Urnerland in der Schweiz.
Urba, Orbe od. Orben, St. in der Schweiz (Waadt).
Urbes anseaticae, die Ansee-städte (fälschlich Hanseestädte genannt).
Urbes sylvaticae, die schweiz. Waldstädte am Rhein.
Urbigenum, Orbe, Orbach oder Urba, St. in der Schweiz.
Urbigenus pagus, Waadt, Canton in der Schweiz.
Urbinum hortense, Urbino, St. im Kirchenstaat.
— **Metaurense,** Urbania, St. im Kirchenstaat.
Urbs Drusiana, Elbing, St. in Preussen.
— **vetus** = Herbanum.
Urcesa, Ucles, Mtfl. in Spanien oder Requena, St. das.
Urcinium, Ajaccio, St. auf der Insel Corsica.
Urgao, Arjona, St. in Spanien.
Urgele = Orgelum.
Urgia, Orge, Fl. in Frankreich.
Uria od. **Uritana:** Oria, St. in Neapel.
Urias sinus, der Golf von Manfredonia an der Küste von Apulien.
Uriconium, Shrewsbury, St. in England.
Urnacum, Uronatum: Urnäsch, D. in der Schweiz.
Uronia, Uri, Canton i. d. Schweiz.
Uronatum = Urnacum.
Urpanus, Verbasz, Fl. in Ungarn.
Ursillae, -urum, Ursel, St. im Mainzischen.
Ursimontanum, Ormonts, St. in der Schweiz (Bern).
Ursimontium, Achimont, Herrschaft im Callenburgischen.

Ursinense monasterium, Urso od. Genua Ursorum: Ossuna, St. in Spanien.
Ursinum, Irsee, Abtei in Schwaben.
Ursopolis, Bernburg, St. in Anhalt-Bernburg.
Ursorum castrum, Bierneburg, St. in Finnland.
Urteus = Uticensis pagus.
Urunca = Ensishemium.
Urus, Youx, Fl. in England.
Ustadium, Ystad, St. in Schweden.
Usadium, Cap Osem an der Küste von Africa.
Usellis, Usel, St. auf der Insel Sardinien.
Userca od. Usreca: Uzerche, St. in Frankreich (Corèze).
Uspium, Ips, St. in Niederösterreich.
Usta, Ustie: Aussig, St. in Böhmen.
Uterina vallis, die Pflege Eufferstahl oder Uterstahl in der Pfalz.
Uthina, Udine, St. in Africa.
Utica, Biserta, St. in Mauritanien.
Uticensis pagus od. Uticum: Pays d'Ouche, Landschaft in der obern Normandie.
Utina, Utinensis ecclesia: Eutin, St. im Oldenburgischen.
Utinum, Udine, St. in Friaul; Oettingen, St. in Baiern.
Utis, Montone, Fl. in Italien.
Utocetum, Utoxeter, Mtfl. in England.
Uttenbura, Ottenbeuren, Kloster in Baiern.

Uxama, Osma, St. in Spanien.
Uxantis od. Uxisama: franz. Insel Ouessant an der Küste des Dep. Finistère in Frankreich.
Uxellodunum, Capdenac, St. in Frankreich (Lôt).
Uxentum, Ugento, St. in Neapel.
Uxona = Oxoma.
Uzka, Saa, Fl. in Böhmen.

Vabrense Castrum od. Vabrincum: Vabres, St. in Frankreich (Mosel).
Vacia, Vacovia: Waitzen, St. in Ungarn.
Vaconium, Villach, St. in Kärnthen.
Vacontius, Luc, St. in Frankreich (Dauphiné).
Vada Volterrana, Porto oder Torre di Vada, Hafen im Grossherzogthum Toscana.
Vadanus mons, Vaudemont, St. in Lothringen.
Vadicasses od. Viducasses: Valois, Landschaft in Frankreich.
Vadicasses, Vassy, St. in Frankreich (Haute Marne).
Vadimonis lacus, See von Bassano im Kirchenstaat.
Vado, Wadeningen, D. in Baiern.
Vadum, Vé, Schloss in Frankreich.
— altum, Hohenfurt, St. in Böhmen.
— lupi, Wolfenbüttel, St. in Braunschweig.

Vadum S. Clementis, Vé St. Clément, Landschaft in der Normandie.
Vaga, Wye, Mtfl. in England.
Vagenum, Wageningen, St. in Holland.
Vagus od. Cusus: Waag, Fl. in Ungarn.
Vahalis, Waal, Fl. in Holland.
Vajkensis sedes, der Vajkische Stuhl in Ungarn.
Valachia, die Wallachei.
Valcassinum, die Landschaft Vexin in Frankreich.
Valcellae, Vaucelles, Ort in Frankreich.
Valcircum, Feldkirchen, St. in der Schweiz.
Valdanus, Sarwitz, Fl. in Ungarn.
Valdensis Comitatus, das Waadtland in der Schweiz.
Valdentia, Velden, D. im Trierschen.
Valdoletum, Valladolid, St. in Spanien.
Valdosassonia, Waldsachsen, Mtfl. in der Pfalz.
Valemuthum, Falmouth, St. in England.
Valena, Valbach, St. in Ober-[ungarn.
Valentia, 1) Valence, St. in Frankreich; 2) V. Edetanorum: Valencia, St. in Spanien; 3) Berwick, Grafschaft in Schottland; 4) Valentin, Provinz von Frankreich (Bretagne).
Valentiana, -ae, Valentiniani castellum, Valentiennenses: Valenciennes, St. in Frankreich.

Valeria od. Valeriana: Valera la Viega, Mtfl. in Spanien; Vicovaro, Mtfl. im Kirchenstaat.
Valesia, 1) das Walliserland in der Schweiz; 2) Valois, Landschaft in Frankreich.
Vallandunum, Château Landon, St. in Frankreich.
Valles Pedemontanae, die Waldenser Thäler in Piemont.
Vallia, Wales, Fürstenthum in England.
Vallis Antuatium, Val d'Ansasca, St. bei Domo d'Ossola in Savoien.
— **aspera**, Le Val spir, Thal in Frankreich (Roussillon).
— **aurea**, Airvault, St. in Frankreich.
— **Ausugii** od. Euganea: das Thal Vall Sugana in Tyrol.
— **beatae Mariae**, Vallis Dominarum: Frauenthal, Kloster in der Schweiz; Sornzig, ehemaliges Kloster in Sachsen.
— **beatae Mariae virginis**, Rothmünster, Abt. in Schwaben.
— **Bostroniae**, Vaugirard, Mtfl. in Frankreich (Seine).
— **Brennia**, Breunia: Landvoigtei Bollenz, auch das Palenzerthal in der Schweiz.
— **Brunna**, Thal Bregel in der Schweiz (Graubündten).
— **Caulium**, Val des Choux, Kloster in Frankreich.
— **Cereris** = Barfletum.
— **Cilavina**, das Zellerthal in Tyrol.

Vallis Clausa, Vaucluse, D. in Frankreich (Vaucluse).
— **Clusonia** = Valles Pedemontanae.
— **Color** od. **Colorum**: Vancouleurs, St. in Frankreich.
— **Comitum**, Gräfenthal, St. im Altenburgischen.
— **Coniae**, Val di Cogna, Grafschaft in Piemont.
— **Corvantiana**, Churwalden, Gericht in der Schweiz.
— **domestica**, das Domlescherthal in der Schweiz.
— **Demonae**, Val di Demona, District in Sicilien.
— **Dominarum** = Vallis beatae Mariae.
— **Dominorum**, Herrengrund, Bergflecken in Ungarn.
— **Domitiana**, Baba Dagh, Ort in Bulgarien.
— **Drusiana**, der Walgau in Schwaben.
— **dulcis**, Vaduz od. Lichtenstein, Mtfl. u. Schloss im Rheinthale.
— **S. Egidii**, Kloster Buch in Sachsen.
— **Euganea** = Vallis Ausugii.
— **Fera** od. **Ferrea**: das Thal Freel in der Schweiz.
— **Flemarum**, das Thal Fleims in Oesterreich.
— **florida**, Blumenthal, Schloss in Graubündten.
— **frigida**, das Thal Froideval im Elsass.
— **frigida**, Valle Fredda, D. in Italien.

Vallis Gratiae, Nådendal, St. in Schweden.
— **Gratiarum**, Graventhal, Kloster in der Schweiz.
— **Guidonis** od. **Widonis**: Laval, St. in Frankreich.
— **Joachimica**, Joachimsthal, St. in Böhmen.
— **jocosa**, **jucunda**: Freudenthal, Kloster in Krain.
— **lapidaria**, Vallis sexamniensis: das Schamserthal in der Schweiz.
— **leguntina**, das Lugnetzerthal in der Schweiz.
— **lepontina**, das Livinerthal in der Schweiz.
— **Licada**, das Lechthal in Tyrol.
— **Liliorum**, Dänicken, Tenniken, Kloster in der Schweiz.
— **Mariae virginis**, Mergentheim od. Marienthal, St. in Würtemberg.
— **Mesaucina** = Mesaucum.
— **Ocellana**, Thal Ouls an der Gränze zwischen Frankreich und Savoien.
— **omnium sanctorum**, Maurbach oder Allerheiligen-Thal in Oesterreich.
— **Petralatae**, das Thal Prella in Italien.
— **Poenina** oder **Pennina**: Canton Wallis in der Schweiz.
— **Pusteria**, das Pusterthal in Tyrol.
— **romana**, Valromey, Landschaft in Frankreich (Burgund).

Vallis Rosarum, Rosenthal, Mtfl. in Böhmen.
— **S. Mariae Virginis,** Nothmünster, Kloster im Elsass.
— **S. Martini,** das Waldenser Thal St. Martin in Piemont.
— **sana,** die Gemeine Valsein in der Schweiz.
— **Sarentina,** das Sarenthal in Tyrol.
— **Sexamniensis** = Vallis lapidaria.
— **Solis,** der Sulzberg in Oesterreich.
— **Tellina,** Veltlin, Landschaft in der ital. Schweiz.
— **Urania,** das Urnerland in der Schweiz.
— **Ursaria,** Ursella: das Urseller- od. Urserenthal in der Schweiz.
— **Venusta,** Vinstgau od. Vintschau in Tyrol; das Münsterthal in Graubündten.
— **Venuste,** Venosca, Venostes od. Venusta: der Viestgau in Savoien.
— **Vipitena,** das Wipthal in Tyrol.
Vallis[t]oletum, Valladolid, St. in Spanien.
Vallisumbrosa, Vallombrosa, Abtei in Toscana.
Vallocuria, Valcourt, St. in Frankreich.
Vallum, Vals, Mtfl. in Frankreich.
Valmagia = Madiae od. Madia Vallis.
Valonia, -ae, Valogne, St. in Frankreich.

Vandalia, Venilia, Vensilia: die Landschaft Wendsyssel auf der dän. Insel Jütland.
Vandalici montes, das Riesengebirge.
Vandalitia, Andalusien, span. Provinz.
Vanduli, Guipuzcoa, span. Provinz.
Vangio, -ona, Worms, St. in Hessen-Darmstadt.
Vannia, Venzone, St. in Italien.
Vapincensis tractus, Gapençais, Landschaft in Frankreich (ein Theil der Dauphiné).
Vapincum, Gap, St. in Frankreich (H. Alpes).
Vara, Dunbar, St. in Schottland; der Meerbusen Firth of Cromartie in Schottland.
Varactus, Gueret, St. in Frankreich.
Varallium, Kirchdorf, St. in Oberungarn.
Varasdinensis processus, der Warasdinische District in Croatien.
Varadinum, Grosswardein, St. in Ungarn.
Varciani, Varasdin, St. in Ungarn.
Vardanus, Kuban, Fl. in Russland.
Vardus, Gardon, Fl. in Frankreich.
Varenum, Waren, St. in Mecklenburg.
Varia, Varea, St. in Spanien; Vicovaro, Mtfl. im Kirchenstaat.
Varianum, St. Pietro in Valle, D. in Venetien.

Varinia, Warde od. Warda, St. auf der dän. Insel Jütland.
Variscia, Voigtland, Provinz von Sachsen.
Varmia, Ermeland, Bisthum in Preussen.
Varnosol, Muret, St. in Frankreich (Haute Garonne).
Varsovia, Warschau, St. in Polen.
Varumna, Garonne, Fl. in Frankreich.
Varunum, Judenburg, St. in Steiermark.
Varus, Var, Fl. in Frankreich.
Varusa, Stura, Nebenfluss des Po.
Vasatae, Vasatum: Bajas, St. in Frankreich.
Vasates = Cossio.
Vascapum = Porta Ferrea.
Vasco Vocontiorum, Vaison, St. in Frankreich.
Vascones, Vascitania u. Vasconia: nicht die Gascogne in Frankreich, sondern Navarra und ein Theil von Biscaya in Spanien.
Vasia, Wars, District in Flandern.
Vasio, Vaison, St. in Frankreich (Vaucluse).
Vassejum = Vassiacum.
Vassiacum, Vassy, St. in Frankreich.
Vassobrunensis abbatia, Kloster Wessenbrunn in Baiern.
Vastalia, Guastalla, St. in Italien.
Vastinensis comitatus, Gatinois, Landschaft in Frankreich (theils in Isle de France, theils in Orleanais).

Vatzia, Vatzovia: Vaez oder Wátz, St. in Ungarn.
Vauculeriae, Vaucouleurs, St. in Frankreich.
Vaudum, Canton Waadt in der Schweiz.
Vauricum, Vaurum: Lavaux, St. in Frankreich.
Veclaepontum, Focklabruck od. Vöklabruck, St. in Oesterreich.
Vecta, Vectesis, Vectis: die engl. Insel Wight.
Vedasus, Bidassoa, Fl. in Spanien.
Vedelia, Vejella, Velleja: Weile od. Wedle, St. auf der dän. Insel Jütland.
Vedinum, Udine, St. in Friaul.
Vedra, Tine, Fl. in England.
Vedrus, Vecht, Fl. in Holland.
Vegia, die dalmat. Insel Veglia od. Vegia.
Vejella = Vedelia.
Veji, Isola Farnese, Ort im Kirchenstaat.
Velauni, -ia, -ium, Velay, Landschaft in Frankreich.
Velavia, Welau, St. in Preussen.
Velcuria, Feldkirch, St. in Oesterreich.
Veldidena, Welten, Ort in Tyrol.
Velia = Elia; Revello, St. in Neapel.
Veliacum, Vaili, St. in Albanien.
Velinus, Velino, Fl. in Neapel.
— **lacus,** Pie di Luco, See in Neapel.
Veliocasses und **Veliocassinus tractus:** das Gebiet Vexin in Frankreich (Normandie).

Veliphoratusium, Wolferzhausen, Mtfl. in Baiern.
Velitrae, Velletri, St. im Kirchenstaat.
Vellaudunum oder Vellaunodunum: Château-Landon, St. in Frankreich, oder richtiger Beaume, St. ebendas.
Vellavi, Velay, Landschaft in Frankreich (Languedoc).
Velleja = Vedelia.
Velsbillicum, Welschbillich, St. im Trierschen.
Veltelina, das Veltlin.
Venafra, -um, Venafro, St. in Neapel.
Venascinus comitatus, Venaissin, Landschaft in Frankreich.
Venatio regia, Altezzan, Schloss in Savoien.
Vendelini Augia, Amt Wanzenau im Elsass.
Vendemis = Viminiacum.
Venderae, Vendières, St. in Frankreich.
Vendo-Graecium, Windischgrätz, St. in Steiermark.
Vendocinum, Vendôme, St. in Frankreich (Loire et Cher).
Vendopera, Vendoeuvre, St. in Frankreich.
Vene, Amstelveen, D. in Holland.
Venedia = Fenningia.
Venedorum ducatus, das pommersche Herzogthum Wenden.
Venenas, Venetum, Veneti: Vannes, St. in Frankreich.
Veneria od. Aphrodisium: Farades, St. in Tunis.

Veneris portus, Bordo Badisco, Hafen der Stadt Castro in Calabrien; Porto Venere, Hafen am Golf von Spezzia; Vorgebirge Creus in Spanien.
Venetiae, Venedig, St. in Venetien; Vannes, St. in Frankreich.
Veneticae insulae, Inseln an der Küste von Frankreich (darunter Belle-Isle).
Venilia, Vensilia = Vandalia.
Venloa, Venlona: Venlo, St. in Holland.
Venta Belgarum, Winchester, St. in England.
— **Icenorum** oder Simenorum: Caster od. Norwich od. Lynn, St. in England.
— **Silurum**, Bristol od. Caer-Gwend, St. in England.
Ventia, Vence, St. in Frankreich (Var); Vinay, St. das. (Ilère).
Ventidunum, Caerwent, St. in England (Südwales).
Venusia, Venosa, St. in Neapel.
Vera = Campoveria; Lavour, St. in Frankreich (Tarn); ter Veere, St. in Holland.
Verbanus lacus = Lacus Verbanus.
Verbigenus pagus, der Aargau in der Schweiz.
Verbigenus tractus, Orbe, Landschaft im Canton Waadt in der Schweiz.
Verbinum, Vervins, St. in Frankreich (Aisne).
Verbovia, Wrbau od. Wrbowo, Mtfl. in Ungarn.

Vercellae, Vercelli, St. in Piemont.

Verciolum, Verzuolo, St. in Piemont.

Verebelyensis Processus et Sedes, der Werebelische District u. Gerichtsstuhl in Ungarn.

Veredunum, Verodunum: Verdun, St. in Frankreich (Maas).

Verendum, Valentano, Ort im Kirchenstaat.

Vergi, Verja, Virgi: Vera, St. in Spanien.

Vergidum territorium, Vierzo, Landschaft in Spanien.

Vergilia od. Arcilacis: Murcia, St. in Spanien.

Vericulum, Utrera, St. in Spanien.

Veridunum castrum, Verdun, St. in Frankreich.

Vermilacum, Bernried, Probstei in Baiern.

Vermis lacus, der Wurmsee in Baiern.

Vernia = Hibernia.

Vernogilum, Vernolium: Verneuil, Schloss in Frankreich (Oise).

Vernosole, St. Croix de Volvesne, D. in Frankreich.

Veroczensis oder Verovitiensis comitatus; die Werowitzer Gespannschaft in Ungarn.

Verodunum = Veridunum castrum.

Veromaei vallis, Val Romey, Landschaft in Frankreich (Burgund).

Veromanduensis ager, Vermandois, Landschaft in Frankreich (Picardie).

Veromandui ortivi, Thierache, Landschaft in Frankreich (Picardie).

Verometum, Willoughby, D. in England.

Veronensis circulus, der Berauner Kreis in Böhmen.

Verruca, Verua: Verrua, St. in Italien.

Versaliae, Versailles, St. in Frankreich.

Vertia, Donauwerth, St. in Baiern.

Veruca, Chiusa, Pass in Venetien.

Verulae, -lum, Veroli, St. im Kirchenstaat.

Verurium, Viseu od. Vincent de Beira, St. in Portugal.

Ververiae, Vervia: Verviers, St. im Hochstift Lüttich.

Vesalia, Wesel, St. in Westphalen.

Vesci portus, Puerto de S. Martio, Hafen in Spanien.

Veselium, Vezelay, St. in Frankreich.

Vesevus od. Vesuvius, der Vesuv bei Neapel.

Vesidia, Versiglia, Fl. in Toscana.

Vesolum, Vesullum: Vesoul, St. in Frankreich.

Vesonna, Perigueux, St. in Frankreich.

Vesontio, Besançon, St. in Frankreich.

Vespia, Visp, Mtfl. in der Schweiz.

Vesprimia, Veszprim, St. in Ungarn.

Vesprimiensis comitatus, die Wesprimer Gespannschaft in Ungarn.
Vesta, Vestix: Vieste od. Viesti, St. in Italien.
Vestrovicum, Westerwik, St. in Schweden.
Vesullium, Vesoul, St. in Frankreich.
Vesulus, Monte Viso, Berg in Italien (zwischen Piemont und Frankreich.
Vesunna = Petrocorii.
Vesuntium = Vesontio.
Vetera (castra), Forstenberg, D. bei Xanten in Rheinpreussen od. Xanten selbst.
Veteraquinum, Oudewater, St. in Holland.
Vettona, Bettona, Mtfl. in Italien.
Vetulonia, Vetulia, St. in Etrurien.
Vetulonius lacus, See von Piombino in Toscana.
Vetus solium, Altsohl, St. in Ungarn.
Vetusta villa, Altdorf, St. in Baiern.
Vexfordia, Wexford, St. in England.
Vexsia, Wexiö, St. in Schweden.
Vexulla, der Meerbusen Bridgewater Bay in England.
Via, Avia, Fl. in Spanien.
Viadrus, Viadus, Viader: Oder, Fl. in Deutschland.
Vialoscensis pagus, Volvic, Mtfl. in Frankreich (Puy de Dome).
Vibericus pagus, Brieg, St. in in der Schweiz.

Vibii Forum, Revello, St. in Piemont.
Vibinum, Bovino, St. in Neapel.
Vibiscum, Vevay, St. in der Schweiz (Waadt).
Vibo Valencia, Vibona: Monteleone, St. in Neapel.
Vicenarum nemus, ad Vicenas, Vicenae: Vincennes, St. in Frankreich (Seine).
Vicenomia, Vilaine, Fl. in Frankreich.
Vicentia, Vicenza, St. in Italien.
Viceprevanum, Vicosopranum: Vespran, St. in der Schweiz.
Vichium, Vichy, St. in Frankreich.
Vici Salinarum, Vic-aux-salins, St. in Frankreich.
Vicianum, Pristina, St. in Serbien.
Vicinovia, Vilaine, Fl. in Frankreich.
Vicoiria, Voghera, St. in Italien.
Vicojulium, Aire, St. in Frankreich.
Victoria, Victoriacum: Viering, Abt. in Kärnthen; Mascara, St. in Algerien.
Victoriacum, Vitry, St. in Frankreich (Pas de Calais).
— **Francisci** od. Francicum, Vitriacum: Vitry le François, St. in Frankreich (Marne).
Victumviae, Vigevano, St. im Parmesan.
Vicus, Vic, St. in Frankreich (Meurthe).
— **Aequensis** = Aequa.

Vicus Ambrosii, Ambresbury, St. in England.
— **Aquarius** = Verurium.
— **Aquensis**, Bagnères de Bigorres, St. in Frankreich.
— **Augusti**, Kairouan, St. in Africa.
— **Ausonensis** od. Ausona: Vida od. Vidosona, St. in Spanien.
— **Helenae** = Lentium.
— **Iriae** od. Iria: Voghera, St. in Piemont.
— **Julii** = Adura; Aire, St. in Frankreich.
— **Julius**, Germersheim, Fest. in Rheinbaiern.
— **Lucaniacus**, St. Chartier, St. in Frankreich.
— **Lusius**, St. Jean de Luz, St. in Frankreich (Gascogne).
— **Serninus**, Vigano, D. im Modenesischen.
— **Spacorum**, Vigo, St. in Spanien.
— **thermarum** = Aquae helveticae.
Vidana = Vicenomia.
Videnae, Weida, St. in der Pfalz.
Vidensis comitatus, Wied, Grafschaft in Rheinpreussen.
Vidrus, Vecht, Fl. in Holland.
Vidua, Culmore, Fl. in Irland.
Viducasses, Vieux, D. in Frankreich (Calvados).
Vidula, La Vèle, Fl. in Frankreich.
Vienna Allobrogum oder Gallorum: Vienne, St. in Frankreich.
— **Austriae**, Vienna Fluviorum, Juliobona, Vindobona:
Wien, Hauptstadt von Oesterreich.
Viennensis (provincia): die Landschaft Viennaise in Frankreich.
Vierra, Werra, Fl. in Churhessen.
Vigelania = Vicenomia.
Vigenna, Vienne, Fl. in Frankreich.
Vigiliae, Bisceglia, St. in Italien.
Viglebanum, Vigevano, St. in Italien.
Vigornia, Worcester, St. in England.
Viguerium, Voghera, St. in der Lombardei.
Vihelinum, Neustädl, Mtfl. an der Waag in Ungarn.
Vihelyiensis processus, der Vihelysche District in Ungarn.
Vilerium, Weiler, Ort im Elsass.
Vilice, Willich, D. in Rheinpreussen.
Vilisa, Fils, Fl. in Würtemberg.
Villa Albani, St. Albans (Saint-Alban), St. in England.
— **amoenitatis**, Wunstorf, St. in Hannover.
— **Episcopi**, Bresles, Schloss in Frankreich (Ile de France).
— **Faustini**, St. Edmundsbury, St. in England.
— **Formosa**, Villa hermosa, St. in Spanien.
— **Franca**, Ville-franche, St. in Frankreich.

Villa Frontensis, Front, St. in Piemont.
— **Gerlaci,** Gersdorf, St. im Unterelsass.
— **Gualteriana,** Walterschwyl, St. in der Schweiz.
— **Hermanni,** Herrmannstadt, St. in Siebenbürgen.
— **Italica** = Olaszium.
— **Judana,** Villejuif, Mtfl. in Frankreich (Seine).
— **Marii,** Marino, St. in Italien.
— **Martis** = Trophaea Augusti.
— **Medicorum,** Medeby, St. in Schweden.
— **nova archiepiscopi,** Villeneuve l'archevêque, St. in Frankreich (Champagne); **belli:** Ville neuve la guerre, St. das.; **regis:** Villeneuve le Roi oder sur Seine, Schloss ebendas. (Seine).
Villacum, Villach, St. in Kärnthen.
Villa-Relia, Vellereille, St. in Frankreich.
Villaris ad Collum Retiae od. **Regiae:** Villers-Cotterets, St. in Frankreich.
Villarium, Velaine, D. in Belgien.
Villecum, Fillek, St. in Ungarn.
Villiana = Aviliana.
Vilna, Wilna, St. in Polen.
Viltonia, Wiltshire, engl. Grafschaft.
Vimania, Weingarten, St. u. Kloster in Schwaben.
Vimarinum, Guimaraens, St. in Portugal.

Viminiacum oder **Viminacium:** Widdin od. Bodon, St. in Bulgarien.
Vimutium, Weymouth, St. in England.
Vinaria, Weimar, St. in Sachsen-Weimar.
Vincentia, Vicenza, St. in Italien.
Vincium, Vence, St. in Frankreich.
Vinconia, Winchester, St. in England.
Vinda, Wertach, Fl. in Schwaben; = Vinconia.
Vindalicus fluvius, Nasque, Fl. in Frankreich.
Vindana od. **Vidiana:** Orient oder Port Louis, Hafen in Frankreich.
Vindansia, Venasque, St. in Frankreich.
Vindascinum, Venasque, Mtfl. in Frankreich (Vaucluse).
Vindascinus comitatus, Venaissin oder Le Comtat, Landschaft in Frankreich (zwischen der Provence, Dauphiné, der Rhone und Durance, fälschlich comitatus Avenionensis genannt).
Vindelicia, ein Theil des heutigen Würtemberg, Schwaben und Baiern.
Vindelis, Insel Portland im Canal.
Vindesorium, Windsor, St. in England.
Vindex = Vinda.
Vindinium, Mans, St. in Frankreich.

Vindobona = Vienna Austriae.
Vindocinum, Vendôme, St. in Frankreich.
Vindo-Graecium, Windisch-Grätz, St. in Steiermark.
Vindomagus, Le Vigne, Mtfl. in Frankreich (Gard).
Vindomum, Farnham, St. in England.
Vindonia, Vintonia: Winchester, St. in England.
Vindonissa, Windisch, D. in der Schweiz (Bern).
Vinea, Weingarten, Kloster in Schwaben.
Vinea Montana, La Vigne de la Reine, Lustschloss in Piemont.
Viniana = Vinea.
Vingenna, Vienne, Fl. in Frankreich.
Vinilia = Vandalia.
Vinociberga, -cimontium, Vinoxbergen, St. in Flandern.
Vipacum, -ava, Wipach, Mtfl. in Krain.
Vipitenum, Sterzingen, St. in Tyrol.
Vir, Allones, Fl. in Spanien.
Virdunum, Viridunum: Verdun, St. in Frankreich.
Virgi = Vergi.
Virginia, Virgen, Gericht in Tyrol.
— **Danica** = Mona.
Viria, Castrum Viriense: Vire, St. in Frankreich (Calvados).
Viriballum, Capo Turglio auf der Insel Corsica.
Viritium, Wrietzen, St. in Preussen.

Virosidum, Wigton, St. in England.
Virovesca, Briviesca, St. in Spanien.
Viroviacum, Werwyk, St. in Belgien; Warwick, St. in England.
Virsio, Vierzon, St. in Frankreich.
Virtusicum castellum, Vertus, St. in Frankreich (Marne).
Virtusicus pagus, Vertus, Landschaft in Frankreich.
Virunum od. Varunum: Klagenfurt, St. in Kärnthen; Angermünde, St. in Preussen.
Visbada, Wiesbaden, St. in Nassau.
Visbia, Wisby, St. in Schweden.
Vischa, Fischa, Fl. in Oesterreich.
Viscla, Wisloka, Nebenfluss der Sau in Galizien.
Viscon, Fischen, D. in Baiern.
Viseria, Nadin, St. in Spanien.
Visontium, Binoesca, St. in Spanien.
Vissegradum = Arx alta.
Vistula, Weichsel, Fl. in Polen.
Vistus, die schott. Insel Vuist.
Visurgis, Weser, Fl. in Chur-Hessen.
Viteberga, Wittenberg, St. in Preussen.
Vitellia, Civitella, St. im Kirchenstaat.
Vitelliacum, Wittlich, St. im Trierschen.
Viterbium, Viterbo, St. im Kirchenstaat.

Viti, S., civitas, St. Veit, St. in Kärnthen.
Vitianum, Vezzan od. Vezzano, Mtfl. in Südtyrol.
Vitirbinense castrum, Burgwerben, D. bei Merseburg in Preussen.
Vitodurum, Winterthur, St. in der Schweiz.
Vitopolis = Flumen S. Viti.
Vitricium, Verrez, Mtfl. in Piemont.
Vivariense monasterium, Bourg St. Andéol, St. in Frankreich (Languedoc).
Vivariensis provincia, Vivarois, Landschaft in Frankreich.
Vivarium, Viviers, St. in Frankreich (Ardeche).
Viviacum, Vibiscum, Viviscum: Vevay, St. in der Schweiz (Waadt).
Vizeliacum, Vezelay, St. in Frankreich (Yonne).
Vocetius, der Bözberg, ein Juraarm.
Vogesus, das Wasgau-Gebiet im Elsass; die Vogesen oder La Vosge, Gebirge das.
Voitlandia, das Voigtland in Sachsen.
Volaterrae = Othoniana.
Volca terra, Languedoc, franz. Provinz.
Volcassinus tractus, die Landschaft Vexin in der Normandie.
Volceae paludes, der Plattensee (Balaton) in Ungarn.
Volerius, Fiuminale, Fl. auf der Insel Corsica.
Volemuthum, Falmouth, St. in England.
Voliba, Bodman, St. in England (Cornwallis).
Voliniae Palatinatus, die Woiwodschaft Wolhyn oder Volhynien in Polen.
Vologesia od. Bogalagns: Iman Hossein oder Mesched Hossein, St. in der asiat. Türkei.
Vologradum, Olmütz, St. in Mähren.
Volotrense castrum = Lovolentrium.
Volsiniensis lacus, der Lago di Bolsena in Italien.
Volsinium, Bolsena, St. in Italien.
Volubae portus oder Valmotum = Voliba.
Vonzensis pagus, Vouzy, franz. Landschaft.
Vora = Vera.
Vorda Bremensis, Bremervörde, St. im Bremischen.
Vorganium, Carsaix, St. in Frankreich (Finistère); Leon, St. in Spanien.
Vorgantia = Brigantio.
Vormatia, Worms, St. in Hessen-Darmstadt.
Vosagus, Besage, D. in Frankreich.
Vratislavia, Breslau, St. in Schlesien.
Vulcania = Hiera.
Vulcaniae insulae, die liparischen Inseln.

Vulcani forum et olla, Solfatara, Gegend in Neapel; V. insula: Bolcano, eine der liparischen Inseln.
Vulcassinus pagus = Veliocasses.
Vulgaria = Bulgaria.
Vulsiniensis lacus, der See Bolsena im Kirchenstaat.
Vulsinii, -num, Bolsena, St. im Kirchenstaat.
Vultabium, Voltaggio, St. in Italien.
Vultonna, -tumna, Boutonne, Fl. in Frankreich.
Vulturius mons, der Geiersberg in Schlesien.
Vulturnia, Viadana, Mtfl. in der Lombardei.
Vulturnum = Capua.
Vulturnus, Voltorno, Fl. in Neapel.
Vuramyda = Wormatia.
Vurmicus fluvius, Worm, Fl. bei Aachen in Preussen.
Vurnia, Ter Veere, St. in Brabant.
Vurta, Warthe, Fl. in Preussen.

Wadstenum, Wadstena, St. in Schweden.
Wahalis, Wahl, Fl. in Holland.
Walarius lacus, der Wallersee od. Walchensee in Baiern.
Walestatensis synodus, Guastalla, St. u. Herzogthum in Italien.
Walhense = Walarius lacus.
Waractus, Gueret, St. in Frankreich.
Wardastallum, Guastalla, St. in Italien.
Waremia, Warum: Waremme, Mtfl. in Belgien.
Warinza, Wörnitz, Fl. in Baiern.
Warmia, Warmelandia: Ermeland, Landschaft in Preussen.
Waslogium monasterium, Brailieu, Kloster in Frankreich.
Wastiniensis comitatus, Gatinois, Landschaft in Frankreich (Ilê de France).
Weltinopolis, Weltenburg, Kloster in Baiern.
Weneriburgum, Wänersburg, St. in Schweden.
Wemmaria, Wimmerby, St. in Schweden.
Weraha, Werra, Fl. in Thüringen.
Werda, Donauwörth, St. in Baiern.
Wermelandia, Wärmeland, Landschaft in Schweden.
Werdina, Werthina: Werden, St. in Westphalen.
Westmannia, Westmannland, Landschaft in Schweden.
Westmonasterium, Westminster, ein Theil der Stadt London.
Westrobotnia, Wäster-Bottn, Landschaft in Schweden.
Westro-Gothia, Wäster-Göthland, Landschaft in Schweden.
Weteruba, der Wetterau, Landschaft in Hessen-Darmstadt.
Wetselaria, Wetzlar, St. in Rheinpreussen.
Wexionia, Wexiö, St. in Schweden.

Wichia, Wiek, St. in Norwegen.
Wigelevum, Wegeleben, St. in Preussen.
Wigornium, Worcester, St. in England.
Wila, Weil, St. in Schwaben.
Wilevilla, Grossweil, D. in Baiern.
Wilkomeria, Wilkomirz, St. in Polen.
Wiloa, Weilheim, D. bei Zweifalten in Würtemberg.
Wiltina, Wilten od. Wiltan, Stift in Tyrol.
Wimare-ecclesia, Weimarskirchen, Mtfl. in Thüringen.
Wimpina, Wimpffen, St. in Schwaben.
Wincium, Winzig, St. in Schlesien.
Winidouwa, der Wurmsee oder Stahremberger See in Baiern.
Wirbina castrum, Werben, D. bei Merseburg in Preussen.
Wirceburgum, Würzburg, St. in Baiern.
Wiribennum, Burgwerben, D. in Preussen.
Wisbia, Wisby, St. in Schweden.
Wisingia, Wisingsö, Insel in Schweden.
Wismaria, Wismar, St. in Mecklenburg-Schwerin.
Witteberga, Wittenberg, St. in Preussen.
Wittliacum, Wittlich, St. im Erzstift Trier.
Wittovia, Witto, Halbinsel auf der Insel Rügen.

Wlitava, Wltavia: Moldau, Fl. in Böhmen.
Woldemaria, Wolmar, St. in Liefland.
Wolferdi agger, Wolfersdyk, Insel in Seeland.
Wonclave, Wanzleben, St. im Magdeburgischen.
Wormatia, Worms, St. in Hessen-Darmstadt.
Worthsati, Wursatorum terra: der District Wursten oder Wursterland im Herzogthum Bremen.
Wulvena, Wulffen, Mtfl. in Anhalt-Köthen.
Wurtemberga, Würtemberg.
Wurzena, Wurzen, St. in Sachsen.
Wysla, Wisla: Weichsel, Fl. in Polen.

Xancoinsum, Xancoins, St. in Frankreich.
Xanthus, Eksenideh, Fl. in der asiat. Türkei.
Xera equitum, Xeres de Badajoz, St. in Spanien.

Yoghalia, Yougall, St. in Irland.
Yposa, Yepes, St. in Spanien.
Ypera, Ypra, Ypretum: Ypern, St. in Belgien.
Ypoliti, S., coenobium, St. Pölten, Kloster in Oesterreich.
Yssche insula, Ischia, Insel bei Neapel.

Zabatus major und minor, der grosse und kleine Zap, Fl. in Kurdistan.

Zabesus, Millenbach, St. in Siebenbürgen.

Zabothum, Zobtena: Zobten od. Zotten, St. in Schlesien.

Zacynthus, Zante, ionische Insel.

Zagrabia, Zagrab, St. in Croatien.

Zagras mons, Djebeltak, Bergkette in Arabien.

Zaladia, Szala, Abtei in Ungarn.

Zaladium, Zalavar, St. in Ungarn.

Zama, Zowarin od. Zaouharim, St. in Tunis.

Zamoscium, Zamosejum: Zamosc, St. in Polen.

Zancia = Vicus Aquarius.

Zancle, Messina, St. in Sicilien.

Zarandiensis comitatus, die Saränder Gespannschaft in Ungarn.

Zarmigethusa, Varsely, Mtfl. in Siebenbürgen.

Zatecensis circulus = Lucensis circulus.

Zea = Julia; Gugl, Fl. in Tyrol.

Zeacollis, Zeapolis: Dinkelspühl, St. in Baiern.

Zedlica, der Elnbogener Kreis in Böhmen.

Zeelandia, Zeeland, Grafschaft in Holland.

Zeleia, Zileh, St. in der europ. Türkei.

Zellia, Cilley, Ort und Gegend in Oberungarn.

Zelza, der Pilsener Kreis in Böhmen.

Zempliniensis comitatus, die Sempliner Gespannschaft in Ungarn.

Zephyria, Milo, Insel im Archipelagus.

Zephyrium promontorium, das Vorgebirge Capo di Brussano in Unteritalien.

Zingari, Zigeuner.

Zizaria, Zizers, in der Schweiz (Graubündten).

Ziriczaea, Zirioksee, St. in Holland.

Znena, Znin, St. in Westpreussen.

Znio-claustensis pagus, der Znioer District in Ungarn.

Znoima, -um, Znoim od. Znaym, St. in Mähren.

Zobtena = Zabothum.

Zoliensis comitatus, die Solienser Gespannschaft in Ungarn.

Zolnernum, Fürstenthum u. Schloss Hohenzollern.

Zuarina, Schwerin, St. in Mecklenburg-Schwerin.

Zuencua, Zuenkowa, Zowengonia: Zwenkau, St. in Sachsen.

Zulichium, Züllichau, St. in Preussen.

Zumi, Thum, St. in Sachsen.

Zurziaca, Zurzacha: Zurzach, St. in der Schweiz.

Zutphania, Zütphen, St. in Holland.

Zvinum, Schweidnitz, St. in Schlesien.

Zwetlum, Zwetl, St. in Oesterreich.
Zwinga, Schwinge, Fl. im Bremischen.
Zwivaltaha, Zvivalta, Zvivalda, Zwiveldense coenobium, Zwiveltum: Zwiefalten, Kloster in Würtemberg.
Zwolla, Zwollae: Zwoll, St. in Holland.
Zylium, Chillon, Schloss in der Schweiz.

Deutsch-Lateinischer Theil.

Aa, Fl.: Eimeno.
Aachen, St.: Aquisgranum.
Aadaya, Mtfl.: Castrum Fontarabiae.
Aalborg, St.: Alburgum.
Aalen, St.: Ola.
Aalst, St.: Alostum.
Aar, Fl.: Arola.
Aarau, St.: Araugia.
Aarburg, St.: Arolae Mons.
Aargau, Canton: Argoja.
Aarhuus, St.: Remorum Domus.
Abach, St.: Abacum.
Abancay, Fl.: Abancantus.
Abano, St.: Aponum.
Abassen, Völkerschaft: Abasci.
Aba Vyvar, Gespannschaft: Aba-Vyvariensis comitatus.
Abbeville, St.: Abbatis villa.
Abbefort, St.: Abbefortia.
Abella vecchia, St.: Abella.
Abens, Fl.: Ampla.
Abensberg, St.: Abusina.
Aberavon, St.: Aberavonium.
Aber-Conway, St.: Conovium.
Aberdeen, St.: Devana.
Aberfraw, St.: Gadiva.
Abergavenny: St.: Gobannium.
Abernethy, St.: Abrenothium.
Abiagrasso, D.: Albiatum grassum.
Abingdon, St.: Abbentonia.
Abo, St.: Aboa.
Aboukscheid, St.: Heroopolis.
Abousyr, St.: Busiris.
Abrantes, St.: Abrantium.
Abruss, Fl.: Abia.
Abruzzo, St.: Aprutium.
Abruzzo, Provinz: Aquila provincia.
Abruzzo Citeriore, die Provinz: Frentani.
Abukir, St.: Canopus.
Abutige, St.: Abotis.
Abyssinien, das heutige: Aethiopia supra Aegyptum.
Acerenza, St.: Acherontia.
Acerno, St.: Acernum.
Acerra, St.: Acerrae.
Acey, Abtei: Acejum.
Achimont, Herrschaft: Ursimontium.
Achin, Abtei: Aquiscinctum.
Achmuneim, St.: Hermopolis magna.
Achtyrskoi, St.: Achyrum.
Aci-Reale, St.: Acis.
Acken, St.: Aquae Saxonicae.
Acous, St.: Aspaluca.
Ackermann, St.: Alba Julia.
Acqui, St.: Aquae Statelliorum.
Acqs oder Ax, St.: Aquae.
Aeri, Fl.: Aceris.
Adda, Fl.: Addua.
Aderno, St.: Adranum.
Ades, St.: Adenum.
Adgezireh, Provinz: Mesopotamia.
Adon, Castell: Adonum.
Adour, Fl.: Aturus.
Adouse, Fl.: Audus.
Adra. St.: Abdara.
Adramiti, St.: Adramythium.
Adriatische Meer, das: Superum mare.
Aegeische Meer, das: Aegeum mare.
Aegeri, D. u. Bad: Aquae regiae.
Aegeri-See, der: Lacus Aegericus.
Aegina, Insel: Myrmidonia.
Aelen oder Elen, Mtfl.: Ala.

Aemilia, Landschaft: Via Aemilia.
Aerding od. Erding, St.: Ariodunum.
Aernen, Mtfl.: Aragnum.
Affenberge, die: Septem fratres.
Afflinghem, Kloster: Haffligense coenobium.
Afium Karahissar, St.: Apamea Cibotos.
Agde, St.: Agatha.
Agen, St.: Aginnum.
Agennois, Landschaft, Aginensis tractus.
Ageren-Thal, das: Agerana vallis.
Aggerhuus, Amt: Christiania.
Aggspach, Kloster: Porta S. Mariae.
Aghrim, D.: Agrimum.
Aglieri, St.: Agildum.
Agnana, See: Anianus lacus.
Agosta, St.: Augusta.
Agout, Fl.: Acutus.
Agram, St.: Agranum.
Agri, Fl.: Aciris.
Aguilar, St.: Aquilaria.
Aguilar del Campo, St.: Juliobriga.
Ahr, Fl.: Obrincus.
Ahun, St.: Agedunum.
Aia-solouk, St.: Ephesus.
Aja, Fl.: Allia.
Ajaccio, St.: Adjacium, Urcinium.
Aias od. Ajazzo, St. u. Hafen: Adjacium.
Aiazzo, St.: Issus.
Aidlingen, D.: Otilinga.
Ajello, St.: Tilesium.
L'Aigle, St.: Aquila.
St. Aignan, St.: S. Aniani ecclesia Aurelianis.
Aiguebelle, St.: Carbonaria.
Aiguebellette, St.: Aquae bellae.
Aigueperse, St.: Aqua sparsa.
Aigues mortes, St.: Aquae mortuae.
Aigues Vives, St.: Aquae vivae.
Aiguille, Fort: Acus.
Aiguillon, St.: Aquilonia.
Aime, Mtfl.: Axima.
Ain, Fl.: Danus, Addua.
Ain-Tab, St.: Antiochia ad Taurum.
Aire, St.: Adura, Aeria.
Airolo, Eriels, Orient, Pfarrdorf: Ariola.
Airvault, St.: Vallis aurea.
Aisne, Aîne, Fl.: Axona.
Aix, St.: Aquae Gratianae.
Aix, St.: Aquae Sextiae.
Akaba el Mesrim, St.: Aelana.
Akhenyn, St.: Panopolis.
Akhissar, Mtfl.: Crua, Croja, Thyatira.
Akkar, St.: Demetrias.
Akkiali, St.: Anchialus.

Akscheher, St.: Antiochia ad Pisidiam.
Ak-Serai, Festung: Garsaura.
Alabanda, St.: Alabanda.
Alagon, Mtfl.: Alabon.
Alairac, Mtfl.: Castrum Alarici.
Alais oder Alez, St.: Alesia.
Alanche, St.: Alantia.
Alauquer, St.: Alanorum Fanum.
Alarcon, St.: Illarco.
Alaschehr, St.: Philadelphia.
Alatri, St.: Alatrium.
Alba, St.: Alba fucentia.
Alba, St.: Alba Marsorum.
Alba, St.: Alba Pompeja.
Albano, St.: Alba Longa.
Albarazin, St.: Turia.
Alben, Fl.: Alpis.
Albegna, St.: Almiana.
Alben, St.: Albiga.
St. Alberto, St.: Sanctus Albertus.
Albon, D.: Castrum Albonis.
Alboran, Insel: Insula Erroris.
Alborno od. Monte di Postiglione, Gebirge: Alburnus mons.
Albret, St.: Lebreti vicus.
Albuquerque, St.: Alba Quercus.
Albigeois, Landschaft: Albiensis pagus.
Alby, St.: Albia.
Alcaçar do Sal, St.: Salacia.
Alcala de Henares, St.: Complutum.
Alcaniz, St.: Ergavica Celtiberum.
Alcantara, St.: Norba Caesarea, Pons Trajani.
Alcaraz, St.: Orcia.
Alcobaça, St.: Alcobatia.
Alcocer, St.: Alcocerum.
Alcoy, Fl.: Soetabis.
Aldernay, Aurigny, Origny, Insel: Arica.
Alece, Fl.: Halex.
Alençon, St.: Alenconium.
Alentejo, Provinz: Provincia Transtajana.
Aleppo, St.: Chalybon.
Aleria, St.: Aleria.
Alessandria della Paglia, St.: Alexandria Staticellorum.
Alessana, St.: Alexani civitas.
Alessio, St.: Alesia.
Alet, St.: Alecta.
Alfeo, Fl.: Alpheus.
Alfideua, St.: Aufidena.
Algarve, Provinz: Cuneus ager.
Algau, der: Almangovia.
Algeri, St.: Algaria, Corax.
Algeziras, St.: Carteja.
Algier, St.: Argerium, Ruscurrum.
Alhama, St.: Artigis.

Alhambra, die: Flavium Laminitanum.
Alicante, St.: Alonae, Lucentum.
Alicata, St.: Phintias.
Alicuri, Insel: Ericusa.
Alifi, St.: Allifae.
Alise en Auxois od. Sainte Reine, Mtfl.: Alesia.
Alissan od. Alixan, D.: Alexianum.
Alkmar, St.: Alcmaria.
Allerton, St.: Caractonum.
Allier, Fl.: Elaris.
Allones, Fl.: Vir.
Alma, St.: Calamita.
Almada, St.: Cactobriga.
Almada, St.: Alsena.
Almadagh, Bergzug: Amanus mons.
Almanza, Mtfl.: Almantica.
Almarez, St.: Almarazum.
Alme, Fl.: Aliso.
Almeria, St.: Portus magnus.
Almissa, St.: Alminium, Piguntia.
Alne, Fl.: Alaunus.
Alpen-Gebirge, die: Alpes.
Alsen, Insel: Alsa.
Alsitz, Fl.: Alisuntia.
Alt, Fl.: Aluta.
Altaich, Kloster: Altaha, Altense Monasterium.
Altamura, St.: Lupetia.
Alte Land, Landschaft: Pagus Wolsatorum.
Alten, St.: Ultinum.
Altena, St.: Holtena.
Alten-Biesen, Ort: Domus Juncetana.
Altenburg, St.: Aldemburgum.
Altenburg, St.: Ad Flexum.
Altenhofen, St.: Curia vetus.
Altenreif, Kloster: Alta ripa.
Altezzan, Schloss: Venatio regia.
Alt-Krimm od. Leukopol, St.: Cimmerium.
Altmühl, Fl. u. Kreis: Alcmana.
Altmühlmünster, Comthurei: Alemanni monasterium.
Altöttingen, Mtfl.: Hodingae.
Alt-Ofen, Mtfl.: Acincum.
Alto Monte, St.: Balbia.
Altona, St.: Altonavia.
Altorf, St.: Altorfium.
Altripp, D. u. Mttl: Alta ripa.
Altsohl, St.: Solium Vetus.
Altstaetten, St.: Alterpretum.
Aluta, Fl.: Olta.
Alvenau oder Alvonau, District: Albinovum.
Alvidona, Mtfl.: Levidona.
Alzato, Mtfl.: Alciatum.
Alzey, St.: Alceja.
Alzira, St.: Saetabicula.

Amack, Insel: Amagria.
Amal, Ort: Amalia.
Amance, Mtfl.: Esmantia.
Amalfi, St.: Amalphia.
St. Amand, St.: Amandopolis, Santamandum.
Saint-Amand-les-Eaux, St.: Oppidum S. Amandi.
Amantea, St.: Adamantia.
Amanze, Mtfl.: Emaus.
Amarante, St.: Amaranthus.
St. Amarin, St.: Amarinum.
Amasieh, St.: Amasea.
Amaseno, Fl.: Amasenus.
Amasintha, Bergkette: Montes Moschici.
Amato od. Lamato, Fl.: Lamecus.
Amaya, Mtfl.: Patricia.
Amber, Ammer, Fl.: Ambra.
Amberg, St.: Amberga.
Ambleteuse, St.: Ambletosa.
Amboise, St.: Ambacia.
Ambournay, St.: Ambroniacum.
Ambresbury, St.: Vicus Ambrosii.
Ambrun, St.: Embrodunum Caturigum.
Ameland, Insel: Glessaria.
Amelia, St.: Ameria.
Amersfort, St.: Amorfortia.
Amiens, St.: Ambianum.
Amman, St.: Philadelphia.
Ambden, Ammon od Ammen, Berg: Ad montem.
Am Hof, Mtfl.: Curia Norici.
Ammerland, das: Ambria.
St. Amour, St.: Fanum S. Amatoris.
Ampiglione, St.: Empulum.
Amplepuis, Mtfl.: Ampliputeum.
Amselfeld, das: Cossobus.
Amstel, Fl.: Amstela.
Amstelveen, D.: Veno.
Amsterdam, St.: Amstelodamum.
Anaghelone, St.: Anagelum.
Anagni, St.: Anagnia.
Anapo, Fl.: Anapus.
Anbar, St.: Perisaboras.
Ancona, Mark u. St.: Anconitanus ager, Picenum.
Ancre oder Albert, St.: Ancora.
Ancy le Franc, St.: Anciacum.
Andalusien: Baetica.
Andelot, St. u. Schloss: Andelocium.
Les Andelys, St.: Andelium.
St. Andeol, St.: Fanum S. Andeoli.
Anderlecht, D.: Anderlacum.
Andernach, St.: Andernacum.
Andorno, St.: Audurnum.
St. Andrästadt, St.: Flavium.
St. Andreas, Insel: Insula S. Andreae, Ros Insula.

28*

St. Andreas, Mtfl.: Fanum S. Andreae.
Andro, St.: Andria.
Andros, Insel: Lasia.
St. Andrews, St.: Andreopolis, Reguli fanum.
Andujar, St.: Andujar, Iliturgis.
Anduze, St.: Andusa.
Anemour, Cap: Anemurium promontorium.
Anet, Lustschloss: Anetum.
Angeln, Landschaft: Anglia minor.
St. Angelo, St.: Angelopolis.
Angermannland, Landschaft: Angermannia.
Angermünde, St.: Virunum.
Angers, St.: Andegavi, -vum, Juliomagus.
Anghiera, Grafschaft: Angleria comitatus.
Anglona, Mtfl.: Pandosia.
Anglure, St.: Angledura.
Angoulême, St.: Engolisma, Ratiastum.
Angoumois, Landschaft: Engolismensis pagus.
Angurieh, Angûra, St.: Ancyra.
Angus, Landschaft: Angus.
Anhalt, Herzogthum: Anhaltina, Ascania.
Ani oder Anisi, Paschalik: Abnicum.
Anjou, Provinz: Andegavi.
Annåberg, St.: Annaberga.
Annan, Fl.: Annandus.
Annandale, Landschaft: Annandia.
Anneburg, St.: Amoenaeburgum.
Annecy, St.: Annecium.
Annonay, St.: Annonaeum.
Anras, Mtfl.: Anarasum.
Anse oder Ance, St.: Ansa, Assa Paulina.
Anseestädte: Urbes anseaticae.
Antakiah, St.: Antiochia ad Daphnen.
Antequera, St.: Anticaria.
Antibes, St.: Antipolis.
Antillen, die: Antillicae insulae.
Antimilo, Insel: Antimelos.
Antiochette, St.: Antiochia ad Cragum.
Antivari, St.: Antibarum.
Antoin, Mtfl.: Antonia.
Antrain oder Entrains, St.: Interamnis.
Antrym, St.: Antrinum.
Antwerpen, St.: Antwerpia, Atuatuca.
St. Aosta, St.: Augusta Praetorium.
Apenrade, St.: Apenrosa.
Apice, St.: Apicium.
Appenzell, Canton u. St.: Abbatis cella.
Appleby od. Apulby, Mtfl.: Aballapa.
Aps od. Alps, Ort: Albe.

Apt, St.: Apta Julia.
Aquapendente, St.: Aquula.
Aquila, St.: Aquila.
Aquileja, St.: Aquileja.
Aquino, St.: Aquinum.
Arader Gespannschaft, die: Aradiensis comitatus.
Arab-Kir, St.: Arabrace.
Aragonien: Terra Iberia.
Aral-See, der: Chorasmius lacus.
Aranyassche Stuhl, der: Aranyensis sedes.
Aras, Fl.: Araxes.
Arbe, St.: Arba.
Arbois, St.: Arbosia.
Arbon, St.: Arbor Felix.
Arcadi, St.: Arcadia.
Arcadia oder Calariza, St.: Cyparissa.
Archangel, St.: Michaëlopolis.
Arche, Are, Fl.: Arcius.
Archena, St. u. Bad: Aquae calidae.
Archipel, der: Archipelagus.
Arcis sur Aube, St.: Artiaca.
Arcos, St.: Aracosia.
Arcos de la Frontera, St.: Arcobriga.
Les Arcs, Mtfl.: Castrum de arcubus.
Ardart od. Ardfeart, St.: Ardartum.
Ardech, St.: Artaxata.
Ardennengebirge, das: Arduenna sylva.
Ardres, St.: Ardea.
Ardschisch-Dagh, Gebirge: Argaeus mons.
Ardschisch, St. u. Fl.: Ardiscus.
Arek, Insel: Aradus.
Aremberg, Fürstenthum u. St.: Areburium.
Argens, Fl.; Argenteus.
Argentan, St.: Argentomum.
Argentaro od. Egrisou-Dagh, Bergspitze: Orbelus.
Argento, Fl.: Ululeus.
Argenton sur Creuse, St.: Argentomagus.
Argenteuil, St.: Argentolium.
Argentiera oder Kimolo, Insel: Cimolos.
Argentière, St.: Argentaria.
Argirone, St.: Agurium u. Agyrium.
Arguenon, Fl.: Argenus.
Argyle, Landschaft: Argathelia.
Ariano, St.: Castrum Ariani.
Ariano, St.: Equotuticus, Equus tuticus.
Ariccia, St.: Aricia.
El Arich, Festung: Rhinocolura.
Ariège, Fl.: Alburacis.

Arignano, St.: Arinianum.
Ariola oder Ariengo, St.: Caudium.
Arjona, St.: Augusto-Albense, Urgao.
Arkiko, St.: Adulis.
Arlberg, Gebirge: Mons Aquilarum.
Arles, St. u. Bad: Arelas, Arulae.
Arleux, St.: Arensium.
Arlon, St.: Arlunum.
Armagh, St. u. Grafschaft: Ardimacha.
Armagnac, Grafschaft: Aremorica.
Armançon, Fl.: Armentio.
Armenienstadt, St.: Armenopolis.
Armentières, St.: Armentariae.
Armento od. Agrimonte, Ort: Grumentum.
Armorderbrug, St.: Bruga ad Ederum.
Armuyden, St.: Arnemuda.
Arnay le Duc, St.: Arnetium.
Arnheim, St.: Arnemium.
Arno, Fl.: Arnus.
Arnstadt, St.: Aristadium.
St. Arold, Mtfl.: Hilariacum.
Arolsen, St.: Arothia.
Aronches, St.: Aranum, Septem arae.
Arone, Fl.: Larus.
Aroux, Fl.: Arosius.
Arpajon, Mtfl.: Cassia.
Arpino, St.: Arpinum.
Arqua, D.: Arquata.
Arques, St.: Arca.
Arran, Insel: Brandinos.
Arras, St.: Atrebatae, Atrebatum, Origiacum.
Arroe, Insel: Arroa.
Arschot, St.: Areschottum.
Arta, St.: Ambracia.
Artesina Monte, St.: Sergentium.
Artois, Grafschaft: Artesia.
Artsar oder Artzer Palanca: St.: Ratiaria.
Arundel, Mtfl.: Aruntina.
Arzef, St.: Arsenaria, Portus Deorum.
Arzignano, St.: Arsignanum.
St. Asaph, St.: Fanum S. Asaphi.
Asberg, St.: Asciburgum.
Ascalon od. Djoreh, St.: Ascalon.
Aschaffenburg, St.: Aschiburgum, Schafnaburgum, Asciburgium.
Aschersleben, St.: Ascharia, Ascania.
Ascoli, St.: Asculum.
Ascoli di Satriano, St.: Asculum Apulum.
Asi, Fl.: Asius.
Asolo, St.: Azelum.
Asow, St.: Assovium.
Asowische Meer, das: Maeotis palus.
Aspe, Mtfl.: Aspis.
Aspremont, St.: Asprimontium.
Aspro-Spitia, St.: Anticyra.

Assam, Königreich: Asangae.
Assem Kalassi, St. u. Insel: Jasos.
Assens oder Assnes, St.: Asnesum, Promontorium Sanctum.
Assimshire, Grafschaft: Assinium.
Assisi, St.: Assisium.
Assuan, St. u. Insel: Syene.
Asterabad, St.: Thambrax.
Asti, St.: Asta Colonia.
Astorga, St.: Augusta Asturica.
Astura, St.: Astura.
Atbarah oder Tacazzeh, Fl.: Astaboras.
Aterbidschan, Provinz; Atropatene.
Atfieh oder Itfou, St.: Aphroditopolis.
Ath, St.: Atha.
Atino, Mtfl.: Atinum.
Atlantische Meer, das: Mare externum.
Atri, St.: Aethria, Hadria.
Atrib, St.: Athribis.
Attigny, St.: Attiniacum
Attichy, Fl.: Attipiacum.
Attok, St.: Taxila.
Aubagne, St.: Albania.
Aube, Fl.: Alba.
Aubenas, St.: Albenacium, Alba Helviorum.
Aubenton, St.: Abantonium.
Aubeterre, St.: Alba terra.
Aubigny, St.: Albiniacum.
St. Aubin d'Angers, St.: S. Albini monasterium.
St. Aubin du Cormier, St.: Fanum S. Albini.
Aubonne, St.: Alba bona, Aula bona.
Aubrac, Abt. u. D.: Altobracum.
Aubusson, St.: Albucio.
Auch, St.: Augusta Ausciorum, Climberis, Ausci.
Aude, Fl.: Adax.
Aude, Departement: Atacini.
Aue, die goldne: Planities aurea, Tempe aurea.
Auersberg, Schloss: Arupinum.
Augsburg, St.: Augusta Vindelicorum.
Augst, D.: Augusta Rauracorum.
Augustusburg, Schloss: Augusta Misnensium.
Aulnay oder Aunay, Mtfl.: Alnetum.
Aulps od. Aups, St.: Alpes.
Aumale, St.: Albamarla.
Aumignon, Fl.: Dalmannio.
Anneau, Mtfl.: Aunus.
Aunis, St.: Alnitium.
Aunis, Landschaft: Alnensis pagus.
Aurach, St.: Arae Flaviae, Auracum.

Auran oder Uran, Schloss und St.: Laurana.
Auras, St.: Aurasium.
Auray, St.: Auracium.
Aurich, St.: Auriacum.
Aurigny od Alderney, Insel: Riduna.
Aurillac, St.: Aureliacum.
Aurilly, St.: Ariolica.
Aussig, St.: Austa.
Aussière, D.: Atacinus vicus.
Austerlitz, St.: Slaukovia.
L'Authie, Fl.: Actilia.
Autrai, St.: Autreum.
Autun, St.: Augustodunum.
Autunois, Landschaft: Augustodunensis pagus.
Auvergne, Landschaft: Alvernia.
Auweghem, Mtfl.: Aldergemum.
Auxerre, St.: Autesiodorum.
Auxois, Landschaft: Alesiensis ager.
Auxonne, St.: Aussonica.
Auxu le Chateau, St.: Alciacum.
Avallon, St.: Aballo.
Avallonois, Landschaft: Aballensis pagus.
Avanche, St.: Aventicum.
Aveiro, St.: Averium.
Avellino, St.: Abellinum.
Avenay, St.: Aveniacum, Aventacum.
Averno od. Tripergola, See: Averni lacus.
Aversa oder S. Arpino, St.: Atella.
Aves, Fl.: Avus.
Avesnes, St.: Avennae.
Aveyron, Fl.: Avario.
Avezzano, St.: Alba.
Avia. Fl.: Via.
Avigliana, St.: Aviliana.
Avignon, St.: Avenio.
Avila, St.: Albicella.
Avila, auch Oliva, St.: Obila.
Aviles, Fl.: Flavionaria.
Avio, Mtfl.: Avium.
Avis, St : Avisium.
Avlone, St. u. Hafen: Aulon.
St. Avo, Abt.: Fanum S. Naboris.
Avou, Fl.: Aufona.
Avranches, St.: Abrincae, Ingena.
Axbridge, St.: Axa.
Axum, St.: Auxumum.
Ay, St.: Ageium.
Ay, Fl.: Evus.
Ayamonte oder Aimonte, St.: Aiamontium.
Aye oder Eye, Mtfl.: Insula.
Ayerbe, Mtfl.: Ebillinum.
Aymarques, St : Armasanicae.
Aymeries od. Amerie, St.: Ameria.
Ayr, St.: Aera, Erigena.

Ayr, Fl.: Aereus.
Azilla oder Arsilla, St.: Julia Zilis.
Azincourt, St.: Azincurtum.
Azio, St.: Actium.
Azoren, die: Accipitrum insulae.

Baba Dagh, Ort: Vallis Domitiana.
Babassek, Mtfl.: Babina.
Babenhausen, Mtfl.: Bebiana.
Bacchiglione, Fl.: Medoacus minor.
Bacha, St.: Albania.
Babínecz, St.: Anicium.
Bacharach, St.: Bacchiara.
Badajoz, St.: Colonia Pacensis.
Badalona, St : Baetulo.
Baden, St.: Aquae Pannonicae.
Baden, St.: Civitas Aurelia aquensis, Badena.
Baden, auch Oberbaden, St.: Aquae helveticae.
Badenweiler, Herrschaft: Badenvilla.
Badenweiler, Schloss, Dorf u. Bad: Castrum Badenvillense.
Baelonia od. Barbato, St.: Limaeas.
Baeza, St.: Biatia.
Bafa, St.: Paphos.
Baga, St.: Baganum.
Bagano oder Baccano, La Vacca, Fl.: Cremera.
Bagdad: Bagdetia, Nova Babylon.
Bagna-Cavallo, Mtfl.: Ad Caballos.
Bagnarea, St.: Balneum regium.
Bagnères, St. u. Bad: Aquae Convenarum, Bigerronum aquae.
Bagnères de Bigorres, St.: Vitus Aquensis.
Bagnères de Luchon, Bad u. St.: Bagneriae.
Bagnolo, St.: Balneolum.
Bagnols, St.: Balnea.
Bagnols les Bains, D. u. Bad: Balneolum.
Bagrada, Fl.: Eurotas.
Bahia oder San Salvador, St.: Soteropolis.
Bahia de todos os Santos, St.: Portus omnium sanctorum.
Bahr el Akaba, Bucht: Sinus Elaniticus.
Bahr el Azak, Fl.: Astapus.
Baiern, Königreich: Bajoaria, Bavaria.
Bailleul oder Belle, St.: Balliolum.
Baimotische District, der: Baimotzensis processus.
Baindt, Abtei: Bintensis abbatia, Hortus floridus.
Baireuth, St.: Baruthum.

Baireuth, Fürstenthum: Marchionatus Culmbacensis.
Baja, St.: Bajae.
Bajon, St.: Bagyona.
Bajas, St.: Vasatae.
Balaclava, St.: Symbolon.
Balaton- oder Platten-See, der: Peiso.
Balbastro, St.: Belgida.
Balbek, St.: Heliopolis.
Balearischen Inseln, die: Insulae Baleares.
Balk, St.: Bactra.
Balkangebirge, das: Haemus.
Balneas, St.: Balanea.
Balsora, St.: Terodon.
Bamberg, St.: Pabeberga, Pavonis mons.
Banat, das: Dacia.
Bangerie oder Bargeny, St.: Berigonium.
Bangor, St.: Bonium.
Banias, St.: Caesarea Philippi.
Banienthal, das: Banea vallis.
Bannolas, Bad: Aquae Voconiae.
Bapaume, St.: Balma, Papalma, Bapalma.
Bar le Duc, St.: Barium ducis.
Bar sur Aube, St.: Barium ad Albulam, Segessera.
Bar sur Seine, St.: Barium ad Sequanam.
Baranya, St.: Baranivarium.
Baranyer Gespannschaft, die: Baranyensis comitatus.
Barbançon, St.: Barbansonium.
Barbados, Insel: Barbata.
Barbeaux, Abt.: Barbellum.
Barbelstein, Herrschaft: Berwarti rupes.
Barbezieux, St.: Barbecillum, Babecillum.
Barcelona, St.: Barcino, Faventia.
Barcelonette, St.: Barcinona.
Barcelos, St.: Barcelum.
Barchon, St.: Barchonium.
Barco, St.: Barcum.
Bardsey, Insel: Andros.
Al Baretoun, St.: Paraetonium.
Barfleur, Hafen: Barafletum.
Bari, St.: Barium, Barum.
Barka od. Barguah, Küstenland: Cyrenaica Regio.
Barletta, St.: Barulum.
Barlovento, Inseln: Insulae ad ventum.
Barneville, Ort: Crociotonorum portus.
Barrois, Landschaft: Bariolunenses.
Barrow, Fl.: Barrojus.

Barscher Gespannschaft, die: Barschiensis comitatus.
Barten, Landschaft: Bartonia.
Bartenkirchen, Mtfl.: Parradunum.
Barth, St.: Barthum.
Barutsch, St.: Barygaza.
Basel, St.: Colonia Rauracorum.
Basento oder Vessento: Fl.: Casuentus.
Basilica, St.: Sicyon.
Basilicata, Provinz: Acherontia provincia, Lucania.
Basiluzo, Insel: Herculis insula.
Bassano, St.: Passanum.
Bassano, See von: Vadimonis lacus.
Basselingen, St.: Bezelinga.
Bæssignana, Mtfl.: Augusta Batiennorum.
Bassigny, St.: Bassinia, Bassiniacum.
Bassora, St.: Orchoe.
Basta, St.: Bubastis.
Bastan, St.: Antinoopolis.
Bastia, St.: Mantinorum oppidum, Bastia.
La Bastie Mont Saléon, D.: Mons Seleuci.
Bastille, die: Arx Parisiorum.
Bastognack, St.: Bastonia, Bastonacum.
Batenburg, St.: Batavoburgium.
Bath, St.: Aquae calidae, Mons Solis.
Bathische District, der: Bathensis processus.
Batrus, St. u. Rhede.
Batscher Gespannschaft, die: Bacsiensis comitatus.
Baugé, D.: Balgiacum.
Baugé, St.: Balgium.
Baugency, St.: Balgentiacum.
Baume, St.: Balma.
Baumgartenberg, Kloster: Pomarii mons.
Bautsch, Fl.: Bartha.
Baux, St.: Baucium.
Bavay, St.: Bagacum.
Baxas, Meerbusen: Barbaricus sinus.
Bayeux, St.: Augustodurus, Bajocae, Naeomagus.
Bayonne, St.: Bajona, Bojatum.
Bayonischen Inseln, die: Deorum insulae.
Baza, St.: Basti.
Bazas, St.: Cossio.
Bearn, Landschaft: Benearnia, Beneharnia.
St. Beat, St: Fanum S. Beati.
Beauvoisis, St.: Bilumnum.
Beaucaire, St.: Bellicadrum, Ugernum.

Beauce oder Beausse, Landschaft: Belsia.
Beaufort, St.: Bellum forte.
Beaugency, St.: Balgentiacum.
Beaujeu, St.: Bellijocum.
Beaujolais, Landschaft: Bellijocensis ager.
Beaumarish, St.: Bellomariscus.
Beaume, St.: Vellaudunum.
Beaumont, Landvoigtei: Bonus mons.
Beaumont, St.: Bellomontium.
Beaumont en Argone: St.: Bellomontium in Argona.
Beaumont le Roger, St.: Bellomontium Rogerii.
Beaumont le vicomte, St.: Bellomontium Vicecomitis.
Beaune, St.: Belna.
Beaupreau, St.: Bellopratum.
Beaurepaire, St.: Bella Riparia.
Beauvais, St.: Bellovacum.
Beauville, D.: Ibliodurum.
Beauzet, St.: Bellicetum.
Bebenhausen, Kloster, Fabiana castra.
Beckum oder Beckem, St.: Confluentia Westphalica.
Bedarides, St.: Bituritae.
Bedford, St.: Lectodurum.
Bedfort, St.: Befortium.
Bedoin, St.: Bedoinum.
Behneseh, St.: Oxyrrynchus.
Beilstein, St.: Bilestinum.
Beirut, St.: Berytus.
Beja: St.: Pax Augusta.
Bela-Banya, St.: Dilna.
Belcastro, St.: Belcastrum, Petilia.
Belcz, St.: Belza.
Belem, St.: Bethlehemum.
Belgard, St.: Nandralba.
Belgern, St.: Belgora.
Belgrad od. Nander Fejerwar, St.: Singidunum, Taurunum.
Bellac, St.: Belacum.
Bellegarde, St.: Belligardum.
Belle-isle, Insel: Calonesus.
Bellelay, Abt.: Bellelagium.
Belle Perche, Abt.: Bella Pertica.
Bellesme, St.: Bellismum.
Belleville, Mtfl.: Bellavilla.
Belley, St.: Belica.
Bellino, St.: Fanum S. Bellini.
Bellenz oder Bellinzona, St.: Baltiona.
Bellisle, Insel: Bellinsula.
Belluno, St.: Bellunum.
Belt, der grosse, od. das baltische Meer: Sinus Codanus.
Belval, Kloster: Bellavallis.
Belvedere, Provinz: Calloscopium.

Bena, St.: Benna.
San Benedetto, St.: Marrubium.
Benedictbeuern, Abt.: Buovensis abbatia.
Benevento, St.: Beneventum.
Bengavi od. Benjaci, St.: Berenice.
Benisoueyf, St.: Hermopolis.
Berauner Kreis, der: Veronensis circulus.
Berberei, die: Barbaria.
Berchem oder Bergheim, St.: Tiberiacum.
Beregh Ozasz, St.: Berechia.
Beregher Gespannschaft, die: Bereghiensis comitatus.
Berg, Herzogthum: Montanus ducatus.
Berg, der heilige: Pirus.
Berga, St.: Berginium.
Bergamasco, Landschaft: Bergamensis ager.
Bergamo, St.: Pergamus.
Bergamo, St.: Bergomum.
Bergenhus, Landschaft: Bergensis praefectura.
Bergen op Zoom, St.: Bercizoma.
Bergstrasse, die: Strada montana.
Bergues, St.: Bergua.
Bergzabern, St.: Tabernae Montanae.
Berkshire, Grafschaft: Barcheria.
Berlin, St.: Berolinum.
Berlinger, der, Berg: Pyrendum, Bernina, Pyrenaeus.
Bern, St.: Berna.
Bern, Canton: Bernensis pagus.
Bernay, St.: Bernacum.
Bernburg, St.: Bernburgum.
Berncastel, St.: Castellum mosellanum.
St. Bernhardin, der: Culmen S. Bernhardini.
St. Bernhardsberg, der: Mons Penninus.
St. Bernhard, der kleine: Grajus mons, Mons Columnae Jovis.
Bernried, Probstei: Beronicum, Vermilacum.
Bernstadt, St.: Berolstadia.
Berry, Landschaft: Bitorinus pagus.
Berry, Herzogthum: Bituricensis ducatus.
Bersello, St.: Brixellum.
Bertinoro, St.: Petra Honorii.
Saint Bertrand de Comminges, St.: Lugdunum convenarum.
Bertschis oder Berschis: D.: Persinis.
Berwick, St.: Barovicum, Tuesis.
Berwick, Grafschaft: Valentia.
Besage, D.: Vosagus.

Besalu, St.: Bisaldunum.
Besançon, St.: Bisontium, Vesontio.
Besos, Fl.: Betulos.
Bessarabien, das heutige: Getarum desertum.
Bessin, das Gebiet: Bagisinus oder Bajocassinus ager.
Betanços, St.: Flavium Brigantum.
Bethune, St.: Bethunia.
Bettona, Mtfl.: Vettona.
Bevagna, Mtfl.: Mevania.
Beuren, Mtfl.: Brigobanna.
Beuthen, St.: Bethania.
Zuid-Beveland, Insel: Bevelandia australis.
Nord-Beveland, Insel: Bevelandia septentrionalis.
Bevio, Bivio oder Stella, Gericht: Stabulum.
Bewdly, St.: Bellilocus.
Bex, Pfarrdorf: Baccae.
Beyah, Fl.: Hyphasis.
Beziers, St.: Biterrae.
Biala Castro, St.: Decelia.
Bialocerkiew, St: Bialoquerca.
Biar, Mtfl.: Apiarium.
Biben oder **Pitschem**, St.: Pedena.
Biberach, St.: Biberacum, Bragodunum.
Biburg, Benedictinerabt.: Epinaburgum.
Biche, Grafschaft: Bidiscum, Bicina.
Bicoque, D.: Bicoca.
Bidassoa, Fl.: Bidossa, Vedasus.
Biel, St.: Biella.
Bielefeld, St.: Bilivelda.
Bieler-See, der: Lacus Biellensis.
Bielgorod, St.: Belogradum.
Biella, St.: Bugella.
Bielsk, St. u. Woiwodschaft: Bielcensis Palatinatus.
Bienwald, der: Silva apiaria.
Bierneburg, St.: Ursorum castrum.
Biervliet, St.: Birflitum.
Bigenis, St.: Abacaena.
Bigorre, Grafschaft: Bigerri.
Bihacs oder **Wihitz**, St.: Bihacium.
Biharer Gespannschaft: die: Bihariensis comitatus.
Bila, Bach: Surina.
Bilbao, St.: Flaviobriga.
Bilin, Fl. u. St.: Belina.
Billom, St.: Billemum.
Bille, Fl.: Billena.
Bilsen, St.: Belisia.
Binche, St.: Binchium.
Binchester, Mtfl.: Bimonium.
Bingen, St.: Bingium, Pinga.
Binoesca, St.: Visontium.
Binswangen, D.: Castrum Valerianum.

Biörkö, Insel: Birca.
Bjorneburg, St.: Arctopolis.
Bipp, Bergschloss: Castrum Pipini, Pippium.
Bir oder **Biridjek**, St.: Birtha.
Birkenfeld, St.: Bircofelda.
Birnbaumer Wald, der: Alpes Carnicae.
Birthelm, Mtfl.: Birthalbinum.
Bisagno, St.: Bisamnis.
Bisan oder **Bethsan**, St.: Scythopolis.
Biscaya, Provinz: Cantabria.
Bisceglia, St.: Buxiliae, Vigiliae.
Bischofslack oder **Lack**, St.: Locopolis.
Bisch'ofsweiler oder **Bischweiler**, Mtfl., Episcopi villa.
Bischofswerda, St.: Episcopi insula.
Bischofszell, St.: Episcopi cella.
Biserta, St.: Utica,
Bisignano, St.: Besidiae.
Bistritz oder **Nösen**, St : Bistricia.
Klein-Bistritz, D.: Bistricia ariada.
Bitetto, St.: Bitectum.
Bitonto, St.: Bidruntum, Bituntum.
Bitsch oder **Bitche**, St.: Festung: Bicina.
Bivona, St.: Hippo.
Bizerte: St.: Hippo Zarytos.
Blair, Schloss: Blara.
Blamont, St.: Albimontium.
Blandona, Zara Vecchia oder Alt-Zara, Mtfl.: Alba maris.
Blanes, Hafenstadt: Blanda.
Blangy, Mtfl.: Blangiacum.
Blankenberg, Hafenstadt: Blancoberga.
Blankenburg, St.: Blancoburgum, Albimontium.
Blatnitzsche District, der: Blatnicensis processus.
Blaubeuern, St.: Blabira, Burrhonium.
Blaurac, St.: Blauracus.
Blavet, Fl.: Blabius.
Blaye, St: Blabia.
Bleckingen, Landschaft: Blechingia.
Bletterans, St.: Bleterum.
Blies, St.: Blessa.
Blois, St.: Blesae, Blesum, Bloesia.
Blumberg, Mtfl.: Florimontium.
Blumenthal, Schloss: Vallis florida.
Bobbio, St.: Bobium.
Bobenhausen, St.: Astuia.
Bober, Fl.: Bobrane.
Bocca di Bonifacio, Meerenge: Fossa.
Bocca di Capo, Engpass: Thermopylae.
Bochoute, Amt: Bocholta.

29

Bodensee, der: Constantiensis lacus.
Boden- od. Ueberlinger-See, der: Lacus Acronius, Brigantinus lacus.
Bodeno, St.: Padinum.
Bodman oder Bodmen, Schloss: Bodami castrum.
Bodman, St.: Voliba.
Bodok, Schloss: Bodoxia.
Bodokische District, der: Bodokiensis processus.
Bodonitza, St.: Throuium.
Bodroger Gespannschaft, die: Bodrogiensis comitatus.
Bodroun oder Sedschickschick, Kloster: Teos.
Böblingen, St.: Bibonium.
Böhmen: Bohemia.
Böhmer Wald, der: Silva Gabreta.
Böhmischbrod, St.: Broda Bohemica.
Bölehen, Berg: Beleus.
Bözberg, der: Vocetius.
Bog oder Bug, Fl.: Bohus
Boglio, St.: Boleum.
Boin oder Bouin, Insel: Bovinum.
Boisbelle, Mtfl.: Boscobellum.
Bojano, St.: Bobianum.
Bolandwar, Festung: Bolonduarium.
Bolkenhayn, St.: Bolconis fanum.
Bollenz, Landvoigtei: Vallis Brennia oder Breunia.
Bologna, St.: Bononia.
Bolsena, St.: Volsinium.
Bolsvaert, St.: Bolsverda.
Bomarzo, Mtfl.: Polymartium.
Bommel, D.: Bomlo.
Bommeler-Waard, Insel: Batavorum insulae.
Bona, St.: Hippo regius.
Bonaduz, D.: Bonaedulcium.
Bondo oder Pont, D.: Bundium.
St. Bonifacio, St.: Fanum S. Bonifacii, Bonifacii civitas.
Bonlieux, St.: Bonilii.
Bonn, Schwefelbad: Aquae Bonae, Bonna, Ara Ubiorum.
St. Bonnet, St.: Sanbonetum.
Bonneval, St.: Bona vallis.
Bonneville, St.: Bona villa, Bonnopolis.
Bopfingen, St.: Opiae.
Boppard, St.: Babardia, Botobriga, Bodabricum.
Borås, St.: Boërosia.
Bordeaux, St.: Burdegala, Burdigala.
Bordo Badisco, Hafen: Veneris portus.
Borgo di Santo Sepolcro, St.: Burgus S. Sepulchri.
Borgo di Sesia, St.: Sessites.

Borgo di Val di Taro, Mtfl.: Burgus vallis Tari.
Borgoforte, St.: Burgus fortis.
Borgofranco, St.: Burgum francum.
Borgo Longo oder St. Donato, St.: Forum Appii.
Borgomanero, St.: Burgomanerum.
Borgo San Donnino, St.: Burgus S. Donnini.
Borja, St.: Belsinum.
Borkum, Insel u. Mtfl.: Byrchanis.
Bormes, Mtfl.: Borma.
Bormio, Mtfl.: Barolum.
Bornholm, Insel: Boringia.
Borromeischen Inseln, die zwei: Insulae cuniculares.
Borschoder Gespannschaft, die: Borsodiensis comitatus.
Borsod, St.: Bazoarium.
Bosnien: Bosna, Bosnia.
Bossina, St.: Bossena.
Bossiney, Burgflecken: Treguena.
Bossut oder Boussut, Baronie: Buxudis.
Bothnische Meerbusen, der: Sinus Bothnicus.
Botzberg, der: Mons Vogetius.
Botzen, St.: Bauzanum.
Bouchain, St.: Buccinium.
Boudry, St.: Baudria.
El Boueth oder Koum Ombos, St.: Ombos.
Boulene, St.: Burgum bonae Genelae.
Bouillon, St.: Bullio.
Boulogne, St.: Bolonia, Gesoriacum, Portus Ilius od. Iccius.
Boulonnais, Landschaft: Morini.
Bourbon l'Archambaud, St.: Aquae Borboniae, Burbo Archembaldi oder Arcimbaldi.
Bourbon Lancy od. Bellevue les bains, St.: Burbo Ancelli.
Bourbonne les Bains, Mtfl.: Borvonis arae.
Bourbonnois, Landschaft: Boji Celtae.
Bourbourg, St.: Broburgum Morinorum.
Bourg-Argental, St.: Burgus Argentalis.
Bourg d'Oisans, Mtfl.: Forum Neronis.
Bourg-en-Bresse, St.: Burgus Bressiae.
Bourg St. Andéol, St.: Burgus Andeolii.
Bourges, St.: Bituricae.
Bourgoing, St.: Burgasia.
Bourmont, St.: Brunonis mons.
Bourouz, St.: Cibyra.

Boutonne, Fl.: Vultonna, -tumna.
Bouvines, St.: Bovinae.
Bouzdag oder Tomolitzi, Berg: Tmolus.
Bouzonville, Mtfl.: Bosani villa, Bucconis villa.
Bovalli Kalessi, St.: Sestos.
Bovino, St.: Vibinum.
Bua, Insel: Boa.
Bowens, St.: Bousonia.
Boyne, Fl.: Buinda.
Bozokische District, der: Bozokiensis processus.
Bozzolo, St.: Bozolum.
Bra, St.: Barderate.
Brabant, Herzogthum: Brabantia.
Bracciano, St.: Brygianum.
Bracciano, Mtfl.: Novempagi.
Braga, St.: Bracara Augusta.
Braganza, St.: Brigantia.
Braila, St.: Peristhlaba.
Brailieu, Kloster: Waslogium monasterium.
Braine l'Aleu, Herrschaft: Brana, Brennia allodiensis.
Braine le Comte, St.: Brennia Comitis.
Bramant, Mtfl.: Brammovicum.
Brancaster, D.: Branodunum.
Brandeis, Mtfl.: Brandesium.
Brandenburg, St.: Brenoburgum.
Brantome, St.: Brantosomum.
Brasilien: Brasilia.
Braslaw, St. u. Woiwodschaft: Bratislavia.
Brättigau, der: Rhaetica vallis.
Braunau, St.: Braunodunum.
Braunsberg, St.: Brunsberga, Mons Brunonis.
Braunschweig, St.: Brunsviga.
Bray, St.: Braciacum ad Samarum.
Bray sur Seine, St.: Braciacum, Brajum.
Brazza, Insel: Bractia.
Brechin, Mtfl.: Brechinium.
Brecknock, St. u. Provinz: Brechinia.
Bredevoort oder Breevoord, St.: Bredefortia.
Bree oder Brey, St.: Braea.
Breg, Fl.: Briga, Brega.
Bregel, Thal: Vallis Brunna.
Bregenz, St.: Brigantium.
Bregenz, Grafschaft: Brigantinus comitatus.
Bregenz oder Bregenzer Ach: Fl.: Pontus.
Breglio, Mtfl.: Brelium.
Breisach, St.: Mons Brisiacus.
Breisgau, der: Brisgavia.

Brembo, Fl.: Brembus.
Breme, St.: Bremetum od. Bremma.
Bremen, freie St.: Brema.
Bremervörde, St.: Vorda Bremensis.
Bremgarten, St.: Bremveartum.
Brempton, St.: Bremenium.
Brendolo, St.: Brondulum.
Brenne od. Braine: St.: Brennacum.
Brenner, der, Gebirge: Mons Pyrius.
Brenta, Fl.: Medoacus major.
Brescia, St.: Brixia.
Bresciano, das Gebiet von Brescia: Brixianus ager.
Breslau, St.: Budorgis, Vratislavia.
Bresles, Schloss: Villa Episcopi.
Bresse, Landschaft: Sebusianus ager.
Bressuire, St.: Bercorium.
Brest, Hafenstadt: Gesocribate.
Bretagne, Provinz: Armorica, Britannia cismarina, Britannia minor, Letavia.
Breteuil, St.: Bretolium.
Bretzno Banya oder Bries, St.: Britzna.
Bretigny, D.: Bretiniacum.
Breusch, Mtfl.: Brusca.
Briançon, St.: Brigantio.
Brianzagebirge, das: Montes Brigantini.
Briare, St.: Bribodorum.
Briateste, St.: Britexta.
Bridgewater Bay, der Meerbusen: Vexulla.
Brie, St.: Braja.
Brie Champenoise, das Land: Brigensis pagus oder saltus.
Brieg, St.: Brega, Civitas altae ripae.
Brieg, St.: Vibericus pagus.
Briel, St.: Briela.
Brienne, St.: Breona, Castrum Briennium.
St. Brieuc, St.: Fanum S. Brioci.
Briey, St.: Bricesum, Brium.
Brigach, Fl.: Brigiana.
Brignais, D.: Priscinniacum.
Brignole, Fl.: Boactus.
Brignoles, St.: Brinolia.
Brigueil, Mtfl.: Brigolium.
Brihuega, St.: Briaca.
Brindisi, St.: Brundisium.
Briones, St.: Brionum.
Brioni, venet. Inseln: Pullariae insulae.
Brioude, St.: Brivas.
Bristol od. Caer-Gwend, St.: Venta Silurum.
Brittonoro oder Bertinoro, St.: Forum Truentinorum.
Brives la Gaillarde, St.: Briva Curetia.

29*

Briviesca, St.: Virovesca.
Brivio, St.: Bripium.
Brix, St.: Pontum.
Brixen, St.: Brixia.
Brocken od. Blocksberg, der: Bructerus Mons, Melibocus.
Brockmer Land, das: Brocmeria.
Brodnitz oder Strassburg: St.: Brodnica.
Broglio, Pfarrdorf: Broilum.
Bromberg od. Bydgoscz, St.: Bidgostia.
Brondolo, St.: Portus Brundulus.
Broni, Mtfl.: Blandeno.
Bros, St.: Brossa Frateria.
Brosse, Ort: Procia.
Brouage, St.: Broagium.
Browershafen, St.: Brouwari portus.
Brugg oder Bruck, St.: Bruga.
Bruck a. d. Ammer, Mtfl.: Ambra.
Bruck a. d. Leitha, St.: Leitae pons.
Bruck an der Mur, St.: Prukka.
Brück, St.: Mederiacum.
Brüg, District: Brigianus conventus.
Brügge, St.: Brugae.
Brülingen, Mtfl.: Brigobanum.
Brünn, St.: Bruna, Brunna.
Brünner District: der: Brennensis Circulus.
Brüssel, St.: Bruxella, Bruxellae.
Brugnato, St.: Brugnatum.
Brumpt oder Brumath, Mtfl.: Brocomagus.
Brunkensee, Frauenkloster: Brunonis domus.
Brunegg oder Bruneck, St.: Brunobruneto, St.: Brunetum. [polis.
Brunsbüttel, Mtfl.: Brunsbutta.
Bruntrut, St.: Brundusia.
Brussa, St.: Prusa.
Brzesc, St. u. Wojewodschaft: Brescia.
Brzesc Kujawskie, St.: Brestia Cujaviae.
Brzescz, Wojewodschaft: Brestiensis Palatinatus.
Buch, Kloster: Vallis S. Egidii.
Buch, Landschaft u. Mtfl.: Bojatum.
Buchan, Provinz: Buchania.
Bucharei, die grosse: Sogdiana.
Bucharei, die heutige kleine: Sacae.
Bucharest, Hauptstadt: Thyanus.
Buchau, die altdeutsche Landschaft: Fagonia od. Buchonia.
Buchau, St.: Silva Bocauna.
Buchenstein, Mtfl.: Andracium.
Bucorta, Fl.: Butrotus.
Bucquoy, Mtfl.: Bucqueium.
Budissin oder Bautzen: Budissin, Budissina.
Budoa, St.: Budua, Butua.
Budweiss, St.: Budovicium.
Budyn, St.: Budina.
Bückeburg, Fürstenthum: Boeensis pagus.
Buenos Ayres, St.: Fanum S. Trinitatis.
Büren, St.: Pyreneschia.
Bürich oder Büderich, St: Budrichium.
Bütow, St.: Butavia.
Bützow, St.: Buxonium.
Bug, Fl.: Buga.
Bugey, Landschaft: Beugesia.
Bugiah, St.: Saldae.
Le Buis, St.: Busium, Buxium.
Bujalance, St.: Calpurniana.
Bujuk Kaleh, St.: Cotyora.
Bujuk Meinder, Fl.: Maeander.
Bulgarei, die: Bulgaria, Vulgaria.
Bull, Gemeine: Bulium.
Bulla oder Herace, Fl.: Heraclius.
Bullerborn, Quelle: Fons resonus.
Bulles, St: Bullaeum.
Bunzlau, St.: Boleslavia.
Alt- u. Jung-Bunzlau, St.: Boleslavia vetus u. junior.
Bunzlauer Kreis, der: Boleslaviensis circulus, provincia.
Buquamnes, Vorgebirge: Promontorium Buchananum.
Burgas, St.: Bergala.
Burgau, St.: Burgo.
Burghausen, St.: Bidaium.
Burgk: St.: Burgum.
Burgo, St.: Burgum.
Burgo de Osma, St.: Oxoma.
Burgos, St.: Burgi.
Burgscheidungen, St.: Schidinga.
Burgund, Königreich: Arelatense regnum.
Burgund oder Bourgogne, Landschaft: Burgundia.
Burgwerben, D.: Vitirbinense castrum.
Burkheim, Mtfl.: Biriciana.
Burlos, See: Buticus lacus.
Burriana, St.: Brigiana.
Burtanger Fort, Festung: Burtanga.
Burtscheid, St.: Porcetum.
Bury, Mtfl.: Faustini villa.
Burzländer District, der: Burcia, Burica.
Buschweiler, St.: Buxovilla.
Buseto, St.: Buxetum.
Bussento, Fl.: Buxentius.
Bussy, St.: Bussiacum.
Butera, St.: Bucia.
Butrinto, St.: Botruntina urbs.
Buytrago, St.: Litabrum.

Cabagnac, St.: Cobiomagum.
Cabasse, D.: Matavonium.
Cabe oder **Queiles**, Fl.: Chalybs.
Cabilhana, St.: Cava Juliani.
Cabo de Cruz, Vorgebirge: Promontorium Crucis, Aphrodisium.
Cabo de Finis Terre, Vorgebirge: Caput finis terrae.
Cabo de Gata, Vorgebirge: Promontorium Charidemi.
Cabo dell' Oro, Vorgebirge: Promontorium Capharacum.
Cabo de Palos, Vorgebirge: Promontorium Saturni.
Cabo de Silleiros oder **Cabo Corrovedo**, St.: Orubium.
Cabra, Mtfl,: Egabra.
Cabre Ibrahim oder **Habrun**, St.: Hebron.
Cabrera, Insel: Aegila.
Cabrières, St.: Capraria.
Cacamo oder **Cacova**, St.: Adriace.
Caceres, St.: Castra Caecilia.
Cadaquez, St.: Cadacherium.
Caderousse, St.: Caderossium.
Cadix, St.: Gades.
Cadore oder **Pieve di Cadore**, St.: Cadubrium.
Caen, St.: Cadomus, -um,
Caerlleon, St.: Isca Legio, Isca Silurum.
Caermarthen, Grafschaft: Maridunensis comitatus.
Caermarthen, St.: Maridunum.
Caernarvon, Provinz: Arvonia.
Caernarvon, St.: Seguntium.
Caerwent, St.: Ventidunum.
Cafartout, St.: Castellum mororum oder morium.
Caffa oder **Feodosia**, St.: Capha, Cavum, Theodosia.
Cafza, St.: Capsa.
Cagli, St.: Calium.
Cagliari, St.: Calaris.
Cahors, St.: Cadurci.
Caibares, St.: Taenarus.
Cairo, St.: Cairus, Canalicum.
Caithness, Grafschaft: Cathanasia.
Cajazzo, St.: Calatia.
Calabrien, das jenseitige: Terra Jordana.
Calabrien: Cantazarae provincia.
Calagero, St.: Schera.
Calahorra, St.: Calagurris.
Calais, St.: Calesium, Portus Ulterior.
Calamata, Meerbusen: Messeniacus sinus.
Calamata, Hafen: Calamae.
Calamine, Insel: Calymna.
Calatabellota, Fl.: Crimisus.
Calata Bellota, St.: Tricala.
Calatagirone, St.: Calata Hieronis, Hybla minor.
Calata Scibetta, St.: Callonians.
Calatayud, St.: Augusta Bilbilis, Calatajuba.
Calatafimi, St.: Longarium.
Calatrava, St.: Calatrava, Oretum.
Calcar, St.: Calcaria, -um.
Caldas de Mombuy, Bad: Aquae calidae.
Caldas de Rey, St. u. Bad: Aquae Cilinorum.
Caldas d'Orense, St. u. Bad: Origines.
Calfano, St.: Eryx.
Calore, Fl.: Calor.
Caltern, Mtfl.: Caldarium.
Calvi, St.: Calvium.
Calvi, St.: Cale.
Calw, St.: Calva.
Camargue, Rhone-Insel: Campus Marii.
Camb, Fl.: Cambus.
Cambaya, Golf von. Barygazenus sinus.
Cambray, St.: Cameracum.
Cambresis, Landschaft: Cameracensis ager.
Cambridge, St.: Cantabrigia.
Camenz, St.: Camentia.
Camerino, St.: Camerinum.
Cammaïsa, Berg: Oeta.
Cammin, St.: Camina.
Campagna di Roma, Gebiet um Rom: Campania romana.
Campagna, St.: Campania.
Campen, St.: Campi.
Campen, St.: Manarmanis Portus.
Campodolcino oder **Campdulcin**, Gemeine: Campus dulcinus.
Campoli, St.: Camplum.
Camporanice, Ort: Ranisium.
Campredon, St.: Campus Rotundus.
Canal, der: Oceanus britannicus.
Canal von Bristol: Sabrinae aestuarium.
Canarischen Inseln, die: Insulae Fortunatae.
Canavese, Grafschaft: Canapitium.
La Canche, Fl.: Cancius.
Candia, Insel: Aeria.
Canea, St.: Cydon.
Caneto, St.: Canetum.
Cangas de Oniz oder **Santillana**, St.: Concana.
Canistro, Insel: Ampelusia.
Canne, Mtfl.: Cannae.

Les Cannes, St.: Bufentis, ad Horrea.
Canobio, Mtfl.: Coenobium.
Canosa, Schloss u. St.: Canosium.
Canourgue, Benedictin.-Abt. u. St.: Canorgia.
Canstadt, St.: Cantaropolis.
Cantazaro, St.: Cantacium.
Cantavieja, St.: Carthago.
Cantera, Fl.: Tauromenius.
Cantera, Fl.: Acesines.
Canterbury, St.: Cantuaria.
Cantin, Vorgebirge: Atlas minor.
Cantoin, St.: Cantium.
Cantyre, Halbinsel: Cantiera.
Canvey, Insel: Convennos.
Canzo, St.: Cantium.
Caorle, Insel: Caprulae.
Caours, Mtfl.: Cavortium.
Cap Baba: Lectum.
Cap Blanc: Candidum promontorium.
Cap Bianco oder Cap de Buffo: Drepanum promontorium.
Cap Bojador: Atlas major.
Cap Bon, Vorgebirge: Hermaeum promontorium.
Capo Campanilla oder della Minerva: Minervae promontorium.
Cap Cantire, Vorgebirge: Epidium promontorium.
Cap Colonna, Vorgebirge: Columnarum caput.
Cap Colonne: Sunium.
Capo Corso, Vorgebirge: Caput corsum.
Cap das Baxas oder Guardafui: Noti cornu.
Capo del Gado, Vorgebirge: Prasum promontorium.
Capo della Cacca, die drei Vorgebirge: Hermaeum promontorium.
Capo della Chimera, Vorgebirge: Ceraunii montes.
Capo della Testa, Vorgebirge: Erebantium.
Capo de Santa Maria, Vorgebirge: Promontorium Cuneum.
Cap de Sète: Promontorium Setium.
Capo de Tres Forcas, Vorgebirge: Metagonium.
Cap Ducato, Vorgebirge: Leucate promontorium.
Capo di Brussano, Vorgebirge: Zephyrium promontorium.
Capo de S. Vicente, Vorgebirge: Promontorium Sanctum.
Capo di Faro: Promontorium Messanense.
Capo di Leuca od. Finisterre: Japygium promontorium.

Capo d'Istria, St.: Aegida, Capula Histriae.
Capo di Santa Croce, Vorgebirge: Taurus.
Capo di Spartivento, Vorgebirge: Promontorium Brutium.
Cap Drepano: Derris.
Capo Figolo: Promontorium Actium.
Cap Finistere oder Sanjago: Finisterrae.
Cap Finisterre oder The Land's End, Vorgebirge: Bolerium promontorium.
Cap Formoso: Raptum promontorium.
Cap Gargano: Garganum promontorium.
Cap Guardafui: Aromatum promontorium.
Cap Horn: Hornanum caput.
Capo Liter: Vorgebirge: Cenaeum.
Cap Lizard, Vorgebirge: Ocrinum promontorium, Damnonium.
Cap Matapan: Taenarum promontorium.
Cap Monastir, Vorgebirge: Dionysii promontorium.
Cap Oby: Lytarmis promontorium.
Cap Osem: Usadium.
Cap Palinuro oder Punta dello Spartimento: Palinurum promontorium.
Cap Papa oder Kalogria, Vorgebirge: Araxos.
Capo Passaro: Promontorium Pachynum.
Cap Patani oder Bragu, Vorgebirge: Magnum promontorium.
Cap Rocca di Sintra, Vorgebirge. Magnum promontorium.
Cap Rocco: Lunae promontorium.
Cap Sidani: Phalacum.
Cap St. Vincent und Capo Corso, Vorgebirge: Sacrum promontorium.
Cap St. Martin: Hemeroscopium.
Cap Spartel: Ampelusia promontorium.
Cap Tornese oder Jardan: Chelonites.
Cap Trafalgar, Junonis promontorium.
Cap Trapani und Cap St. Alessio: Drepanum promontorium.
Capo Turglio: Viriballum.
Cap Vert, Arsinarium promontorium.
Cap Vono, Vorgebirge: Jasonium promontorium.
Cap Zanchi oder Tornese: Ichthys.
Capdenac, St.: Uxellodunum.
Capacio oder Capece, St.: Caput Aqueum.

Capestan, Mtfl.: Caprasium.
Capelle, Mtfl.: Duronum.
Capitanat, das heutige: Daunia.
Capranu oder Skrupi: Chaeronea.
Caprí, Insel: Capreae, Capria.
Caracaja, Vorgebirge: Charax.
Carapella, Mtfl.: Cerbatus.
Carapheria oder Véria, St.: Beraea.
Carasu, Fl.: Cydnus.
Caravaggio, Mfl.: Caravacium.
Carcassone, St.: Carcaso.
Carden, Mfl.: Cardonia.
Cardigan, St.: Ceretica.
Cardona, St.: Athanagia.
Carentan, St.: Caracotinum, Carento.
Cariati oder Torre di Fiumenica, St.: Paternum.
Caridia, St.: Cardia.
Carife, St.: Callifae.
Carinola, St.: Calenum, Forum Clandii.
Caritena, St.: Gortys.
Alt- u. Neu-Carleby, St.: Carolina antiqua u. nova.
Carlisle, St.: Brovoniacum, Carleolum, Castra.
Carlopago, St.: Campus Carolinus.
Carlshamm oder Carlshafen, St.: Caroli portus.
Carlowitz, St.: Carolovicia.
Carlscrona, St.: Caroli corona.
Carlsbad, St.: Thermae Carolinae.
Carlsruhe, St.: Hesychia Carolina.
Carlstadt, St.: Carolostadium.
Carlsstadt, St.: Carolostadium Suevicum.
Carmagnola, Carmagnole, St.: Carmaniola.
Carmona, St.: Carmo.
Carnero, Busen von: Carnarius sinus.
Caromb, St.: Carumbus.
Caros de los Infantes, Mtfl.: Ilarcuris, Larcuris.
Carpenitza, St.: Oechalia.
Carpentras, St.: Carpentoracte.
Carpi, St.: Carpium.
Carretto: Carrectanus marchionatus.
Carrik, St.: Caricta, Fergusii rupes.
Carrion de los Condes, St.: Carrio Comitum.
Carsaix, St.: Vorganium.
Carthagena, St.: Carthago nova, Spartaria.
Casale, St.: Bodincomagus, Cassella.
Casalmaggiore, St.: Casale majus.
Casan, St.: Casanum.
Cascaes, St.: Cascale.
Cascante, St.: Cascantum.
Cashél, St.: Cashilia, Jernis.
Casole, St.: Cassella.
Casoli, Mtfl.: Casula.
Caspische Meer, das: Mare caspium.
Cassano, St.: Cassanum, Cosa.
Cassel, St.: Cassella, Casseletum.
Cassis, St.: Carsici.
Casso oder Cago: Insel: Casos.
Cassopo, D.: Cassiope.
Castagnatzgebirge, das: Pangaeus.
Castagnedoli, D.: Castagnedolum.
Casteggio, St.: Clastidium.
Castel Aragonese, St.: Emporiae.
Castel Baldo, St.: Castellum Baldum.
Castelbranco, St.: Albicastrum, Castellum album, Castrobracum.
Castelcorn, Herrschaft: Castrum cornu.
Castel Durante: Castellum Durantium.
Castel Franco oder S. Donino, St.: Castrum Fancorum, Forum Gallorum.
Castel Gandolfo, päpstl. Lustchloss: Arx Gandulfi.
Castel Geloux oder Jaloux, St.: Castrum Gelosum.
Castelaun oder Castelhun, St.: Castellum Hunnorum.
Castel-a-Mare della Brucca, St.: Elea.
Castel a mare di Stabia, St.: Stabiae.
Castellane, St.: Civitas Salinarum.
Castellazo, St.: Gamundium.
Castel Leone, St.: Castrum Leonis.
Castello Aragonese, St.: Castrum Aragonense.
Castellon de la Plana: Castalia.
Castello di Solanto, St.: Solus.
Castelmaggiore, St.: Castellum majus.
Castelmagno, D.: Castellum majus.
Casteluau de Medoc, St.: Noviomagus.
Castelnaudary, St.: Castellum Arianorum, Castellum novum Ariani, Castelavium, Auravium, Sostomagus.
Castel Novo di Garfagnana, St.: Castellum novum Grafinianum.
Castel Nuovo, St.: Castellum novum.
Castel Rampano, St.: Cyparissus.
Castel Rosso: Carystus.
Castel San Pietro, Mtfl.: Castellum S. Petri.
Castel Vecchio Subrequo, St.: Superaequana colonna, Subrequcum.
Castel vetere, St.: Castrum Vetrium.
Castel Visconte, Schloss: Castrum Vicecomitum.
Castello de Ampurias, St.: Emporiae.
Caster, St.: Venta Icenorum.

Castidio oder Stellia, St.: Decastadium.
Castiglione, St.: Castellionum.
Castiglione delle Stiviere, St.: Castillo Stiverorum.
Castiglione Fiorentino, St.: Chastilium, Aretium fidens.
Castiglione Maritimo, Mtfl.: Castillo Calabriae.
Castilien: Castella nova.
Alt-Castilien: Castella vetus.
Castillo, Mtfl.: Herculis fanum.
Castres, St.: Castra.
Castri, Mtfl.: Delphi.
Castro, St.: Castrum Minervae.
Castro, D.: Castremonium.
Castro oder Metelino, St.: Mitylene.
Castro del Rio, Mtfl.: Castra Postumiana.
Castro Giovanne, St.: Enna.
Catalonien, Provinz: Tarraconensis Hispania.
Catania, St.: Catania.
Catanzaro, St.: Catacium.
Le Catelet, Mtfl.: Castelletum.
Cattaro, St.: Catharum.
Cattegat, der: Codanus sinus, Sinus Scagensis.
Cattwyk, D.: Cattorum vicus.
Caub, St.: Cuba.
Caucasusgebirge, das: Mons Caucasus.
Caudebec, St.: Calidobecum, Latomagus.
Caudiès, Mtfl.: Canderiae.
Caumont, Mtfl.: Calvimons, -ntum.
Cava, St.: Marcina.
La Cava, Kloster: Cavea.
Cavaillon, St.: Cabellio.
La Cavale, Hafenstadt: Neapolis.
Cayeux, St.: Setuci.
Cayo, Berg: Cannas.
Cazaca, St.: Metagonium.
Cazalejas, Mtfl.: Casalaqueum.
Cazères, St.: Calagorris.
Cazorla, St.: Castulo.
La Cedogna, St.: Aquilonia.
Cefalu, St.: Cephaloedis.
Cegli, St.: Celia, -um.
Celano, St.: Coelanum.
Celano, der See: Lacus Fucinus.
Celle, St.: Cella.
Ceneda, St.: Acedes.
Centorbe oder -vi, St.: Centuripa.
Centron, Mtfl.: Centrones.
Cephalonia: Cephalenia.
Ceprano oder Pontecorvo, St.: Fregellae.
Cerda, St.: Cerdania.

Cerdagne, Grafschaft: Ceredania, Cardania.
Ceret, St.: Ceretum.
Cerigo, Insel: Cythera.
Cerigotto, Insel: Aegilia.
Cerreto, St.: Cernetum.
Cert, Fl.: Carthus.
Cervaro, Fl.: Cerbalus.
Cervera, St.: Cerveria.
Cerveteri, St.: Agilla.
Cervia, St.: Ficocle.
Cerzun, Gemeine: Cercunum.
Cesena, St.: Caesena.
Csepel, Donauinsel: Cepelia.
Cette, St.: Messua collis, Setiena, Setium, Sigium.
Ceuta, Vorgebirge: Abyla.
Ceuta, St: Septa.
Ceva, St.: Ceba.
Cevennengebirge, das: Cebenna mons.
Ceylon, Insel: Ceylanum.
Geyreste, D.: Citharista.
Chabeuil, St.: Chabellium.
Chablais, Herzogthum: Ager Antuatum, Caballicus Ducatus.
Chablis, St.: Cabelia.
Chabour, St.: Andropolis.
Chaise Dieu, St.: Casa Dei.
Chalons sur Marne, St.: Catalauni.
Chalon sur Saone, St.: Cabillonum.
Chalonnois, Landschaft: Cabillonensis ager.
Chalosse, Landschaft: Calossia.
Chalus, St.: Castrum Lucii.
Cham, St.: Cambum.
Chambery, St.: Camerinum Lemniorum, Cameriacum.
Chambord, Lustschloss: Camborium.
Chambre, Mtfl.: Camera.
St. Chamond, St.: Fanum S. Chanemundi.
Chamouny, St.: Campimontium.
Champagne, die: Campania.
Chanonry od. Channerie of Rosse, Mtfl.: Chanrea.
Chaoul, St.: Caulum.
Chaource, St.: Catusiacum.
La Chapelte Dom Gillon od. D'angillon, St.: Capella Domini Gilonis.
Chardak, St.: Lampsacus.
Charente, Fl.: Carantonus.
Charenton, St.: Carentonium.
Charleroy, St.: Carololesium.
Charlemont, St.: Carolomontium.
Charleville, St.: Carolopolis.
Charlieu, St.: Carilocus.
La Charite, St: Charitas.
Charmé, D.: Sermanicomagus.
Charolais, Grafschaft: Carolesium.

Charolles, St.: Caroliae, Quadrigellae.
Charost, St.: Carophium.
Charpoigne, D.: Scarponna.
Charroux, St.: Carrofum.
St. Chartier, St.: Vicus Lucaniacus.
Chartres, St.: Autricum, Carnotena urbs, Carnutes, Carnutensis terra, Cessero.
Chartrain, Landschaft: Carnutensis terra.
Chassenon, Mtfl.: Cassinomagus.
Châteaubriand, St.: Castrum Brientii.
Château-Cambresis, St.: Castrum Cameracense.
Château-Ceaux, D.: Castrum Celsum.
Château-Chinon, St.: Castrum Caninum.
Château Dauphin, Schloss: Castrum Delphini.
Le Château des Lattes, D.; Latera.
Château du Loir, St.: Castrum ad Laedum.
Châteaudun, St.: Castellodunum, Castrodunum, Dunum.
Château Gontier, St.: Castrum Gontheri.
Château d'If, Schloss: Castrum Iphium.
Château Landon, Mtfl.: Castrum Landonis, Vallaudunum.
Château Meillant oder Meylieu, St.: Mediolanum Cuborum.
Château neuf, St.: Castrum novum.
Château Porcien, St.: Castrum Porcianum.
Châtenau Regnaud, St.: Castrum Reginaldi, Caramentum.
Château Renard, St.: Castrum Vulpinum.
Châteauroux, St.: Castrum Radulphi.
Château-Salins, St.: Castrum Salinarum.
Château Thierry, St.: Castrum Theoderici.
Châteauvillain, St.: Castrum villanum, de Castello Villico.
Le Chatelet, St.: Casteletum.
Chatelet, St.: Casseletum.
Chatellerault, St.: Castrum Heraldi.
Chatendis, Landschaft: Castiniacum.
Châtillon les Dombes oder sur Chaleronne, St.: Castellio Burgundiae.
Châtillon sur Cher, St.: Castellio ad Carim.
Châtillon sur l'Indre, St.: Castellio ad Ingerim.

Châtillon sur Loire, St.: Castellio ad Ligerim.
Châtillon sur le Loin, St.: Castellio ad Lupiam.
Châtillon sur Marne, St.: Castellio ad Matronam.
Châtillon sur Sevre, St.: Castellio Pictaviae.
Châtillon sur Seine, St.: Castellio ad Sequanam.
Chaud, St.: Calidum.
Chaudes Aigues, St. u. Bad: Aquae calentes.
Chaudfontaine, D.: Calida de Fontana.
Chaumes, St.: S. Petri de Calamis.
Chaumont, St.: Calmontium, Calvus mons.
Chauny, St.: Caluiacum.
Chauvigny, St.: Calviniacum.
Chaves, St.: Aquiflavia, Aquae Flaviae.
Cheladia, St.: Halica.
Cheherivan, St.: Apollonia.
Chellah oder Sebilah, St.: Mansalla.
Chelles, Mtfl.: Cala.
Chelm, Landschaft: Chelminensis terra.
Chelmno, St.: Culma.
Chelmsford, St.: Caesaromagus.
Chemnitz, St.: Chemnitium.
Chendi, das heutige Land: Meroe.
Chendi, St.: Meroe.
Chennab, Fl.: Acesines.
Cher, Fl.: Caris, Carus, Charus, Scara.
Cherasco, St.: Claruscum.
Cherbourg, St.: Caesaris Burgus, Coriallum.
Cherso, Insel u. St.: Crepsa, Cressa.
Chester, Grafschaft u. St.: Cestria, Deva.
Chiana, Fl.: Clanis.
Chiani, das Gebiet: Ager clantius.
Chiarenza, Mtfl.: Cyllene.
Chiaretta, Fl.: Sinnaethus.
Chiavari, St.: Clavarum.
Chichester, St.: Cicestria.
Chiemsee, der: Chemiagus lacus.
Chieri oder Quiers, St.: Carea.
Chièvres, St.: Cervia.
Chillon, Schloss: Zylium.
Chimay, St.: Chimacum.
Chimera, St.: Acroceraunia.
Della Chimera oder Khimarioli, Gebirgskette: Acroceraunii montes.
Chinchilla, St.: Salaria.
Chiney oder Ciney, St.: Cennacum, Chinejum.
Chinon, St.: Caino, Chinonium.
Chiozza oder Chioggia, Insel: Fossa Claudia.

30

Chipiona, Mtfl.: Capionis.
Chitro, St.: Citron, Pydna.
Chiuro, Pfarrdorf: Clurium.
Chiusa, Mtfl.: Clausa.
Chiusa, Pass: Veruca.
Chiusi, St.: Clusium.
Chivasso, St.: Clavasium.
Choczim, Festung: Chotinum.
Chonader Gespannschaft: Cenadium.
Chorges, Mtfl.: Caturicae.
Chrast, Mtfl.: Christa.
Chrevasta, Fl.: Apsus.
Chrisse, D.: Crusina.
Christianpries oder Friedrichsort, Festung: Christiani munitio.
Christiania, Opslo oder Anslo, St.: Ansloa.
Christianstadt, St.: Christianostadium.
Christina, Insel: Letoa.
Christineham, St.: Christianae portus.
St. Christoval de la Havanna, St.: Fanum S. Christophori.
Chrudimer Kreis, der: Chrudimensis circulus.
Chur, St.: Rhaetorum curia.
Churwalden, Landschaft: Corvantiana vallis.
Churwalden, Kloster: Curiovallis, Monasterium Corvariense.
Churwalden, Gericht: Vallis Corvantiana.
Cierf, D.: Cervium.
Cilley, Ort: Zellia.
Cilli oder Zilli, St.: Celeia.
Cimbrishamm, St.: Portus Cimbrorum.
Cin, Gemeine: Cinum.
Cingoli, St.: Cingulum.
La Ciotat, St.: Citharista, Civitas.
Circassier, die: Cercetae.
Circello, Vorgebirge: Circaeum promontorium.
Cirencester, St.: Corinium.
Cirie, St.: Cyriacum.
Cirie od. Grenneh, St.: Cyrene.
Cirisano, Mtfl.: Cyterium.
Ciŕl od. Zirl, D.: Cireola.
Cirvello, Monte, St.: Circeji, -jum.
Cisteaux od. Citeaux, Abt.: Cistercium.
Cisterna, Mtfl.: Tres Tabernae.
Cittadella, St.: Civitas tuta.
Città di Bene, St.: Augusta Vagiennorum.
Citta di Castello, St.: Tifernum Tiberinum.

Citta Nuova, St.: Aremonia nova.
Citta Nuova, St.: Civitas nova.
Ciudad real, St.: Civitas regia.
Ciudad Rodrigo, St.: Civitas Lancia od. transcudana, Augustobriga, Morobriga, Rodericopolis, Roderici.
Ciudadela, Hafenstadt: Jamma.
Cividale, St.: Forum Julii, Forojuliensis civitas.
Civita St. Angelo, St.: Civitas S. Angeli.
Città Bórella, St.: Bucellum.
Civita Castellana od. Stá. Maria di Falari, St.: Palisca, Fescennia.
Civita della Pieve, St.: Civitas Plebis.
Civita di Chieti, St.: Teate Marrucinorum.
Civita di Penne, St.: Pinna Vestina.
Civita Ducale, St.: Civitas Ducalis.
Civita Indovina, Mtfl.: Lanuvium.
Civita Vecchia, St.: Civitas vetus, Centumcellae.
Civitella, St.: Belegra.
Civitella, St.: Capena, Vitellia.
Clain, Fl.: Clanius.
Clairac, St.: Clericum.
Clairets, Abt.: Claretum.
Clairfontaine, Kloster u. D.: Clarus fons.
Clairvaux, Abt. u. Mtfl.: Claravallense coenobium.
Clamecy, St.: Clameciacum.
Clare, St.: Thuetmonia.
Clarence, St.: Clarentia.
Clarenza od. Chiarenza, Landschaft u. St.: Clarentia.
St. Claude, St.: Fanum S. Augendi od Claudii.
Clausen, St.: Clausina.
Clausenburg od. Kolos, St.: Colosia.
Clausenburger Gespannschaft. die: Colosvariensis comitatus.
Clefen, St.: Clavenna.
Clery, St.: Clariacum ad. Ligerim.
Clerac, St: Clariacum ad. Oklam.
Clermont, St.: Claromontium, Arverna, Clarus mons, Claromontium Lutevense.
Clermont en Beauvoisis, St.: Clarus mons Bellovacensis.
Clermont en Argonne, St.: Clarus mons Lotharingiae.
Clermont-Ferrant, St.: Augustonemetum.
Clery, St.: Cleriacum.
Cleve, St.: Clivia.

Cleverham, Amt.: Saltus.
Cley, Mtfl.: Garrejenus.
Clissa, Schloss u. St.: Andretium.
Clisson, St.: Clissonium.
Clitunno, Fl.: Clitumnus.
Cloney, Kirchspiel: Clona.
Clonfert, Mtfl.: Clonfertia.
St. Cloud, St.: Fanum S. Clodoaldi.
Cluny, St. u. Benedictinerabtei: Cliniacum.
Cluse, St.: Clusa.
Cluson, Thal: Clusonia vallis.
Clyde, Fl.: Cludanus amnis, Glota.
Clyde-Fyrth, Meerbusen: Glotae aestuarium.
Clydesdale, Landschaft: Glotiana.
Coa, Fl.: Cuda.
Coblenz, Mtfl.: Confluentes.
Coburg, St.: Coburgum.
Coc, St.: Cauca.
Cockermouth, St.: Cocermotium.
Coda di Volpe, Vorgebirge: Cauda vulpis.
Codogno, St.: Catoneum, Cotoneum.
Codos de Ladoce, Berg: Ladicus mons.
Cöln, St.: Colonia, Ubiopolis.
Cölln a. d. Spree, St.: Colonia ad Spream.
Cöthen, St.: Cotha.
Coevorden, St.: Covordia.
Cogliano, St.: Cosilium.
Cognac, St.: Conacum.
Coimbra, St.: Conimbrica, -bra, Caetobrix.
Colchester, St.: Colcestria, Camalodunum.
Coldingham, St.: Colania.
Coleah, St.: Castra rapida.
Coll, Insel: Cola.
Colle, St.: Collis.
Collioure, St.: Caucoliberis, -rum.
Colmar, St.: Columbaria.
Colmars, Mtfl.: Collis Martis.
St. Colombano, Mtfl.: Fanum divi Columbani.
Colonna, od. Tristena, D.: Nemea.
delle Colonne, Vorgebirge: Lacinium promontorium.
Columbton, Mtfl.: Columbus.
Coluri, Insel: Cychria.
Comachio, St.: Comaclium, Comacium.
Comorsee: Lacus Larius.
Comino, Insel: Cuminum, Hephaestia.
Commenges od. Comminges, Grafschaft: tractus Convenensis od. Convenae.
Commercy, St.: Commerciacum.
Commines, St.: Comineum.
Commotau, St.: Helcipolis.
Como, St.: Comum, Novocomum.
Comore, Insel: Menuthias insula.
Compiegne, St.: Compendium.
Compostella, St.: Compostella.
Conches, St.: Castellio, Conchae.
Condé sur l'Escaut. St.: Condaeum.
Conde sur Noierau, St.: Condaeum ad Nerallum.
Condom, St.: Condomium Vasconum.
Condros, Landschaft: Condrusium.
Condrieu, St.: Condriacum.
Conegliano, St.: Conelianum.
Conéron, St.: Corbilo.
Conflans, Mtfl.: Confluentes.
Confoleus, St.: Confluents.
Congo, Königreich: Congum.
Coni od. Cuneo, St. Coneum, Cunejum.
Connaught, Provinz: Connacia.
Conneria, St.: Coronea.
Conques, St.: Concae.
Le Conquet, St.: Conquestus.
Conserons, Mtfl.: Conseranum.
Constantine, St.: Cirta.
Constantine, Provinz: Numidia.
Constantinopel, St.: Constantinopolis.
Costnitz, St.: Constantia.
Consuegra, St.: Consabum, -urum.
Conty, St.: Contiacum.
Conversano, St.: Conversanum.
Conway, Fl.: Connovius.
Conza, St.: Compsa.
Copa, Fl.: Cupa.
Coquet, Insel: Coqueta.
Corace, Fl.: Crotalus.
Corbach, St.: Corbacum.
Corbeil, St.: Corbolium.
Corbers od. Corberg, Mtfl. u. Schloss: Corberia.
Corbette, St.: Curia beata.
Corbie, St.: Corbeja.
Corbigny, St.: Corbiniacum.
La Corchuela, Ort: Rusticiana.
Corbon, D.: Corbo.
Cordes, St.: Corduae.
Cordova, St.: Corduba.
Corfu, Insel: Corcyra.
Cori, Mtfl.: Cora.
Cori, St.: Corinium.
Coria, St.: Caurium.
Corigliano, St.: Coriolum.
Cork, St.: Corcagia.
Cormeilles, Ort: Curmiliaca.
Cormery, St.: Cormaricum.
Cormicy, St.: Cormiciacum.
Corna, St.: Apamea.

Corneto, St.: Cornuetum, Castrum novum.
Cornouaille, D.: Cornubium.
Cornwall, Prov.: Cornubia.
Coron, Festung: Corona.
Correse, St.: Cures.
Correse, Fl.: Curensis fluvius.
Corrèze, Fl.: Curetia.
Corseult, St.: Fanum Martis.
Corsica, Insel: Terapne, Cyrnus.
Corte, St.: Cenestum, Curia.
Corte di Matarello od. Domo d'Ossola, St.: Oscella.
Cortegana, St.: Corticata.
Cortelazzo, Insel:'Ficaria.
Corte maggiore, St.: Curia major.
Corte Olonno, Mtfl.: Olonna curtis.
Cortemiglia, St.: Curtismilium.
Cortona, St.: Corythus.
Corunna, St.: Caronium, Flavium Brigantium, Magnus portus.
Coruna del Conde, St.: Clunia.
Corvey, Kloster: Carbonacum, Corbeja nova od. Saxonica, Tanfanae lucus.
Corvo, Insel: Corvi insula.
Coscile, Fl.: Sybaris.
Cosentin, Landschaft: Constantinus pagus.
Cosenza, St.: Cusentia, Consentia.
Cosnac, St.: Cusacum.
Cosne, St.: Cona, Cossiacum.
Cossova od. das Amselfeld: Campus Merulae.
Cotrone, St.: Croto.
Cottbus, St.: Cotbusium.
La Cotte S. André, St.: Clivus S. Andreae.
Cottischen Alpen, die: Alpes Cottiae.
Coucy le Château, St.: Cociâcum, Cuchyacum.
Coulommiers, St.: Colomeria, Columbaria.
Courpière, St.: Curtipetra.
Courtenay, St.: Cortiniacum.
Cortryk, St.: Cortracum.
Coulogne, Mtfl.: Casinomagus.
Coutances, St.: Constantia.
Coutras, St.: Certeratae, Cortcrate.
Coventry, St.: Conventria.
Covoli od. Kofel, Pass: Claustrum.
Cowbridge, St.: Bomium.
Cowpar, St.: Cupra.
Cozzo, St. Cutiae.
Craon, St.: Cratumnum.
Craonois, Landschaft: Credonensis ager.
Crati, Fl.: Crathis.
La Crau, Landschaft: Campi Lapidei.
Crecy, St.: Cressiacum, Carisicum.

Cree Fyrth, Meerbusen: Creae aestuarium.
Creil, St.: Credilium, Creolium.
Crema, St.: Crema, Forum Dinguntorum.
Cremieux, St.: Cremiacum.
Crems, St.: Cremesia.
Crepy, St.: Crepiacum.
Crequy, D.: Crequium.
Crest, St.: Crista Arnaudorum.
Candia, Insel: Creta.
Creus, Vorgebirge: Portus Veneris.
Creussen, St.: Crusena.
Creuzburg, St.: Cruciburgum ad Vierram.
Creuze, Fl.: Crosa.
Crevacuore, St.: Crepicordium.
Crevant, Mtfl.: Crevantium.
Crevecoeur, St.: Crepicordium.
Crevilly, St: Crollejum.
Crillon, St.: Credulio.
Croatien, Militärgrenze: Croatia.
St. Croce, St.: Stauropolis.
Croia, St. Eriboea.
St. Croix de Volvesne, D.: Vernosole.
Cromartie, Mtfl.: Cromartium.
Crossen, St.: Crosna.
Crostolo, St.: Crustulus.
Crotoy: St.: Corocotinum.
Crou, Fl.: Crovus.
Crouy, St.: Croviacum.
Croyland, St.: Terra cruda.
Cruz, Sta., St.: Fanum St. Crucis.
Csanad, Pfarrdorf: Morisana ecclesia.
Csokaká, Schloss: Monedulae Petra.
Cuença, St.: Conca.
Cugione, Mtfl. Cusion.
Cuivin, Mtfl. Covinumum.
Culm, Mtfl.: Mariaechelmum.
Culmbach, St.: Culmbacum.
Culmer Land: Culmigeria.
Culmore, Fl.: Vidua.
Klein-Cumanien, Landschaft: Cumania minor.
Gross-Cumanien, Landschaft: Cumanorum majorum regio.
Cumberland, Gräfschaft: Cumbria.
Cunstadt, St.: Leucaristus.
Curco, St.: Corycus.
Curische Nehrung, die: Elixoia, Curonensis Peninsula.
Curische Haff, das: Curonensis od. Curonicus sinus.
Curtakoes, D.: Curta.
Curusca, St.: Cucci.
Curzola, Insel: Corcyra.
Curzolarischen Inseln, die: Echinades.

Cunningham, Landschaft: Cunigamia.
Cykladischen Inseln, die: Cyclades.
Cypern, Insel: Cyprus.
Czakenthurn, St.: Chactornia.
Czaslau, St.: Czaslavia.
Czenstochau, St.: Czenstochovia.
Czepel, Hasen- oder St. Margaretheninsel: S. Margarethae insula.
Czersk, St.: Ciricium.
Czirknitzer See, der: Circonensis lacus.
Czydlina, Fl.: Cydlina.

Dachstein, St.: Dagoberti saxum.
Dänieken, Kloster: Vallis Liliorum.
Daghestan, das heutige: Daharum regio.
Daghö, Insel: Daghoa.
Daholac, Insel: Orine.
Dalcke, Mtfl.: Dellina.
Dalecarlien, Provinz: Dalecarlia.
Dalelf, Fl.: Dalecarlius.
Dalkeith, Mtfl.: Dalkethum.
Dalmatien: Dalmatia.
Daleh, St.: Dala.
Dalia, Mtfl.: Idalia, -um.
Dalia, St.: Daulis.
Damanhour, St.: Hermopolis parva.
Damask, St.: Damascus.
Damata, Ort: Troezene.
Damghan, St.: Hecatomylos.
Damiette, od. Tineh, St.: Pelusium, Damiata.
Damme, St.: Damma, -um.
Dam, St.: Dammona.
Dammartin, St.: Dammartinum.
Dammersee: Estia.
Damville, Mtfl.: Damovilla.
Danewerk, Wall: Danorum vallum od. opus.
Dänemark: Dania.
Dangeau, Mtfl.; Dangellum.
Danzig, St.: Dantiscum.
Daouletabad, St.: Tagara.
Darah, Provinz: Darae Gaetuli.
Dara, od. Atlas: Dyris.
Darda, St.: Marfa minor.
Dariel, Engpass: Caucasiae pylae.
Darmstadt, St.: Darmstadium.
Darne, St.: Darnis.
Dabrielpass: Carpiae.
Darney, St.: Darnaeum.
Darroca, St.: Attacum.
Dartmouth, St.: Tremunda.
Darusen, See: Drusis.
Dattenried, St.: Datira.
Daun, Mtfl.: Dumnus.

Dauphiné, Provinz: Delphinatus.
St. Davids, St.: Fanum Davidis, Menevia.
St. David's Head, Vorgebirge: Octapitarum.
Deal, St.: Dola, -um.
Dean-Forest, Wald: Deanensis sylva.
Dean, Mtfl.: Deanum.
Debreczin, St.: Debrecinium.
Decize, St: Decetia.
Dedes, Schloss; Dedessa.
Dedes, Berg: Dedessus.
Dee, Fl.: Deva.
Dees, St.: Desium.
Degnizzi, St.: Lycus.
Deir, St.; Thapsacus.
Dekkan, das heutige: Dachinabades.
Delbrück, Mtfl.: Delbruggia.
Delebio, Mtfl.: Atebium.
Delft, St.: Tablae Batavorum, Delti.
Delhi, St.: Dellium.
Deli Insel: Rhenaea.
Delichi, Fl.: Acheron.
Delitzsch, St.: Delitium.
Delmino, St.: Dalmium.
Delos, Insel: Delos.
Delphino, Hafen: Delphinium.
Delmont, St.: Delemontium
Delvino, Sandschak: Chaonia.
Demmin, St.: Timina.
Demses, St.: Thapsus.
Denbigh, St.: Denbighum.
Denderah, St.: Tentyra, -is.
Dendermonde, St.: Teuremonda Teneraemondu, Mundo Tenerae.
Dendre, Fl.: Galthera.
Deneuvre, St.: Danubrium.
Denia, St.: Artemisium.
Denis, St.: Dionysianum, Fanum S. Dionysii.
Deols, Mtfl.: Castum Dolense.
Der, Fl.: Dea.
Derbent, Engpass: Albaniae portae, Pylae Albanicae, Alexandria Albaniae.
Derby, St.: Derventia.
Dervent, Fl.: Derventrio, Darventus.
Desenzano, Mtfl.: Decentianum.
Desmound, Grafschaft: Desmonia.
Despoto-Dagh, Bergkette: Rhodope.
Dessau, St.: Dessavia.
Detmold, St.: Dietmellum, Teutoburginum.
Deutichem, St.: Dotecum.
Deutschberg: Mons Dei.
Deutschbrod, St.: Broda Germanica.
Deutschland: Germania.
Deutsch Nofen, Gericht: Nova Teutonica.

Deutz, St.: Duitium, Tuitium.
Dymrich, Schloss, Pass u. Mtfl. Decidava.
Deventer, St.: Daventria.
Devonshire, Grafschaft: Devonia.
Diadin, St., Daudyana.
Diala, Fl.: Delas.
Diano, Mtfl.: Dianum.
Diarbekir, St.: Carcathiocerta.
St. Didier, St.: S. Desiderii oppidum, Fanum S. Desiderii.
St. Dié, St.: Fanum S. Deodati.
Die, St.: Dea Vocontiorum, Augustadia, Dia.
Diebsinseln, die: Latronum insulae.
Diedenhofen, St.: Divodurum, Theodonis villa.
Van Diemensland: Diemeni insula.
Dieppe, St.: Deppa.
Diesenberg, Mtfl.: S. Disibodi coenobium.
Diessen, St.: Damasia.
Diesenhofen, St.: Darnasia.
Diest, St.: Distemium.
Dietfurt, St.: Theodophorum.
Dietz, St.: Decia.
Dieu, Insel: Insula Dei.
Dieue, D.: Dycia.
Dteulouard. Ort: Deslonardum.
Dieuze, St.: Decem pagi.
Diganwy, Mtfl.: Dictum, Diganviia.
Digne, St.: Dinia, Civitas Diniensium.
Dijon, St.: Divio.
Dijonnois, Landschaft: Oscarensis Pagus.
Dille, Fl.: Dilla.
Dillingen, St.: Dillinga.
Dillsboo, Mtfl.: Delisboa.
Dimel, Fl.: Dimola.
Dimitzana, Fl.: Erymanthus.
Dimotika. St.: Didymotichus.
Dinant, St.: Dinantium.
Dingolfing, St.: Dingolvinga.
Dinkelsbühl, St.: Tricollis, Zeacollis.
Diois, Landschaft: Diensis tractus.
Dionant, St.: Dinondium, Dionantum.
Disburg od. Burgscheidungen, St.: Dispargum.
Disentis, Mtfl.: Desertina, Speluca.
Dithmarsen, Landschaft: Ditmarsia.
Diu, Insel: Boeonus.
Diva, St., Thebae.
Dive, Fl.: Diva.
Dixmuyden, St.: Dismuda.
Djebel, St.: Byblos.
Djebel Auras, Atlasgebirge: Aurasius mons.
Djebel Kebir, Bergkette: Catabathmus magnus.

Djebel Kurin, Bergkette: Taurus.
Djebeltak, Bergkette: Zagras mons.
Djelem, Fl.: Hydaspes.
Djenmouti, St.: Sebennytus.
Djerede od. Gerida, St.: Flaviopolis.
Djerrah, St.: Gerasa.
Djeziret-el-Sag, Insel: Elephantina.
Djihoun, Fl.: Oxus.
Djihoun, Fl.: Pyramus.
Dnieper, Fl.: Danapris, Borysthenes.
Dniester, Fl.: Danasterrus, Taras.
Dobberan, Mtfl. u. Bad: Dobranum.
Doboker Gespannschaft: Dobocensis comitatus.
Dobrzyn, St.: Dobrinia.
Dockum, St.: Doccomium.
Dömitz, St.: Domitium.
Doesburg, St.: Doesburgum.
Dolceaqua, Mtfl.: Dulcis aqua.
Dolcigno, St.: Dolchinium.
Dole, St.: Dola Sequanorum.
Dombasle, D.: Dom[i]nus-Basolus.
Dombes, Fürstenthum: Dumbae.
Domèvre, D.: Dom[i]nus-Aper.
Domfront, St.: Domnifrons.
Domlescherthal: Vallis domestica.
Dommartin, D.: Dom[i]nus-Martinus.
Domo d'Ossola, Mtfl.: Domoduscella.
Dompierre, D.: Templum Petri.
Dom-Remy-la-Pucelle, D.: De domo Remigii.
Don, Fl.: Tanais.
Donato, Mtfl.: Donatus.
Donau, die: Abnobius, Danubius.
Donauwerth. St.: Donaverda, Vertia.
Donchery, St.: Doncheriacum.
Donegal od. Tyrconel, St.: Dungalia.
Donnan, St.: Donum.
Donnersberg, der: Mons Jovis, Tannus mons.
Donnersmark od. Stwartek. St.: Oppidum Ladislavii.
Dora Baltea, Fl.: Duris major.
Dora Riparia, Fl.: Duris minor.
Dorat, St.: Orotorium.
Dorchester, St.: Durnovaria, Durninus.
Dordogne, Fl.: Dordonia, Duranius.
Dortrecht, St.: Dordracum.
Dormagen, Mtfl.: Durnomagus.
Dornegg, Schloss: Dorneacum.
Dornik od. Tournay, St.: Tornacum.
Dornock, St.: Dornocum.
Dornstett, St.: Acanthopolis.
Dorpat, St.: Derbatum, Torpatum, Derpitum.
Dorset, Grafschaft: Dorcestriensis comitatus.

Dortmund, St.: Dormunda, Tremonia, Trutmania.
Dotis od. Tata, Mtfl.: Deodatum, Theodota.
Douarnènes, Mtfl.: Dovarnena.
Douay, St.: Catuacum, Duacum.
Doubs, Fl.: Dubis, Alduadubis.
Doue, St.: Doadum, Dovaeum.
Douglass, St.: Duglasium,
Doullens, St.: Donincum.
Dour, St.: Dura.
Dourdan, St.: Dordanum.
Dourlens, St.: Durlendarium.
Douro, Fl.: Durius.
Douze, Fl.: Dusa.
Douzy, St.: Diciacum, Duciacum, Duodeciacum.
Dover, St.: Portus Davernus, Dorobernia, -um, Portus Dubris.
Down, St.: Danum.
Downe, Grafschaft: Duuensis comitatus.
Draas, Mtfl.: Darocinium.
Drac, Fl.: Dracus.
Dragonara, St.: Geronium.
Draguignan, St.: Draconianum, Dracenae.
Drahisz, St.: Dragus.
Drama, St.: Drabescus.
Drau, Fl.: Trabus, Dravus.
Drenthe, Provinz: Drentia.
Dresden, St.: Dresda.
Dreux, St.: Drocae, Durocassae, -es, -ium.
Driburg, St. u. Bad.: Driburgum.
Driesen od. Dreste, St.: Dressenium.
Drino, Fl.: Caradrina.
Drino, Fl.: Drilo.
Drivasto, St.: Trivastum.
Drogheda, St.: Droghdaca.
Droissy, Mtfl.: Truccia.
Drome, Fl.: Druma.
Dromi, Insel: Halonesus.
Dronero, Mtfl.: Draconerium.
Drontheim, St.: Nidrosia, Trontemium.
Drüsen, St.: Drusomagus.
Drummore, St.: Dromaria.
Drusenheim, St.: Concordia.
Dscherdschel, Küstenstadt: Julia Caesarea.
Dschigelli od. Gigeri, St.: Igilgilis.
Dschumnah, Fl.: Jomanes.
Dublin, St.: Dublana, Eblana portus, Dublinum.
Duderstadt, St.: Duderstadium.
Düben, St.: Duba.

Düna, Fl.: Duna.
Dünen, die: Cantii littora.
Dünkirchen, St.: Dunkerka.
Düren, St.: Dura, Marcodorum.
Duesmois, Landschaft: Dusmisus.
Düssel, Fl.: Dussela.
Düsseldorf, St.: Dussellodorvum, Düsseldorpium.
Dugny, Mtfl.: Dongei villa.
St. Duino, St.: Pucinnm.
Duisburg, St.: Duicziburgum, Teutoburgum, Tuiscoburgum.
Dulcigno, St.: Olchinium, Olcinium.
Dumbarton, St.: Dumbritonium.
Dumblein, St.: Dumblanum.
Dumfries, St.: Duntreja.
Dummersee, der: Dummera.
Dun, St.: Dunum.
Dunbar, St.: Vara, Dumbarum.
Duncaster, St.: Camelodunum, Danum. Denocestria.
Dungsbyhead, Vorgebirge: Beruvium Promontorium.
Duningen, D.: Dunum.
Dunkeld, St.: Caledonium Castrum.
Dun le Roi, St.: Castrum Duni.
Dunois, Landschaft, Dunensis tractus.
Dunover, St.: Dunoverum.
Duns, St.: Dusium.
Dunstafnag, Schloss u. Mtfl.: Evonium, Stephanodunum.
Durance, Fl.: Druentia.
Durazzo, St.: Epidamnus, Dyrrhachium.
Durby, St.: Durbutum.
Duretal, St.: Durastellum.
Durham, St.: Dunelmum, Duremum.
Durlach, St.: Durlacum.
Duttlingen, St. a. d. Donau: Juliomagus, Samulocenae
Dux, St.: Duxonum.
Dwina, Fl.: Taruntus.
Dyksand, Insel: Saxonum insula.
Dyla, Fl.: Thilia.
Dysart, St.: Desertum.

Earne, See: Dernus od. Ernus lacus.
Eauze, St.: Elusa.
Ebeltoft, St.: Ebeltoftia.
Eberach od. Erbach, Klöster u. Mtfl.: Eberacum.
Ebersheimmünster, St.: Aprimonasterium.
Ebersberg, Mtfl.: Eburobergomum.
Ebersdorf, Lustschloss: Aula nova.
Eberstein, St.: Eberstenium, -stinum.
Ebi od. Aebi, Ort: Planura.
Eboli, St.: Eburi.

Ebro, Fl.: Iberus.
Ebreuil, St.: Ebrolium.
Les Echelles, St: Scalarum oppidum.
Echternach, Mtfl.: Epternacum.
Ecija, St.: Astigis.
Escouis od. Ecouen, St.: Escovium.
Ecrouves, D.: Scropuli villa.
Eder, Fl.: Adrana, Ituna.
Ederneb, St.: Adrianopolis.
Edfou, St.: Apollinopolis magna.
Edinburgh, St.: Edinburgum, Castra Alata.
St. Edmundsbury, St.: Villa Faustini.
Edulo, Mtfl.: Edulum.
Edyssa, St.: Aegae.
Egelfing, D.: Egolvinga.
Eger, St. u. Fl.: Egra, Agara.
Egeri, D.: Aquae regiae.
Egly, Fl.: Eglis.
Egmont, St.: Edmontium.
Egripo, Meerenge: Euripus.
Egribo, Hauptstadt: Chalcis.
Ehenheim, St.: Obernaca.
Ehrenberg, Festung: Mons Honoris.
Ehrenbreitstein, Festung: Ehrenberti Saxum.
Ehstenberg, der: Estionum mons.
Eich, Mtfl.: Echa.
Eichstädt, St.: Ala narisca, Aichstadium, Aureatum, Dryopolis, Eustadium.
Eider, Fl.: Eidera, Aegidora.
Eiderstädt, Landschaft: Epidorensis praefectura.
Eiffel, Landschaft: Eiffalia.
Eilenburg, St.: Ileburgum.
Einrich, Gegend: Henrici pagus.
Einsiedeln, Stift: Eremitarum coenobium in Helvetiis.
Eisack, Fl.: Isocus.
Eisenach, St.: Isenacum.
Eisenberg, St.: Isenberga.
Eisenburg, St.: Castrum Ferreum.
Eisenburger Gespannschaft, die: Castriferrei Comitatus.
Eisleben, St.: Islebia.
Eiserne Thor, das: Porta Ferrea.
Ekenäs, St : Quercuum peninsula.
Ekesjö, St.: Eckesioea.
Eksenideh, Fl.: Xanthus.
Elva od. Elba, Insel: Aethalia.
Elbe, Fl.: Albis.
Elbeuf, St.: Elbovium.
Elbing, St.: Urbs Drusiana, Elbinga.
Elche, St.: Ilice.
Elfeld, St.: Altaville.
Elg, Ellgöw, Helligau, Mtfl.: Elgovia.
Elgg, Mtfl.: Augia sacra.
Elgin, St.: Elgina.
Ell, St.: Elcebus, Helvetus.

Ellenborough, St.: Olenacum.
Ellrich, St.: Elricum.
Ellwangen, St.: Elephantiacum.
Elnbogen, St.: Cubitus.
Elnbogener Kreis, der: Zedlica.
Elne, St.: Helena.
Elsass, der: Alsatia, Elisgaugium.
Elsass-Zabern, St.: Tabernae Triboccorum od. Tab. Alsatiae.
El Senn, St.: Caene, Coene.
Elsgau, District: Alsaugiensis comitatus.
Elster, die, Fl.: Elister, Elstra.
Elvas, St.: Helvae.
Elvira, St.: Illiberis.
Elvendu. Albordj, Bergkette: Montes Ceraunii.
Elten, St.: Altinae.
Ely, St. u. Insel: Helia.
Elze, St.: Aulica.
Emboli, St.: Christopolis.
Embrun, St.: Ebredunum.
Embs, D.: Amades.
Emden, St.: Emda.
Emineh Boroun, Vorgebirge: Haemi extrema.
Emme, Fl.: Amma.
Emmeli, St.; Emilia.
Emmenthal, Landschaft: Emmanae od. Aminae vallis.
Emmer, Fl.: Ambra.
Emmerich, St.: Embrica, Asciburgum.
Ems, Fl.: Amasis.
Ems, Mtfl. u. Bad: Embasis.
Emscher, Fl.: Kimscherna, Amsara.
Enadieh od. Giaossa, St.: Cnossus.
Engadin, das: Caput Oeni, Japodum vallis.
Engelport, Kloster: Porta Angelica.
Engelsburg, die: Angelicum castrum, Crescentii turris.
Engern, St.: Angria, Angaria.
Enghien, St.: Angia.
England od. Grossbritannien: Anglia, Britannia.
Enied od. Strassburg, Mtfl.: Enjedinum.
Eniskilling, St.: Arx Kellina.
Enkhuizen, St.: Enchusa.
Enköping, St.: Enecopia.
Eno, St.: Aenos.
Ens, Fl.: Anesus, Onasus.
Ens, St.: Anassianum, Onasum.
Ensene, St.: Antinoe.
Einsheim, Ensisheim, St.: Ensishemium.
Entraigues, D.: Interaquae.
Entremont, St.: Intermontium.
Entrevaux, St.: Intervallium.

Entre Douro e Minho, Provinz: Extrema Minii.
Eperies, St.: Aperiessium, Eperiesinum.
Eperlecques, D.: Sparleca.
Epernay, St.: Asperencia, Sparnacum.
Epernon, St.: Sparno.
Epâdeno, Fl.: Apidanus.
Epinal od. Espinal, St.: Spinalium.
Epinay, Mtfl.: Espinoium.
Epsom, St.: Ebeshamenses, Ebeshamum, Thermae.
Epternach, Echternach, Mtfl.: Andethanna.
Erbil, St.: Arbela.
Erdeni Tschao, St.: Karakorum.
Erekli, St.: Archelais, Heraclea Pontica.
Eresenna od. Arlanzon, Fl.: Areva.
Erfft, Fl.: Arnapha.
Erfurt, St.: Erfordia.
Ergers, Fl.: Ergitia.
Erimo Castro od. Neocorio, Mtfl.: Thespiae.
Erissso, St.: Acanthus.
Erivan, St.: Eroanum.
Erklin, St.: Horrea Coelia.
Erlach, Mtfl.: Elegium.
Erlaf, Fl.: Erlaphus.
Erlangen, St.: Erlanga.
Erlau, St.: Agria.
Ermeland, Bisthum: Varmia.
Ermonth, St.: Hermonthis.
Ernée, St.: Ereneum.
Erzan, See: Thosnites.
Erzerum, St.: Arzes, Romanorum arx.
Erz Inghian, St.: Satala.
Escaut-Pont, Mtfl.: Pons Scaldis.
Eseurial, Schloss: Scorialense monasterium.
Esens, St.: Esena.
Esino od. Esi, Fl.: Aesis.
Eskdale, Landschaft: Escia.
Eski Hissar, St.: Laodicaea ad Lycum, Stratonicea.
Eski-Zagra, St.: Beraea.
Eskischehr, St.: Dorylaeum.
Esla, Fl.: Estola.
Esneh, St.: Latopolis.
Espejo, Mtfl.: Claritas Julia.
Espeluy od. Maquiz, Ort: Ossigi Laconicum, Ossigitania.
Espera, St.: Spera.
Espières, Baronie: Spira.
St. Esprit, St.: S. Spiritus oppidum.
Essek, St.: Mursa major.
Essen, St.: Asnidia.
Esslingen, St.: Ezelinga.
Estaires, St.: Minariacum.

Este, St.: Atestum.
Este, Fl.: Escheda.
Estella, St.: Stella Carnovium.
Estepa la Vieja, St.: Astapa.
Esthland, Provinz: Esthonia.
Estival, Kloster: Stivagiense monasterium.
Estrella, Berg: Mons Herminius.
Estremadura, Provinz: Betonia, Estremadura Legionensis.
Estremadura, Landschaft: Extrema Durii.
Estremoz, St.: Extrema.
Etal, Kloster: Attalense coenobium.
Etaples, St.: Stapulae.
St. Étienne, St.: Fanum S. Stephani.
Eton, St.: Etona.
Etsch, Fl.: Athesis.
Etschland, Landschaft: Athesia.
Etsed, Schloss: Echedum.
Ettersberg, der: Mons aethereus.
Eu, St.: Auga.
Eufferstahl oder Uterstahl, die Pflege: Uterina vallis.
Eugeniusberg, der: Eugenius Hyge.
Eupatoria, St.: Cherrone, Cherson.
Eure, Fl.: Autura.
Eutin, St.: Otina, Utina.
Evää od. Effas, Gericht: Avisium.
Evian, St.: Aquianum.
Evola, Fl.: Ligula.
Evora, St.: Ebura.
Evreux, St.: Eburovicum, Eborica, Mediolanum.
Exea, St.: Setia.
Exeter, St.: Exonia, Isca Dumnoniorum.
Exideuil, St.: Exidolium.
Exiles, St.: Ocelum.
Exterstein, der, Fels: Rupes picarum.
Eyer, St.: Thospia, Arzaniorum oppidum.
Eylau od. Eule, Mtfl.: Gilovia.
Eymoutiers, St.: Acuti monasterium.
Eyndhofen, St.: Eindovia.
Eysack, Fl.: Atagis, Itargus, Eysaccus.
Eythra, D.: Itero.
Ezzeit, Vorgebirge: Superum promontorium.

Fabriano, St.: Fabiranum.
Faenza, St.: Faventia.
Fains, Mtfl.: Fanis.
Falaise, St.: Falaza.
Falkenberg, St.: Falcomontium.
Falkenburg, St.: Falconis mons.
Falkenstein, Mtfl.: Falconis petra.
Falkirk, St.: Davium Sacellum, Ecclesbrae.

Falköping, St.: Falcopia.
Falmouth, St.: Falmutum, Ostium Cenionis, Portus Volubae, Valemuthum.
Falster, Insel: Falstria.
Famagusta, St.: Fama Augusta.
Famars, D.: Fanum Martis.
Famène, Landschaft: Falmiensis pagus.
Fanas od. Fenas, Gemeine: Faentejum.
St. Fangon, D.: Fanum S. Facundi.
Fanjeaux, D.: Fanum Jovis.
Fano, St.: Colonia Fanestris.
Fano, Vorgebirge: Pelorum promontorium.
Farades, St.: Veneria.
St. Fargeau, St.: Oppidum S. Ferrioli.
Farmoutier, D.: Farense od. Brigense monasterium.
Farnham, St.: Vindomum.
Faro, St.: Esuris.
Il Faro di Messina, Meerenge: Fretum Siculum.
Faröer, die, Insel: Faeroae.
Fars, Landschaft: Persis.
Farsa, St.: Pharsalus.
Fassa, Thal: Fascia.
Fasi od. Rione, Fl.: Phasis.
Faucigny od. Fossigny, Herrschaft: Falciniacum.
Faule Meer, das: Mare pigrum, Mare putridum.
Favara, Mtfl.: Dianae fanum.
Favara, Fl.: Dianae fons.
Favignana, Insel: Aegusa.
Sta. Fé, St.: Fanum S. Fidei.
Fécamp oder Fescamp, St.: Fiscanum oder Fisci campus.
Feldkirch, St.: Velcuria.
Feldkirchen, St.: Valcircum.
Feldsperg, Gemeine u. D.: Fagonium.
Felep-Szalas, St.: Philippi mansio.
Feltre, St.: Feltria, Feltrum.
Femern, Insel: Cimbria parva.
Femersund, der: Fimbriae fretum.
Fenestrelles, D.: Fenestrellae.
La Fère, St.: Fara.
Férentino, St.: Ferentinum, Florentinum.
Fermo, St.: Firma.
Fermosella, St.: Ocellum Durii.
Fernando Fo, Insel: Ferdinandi insula.
Ferrah, Festung: Parra.
Ferrara, St.: Ferrara, Ferraria.
Ferreira, St.: Rarapia.
Ferrete, St.: Ferrata.
Ferrières, Mtfl.: Ferrera, Ferrariae.
Ferrières, St.: Aquae Segestae.
Ferro, die Inseln: Acmodae.
Ferro, Insel: Insula Ferri.

Ferrol, St.: Far.
Ferté, St.: Firmitas.
La Ferté-Alais od. Aleps, St.: Firmitas Adelheidis.
La Ferté sur Aube, St.: Firmitas ad Albulam.
La Ferté St. Aubin, St.: Firmitas Naberti.
Ferté Aurin, St.: Firmitas Auraniensis.
Ferté Bernard, St.: Firmitas Bernhardi.
Ferté Gaucher, Mtfl.: Firmitas Auculphi od. Qualquarii.
La Ferté Milon, St.: Firmitas Milonis.
Fervueren, St.: Fura.
Fesa, St.: Pasargadae.
Fescamp, St.: Fescamum.
Feuchtwangen, St.: Hydropolis.
Feuerland, Landschaft: Ignium terra.
Feuillants, Abbaye-, Kloster: Abbatia Fuliensis.
Feurs, St.: Forum Segusianorum.
Fez, Kaiserreich u. St.: Fessa, Regnum Fessanum.
Fez, Provinz: Phazania.
Fezenzac, St.: Fidentia.
Fiano, St.: Flavianum.
Fianona, St.: Flanona.
Fichtelgebirge, das: Mons Piniferus.
Fidonisi, die Schlangeninsel: Leuce.
Fiesole, St.: Faesula, -ae.
Fife, Grafschaft: Othelima.
Filekische District, der: Filekiensis Processus.
Filibeh, D.: Philippi.
Filicuri, Insel: Phoenicusa od. Phoenicodes.
San Filippo d'Argirone, St.: Agrena.
Fillek, St.: Villecum.
Fils, Fl.: Vilisia.
Finale, Mtfl.: Finarium.
Finmarken, Landschaft: Finmarchia.
Finnische Meerbusen, der: Sinus Finnicus.
Finnland, Provinz: Finnia.
Fiora, Fl.: Flora.
San Fiorenzo, St.: S. Florentini oppidum.
Fiorenzuola, St.: Florentia.
Firmiano, St.: Firmanorum castellum.
Firth of Cromartie, Meerbusen: Vaca.
Fisardo, Berg: Elibanus mons.
Fischa, die grosse, Fl.: Fisca, Vischa.
Fischen, D.: Viscon.
Fischingen, Kloster: Piscina.

Fismes, St.: Fimae oder ad Fines.
Fiume, Landschaft: Flavoniensis circulus.
Fiumesino, Fl: Rubicon.
Fiuminale, Fl.: Volerius.
Fivel, Fl.: Dunmonus.
Fläsch, Gemeine: Falisca, Faliscum.
Flandern: Flandrae.
Flavigny, St.: Flaviniacum.
La Flèche, St.: Fixa, Flexia.
Fleims, das Thal: Vallis Flemarum.
Flensburg, St.: Flenopolis.
Flensburger Wyk, Meerbusen: Fleni sinus.
Fleurus, St.: Floriacum monasterium.
Fleury, St.: Floriacum ad Oscarum.
Flims oder Flimbs, Gemeine: Flemium.
St. Florenberg, St.: Mons S. Florae.
Florennes, St.: Florinae.
Florensac, St.: Florentiacum.
St. Florentin, St.: Eborobrica, Fanum S. Florentini, S. Florentini Castrum.
Florenza, St.: Florentia.
Flores, Insel: Florum insula.
Florival, Abt.: Florida vallis.
St. Flour, St.: Fanum S. Flori.
Flums, Mtfl.: Flemma.
Fluvia, Fl.: Clurianus, Clodianus.
Focklabruck od. Vöklabruck, St. Voclaepentum.
Föhr, Insel: Fora.
Foggia, St.: Fovea.
Foigny, Abt.: Pusniacum.
Foix, Grafschaft: Fuxensis comitatus.
Foix, St.: Fuxum.
Foglia, Fl.: Isaurus, Pisaurus.
Fokia, St.: Phocaea.
Fondi, St.: Fundi.
Fontaine l'Evesque, St.: Fons Episcopi.
Fontainebleau, St.: Fons Bellaqueus.
Fontenay, D.: Fonteniacum.
Fontenay le Compte, St.: Fontenacum Capitum.
Fontenoy, D.: Fonteniacum.
Fontenelle, St. u. Abt: Fontanella.
Fontevrault, Mtfl.: Fons Ebraldinus.
Fontibre, Mtfl.: Fons Iberi.
Forbat, Vorgebirge: Tenebrium promontorium.
Forcalquier, St: Forcalquerium.
Forchheim, St.: Forchena, Locoritum, Trutavia.
Forcone, St.: Furcona.
Fordun, Mtfl.: Fordunium.
Forez, Landschaft: Forensis pagus, Segusianus ager.

Forenza, St.: Forentum.
Forfar, St.: Orrhea.
Forges, St.: Forgiae.
Forli, St.: Forum Livii, Forlivium.
Forlimpopoli, St.: Forum Pompilii.
Formentera: Insel: Colubraria, Ophiusa, Hydrussa.
Fornovo, St.: Forum novum.
Foron, Mtfl.: Furonis.
Forstenberg, D.: Vetera castra.
Fort Louis, Festung: Castrum Ludovici.
La Forza, St.: Fortalitium.
Fromentera, Insel: Frumentaria.
Fortore, Fl.: Frento.
Fos di nova, St.: Fossae Papirianae.
La Fossa, Mtfl.: Forum Pompilii.
Fossana Paltana, Fl.: Togisonus.
Fossano, St.: Fons sanus.
Fosse, St.: Fossae.
Fossombrone, St.: Forum Sempronii.
Fouah, St.: Naucratis.
Foug od. Fau, Mtfl.: Fagus.
Fougères, St.: Filiceriae.
St. Foy la Grande, St.: Fanum St. Fidei.
Fraga, D.: Flavia Gallica.
Franche Comté, die, Grafschaft: Burgundiae comitatus, Sequania.
Franchemont, Marquisat: Tectensis pagus.
Franecker, St.: Franechera, Franequera.
Frankenberg, der: Ferratus mons.
Frankfurt am Main, St.: Francofurtum ad Moenum.
Frankfurt an der Oder, St.: Francofurtum ad Viadrum od. Oderam, Trajectum ad Oderam.
Frankreich, Franken, das alte Frankreich: Francia, Gallia.
Franken: Francia orientalis.
Frascati: St.: Tusculum.
Frat, Fl.: Euphrates.
Fraubrunnen, Landvoigtei: Fons beatae virginis.
Frauenalb, Abt.: Alba Dominarum.
Frauenberg, Schloss: Prinda.
Frauenburg, St.: Drusiana urbs.
Frauenthal, Kloster: Vallis beatae Mariae.
Fraustadt, St.: Fraustadium.
Freddo, Fl.: Asinarus, Frigidus.
Freel, das Thal: Vallis Fera.
Freiberg, St.: Friberga, -um.
Freiburg, St.: Friburgum Brisgoiae, Friburgum Nuithonum.
Freiburg, St.: Friburgum ad Windam.

Freiburg an der Unstrut, St.: Nova Curia Numburgensis.
Freienwalde, St.: Frienwalda.
Freisach, St.: Frisacum.
Freising, St.: Frisinga.
Freistadt, St.: Libera civitas.
Freistädtl, St.: Palgocium.
Frejenal de la Sierra: St.: Nertobriga.
Frejus, St.: Colonia Classensis, Forojulium.
Freudenthal, Kloster: Vallis jocosa.
Freudenthal, St.: Jucunda vallis.
Freystadt, St.: Eleutheropolis.
Freystadt, St.: Eleutheropolis Tessinensis.
Freystadt, St.: Eleutheropolis ad Vagum.
Friaul, Landschaft: Forum Julium.
Fricenti, St.: Frequentum.
Fridericia, Festung: Friderici oda.
Friederichsbühl, Schloss: Friderici collis.
Friedrichsburg, St.: Fridericoburgum od. -polis.
Friedrichsham, St.: Friderici portus.
Friesland: Frisia.
Frigento, St.: Ecolarium, Frigentium, Friquentum.
St. Frique, Mtfl.: Fanum S. Africani.
Frisoyta, D.: Oita Frisica.
Fritzlar, St.: Friedislaria.
Froberg, Grafschaft: Montisgaudium.
Froideval, Thal: Frigida vallis.
Fronsac, Herzogthum u. Ort: Fronciacum.
Front, St.: Villa Frontensis.
Frontignan, St.: Forum Domitii, Frontinianum.
Frosinone, St.: Frusino.
Fuente Ovejuna, Mtfl.: Melaria.
Fuenterrabia, St.: Fons rapidus.
Fuentes, Festung: Arx Fontana.
Fünchunden, D.: Fergunna.
Fünen, Insel: Fionia.
Fünfkirchen, St.: Quinque ecclesiae.
Fürstenberg, St. u. Grafschaft: Furstemberga.
Fürstenfeld, Kloster: Cella principis.
Füssen, St.: Abudiacum, Faucenae, S. Magni coenobium.
Fulda, Fl.: Fuldaha.
Foligno od. Fuligno, St.: Fulginia.
Fumay, Herrschaft u. St.: Fumacum.
Fumel, St.: Fumellum.
Furchie, Pass: Furcae caudinae.
Furke, die, Berg: Bicornis, Furca.
Furnes, St.: Furna, -ae.
Fusaro, See: Acherusia palus.

Fyrth of Forth: Bodotria aestuarium.
Fyrth of Solway, Meerbusen: Itunae aestuarium.
Fyrth of Tay, Meerbusen: Tava.

Gabel, St.: Gablona.
Gabina, St.: Lesa.
St. Gabriel, Mtfl.: Ernaghum.
Gadebusch, St.: Dei lacus.
Gaestrikland, Landschaft: Gestricia.
Gaeta, St.: Cajeta.
Gail, Fl.: Julia, Zea.
Gaillac, St.: Galliacum.
Gaillon, Mtfl.: Castrum Gallionis.
Gaiss, D.: Casa.
Galaso, Fl.: Galesus.
Galaure, Fl.: Galaber.
Galaxidi, St.: Euanthia.
Galera, St.: Galeria.
Galicia, Landschaft: Galaecia.
Gallego, Fl.: Gallicus.
St. Gallen, St.: Fanum S. Galli, Sangallum.
Gallese, Mtfl.: Gallesium.
Gallipoli, St.: Callipolis, Gallipolis.
Galloway, Galway, Halbinsel u. St.: Chersonesus Novantum.
Neu-Galloway, St.: Galveja.
Gallway, St.: Duaca Gallica, Gallovidia.
Gamaches, Mtfl.: Camachum.
Gambs, D.: Campsum, Comesianorum conventus.
Gaming, Kloster: Gemmicense coenobium.
Gandersheim, St.: Gandersum.
Ganges, Fl.: Ganges.
Gannat, St.: Gannatum.
Gap, St.: Vapincum.
Gapençais, Landschaft: Vapincensis tractus.
Gar, Fl.: Gardo.
Garabusa, Insel: Carabussa.
Gardasee, der: Benacus lacus.
Gardon, Fl.: Vardus.
Garessio, Mtfl.: Garetium.
Gargano, Berg: Garganus.
Garigliano, Fl.: Liris.
Garonne, Fl.: Calarona, Garumna, Varumna.
Gascognische Meer, das: Aquitanicus oceanus.
Gasconier, die: Cadurci.
Gastein, Bad: Augusta Antonini, Gastenium.
Gastelen, Ober- und Nieder-, D.: Castellio Superior und Inferior.

Gaaster oder Gastal, Landvoigtei: Castra rhaetica.
Gatinois, Landschaft: Gatinensis pagus, Vastinensis comitatus.
St. Gaudens, St.: S. Gaudenti oppidum.
Gauding, D.: Gouttinga.
Gave d'Oleron, Fl.: Gabaris Olerunensis.
Gave de Pau, Fl.: Gabarus Palensis.
Gebsch, St.: Lybissa.
Geentsberghe, Geersbergen oder Grammont, St.: Gerardimontium.
Gefle, St.: Gevalia.
Geiersberg, der: Vulturius mons.
Geisberg, der: Mons Caprarius.
Geisenfeld, Mtfl.: Gisonis castra.
Gelb, Mtfl.: Gelduba.
Geldern, Provinz: Geldria.
Gemblours, St.: Gemblacum.
Gemmingen, St.: Geminga.
Gemünd, St.: Gemunda ad Traunum.
Neckar-Gemünd, Mtfl.: Gemunda ad Nicrum.
St. Genais, Halbinsel: Insula S. Genesii.
Genapp od. Genappe, Ort: Genapium.
Genévois, Herzogthum: Gebennesium oder Gebennensis Ducatus.
Genf, St.: Colonia Allobrogum, Cebanum, Gebenna, Geneva.
Genfersee, der: Lacus Lemanus.
Saint Gengour le royal, St.: S. Gengulfi oppidum.
Gennep, St.: Cenebum.
Gent, St.: Gandavum.
Genua, St.: Genua.
Genzano, Mtfl.: Cyntianum.
Georgenberg, Mtfl.: Mons S. Georgii.
Georgenthal, Klost.: Vallis S. Georgii.
Gera, St.: Gera.
Gerace, St.: Geratia.
Gerberoy, St.: Gerboracum.
Gerenzia oder Cerenzia, St.: Cerrenthia, Geruntia.
Geres, Mtfl.: Geraus.
St. Germain, St.: San Germanum.
St. Germain en Laye, St.: Fanum S. Germani in Laja.
St. Germano, St.: S. Germani civitas.
Germersheim, Festung: Vicus Julius.
Gernrode, St.: Gerningeroda.
Gerolzhofen, St.: Gerlocuria.
Gerona, St.: Gerunda.
Gerpinnes, Mtfl.: Gerpinis.
Gers, Giers, St.: Aegircius.
Gersdorf, St.: Villa Gerlaci.
Gertruidenberg, St.: Mons S. Gertrudis.

Gets, Fl.: Geta.
Geule, Fl.: Gulia.
Gevaudan, Landschaft: Gabali, -es.
Gex, St.: Gesia, -um.
Geziret el Heif od. El Birbe, Insel: Philae.
Gharipour, Insel: Elephanta.
Ghazna, St.: Gauzaca.
Ghazzah, St.: Gaza.
Ghdib el Zickar, Bergkette: Garaphi montes.
Gherzeh, St.: Carusa.
Ghiera d'Adda, Landschaft: Addua glarea.
Ghio oder Kemlik, St.: Cius.
Ghivira, St.: Gaviratium.
Ghuzel Hissar, St.: Magnesia ad Maeandrum.
Gianuti, Insel: Artemisia.
Giavenno, Mtfl.: Javennum.
Gibraleon, St.: Ossonoba.
Gibraltar: Calpe, Herculanum.
Gibraltar, Strasse von: Gaditanum fretum.
Gien, St.: Gianum.
Giens, Halbinsel: Pomponiana.
Gieraci od. Gerace, St.: Hieracium.
Giessen, St.: Giessa.
Gifuni od. Gifoni, Mtfl.: Geofanum.
Giglio, Insel: Igilium.
Gihaud, Mtfl.: Ubinum.
Gijon, D.: Gigia.
Gilma, St.: Cilma.
St. Gilles, St.: Heraclea Viennensis, Sancti Aegidii villa.
St. Gilles les Boucheries, Mrkt.: Fanum S. Aegidii.
Gioja, St.: Joja.
St. Giorgio, St.: Morgentia, -tium.
Girgenti Vecchio, St.: Agrigentum.
Giovenazzo, St.: Juvenacia, Natiolum.
Gironde, Fl.: Girundia.
St. Gislain, Mtfl.: Fanum S. Gisleni.
Gisors, St.: Caesarotium, Giso, Gisortium.
Gitschin, St.: Gitmiacinum.
Giudecca, Laguneninsel: Judeca.
Glamorgan, Grafschaft: Clamorgania.
Glandèves, St.: Glandeva.
Glarus od. Glaris, St.: Glarona.
Glasgow, St.: Glasgua.
Glastonbury, St.: Glasconia.
Glatz, St.: Glacium.
Gleichen, Schloss: Glicho.
Gleink, Kloster: Glunicense coenobium.
Glioubatia, Bergkette: Scordus mons.
Glizberg, St.: Glichberga.
Glocester, St.: Claudia castra, Glanum, Glevum, Glocestria.

Glogau, St. u. Festung: Glogavia.
Glückstadt, St.: Fanum S. Fortunae, Tychopolis.
Glurenz, St.: Gelurnum.
St. Goar, St.: Fanum S. Goari.
Gociano, St.: Guncianum.
Godmanchester, St.: Duroli pons.
Gömörer Gespannschaft, die: Goemöriensis comitatus.
Goeree, Insel: Goderea.
Görlitz, St.: Gorlicium.
Görz, St.: Goritia.
Göppingen, St.: Goppinga.
Göttingen, St.: Gotinga, Tuliphordium.
Göttweig, Kloster: Chotwicense monasterium, Godewicum.
Gograh, Sardjon od. Deva, Fl.: Elgoramis.
Goldberg, St.: Aurimontium.
Golf von Genua, der: Ligusticus sinus.
Golf von Manfredonia, der: Urias sinus.
Golf von Saros, der: Sinus Melas.
Golfe de Grimaud od. St. Tropez, Meerbusen: Sinus Sambracitanus.
Golfo d'Aiomama, Meerbusen: Sinus Toronaicus.
Golfo di Carnero, Quarnero od. Quarnerolo, Meerbusen: Sinus Flanaticus.
Golfo di Colochinna, Meerbusen: Sinus Laconicus.
Golfo di Contessa, Meerbusen: Sinus Strymonicus.
Golfo de Coron, Meerbusen: Sinus Messeniacus.
Golfo di Lepanto, Meerbusen: Sinus Naupactinus.
Golfo di Monte Santo, Meerbusen: Sinus Singiticus.
Golfo di Napoli, Meerbusen: Sinus Neapolitanus, Sinus Crater.
Golfo di Salonichi, Meerbusen: Sinus Thermaeus.
Golfo della Speccia: Meerbusen: Portus Lunae.
Golfo di Trieste, Meerbusen: Sinus Tergestinus.
Gollin, St.: Galli castrum.
Gombs, District: Gomesianorum conventus.
Goméria, Insel: Capraria.
Gondrecourt, St.: Gundulphi curia.
Gondok, Fl.: Condahates.
Gonfaron od. Le Canet, D.: Forum Voconii.
Gorinchem, St.: Gorichemium.

Gritsa od. Goritza, St.: Mantinea.
Goseck, D.: Gozeka.
Goslar, St.: Civitas imperialis ad Gosam.
Gothland, Landschaft: Gothia.
Gothland, Insel: Gothlandia.
Gothenburg, St.: Gothoburgum.
Gottesgab, St.; Theodosium.
Gotteshausbund, der: Foedus cathedrale.
St. Gotthardt, der: Aduallast, Alpes Summae, Elvelinus Ursara.
Gottorp, Schloss: Gottorpia.
Gouda, St.: Gouda.
Governolo, Mfl.: Ambuletam, Castellum. Gubernula.
Gozo, Insel: Gaulos.
Gmünden, St.: Laciacum.
Gmünden, St.: Gaudia mundii.
Gnadenberg, Mtfl.: Gratiae mons.
Gnadenthal, Kloster: Gratiarum vallis.
Gnadenzell, Kloster: Gratiae cella.
Gnesen, St.: Gnesna.
Grabs, D.: Quaradavos.
Gradisca, St.; Gordenia.
Gräfenthal, St.: Vallis Comitum.
Grätz, St.: Graecium.
Grafen-Castel, das: Petra Comitis.
Grampiangebirge, das: Grampius mons.
Gran, St.: Strigonium.
Gran, Fl.: Granus.
Granada, St.: Granada.
Grancey le Castel, St: Granceium castrum.
Grande chartreuse, la, Hauptkloster: Carthusia Grandis.
Grandpré, St.: Grandipratum.
Grandweiler, St.: Grammatum.
Grand-Serre, le, St.: Castrum Serris.
Granson, St.: Grandisonium.
Granville, St.: Grandisvilla.
Granville, St.: Grannonium
Grasse, St.: Graca.
Graubündten, Canton: Grisonia, Curiovallis ligae tres.
Graubündtner Gebirge, die: Alpes Rhaeticae.
Graudenz, St. u. Festung: Graudentium.
Graupen, Mtfl.: Grupna.
Gravelingen, St: Novum oppidum.
Graventhal, Kloster: Vallis Gratiarum.
Gravesend, St.: Gravescenda.
Gray, St.: Gradicum.
Grazalema, St.: Lacidulemium.

Great-Berkhämsted oder Caster, Mtfl.: Durobrivae.
Groden, Thal: Gardena.
Greenwich, St.: Grenovium, Gronvicum, Gronaicum.
Gregorsmünster, Kloster: S. Gregorii cella.
Greifensee, St.: Gryphaeum.
Greiffenberg, St.: Gryphimontium.
Greifswalde, St.: Gripeswolda.
Grenoble, St.: Accusiorum colonia, Gratianopolis.
Grésivaudan, das Land: Gratianopolitanus Pagus.
Greuno, St.: Elyma.
Greussen, St.: Crozina.
Grevesmühlen, St.: Comitis mola.
Griechenland: Graecia.
Griers oder Greiers, St.: Grueria.
Grignan, St.: Griniacum.
Grim oder Grimmen, St.: Grimus.
Grimaki Kajki, Fl.: Caicus.
Grimaud, St.: Athenopolis, Olbia, Sambracia.
Grimbergen, Mtfl.: Grenbergis.
Grimma, St.: Crema, Crimina.
Grobming, Mtfl.: Gamarodorum.
Gröningen, St.: Groninga.
Grönland, Halbinsel: Gronia, Grönlandia.
Gron, Mtfl.: Grunum.
Gross-Rohrheim, Mtfl.: Rara.
Grossenhain, St.: Apud indaginem marchionis, Haganoa, Indago Marchionis.
Grossetto, St.: Rosetum.
Gross-Strehlitz, St.: Strelicia major.
Grosswardein, St.: Varadinum.
Grossweil, D.: Wilevilla.
Grottkau, St.: Grotgavia.
Grub, Landschaft: Forea.
Grünberg, St.: Prasia Elysiorum.
Grüningen oder Nürtingen, St.: Grinario.
Grüsch, D.: Crucium.
Grüssau, D.: Grissovium.
Guadalaviar oder Turia, Fl.: Durias.
Guadalaxara, St.: Arriaca, Carraca.
Guadalquivir, Fl.: Baetis.
Guadeloupe, St.: Aquae Lupiae.
Guadiana, Fl.: Anas.
Guadix, St.: Acci, Guadicia.
Guagida, St.: Ladigara.
Guarda, St.: Lancia oppidana.
Guastalla, St.: Gardistallum, Vastalia.
Guasto oder Vasto di Climone, St.: Amonium.
Gubbio oder Eugubio, St.: Eugubium.

Güldenkron, Kloster: Corona.
Güntring, Mtfl.: Ferrariae Carnorum.
Günz, St.: Ginsium.
Güntzburg, St.: Guntia.
Guerande, St.: Aula Quiriaca od. -ci.
Gueret, St.: Garactum.
Guernsey, Insel: Sarnia.
Gützkow, St.: Gotzgaugia.
Gugl, Fl.: Zea.
Guich-Alet, St.: Aletum.
Guiche, Grafschaft: Guissunum.
Guimaraens, St.: Vimarinum.
Guines, St.: Guisnae.
Guipuscoa, Landschaft: Jupuscoa, Vanduli.
Guise, St.: Guisium, castrum.
Guisona, St.: Cissa.
Gumenik oder Tokat, St.: Comana Pontica.
Gundis, Pfarrdorf: Contegium.
Gurk, Mtfl.: Gurca.
Gurrea, St.: Forum Gallorum.
Gutenzell, Götteszell, Abt.: Bona cella.
Guyenne, Landschaft: Aquitania, Novempopulania.
Gyula, Schloss: Julia.

Haag, St.: Haga Comitis.
Hadeln, Landschaft: Hadelia.
Haff, das Curische: Lacus Curonicus.
Haff, das frische: Habus, Recens lacus, Lacus Venedicus.
Hagenau, St.: Hagenoa.
Hain, St.: Foresto, de.
Haiti, Insel: Hispaniola.
Haivali, St.: Heraclea.
Halberstadt, St.: Antiqua civitas, Halapia, Pheugarum.
Halb-Thurn, Mtfl.: Hemipyrgum.
Halifax, St.: Halifacia.
Halicz, St.: Halica.
Hall, Mtfl. u. Bad: Ernolatia.
Hall, Hala ad Oenum.
Halle, St.: Hala Hermundurorum.
Hall oder Schwäbisch-H., St.: Hala.
Hällein, St.: Haliola, Salina.
Halmstadt, St.: Halmostadium.
Ham, St.: Hametum, Hammus.
Hamadan, das heutige: Ecbatana.
Hamamet oder Susa, St.: Adrumetum.
Hamath, St.: Epiphanea.
Hamburg, St.: Hamburgum.
Hameln, St.: Hamela.
Hamm, St.: Hammona.
St. Hamont: Hamons.
Hampshire, Grafschaft: Hanonia.

Hamma da Cabes, El, St.: Aquae Tacapinae.
Hanau, St.: Hanovia.
Hannover, St. u. Königr.: Hanovera.
Hansestädte, die: Hanseaticae urbes.
Hapsal, St.: Hapselia.
Harcourt, St.: Harcurtium.
Harderwyck, St.: Harderovicum.
Harfleur, St.: Arefluctus, Harflevium.
Harlem, St.: Harlemum.
Harlinger Land, das: Harlingia.
Haro, St.: Castrum Bilium.
Haromszekische Stuhl, der: Haromszekiensis sedes.
Harran, St., Carrhae.
Hartenberg, Mtfl,: Duroburgum.
Hartenfeld oder Hartfeld, das: Durus campus.
Hartford, St.: Durocobrivae, -is.
Harwich, St.: Harviacum, -vicum.
Harz, der: Harthicus mons, Silva Hercynia.
Harzgerode, St.: Saltus Venatorius.
Hasbain, Grafschaft: Hasbaniensis comitatus.
Hase, Fl.: Hasa.
Haslach, D.: Avellana.
Hassankaleh, St.: Theodosiopolis.
Hasselt, St.: Hasseletum.
Hastenbeck, Ebene von: Idistavisus campus.
Hastière Lavaux, D.: Hasteria.
Hattonchatel, St.: Hattonis castrum.
Hatvan, St.: Hatuanum.
Hautecombe, St.: Altacumba.
Haute Rive, St.: Alta ripa.
Havel, Fl.: Habala.
Havre, St.: Havrea.
Havre de Grace, St.: Franciscopolis.
Havre de Longueville, St.: Legedia.
La Haye, St.: Haga Aurelianensis.
Haynau oder Hayn, St.: Hainovia.
Heers, D.: Heerevilla.
Hegau, Landschaft: Hegovia.
Heidelberg, St.: Edelberga.
Heilbron, St.: Alisum, Fons salutis, Heilbronna.
Heiligenbeil, St.: Sancta civitas.
Heiligenberg, St.: Sanctus mons.
Heilig-Kreuz, Mtfl.: Fanum S. Crucis.
Heilig-Kreuz, St.: S. Crucis oppidum.
Heimburg, St.: Carnuntum.
Heis, Insel: Hericus.
Helgoland, Insel: Hertha, Sacra insula.
Hellado oder Agriomela, Fl.: Sperchius.
Hellebrunn, Lustschloss: Clarofontanum palatium.
Hellin, St.: Ilunum.

Helmstädt, St.: Athenae ad Ehmum, Helmstadium.
Helore, St.: Helorum.
Helsingland, Landschaft: Helsingia.
Helsingfors, St.: Helsingoforsa.
Helsingör, St.: Helsingora.
Helvaux, Mtfl.: Helvatium.
Henin-Liétard, Mtfl.: Henniacum Litardi.
Hennebon, St.: Hannebotum.
Hennegau, der, Hainaut oder Hene Gouwen, Provinz: Hanagavensis comitatus.
Henrichemont oder Boisbelle, St.: Henricomontium.
Heraclitza, St.: Heraclea.
Herault, Fl.: Arauraris, Eravus.
Herborn, St.: Herborna.
Herford, St.: Herfordia.
Herisau, Gemeine: Augia Domini.
Heristall, St.: Heristallum.
Herjedalen, Provinz: Herdalia.
Herkla, St.: Hadrumetum.
Hermann-Miestitsch, St.: Miestecium Hermanni.
Hermannstadt oder Szeben Szeke, St.: Cibinium, Contra Acincum.
Hermannstadter Gespannschaft, die: Cibiniensis comitatus.
Herrenaurach, Kloster: Ura.
Herrera del Duque, St.: Leuciana.
Herrengrund, Burgflecken: Vallis Dominorum.
Herrnhut, Mtfl.: Custodia Dei.
Herrnstadt, St.: Kyriopolis.
Hersfeld, Fürstenthum: Herocampia.
Herzogewina, die: Arcegovina.
Herzogenbusch, St.: Buscoduca, -um, Sylva Ducis.
Hertogenrade oder Herzogenraid, St. u. Schloss: Rhodia Ducis.
Hesdin, St.: Hedena, Hisdinum, Hosdenenses.
Hesn-Kaifa, St.: Castrum Cepha.
Hessen, Churfürstenthum: Hassia.
Hessen, die: Catti.
Hexham, St.: Axelodunum.
Hildburghausen, St.: Hilpertohusa.
Hildesheim, St.: Ascalingium, Bennopolis, Hennepolis.
Himalayagebirge, das: Emodi montes, Imaus.
Himmelskron, Schloss u. D.: Coeli corona.
Hindukhusch, Bergkette: Paropamisus mons.
Hiniesta, Mtfl.: Segestica.
St. Hippolyte, St.: Fanum S. Hippolyti.

Hirschau, Kloster u. St.: S. Aurelii monasterium.
Hirschau, St.: Hirschavia.
Hirschberg, St.: Cervimontium.
Hirzberg, St.: Cervimontium.
Hit, St.: Is oder Aiopolis.
Hita, St.: Cessata.
Hitzacker, St : Hizgera.
Iljo, St.: Iliovia.
Hoböken, Schloss: De alta Fago.
Hobroe, Mtfl.: Hobroa.
Höchst, St.: Hoechsta.
Hörselberg, der: Horrisonus mons.
Höxter, St.: Huxaria.
Hof, Mtfl.: Curia Pannoniae Inferioris.
Hof, St.: Curia moravica.
Hoffnung, das Vorgebirge der guten: Caput bonae spei.
Hohenembs, Alt- u. Neu-: Amisium.
Hohenfurt, Mtfl.: Altovadum.
Hohenkrähn, Ort: Graea.
Hohenlohe, Grafschaft: Holacheus.
Hohentwiel, Festung: Duellium, Tuila alta.
Hohenwart, Mtfl.: Alta specula.
Hohenzollern, Fürstenthum u. Schloss: Zolnernum.
Holland: Batavia.
Holme, Kloster: Insula Dei.
Holstebroe, St.: Holdstebroa.
Holstein: Holsatia.
Holum, St.: Hola.
Holy Island, Insel: Haugastaldium.
Holz, Kloster: Monasterium S. Joannis Baptistae in silva.
Holzkreis, der: Silvaticus sinus.
Homes oder Homs, St.: Emesa, -sus.
Honfleur, St.: Honflevius.
Honnecourt, Mtfl.: Hunnicuria.
St. Honorat, Insel: Lerina.
S. Honorato, Ort: Sardopatris fanum.
Hohther Gespannschaft, die: Houtensis comitatus.
Horbourg, Mtfl.: Argentaria.
Hormus oder Ormus, Insel: Harmozia.
Hornachos, St.: Furnacis.
Hort-Dieu, L': Hortus Dei.
Hospicio, St., Hafenstadt: Olivula portus.
Hoszkzu-Mező, Mtfl.: Campus longus.
Horsens: Horsnesia.
Houat, kleine franz. Insel: Siata.
Houlx, St.: Martis statio.
Hraditsch, St.: Rumhobodun.
Hradisch, St.: Hradisca.
Hradischer, der, Kreis: Hradistiensis circulus.
Hrochow Teynetsch, Mtfl.: Teynecium Rochi.

Hu, St.: Diospolis parva.
Hubertusburg, Schloss: Hubertiburgum.
Huelva, St.: Onoba.
Hüningen, St.: Monasterium Hegenense, Huninga.
Huescar, od. Guescar, St.: Calicula.
Huesca, St.: Osga Illergetum, Faventia Hosca.
Huete, St.: Julia Opta.
Hugshofen, Kloster: Hugonis curia.
Huisne, Fl.: Idonia.
Humber, Fl.: Umber, Abus.
Hundert-Bücheln, St.: Centumcollis.
Hundsrück, Gebirge: Tergum Caninum, Hunnorum tractus.
Husat, Bergschloss: Hustum.
Hussein Abad, St.: Mithridatium.
Husum, St.: Hosenum.
Huy, St.: Huum.
Huiden, St.: Heudena.
Hween, Insel: Huena.
Hyderabad, St.: Hippocura.
Hyères, St.: Olbia, Areae.
Hyerischen, die, Inseln: Stoechades insulae.

Jaca, St.: Jacca.
Jacqueville, St.: Broagium.
Jägerndorf, St.: Carnovia.
Jämtland, Landschaft: Jemtia.
Jago di Compostella, St., St.: Flavionia, S. Jacobi monasterium, Stellae campus.
Jaen, St.: Aurgi, Jaena, Gienum, Flavium Argitanum.
Jagodna, St.: Jagodina.
St. Jakob, Abt.: Abbatia Rosacis.
Jalomnitza od. Proava, Fl.: Naparis.
Jambo, St.: Chanmuthas.
Jamboli, St.: Amphipolis.
Jamets, D.: Gemmacum.
Janina, St. Jamna.
Iani Sou, St.: Gallus.
Janitza, St.: Bunomia, Pella.
Jantra, St.: Jatrus.
Japan: Japonia.
Jaretta, Mtfl.: Symethes.
Jargeau, Mtfl.: Gargogilum, Gurgolinum.
Jaromierz, St. Jaromirium.
Jassy, St.: Jassium.
Jederen, Vogtei: Jadrensis regio.
Jauche, D.: Jacca castrum.
Jauer, St.: Juravia, Jauravia.

32

Jaunstein, Mtfl.: Juenna.
Java, Insel: Iabadice.
Javols, Mtfl.: Anderitum.
Jbiza, Insel: Ebusus.
Ibrahim-Nahr, Fl.: Adonis.
Idanha a Velha, St.: Equitania, Igaedita.
Idro, der See: Lacus Idranus.
Jean d'Acre, St.: Acco.
Jean de Losne Belle defense, St., St.: Latona, Laudona, Fanum S. Joannis Laudonensis.
Jean de Luz, St., St.: Vicus Lucius, Luisium, Fanum St. Joannis Luisii.
Jean Pié de Port, St., St.: Fanum St. Joannis Pedeportuensis.
Jecker, Fl.: Jecora.
Iekil-Irmek, Fl.: Iris.
Jölswa, Jelsawa, St.: Alnovia.
El Jem, St.: Tysdrus.
Jena, St.: Athenae ad Salam.
Jenischeher od. Larissa, St.: Larissa.
Jericho, St.: Palmarum civitas.
Jersey, Insel: Caesarea.
Jerusalem, St.: Hierosolyma.
Jesi, St.: Aesis.
If, Insel: Hypaea.
Iferten od. Yverdun, St.: Castrum Ebredunum, Ebrodunum.
Iglau, St.: Giglavia, Iglavia.
Iglo od. Neudorf, St.: Iglovia.
Iglesias, St.: Ecclesiae.
Igualada, St.: Ergavica, Latae aquae.
Ilantium, Ilanz, St.: Antium.
Ilawa od. Deutsch-Eylau, St.: Gilavia Germanica.
Ilchester, St.: Iscalis.
Ile de Besdane, Seineinsel: Oscellum.
Ile Dieu od. d'Yeu, Insel: Ogia insula, Oya.
Ilha de fuego, Insel: Ignium insula.
Ill, Fl.: Elba.
Iller, Fl.: Ilargus.
Illerdissen od. Tussen, D.: Tussa.
Illmünster, Abtei: Ilmi monasterium.
Ilm, Fl.: Ilma od. -us.
Ilm, St.: Ilma od. -us.
Iman Hossein oder Mesched Hossein, St.: Vologesia, Bogalagus.
Imbro, Insel: Imbrus.
Imola, St.: Emula, Forum Cornelii.
Imperiale, Fl.: Imperius.
Imst, Mtfl.: Umbista.
Incisa, St.: Ad incisa saxa.
(West-)Indien: India occidentalis.
(Ost-)Indien: India orientalis.
Indjeh Kussasou, Fl.: Haliacmon.
Indjé-Limen, Fl.: Aegos Potamos.

Indre, Fl.: Augeris, Inger.
Ingelmünster, Landschaft: Anglomonasterium.
Ingermannland, Provinz: Ingermannlandia.
Ingolstadt, St.: Aripolis, Ingolstadiuni.
Innichen od. Iniching, Mtfl.: Aguntum.
Inisowen, Halbinsel: Dugenii insula.
Inn, Fl.: Aenus, Enus, Oenus.
Innstadt, Vorstadt: Bojodurum.
Inowladislaw, Woiwodschaft: Junicladislaviensis palatinatus.
Innspruck, St.: Oenipons.
Inverness, St.: Invernium.
Joachimsthal, St.: Vallis Joachimica.
Jönköping, St.: Jenecopia, Junecopia.
Johann im Taurn, S., Ort: Sabatinea.
Johanngeorgenstadt, St.: Joannis Georgii oppidum.
John's Point, St., Vorgebirge: Isamnium.
Joigny, St.: Joviniacum, Juiniacum, Iviniacum.
Joinville, St.: Intra fluvios.
Jonische Meer, das: Jonium mare.
Josse sur Mer, St., D.: Judocum.
Jouare, Benedict.-Abt.: Jodrum.
Jouschia, St.: Laodicaea scabiosa od. ad Libanum.
Jouy sur Morin, D.: Gaudiacus.
Joux, Mtfl.: Jovium.
Joyeuse, St.: Gaudiosa.
Ips, St.: Isipontum, Ibissa, Uspium.
Ipsira, St. u. Landschaft: Hispiriatis.
Ipswich, St.: Gippevicum.
Iri od. Wasili-Potamo, Fl.: Eurotas.
Irländische Meer, das: Deucaledonius oceanus.
Irland: Hibernia.
Irsee, Abtei: Ursinum.
Isabelle, Fort: Isabellae arx.
Isar, Fl.: Isara.
Ischia, St.: Escus.
Ischia, Insel: Aenaria, Yssche insula.
Isen, Fl.: Isia.
Isen, Mtfl.: Isana.
Iseo, See: Sebinus lacus.
Isère, Fl.: Isara.
Isernia oder Sergna, St.: Aesernia.
Isgaur, St.: Sebastopolis.
Iskanderieh, Hauptstadt: Alexandria.
Isker, Fl.: Oesus.
Iskuriah, St.: Dioscurias.
Isla, Insel: Epidia, -ium.
Isla del Hierro, île de Fer, Insel: Pluvialia.
Island, Gardari insula, Islandia, Snelandia.

Islandji, St.: Selymnia.
l'Isle, Fl.: Insula.
Isle Bouchard, St.: Becardi insula.
Isle de France. Landschaft: Insula Franciae.
Isle du Levant od. du Titan, Insel: Hypaea.
L'Isle Jourdain, St.: Ictium castrum.
Ismid od. Isnicmid, St.: Nicomedia.
Isola, St.: Insula Bruttiorum.
Isola Farnese, Ort: Veji.
Isola Grossa od. Arbe, Insel: Scardona.
Isonzo, Fl.: Isontius.
Ispahan, St.: Aspadana.
Issengeaux, St.: Ensigausium, Icidmagus.
Issny, St.: Isna.
Issoire, St.: Issiodurum.
Issoudun, St.: Anxellodunum, Exelodunum, Issoldunum.
Issy, Schloss u. D.: Fiscus Isiacensis.
Istib, St.: Stobi.
Istres, St.: Ostrea.
Istrien, Landschaft: Histria.
Italien, Italia, Ausonia.
Itri, St.: Iurium, Mamurra.
Juan de Puerto Rico, St., St.: Fanum S. Joannis.
Jublains, D.: Diablintes Noeoduuum, Novodunum.
Judenburg, St.: Idunum, Varunum.
Judoigne, Mtfl.: Gildonacum.
Jülich, Herzogthum: Juliacensis ducatus.
Jülich, St.: Juliacum.
Jüterbogk, St.: Jutrebocum.
Jütland, Cartris, Chersonesus Cimbrica, Jutia.
Julierberg, der: Mons Julius.
Jumièges, St.: Gementicum.
Jumilla, St.: Gemellae.
Jungbunzlau, St.: Boleslai fanum.
Junquera, Festung: Juncaria.
Jupille, St.: Jobini villa.
Jura-Gebirge, das: Jurassus.
Juvia, Fl.: Juia.
Juvigny, Abt.: Juveniacensis abbatia.
Ivoix, St.: Ivodium.
Ivrea, St.: Eporedia, Iporegia.
Ivry, Mtfl.: Huegium.
Ixworth, St.: Icenorum oppidum.
Izing, Mtfl.: Iciniacum.

Kabarda, Landschaft: Eulisia.
Kabul, Fl.: Cophes.
Kadan, St.: Cadanum.

Kadi, Keui, St.: Chalcedon.
Kadzand, D.: Casandria.
Kärnthen: Carinthia.
Käsmark, St.: Caesareopolis, Setuia.
Kains, D.: Camina.
Kairo, St.: Charras.
Kairouan, St.: Villa Augusti.
Kaisarioh, St.: Caesarea Eusebia.
Kaiserberg, St.: Caesaris Mons.
Kaisersheim, Abt.: Abbatia Caesariensis.
Kaiserslautern, St.: Caesareopolis, Lutra Caesarea.
Kaiserswerth, St.: Caesaris Verda, S. Swyberti Castra.
Kaiserstuhl, St.: Caesaris Praetorium, Fanum Tiberii.
Kalamata, St.: Therapne.
Kalenberg, der: Mons Cesius.
Kalisch, St.: Calissia, Kalis.
Kallundborg, St.: Calhunda.
Kalminz, St.: Celemantia.
Kalmücken, die: Galactophagi.
Kaloskopi od. Paleopoli, St.: Elis.
Kalpaki, Orchomenus Arcadiae.
Kalwarya, Mtfl.: Mons Calvariae.
Kaminiec-Podolski, St.: Camenecia.
Kampolongo oder Langenau, St.: Campus longus.
Kandahar, Land: Paropamisus.
Ken oder Kane, Fl.: Cainas.
Kanischa, Festung: Canisia.
Kapouli Derbent, Engpass: Porta Trajani.
Kapronozische District, der: Caproniensis Processus.
Karabousa, Insel: Cimarus.
Karadje Burouu, Vorgebirge: Criou metopon.
Karadja Dagh, Bergkette: Mons Masius.
Karahissar, St.: Perga.
Karamoussal, St.: Pronectus.
Karansebes, Festung: Carencebae.
Kara-Su od. Abzal, Fl.: Choaspes.
Kara Sou, Fl.: Melas, Nestus.
Karem, St: Charax Pasini.
Karkissa od. Kirkesieh, St.: Circesium.
Karlburg, Mtfl.: Gerulata.
Karlsruhe, St.: Caroli hesychium.
Karlsburg, Festung: Alba Carolina.
Karmel, Berg: Carmelus.
Karoly, Mtfl.: Carolium.
Karpathische Gebirge, das: Carpates.
Karpona od. Karpten, St.: Carpona.
Karschont, Fl.: Tripolis.
Kaschau, St.: Cassovia.

32*

Karst, Gebirge: Carusadius.
Karthagena, Hauptstadt: Carthagena.
Kaschemir, St.: Caspirus.
Kastamuni, St.: Germanicopolis.
Kastelbell, D.: Castrum Bellum.
Kastelruth, Herrsch.: Castrum ruptum.
Kastilien, Königreich: Celtiberia, Castilia, Castella.
Kathay, Reich: Cataya.
Katzbach, Fl.: Cattus.
Katzenellenbogen, Mtfl.: Cattimelibocum.
Kau il Kubara, St.: Antaeopolis.
Kaufbeuern, St.: Kaufbura, Kaufbeura.
Kaufungen, Stift: Capungum.
Kaurzimer Kreis der: Caurzimensis od. Gurimensis circulus.
Kaydt, St.: Kisdemum.
Kaysersberg, St.: Mons Caesaris.
Kazimierz, St.: Casimiria.
Keischme, Insel: Oaracta.
Kelmünz, Mtfl. u. Schloss: Caelius mons.
Kekköische District, der: Kekkojensis Processus.
Kelendri, St.: Celenderis.
Kellen, Ort: Castra Ulpia.
Kellheim, St.: Celtae domus.
Kemberg, St.: Cameracum.
Kemnade, Kloster: Caminata.
Kempten, St.: Campidona.
Kenkrie, Mttl.: Cenchreae.
Kent, Herzogthum: Cantium.
Kenyer-Mezö, Ebene: Campus Panis.
Kept, St.: Coptos.
Kerkah, Fl.: Choaspes.
Keresoun, St.; Cerasus.
Kerkeni, Insel: Cercina.
Kerkouk, St.: Corcura.
Kerman, St.: Carmana.
Kerpen, Mtfl.: Carpio.
Kertsch, St.: Panticapaeum.
Kerzers, D.: Ad Carceres.
Kesdische Stuhl, der: Kesdiensis sedes.
Kessel, St.: Castellum menapiorum.
El Ket, St.: Sicca venerea.
Ketrina, St.: Dium.
Ketsch, St.: Tyana.
Ketskemét, St.: Egopolis.
Ketskemetische District, der: Ketskemetensis Processus.
Keulu Hissar, Fl.: Lycus.
Khabour, Fl.: Nicephorius.
El Khabour, Fl.: Chaboras.
Khorasan, Land: Margiena.
Khorrenabad, St.: Corbiena.
Khouzistan, Provinz: Susiana.

Kiangari, St.: Gangra.
Kiel, St: Chilonium, Kielia, Kilonia.
Kiensheim, St.: Cunonis villa.
Kirteminde, St.: Cartemunda.
Kiew, St.: Kijovia, Chiovia.
Kiew, Woiwodschaft: Kioviensis Palatinatus.
Kieydany, St.: Cajodunum.
Kilbegs, St.: Calebachus.
Kells, St.: Laberus.
Kilkenny, Grafschaft: Cella St. Canici, Fanum S. Canici.
Killaloe, St.: Allada.
Kilmalon, Mtfl.: Killocia.
Kilmore, Mtfl. u. Kirchspiel: Chilmoria.
Kimbolton, Mtfl.: Cinnibantum.
Kings-County, Grafschaft: Civitas Regis.
Kingston, St.: Regiopolis.
Kiöge, St.: Congia, Coagium.
Kjölen, Grenzgebirge: Sevo mons, Iuga Suevonis montis.
Kioutahia, St.: Cotyaeum.
Kirchdorf, St.: Varallinm.
Kirkby-Kendal, St.: Concanginm.
Kirkwal, Mtfl.: Carcoviana.
Kirscheher, St.: Diocaesarea.
Kisamos, St.: Cysamus.
Kisch-Toboltschanische, der, District: Kis-Topoltanensis districtus.
Kisil-Irmak, Fl.: Halys.
Kissingen, St.: Kizinga.
Kissovo, Berg: Ossa.
Kitschek, Fl.: Cayster.
Kitzbichl, St.: Haediopolis.
Kizil-ousen, Fl.: Mardus.
Kladrau, St.: Gladrubum.
Klagenfurt, St.: Virunum, Claudia.
Klattau, St.: Clatovia, Glatovia.
Kleinmariazell, Kloster: Cella S. Mariae.
Klettgau, der: Latobrigicus pagus.
Klosterneuburg, St.: Claustriburgum.
Knapdale, Landschaft: Cnapdalia.
Knin, Festung: Arbuda.
Knockfergus, St.: Rupes Fergusii.
Kochel, Pfarrdorf: Coveliacae.
Kochem, St.: Cochemium.
Köben, St.: Cobena.
Königgrätz, St.: Gradium Regium.
Königinhof, St.: Curia Regis ad Albim.
Königsberg, St.: Marobodum.
Königsberg, St.: Nova fodina.
Königsberg, Bergschloss: Regiomontium.

Königsberg, St.: Regiomontum, Mons Regius.
Königsberg, der: Monsregius.
Königsfeld, Mtfl. u. Kloster: Campus regius.
Königshofen. St.: Curia Regia in arvis.
Königshofen: St. Curia Regis Badensis.
Königslutter, St.: Luttera.
Königssaal, Stift u. Kloster: Aula regia.
Königsstädtl, St.: Anaxipolis.
Königstein, Festung: Regis saxum.
Königstein, St.: Lapis regius.
Königstein, Alt-, Schloss: Castellum Drusi et Germanici.
Königsstuhl, der: Thronus regalis, Ambiatinum.
Königswart, Mtfl.: Marabodui castellum.
Kölleda, St.: Coleda.
Köping, St.: Copinga.
Körös, Fl.: Chrysius.
Körös-Banya, Mtfl.: Chrysii Anraria.
Kösching, Mtfl.: Cassario.
Kösen, D.: Cusne.
Köslin, St.: Coslinum.
Koesfeld, St.: Cosfeldia.
Kövar, Schloss: Covaria.
Köwarsche District, der: Kovariensis processus.
Kohren, Mtfl.: Choriani villa.
Kokelburger, die, Gespannschaft: Kukoliensis comitatus.
Kollin, St.: Colonia juxta Albim.
Kolocza, St.: Colocia.
Kolomea, St.: Colomia.
Kom, St.: Choama.
Komorn, Festung: Comara.
Konieh, St.: Iconium.
Konitz, St.: Conimbria.
Kopenhagen, St.: Hafnia.
Korczyn, St.: Neocorcinum.
Korneliusmünster, Mtfl.: Inda.
Korsa, St.: Astacus.
Korsoer, St.: Crucisora.
Kosah, Fl.: Cossoagus.
Kosseir, Hafenstadt: Myos hormos, Berenica.
Kostheim, Mtfl.: Cuffinstanium.
Kour, Fl.: Cyrus, Corius.
Koutais, St.: Cotatis, Cutacium.
Krain, Herzogthum: Carnia.
Krainburg, St: Carnioburgum.
Krajowa, St.: Drubetis.
Krak, St.: Petra.
Krakau, St.: Carodunum, Cracovia.

Krakow, St.: Crocconis castrum.
Krasnistaw, St.: Crasnoslavia.
Krassner Gespannschaft, die: Krasznensis comitatus.
Kravada, St.: Caryae.
Kremnitz, St.: Cremnicium.
Kremsmünster, Mtfl.: Chremissae monasterium, Cremisanum monasterium.
Kreuzburg, St.: Creutzberga.
Kreutz, St.: Crisium,
Kreutzer, die Gespannschaft: Kriesiensis comitatus.
Kreutznach, St.: Crucenacum.
Krichingen od. Creance, St.: Creance.
Kriebstein, Schloss: Crybenstenium.
Krimm, die: Chersonesus Crimaea.
Krink, Mtfl.: Coriticum.
Krishna, Fl.: Maesolus.
Kromau, Mährisch-, St.: Crumlavia.
Kronenburg, Festung: Coronaeburgum.
Kronmetz, St.: Medium Coronae.
Kronstadt, St.: Corona, Stephanopolis, Brassovia.
Kron-Weisenburg, St.: Alba Selusiana.
Krumau, St.: Crumavia, Cromena.
Kruswice, St.: Crusvicia.
Kuban, Fl.: Vardanus.
Küblis, Gemeine: Convallium.
Küssnacht, Mtfl.: Cussenacum.
Küstrin, Festung: Costrinum.
Kuilenburg, St.: Caruo.
Kujawien, Landschaft: Cujavia.
Kullen, Berg: Kolloe.
Kulpa, der District: Transcolapianus Processus.
Kulpa, Fl.: Colapis.
Kunselyseg, Mtfl.: Cunorum sedes.
Kupferberg, St.: Cuprimontium.
Kurden, die: Carduchi.
Kus, St.: Apollinopolis parva.
Kuttenberg, St.: Cuttna.
Kuxhafen, Mtfl.: Cuxhavia.
Kyffhäuser, der: Castrum Cuphese.
Kyle, Provinz: Covalia.
Kyritz, St.: Kiritium.

Laab, St.: Laha.
Laach, Abt.: Abbatia Lacensis.
Labiau, St.: Labiavia.
Labourd, Landschaft: Lapurdensis tractus.
Lacedogna, St.: Laguedonia.
Lacha, Berg: Olympus.

Lachen, Mtfl.: Ad lacum.
Ladenburg, St.: Loboduna civitas.
Ladik, St.: Laodicaea combusta.
Lagan, Fl.: Logia.
Lagerthal, Thal: Lagurina vallis.
Lagny, St.: Latiniacum.
Lago Contigliano, See: Cutiliensis lacus.
Lago di Bagni, See: Lacus Albuneus.
Lago di Bolsena, Lacus Tarquiniensis, Volsiniensis lacus, Lacus S. Christinae.
Lago di Castiglione, See: Gabinus lacus.
Lago d'Iseo: Lacus Sabinus.
Lago di Patria, See: Linterna palus.
Lago di Perugia: Lacus Trasimenus.
Lago di Pico, See: Cyminus lacus.
Lago di Salpi, See: Salapina palus.
Lago di Santa Prasseda, See: Regillus lacus.
Lago di Vico, Landschaft: Elbii lacus.
Lago Lucrino: Lucrinus lacus.
Lago Maggiore, See: Lacus Verbanus.
Lago Salso od. d'Andoria, See: Lacus Andurianus.
Lagos, St.: Lacobriga, Latobriga.
Lagos, Bay: Bistonis palus.
Laguna di Grao, St.: Aquae Gradatae.
Lagunen, die: Paludes Venetae.
Lagnsta, Insel: Ladesia.
Lahn, Fl.: Lagana.
Laholm, St.: Lagaholmia.
Laibach, Fl.: Corcoras.
Laino, Fl.: Laus.
Lambach, St.: Lambacum.
Lamballe, St.: Lamballum.
Lambesc, St.: Lambesca.
Lambessa, St: Lambaesis.
Lamego, St.: Lameca, urbs Lamacenorum.
Lancaster, St.: Longovicum, Alaunum.
Lanciano, St.: Lancianum.
Landau, Festung: Landavia, -vium, -vum.
Landaff, St.: Fanum ad Taffum.
Landeck, St.: Landecca.
Landes, Departement: Landarum tractus, Tesqua aquitanica, Syrticus ager, Sabuleta Burdigalensia.
Landsberg, St.: Landsberga.
Landrecy, St.: Landrecium.

Landscrona, St.: Coronia.
Lands-End, Vorgebirge: Antivestaeum promontorium.
Landser, Mtfl.: Decus regionis.
Landshut, St.: Landshutum.
Langensalza, St.: Longosalissa, Salca.
Langenzenn, St.: Cenna.
Langon, St.: Alingo.
Langres, St.: Andomatunum, Lingones.
Languedoc, Provinz: Lang[u]edocia, -cum.
Lanebourg, Mtfl.: Lancioburgum.
Langues, Landschaft: Langae.
Langeland, Insel: Langelandia.
Lanquart, Fl.: Langarus.
Laon, St.: Laudunum, Laodunum.
La Pollonia, Fl.: Aous.
Lappland, Lapponia!
Larache, Seestadt: Lixa.
Larino, St.: Alarinum.
Larnaka, St.: Citiura.
Latakieh, St.: Laodicaea ad mare.
Latik, St.: Lystra.
Latzfass, Gericht: Fons Latius.
Laubach, St.: Aemona.
Laudun, Mtfl.: Ladanum.
Lauenburg, St.: Leobergum.
Laufen, Mtfl.: Artobriga.
Laufenburg, St.: Gannodurum.
Lauffen, St.: Laviacum.
Lauingen, St.: Lauginga.
Laune, St.: Ladona.
Lauraguais, Grafschaft: Lauriacus ager.
Laurana, St.: Urana.
Lausanne, St.: Lausanna.
Lausitz, die Ober- u. Nieder-: Lusatia superior und inferior.
Lausitzer, das Gebirge: Semana.
Lauston, Mtfl: Fanum St. Stephani.
Lavagna, Mtfl.: Lavania.
Laval, St.: Vallis Guidonis.
Lavant, Fl.: Laventus.
Lavaux, St.: Vauricum.
Lavedan, Thal: Levitania.
Lavello, St.: Labellum.
Lavemünde, St.: Laventina.
Lavigna, St.: Lavinium.
Lavour, St.: Vera.
Laybach, St.: Labacum.
Laye, Wald: Ledia.
Lebedah, St.: Leptis magna.
Leberthal od. Leberachthal, das: Leporacensis vallis.
Le Blanc, St.: Oblincum.
Lebrija, St.: Nebrissa.
Lebus, St.: Lebusium.

Lecce, St.: Aletium, Lupia.
Lecco, St.: Leucum.
Lech, Fl.: Lichus.
Leghenich oder Lechenich, St.: Legioniacum.
Lechfeld, das: Lyciorum campus.
Lechsgemünd, D.: Ostia Lici.
Lecture, St.: Lactora.
Lechthal, das: Vallis Licada.
Ledesma, Mtfl.: Bletisa, Eletisa.
Lee, Fl.: Lea.
Legnano, St.: Leonicacum.
Legrad, Mtfl.: Jovia.
Legrano, St.: Laurium.
Leicester, St.: Leicestria, Ratae Coritanorum.
Leighlinbridge, St.: Lechlinia.
Leine, Fl.: Leinius, Lynus.
Leinster, Landschaft: Lagenia.
Leipzig, St.: Lipsia.
Leissnig, St.: Leisnicium.
Leith, St.: Letha.
Leitha, Fl.: Lita.
Leitmeritz, St.: Lutomericum.
Leiton, Mtfl.: Durolitum.
Lemberg, St.: Leopolis.
Lemno, St.: Myrina.
Lemo, Fl.: Lemuris.
Lemta, St.: Leptis minor.
Lendinara, St.: Lendinaria.
Lenham, Mtfl.: Durolenum.
Lenox, Landschaft: Levinia.
Lens, St.: Lentium.
Lentagio, St.: Tagina.
Lentini, St.: Leontium.
Leutschitz, St.: Lancicia.
Leon, Königreich: Legionense regnum.
Leon, Insel: Cotinussa, Erythia, Aphrodisias, insula Junenia.
Leon, St. Pol de, St.: Legio.
Leon, St.: Legio septima gemina, Vorganjum.
Leonard, St., St.: Nobiliacum.
Leopoldstadt, Festung: Leopoldopolis.
Lepanto oder Ainabachti, St.: Naupactus.
Lerica, St.: Eryx.
Lerida, St.: Ilerda.
Lerin oder Tolosa, St.: Iturisa.
Lerinischen Inseln, die: Lerinae.
Leriz, Fl.: Laeros.
Lers, Fl.: Ircius.
Lescar, St.: Lascara Bearnensium, Lescuria.
Lesche, Fl.: Letia.
Leser, Fl.: Lesura.
Lesghier oder Lazen, das Land der: Lazica.
Lesina, See von: Pontanus lacus.
Lessina od. Lepsina, Mtfl.: Eleusis.
Lessines, St.: Lessinae.
Lettere, St.: Letteranum.
Lettschertha l, das: Letschia vallis.
Leubus, Abt. u. Mtfl.: Leobusium.
Leucate, Mtfl.: Leocata, Locata.
Leukerbad, das: Thermae Leucenses.
Leuse, St.: Letusa, Lusa.
Leutkirch, St.: Ectodurum.
Leutmeritz, St.: Litomerium.
Leutomischl, St.: Litomislium.
Leutschau, St.: Leuconium.
Lenwarden. St.: Leovardia.
Levendal, Mtfl.: Laevefanum.
Levenzo, Insel: Buccina.
Levroux, St.: Leprosium.
Lewenz, St.: Leva, Levia
Lewes, St.: Lesua.
Lewig, Mtfl.: Levico.
Lewis, Insel: Ebuda occidentalis.
Lewische District, der: Levensis Processus.
Leyden, St.: Lugdunum Batavorum.
Leye, Lys, Fl.: Legia.
Lez, Fl.: Lidericus.
Lezina, Insel: Pharus.
Liakoura, Berg: Parnassus.
Liamone oder Talaro, Fl.: Cercidius, Locra.
Lianne, Fl.: Elna.
Libesade oder Stravo, Hafenstadt: Stagira.
Libethen, St.: Libetha.
Licenza, Ort: Digentia.
Lichfield, St.: Etocetum.
Lichtenthal, Kloster: Lucida vallis.
Liddesdale, Landschaft: Lidalia.
Lidköping, St.: Lidcopia.
Liebenau, St.: Alisni.
Liefland, Provinz: Livonia.
Liegnitz, St.: Ligus, Lignitium.
Lienz oder Lüenz, St.: Loncium.
Lier, St.: Lyra.
Lierre, St.: Ledi.
Liestall, St.: Leucostabulum.
Lieuvin, Landschaft: Lexovii.
Liffey, Fl.: Avenlifnius.
Lignières, St.: Linarium.
Ligny, St.: Lignium, Lincium, Polichnium.
Lilienfeld, Kloster: Campililium.
Lille, Fl.: Ella
Lillebonne, St.: Juliobona.
Lillers oder Lilliers, St.: Lillerium.
Lillo, Festung: Liloa.
Lima, Fl.: Belio.
Limagne, Landschaft: Alimania.
Limbach, St.: Lindua, Olimacum.

Limburg, Provinz: Transmosana provincia.
Limburg, St.: Limburgum.
Limisso, St.: Amathus.
Limmat, Fl.: Limaga, -gus.
Limoges, St.: Augustoritum, Lemovicum.
Limousin, Landschaft: Lemovices.
Limoux, St.: Limosum.
Linares, St.: Hellanes.
Lincoln, St.: Lincolonia, -colnium.
Lindau, St.: Lindaugia, Philyraea.
Lindesberg oder Linde, St.: Lindesberga.
Lindolo, St.: Lindus.
Lindre, See: Lindrensis lacus.
Lingen, Grafschaft: Lingo.
Linköping, St.: Lincopia.
Linlithgow, St.: Lindum.
Linnhe-Loch, Fl.: Longus.
Linz, St.: Aredata, -um, Lentia, Linca, Lincium.
Linza, Fl.: Lencia.
Lipari, Isole di, die: Aeoliae insulae.
Lipari, Insel: Lipara.
Lippe, Fl.: Lippia, Lupia.
Liptauer Gespannschaft, die: Liptaviensis comitatus.
Lipuda, La, Fl.: Crimisus.
Liria, St.: Lauro.
Lisieux, St.: Lexovium.
Lissa, Insel: Issa insula.
Lissa, St.: Limiosaleum.
Lissabon, St.: Felicitas Julia, Lissabona, Olisipo, Ulyssipolis, Lisboa.
Litthauen, Grossherzogth.: Lithuania.
Little Chester od. Auldby, St.: Derventio.
Livadia, St.: Lebadea.
Livadien, Provinz: Achaja.
Livenza, Fl.: Liquentia.
Liverdun, St.: Liberdunum.
Livinerthal, das: Vallis lepontina.
Livorno, St.: Ad Herculem, Herculis Liburni od. Labronis portus, Liburna, -nus, Lavur, Labro, Portus Liburnicus.
St. Lizier, St.: Licerium Conseranum, Fanum S. Lizerii, Austria.
Llerena, St.: Regiana.
Llobregat, Fl.: Rubricatus.
St. Lo, St.: Fanum S. Laudi.
Lobbe, Mtfl.: Labieni castra.
Locarno, Mtfl.: Lucarnum.
Lochaber, Grafschaft: Lochabria.
Lockum, Abt.: Abbatia Loccensis.
Lodesano, Landschaft: Laudensis comitatus.
Lodève, St.: Leutova.
Lodi Vecchio, Ort: Lauda.

Löbau, St.: Lobavia.
Lösau, D.: Loscana.
Löwen, St.: Lovania, -um.
Löwenberg, St.: Leorinum.
Löwenstein, Grafschaft: Leostenii comitatus.
Löwenthal od. Liebenthal, St.: Leovallis.
Logrono, St.: Juliobriga.
Lohe, Fl.: Lavus.
Loing, Fl.: Lupia.
Loire, Fl.: Ligera, -is
Loiret, Fl.: Ligerula.
Loisach, Fl.: Lyubasa.
Loitz, St.: Lutitia.
Lokeren, St.: Locri.
Lomagne, Landschaft: Leomania.
Lombaerdhyde, Mtfl.: Longobardorum Ida.
Lombardei, die: Lombardia, Bojus ager.
Lombez, St.: Lombaria.
Lomello, Mtfl.: Laumellum.
Lomme, Grafschaft u. D.: Lomacia.
Londonderry, St.: Londino-Deria.
London, St.: Londinum.
Longenico, St.: Olympia.
Longo Sardo, St.: Tibula.
Longwy, St.: Longovicus.
Lonigo, St.: Leonicenum.
Lonjumeau, Mtfl.: Longum Gemellum.
Lons le Saulnier, St.: Ledo Salinarius.
Loquabyr, Landschaft: Abria.
Lora, St.: Axalita.
Lorca, St.: Ilorci.
Loretto, St.: Fanum Mariae Lauretanae, Lauretum.
Lorgues, St.: Leonicae.
Lorris, St.: Lauriacum.
Lorsch, Kloster: Laureacense od. Laureshamense monasterium.
Loschontz, Mtfl.: Losontium.
Losère, Berg: Lesora.
Losontzische District, der: Losontziensis Processus.
Lossie od. Struth, Fl.: Loxa.
Lot, Olde od. Oulde, Fl.: Loda, Olitis.
Lothian, Grafschaft: Laudania, -donia.
Lothringen, Herzogth.: Lotharingia.
Louain, Fl.: Luvia.
Loudun, St.: Juliodunum.
Louth, Grafschaft: Ludensis comitatus.
Louth, St.: Ludum.
Louviers, St.: Luparia.
Louvre, das: Lupara.
Lowicz, St.: Lovitium.
Loyes, St.: Loja.
Lublin, St.: Lublinum.

Luc, St.: Vacontius.
Lucen Diois, St.: Lucus Vesontiorum.
Lucar de Barrameda, San, St.: Luciferi fanum od. Lux dubia.
Lucca, St.: Luca.
Luccedio, Abt.: Abbatia Mariae Lucediae.
Lucena, St.: Elisana.
Lucera, St.: Nuceria Apulorum, Luceria.
Luciensteig, Engpass: Clivus S. Lucii.
Luciol, St.: Lophosagium.
Luck, Lutzk, St.: Luceoria.
Luckau, St.: Luccavia.
Luçon, St.: Lucio, -onia.
Ludd oder Lydda, St.: Diospolis.
Ludwigsburg, St.: Ludovici arx.
Lübben, St.: Lubena.
Lübeck, freie St.: Lubeca.
Lübtheim, Mtfl.: Leuphana.
Lüders, Stift: Laudera.
Lügde od. Lüde, St.: Luda ad Ambram.
Lüneburg, St.: Luneburgum.
Lünel, St.: Lunate.
Lüsen, Ort: Lusino.
Lüttich, St.: Leodium.
Lützelstein, Schloss: Parva Petra.
Lützen, St.: Lucena.
Lugano oder Lavis, St.: Junianum, Luganum.
Lugano oder Lauis, See: Lacus Cerusius.
Lugnetzerthal, das: Vallis leguntina.
Lugo, St.: Lucus, Forum Lucium.
Lugo, St.: Lucus Augusti.
Lugodori, St.: Luquido.
Lukmaniergebirge, das: Lucomonis mons.
Lulea, St.: Lula.
Luna od. Lerice, St.: Portus Ericus.
Lund, St.: Londinum Gothorum.
Luni oder Lunegiana: St. u. Landschaft: Luna od. Lunensis urbs.
Luneville, St.: Lunaris villa.
Lupati, Fl.: Rhyndarus.
Lure, St.: Lutera.
Luristan, Provinz: Elymais.
Lusignan, St.: Leziniacum, Lusignanum.
Lustenau, Mtfl.: Lustena.
Luttenberg, Mtfl.: Lentudum.
Luxemburg, St.: Augusta Romanduorum, Luciliburgum.
Luxueil, St.: Luxovium.
Luzern, St.: Luceria.
Lygum oder Löhmkloster, Amt: Lucus Dei.

Lyme, St. u. Seebad: Lemanis portus.
Lymfurtsche Meerbusen, der: Sinus Limicus.
Lynn od. Kings Lynn, St.: Lignum regis.
Lyon, St.: Leona, Lugdunum.
Lysoe, Insel: Lythe insula.

Maas oder Meuse, Fl.: Mosa.
Maaseyk, St.: Maseca.
Macerata, St.: Helvia od. Ricina.
Machecoul, St.: Machicolium.
Machicaco, Vorgebirge: Oeaso promontorium.
Machtelfing, D.: Machtolvinga.
Macon, St.: Matisco.
Macri od. Meis, St.: Telmessus.
Macronisi, Insel: Helena.
Madagascar, Insel: Hannonis insula, Insula S. Laurentii, Lunae insula.
Maddaloni, Mtfl.: Magdalona.
Maddaloni od. Sessola, St.: Suessola.
Madeira und die benachbarten Inseln. Purpurariae insulae.
Madeira oder Porto Santo, Insel: Cerne.
Madras, St.: Melange.
Madrid, Hauptstadt: Madritum.
Mähren, Markgrafschaft: Moravia.
Mälstrom, der, Meerstrudel: Umbilicus maris.
Maestricht, St.: Trajectum ad Mosam.
Mätsch, Herrschaft: Arnasia.
Magdeburg, St.: Magdeburgum, Parthenopolis.
Magdenau, Pfarrdorf: Augia Virginum.
Magganaberg oder Fö, der: Mons Martis.
Maggia od. Main, Fl.: Madia.
Magliana, Mtfl.: Manliana.
Magra, Fl.: Macra.
Maguelone, Inselchen: Magalona.
St. Mahé, St.: S. Matthias.
Mahi, Fl.: Maïs.
Mahon oder Port Mahon, St.: Magonis portus.
Maidstone, St.: Madus Vagniacae.
Mailand, St.: Mediolanum.
Mailly, Mtfl.: Maalis.
Main, Fl.: Moenus.
Maine, Landschaft: Cenomanensis ager.
Mainland, Insel: Pomonia.
Maintenon, Mtfl.: Mastramelus.
Maintenon. St.: Mesteno.
Mainthal, das: Madiae vallis.
Mainz, St.: Moguntia.

33

St. Maixent, St.: Fanum S. Maxentii.
Mais, Ort: Mages.
Majacar, St.: Murgis, Portus magnus.
Majori od. Majuri, Mtfl.: Majorum.
Makulla, St.: Emporium Arabiae.
Malabar, Küste: Male.
Malaca, St. u. Provinz: Malaga.
Malaga, St.: Malaga.
Malatia, St.: Melitene.
Maldon, Mtfl.: Camalodunum colonia.
Maliapur, St.: Maliarpha.
Malio od. Sant-Angelo, Vorgebirge: Malea.
Malix oder Umblü, Pfarrdorf: Umbilicum.
Malmaison, Schloss: Mala domus.
Malmedy, St.: Malmundariae, -ium.
Malmesbury, Mtfl.: Maldunense monasterium.
Malmesbury, St.: Malmesburia.
Malmoe, St.: Ellebogium.
Malo, St., St.: Maclopolis, Fanum S. Maclovii.
Maloyen oder Melojen, Berg: Malogia.
Mals, Mtfl.: Mallesium.
Malta, Insel: Melita.
Malwah, Provinz: Larica.
Mamers, St.: Mamerciae.
Man, Anglesea od. Anglesey, Insel: Monabia, Moneitha.
Manche, Landschaft: Nervicanus tractus.
Manchester, St.: Mancunium.
Mandeure, St.: Epamanduorum.
Manfredonia oder Siponto, St.: Sipus.
Manika oder Mansa, St.: Magnesia ad Sipylum.
Manila oder Luçon, Insel: Lussonia insula.
Mannheim, St.: Manhemium.
Manosque, St.: Manesca.
Manresa, St.: Minorisa.
Mans, Le, St.: Cenomani, Vindinium.
Mansee oder Mondsee, Mtfl. und Kloster: Maense monasterium.
Mantes, St.: Medunta.
Mantois, Landschaft: Ager Medumtanus.
Marach, St.: Germania Caesarea.
Maradsch, St.: Mariscum.
Maramaroscher Gespannschaft, die: Maramarusiensis comitatus.
Marano, Monte, St.: Eba, Maranus mons.
Marano, St.: Maranum.
Marathonisi, Insel: Cranaë.
Marburg, St.: Cranaë.

Marburg, St.: Marcena, Mariana castra.
St. Marcellin, St.: Fanum S. Marcellini.
March, Landschaft: Terminus Helvetiorum.
March, Fl.: Marchia.
La Marche, Landschaft: Marchia.
Marche-en-Famine, St.: Marca.
Marchena, St.: Marcia, Colonia Marcia.
Marchiennes, St.: Marciana.
Marchthal, Abt. u. D.: Martalum.
Marcigliano Vecchio, St.: Crustumerium.
Marcigny, St.: Marciniacum.
Marcillac, St.: Marcilliacum.
St. Marco in Lamis, St.: Argentanum.
Marechia, Fl.: Ariminus.
Marengo, D.: Maricus vicus.
Margarethen, Sanct, St.: Fanum S. Margarethae.
Margaretheninsel, die: Margarethae divae insulae.
St. Marguerite, Insel: Lero.
St. Maria di Leuca od. Cap Finisterre, Vorgebirge: Promontorium Japygium.
Maria zum Schnee, St.: Maria ad nives.
Mariab, Fl.: Margus.
Mariager, St.: Ager Mariae.
Mariboe, St.: Habitaculum Mariae.
Mariefred oder Marienfried, St.: Pax Mariae.
Marienberg, Kloster: Monasterium montis Mariae.
Marienrode, Kloster: Navalis beatae Mariae virginis.
Mariensee, Kloster: Lucus S. Mariae.
Marienthal, Kloster: Monasterium Vallis S. Mariae.
Marienthal, Kloster: Coenobium b. Virginis Mariae.
Marienwerder, St.: Mariae Verda.
Marignano, St.: Meriniacum.
Marino, Mtfl.: Bovillae.
Marino, St.: Villa Marii.
St. Marino, Republik: Fanum S. Marini.
Marines, Mtfl.: Mons Mariorum.
Mariout, See: Mareotis lacus.
Maritza, Fl.: Hebrus.
Mariupol, St.: Cremnae.
Mark, Grafschaft: Marchia.
Mark Ancona, die: Marchia Anconitana.
Markirch, Mtfl.: Fanum S. Mariae.
Markmagen, Mtfl.: Marcomagus.

Mark-Neuburg, St.: In Neunburga forensi.
Marlborough, St.: Cunetia.
Marmara, Insel: Pröconesus.
Marmara-Meer, das: Propontis.
Marmorizza oder Marmora, St.: Physcus.
Marmoutier, Benedictinerabtei: Martini monasterium.
Marmoutier, Mtfl.: Majus oder Majoris monasterium.
Marne, Fl.: Matrona.
Maro, Mtfl.: Macrum.
Marocco, das Kaiserthum: Maurocanum od. Maurocitanum regnum.
Marocco, St.: Marochium.
Maros, Fl.: Marisus, Marusius.
Maroscher Stuhl, der: Marusiensis sedes.
Marpeso, Berg: Marpessus.
Marquise, St.: Marci.
Marsal, St. Marsallum.
Marsala, St.: Lilybaeum promontorium.
Marsalquivir oder Mers-el-kebir, Hafenstadt: Magnus portus.
Marschlins, D.: Marsilinum.
Marseille, St.: Massilia.
Marsico Vetere, Mtfl.: Abellinum Marsicum.
Marsivan, St.: Euchaites.
Les Martigues, St.: Maritima colonia.
Martigues, See von: Mastramelus lacus.
Martinach, Mtfl.: Martiniacum.
Martinique, Insel: Martinica.
Martinsberg, Mtfl.: Fanum S. Martini, Mons Martini.
Martorano oder Oppido, St.: Mamertium.
Martos, St.: Tucci.
Marvège, St.: Marengium.
Marville, St.: Martia villa.
Marvilles, D. u. Kloster: Marilliacense coenobium.
Marza Souza, Hafen: Sozusa.
Mascat, St.: Moscha.
Masmünster oder Masevaux, Kloster: Masonis monasterium.
Massa, Mtfl.: Massa Veternensis.
Massa Carrara, Hauptstadt: Herculis fanum.
Massa Lubrense oder Massa di Sorrento, St.: Massa Lubrensis.
Matarello, D. u. Schloss: Macastellum.
Mataro, St.: Iluro.
Matelica, St.: Matilica.

Matera, St.: Mateala.
Matray, Mtfl.: Matrejum.
Mattro oder Metaro, Fl.: Metaurus.
Matzdorf, Mtfl.: Matthaei villa.
Maubeuge, Festung: Malbodium, Malobo- oder Malmodium, Molburium monasterium.
Maudre, Fl.: Maldra.
Mauersmünster, die Mark: Monasterium Aquilejense.
Maulbrunn, Kloster: Mulifontanum coenobium.
Mauleon, St.: Malleo, Mons Leonis.
Maumagues, Mtfl.: Mamaceae.
Maurbach oder Allerheiligen-Thal: Vallis omnium sanctorum.
St. Maurice, St.: Agaunum, Fanum Mauritii, Sanctus Mauritius, Tarnaca oder Tarnadae.
St. Maurice oder auch Martigny oder Martinach, St.: Octodurus.
Maurienne, Grafschaft: Garocelia od. Maurensis vallis.
Maurienne, Thal: Garocelia vallis.
Maurienne, St. Jean de, St.: Mauriana civitas.
Mauves oder Manve, Mtfl.: Malvae.
Mayen, St.: Magniacum.
Mayenfeld, St.: Lupinum, Majae villa, Maji campus.
Mayenne, Fl.: Meduana.
Mayenne, St.: Meduanum.
Mayo, Grafschaft: Magensis comitatus.
Maz d'Azil, Mtfl.: Mansum Azili.
Mazafran oder Oudjar, Fl.: Savus.
Mazi, St.: Haliartus.
Mazzara, St.: Massaris.
Meath oder Eastmeath, Grafschaft: Media.
Meaux, St.: Civitas Meldorum, Jatinum, Meldae.
Mecheln, St.: Malinae.
Mecklenburg-Schwerin, Herzogthum: Megalopolis.
Medeah, St.: Lamida.
Medellin, St.: Metellinum.
Medelpad, die Landschaft: Medelpadia.
Medenblik, St.: Medemelacum.
Medhurst, Mtfl.: Midae.
Medina Celi, St.: Methymna Coeli.
Medina del Campo, St.: Methymna Campestris.
Medina del Rio Secco, St.: Forum Egurrorum, Methymna Sicca.
Medina de los Torres, St.: Contributa, Methymna Turrium.
Medina Sidonia, St.: Methymna Asindo.

33*

Medoc, Landschaft: Meduli.
Medwischer Stuhl, der: Medicnsis sedes.
Medwisch, St.: Mediesus, Medyeschinum.
Medynet al Fajûm, St.: Crocodilopolis.
Meer von Astrakhan, das: Caspium mare.
Meer von Biscaya, das: Cantabricum mare, Oceanus cantabricus.
Meerbusen von Assem Kalassi: Jasicus sinus.
Meerbusen von Egina od. Athen, der: Saronicus sinus.
Meerbusen von S. Eufemia, der: Sinus Hipponiates.
Meerbusen der Gascogne, der: Oestrymnicus sinus.
Meerbusen von St. Grimaud oder St. Tropez: Gambracius od. Sambracitanus sinus.
Meerbusen von Ischia, der: Sinus Velinus.
Meerbusen von Katsch, der: Cantii sinus od. Baraces.
Meerbusen von Lepanto, der: Corinthiacus sinus.
Meerbusen von Manfredonia, der: Sinus Urias.
Meerbusen von Megissa: Melanes sinus.
Meerbusen von Negropoli: Carcinites sinus.
Meerbusen von Orfano oder Contessa: Strymonicus sinus.
Meerbusen von Palmas, der: Sinus Sulcitanus.
Meerbusen von Sandali: Cymaeus sinus.
Meerbusen von Sidra: Syrtis magna.
Meerbusen von Simo: Doricus sinus.
Meerbusen von Stanco: Sinus Ceramicus.
Meerbusen von Suez (Bahr el Kolsum): Heroopolites sinus.
Meerbusen von Volo: Pelasgicus sinus.
Meerenge von Alderney: Ebodiae fretum.
Meerenge bei Caffa: Bosporus Cimmeriae.
Meerenge von Calais, Fretum Britannicum.
Meerenge von Constantinopel: Bosporus Cimmeriae.
Meerenge von Gibraltar: Fretum Gaditanum.
Megali Cameni, Insel: Automate.

Megara, St.: Alcathoe.
Mehallet el Kebir, St.: Cynopolis.
Mehrerau, Abt.: Augia Brigantina.
Meilen, Mtfl.: Megiulanum.
Meiningen, St.: Maininga.
Meinradszell oder Einsiedlen. Kloster: Meginradi cella.
Meissen, St.: Lutfurdum, Misena.
Meissen, das Land: Misnia.
El Mekran, das Land: Gedrosia.
Melasso, St.: Mylassa.
Melazzo, St.: Mylae.
Melchede, Ort: Melocabus, -cavus, -mus.
Melezgerd, St.: Maurocastrum.
Melilla, Festung: Rusadirum.
Melle, St.: Mellusum.
Mellora, Insel: Maenaria.
Melun, St.: Melodunum, Milidunum.
Memmleben, Kloster: Jemelevum.
Memmingen, St.: Campidona, Septemiacis.
Mende, St.: Memmale.
Mendere Sou, Fl.: Simois.
Mendriso oder Mendris, Mtfl.: Mendrisio.
Menehould, St., St.: Fanum S. Manechildis.
Menerbes. St.: Machao.
Mentana, La, St.: Nomentum.
Mentech, St.: Myndus.
Meppen, St.: Meppia.
Mequinenza, St.: Octogesa.
Mercia, Königreich: Angha.
Mercogliano, D.: Mercuriale.
Mergentheim oder Mergenthal, St.: Aula magni magistri ordinis Teutonici, Marine domus.
Merghem oder Merville, St.: Mauronti villa, Menariacum.
Merida, St.: Emerita.
Merionethshire, Grafsch.: Mervinia.
Mero, Fl.: Marus.
Merseburg, St.: Marsipolis.
Mertola, Festung: Julia Myrtilis.
Merzig, St.: Marcerum.
Mesisau, St.: Modoslanium.
Messin, Landschaft: Metensis pagus.
Messina, St.: Zancle.
Messines, Kloster: Messinae.
Metelino, Insel: Lesbos.
Metseln, St.: Mediolarium.
Metz, St.: Mediomatrica urbs.
Meudon, St.: Metiosedum.
Meuillon, Baronie: Medulli.
Meulant, St.: Medlindum, Mellentum.
Méung od. Mehun, St.: Magduntin.
Meurs, St.: Meursia.
Meurthe, Fl.: Murta.

Mezdjerda, Fl.: Bagradas.
Mezetlu, St.: Solis od. Pompejopolis.
Mezières, St.: Brennacum, Maceriae, Meseria.
Mezzovo, Berg: Pindus.
St. Michele, Abt.: Monasterium S. Michaelis Clusini.
Mierovatbi, St.: Aulis.
Middelburg, St.: Medioburgum.
Middlaer, St.: Meddelacum.
Midiah, St.: Salmydessus.
Midroë, St.: Medianum castellum.
Mihiel, St.: Fanum St. Michaelis.
Mijares, Fl.: Uduba.
Miklos, St., St.: Fanum S. Nicolai.
Milagro, Fl.: Ergavia.
Milah, St.: Milevis.
Milden, St.: Meldunum.
Mileto, St.: Miletum.
Milhaud, St.: Amilianum.
Miliana, St.: Maliana.
Militsch, St.: Milicium.
Millan, St.: Aemilianum.
Millas, Mtfl.: Millae.
Millenbach, St.: Zabesus.
Milly, St.: Mauriliacum.
Milo, Insel: Acythus, Zephyria.
Mincio, Fl.: Mincius.
Mindelheim, St.: Rostrum Nemoviae.
Minden, St.: Minda.
Minderau, Abt.: Augia Minor.
Mineo, St.: Minae.
Minervino, St.: Minerbium.
Mingrelien u. Imerethien, das heutige Colchis.
Minorca: Insel: Minorica.
Minori od. Minuri, St.: Minora.
Minskische Woiwodschaft, die: Minscensis Palatinatus.
Mintha, Berg: Mycaeus mons.
Minugat, St.: Aspendus.
Miossens, D.: Mille sancti.
Miranda, St.: LubicanorumCambaetum.
Miranda de Ebro, St.: Deobriga.
Mirecourt, St.: Mercurii Curtis.
Mirepoix, Landsch.: Mirapensis pagus.
Mirepoix, St.: Mirapicae, -um.
Miseno, Vorgebirge: Misenum.
Misex od. Misox, das Hochgericht: Mesaneum.
Misivri, St.: Mesambria.
Mistretta, St.: Amestratus, Mytistratus.
Mitau, St.: Mitavia.
Mittelburg, Voigtei: Metelli castrum.
Mittelländische Meer, das: Mare mediterraneum.
Mittenwald, Mtfl.: Inutrium.
Mitterburg od. Pisino, St.: Pisinum.
Modena, St.: Mutina.

Modica, St.: Motyca.
Modon, St.: Methone.
Möen, Insel: Mona.
Mölk, Kloster u. Mtfl.: Medelica, Melicium.
Möttling od. Metlika, St.: Methullum.
Mötzing, St.: Mocenia.
Moguer, St.: Lontici.
Moigtebroye od. Amage, D.: Amagetobria.
Moissac, St.: Musciacum.
Mola, St.: Turris Juliana.
Mola di Gaeta, St.: Formiae.
Moldau, die: Moldavia.
Moldau, Fl.: Wlitava.
Molfetta, St.: Melficta, Meltita, -um.
Molise, die heutige Grafsch.: Samnium.
Molise, St.: Melae.
Mollicorna, Insel: Larenusiae insulae.
Mollivah, St.: Methymna.
Molokath, Fl.: Malva.
Monaco, St.: Herculis Monaeci portus.
Monastir oder Bitolia, St.: Octolophum.
Moncalvo, St.: Castrum montis Calvii.
Monda, St.: Munda.
Mondego, Fl.: Monda.
Mondovi, St.: Mons Regalis, Mons Vici.
Mondragone, Bergk.: Mons Massicus.
Moneglia, St.: Monilia, ad.
Moneins, St.: Monesi.
Mongomery, St.: Mons Gomericus.
Monmouth, St.: Monumethia.
Monnikendam, St.: Monachodamum Monostor.
Monopoli, St.: Monopolis.
Monostor, Kolos, Abt.: Monasterium Kolos.
Moureale, St.: Mons Regalis.
Mons od. Bergen, St.: Castrilocus mons, Mons Hannoniae, Montes.
Monsereau, Schloss: Sorelli castrum.
Monsee, Kloster: Lunae lacus.
Monserrat, Bergkette: Mons edulius.
Montabaur, St.: Mons Thabor.
Montagne, La, Landschaft: Montanus tractus.
Montagnia od. Heinzenberg: Mons Heinsilianus.
Montaigu, St.: Mons acutus.
Montalto, St.: Civitas Graviscae, Mons Altus.
Montalvan, St.: Mons albanus.
Montanches, St.: Mons Anguis.
Montargis, St.: Mons Argensis.
Montauban, St.: Mons Albanus.
Montayo, Berg: Caunus.
Montbard, St.: Monbarrum, Nocetum.
Montbeliard, Mons Pelicardis.

Mont Cenis, Berg: Mons Cineris, Mons Grajae.
Montcontour, St.: Monconturium.
Mondidier, Mtfl.: Desiderii mons.
Moudonedo, St.: Mindonia.
Mont Doré, Bergkette: Duranius mons.
Mont du Chat, Gebirge: Mons Catus.
Mont Geniève, Alpen: Janus mons.
Monte Alcino od. Montalcino, St.: Mons Alcinoi.
Monte Cassino, Kloster: Mons Cassinus.
Montecuccolo, Mtfl.: Mons Cuculli.
Monte San Giuliano oder Monte del Trapano, St.: Eryx.
Montechristo, Insel: Oglasa, Mons Christi.
Monte della Sibilla od. di Norcia, Berg: Fiscellus.
Monte di Licata od. Monteferrato, Berg: Ecnomus.
Monte di Maina, Bergkette: Taygetus.
Monte di Santo Sabino: Aventinus mons.
Montefeltro, der District: Mons Feretranus.
Montefiascone, St.: Mons Faliscorum.
Montefrio, St.: Hippo nova.
Montefusco, St: Fusculum.
Monte Gauro, Berg: Gaurus mons.
Monte St. Giovanni, Berg: Tetricus mons.
Monte Lattario, Berg: Lactis mons.
Monteleone, St.: Leonis mons, Vibo Valencia.
Montelimart, St.: Mons Ademari.
Montelise, St.: Mons Silicis.
Montella, St.: Montilaris.
Montemayor, Mtfl.: Ulia.
Montmeillan od. Montemigliano, St.: Mantala.
Montemor o Velho, Mtfl.: Medobriga.
Monte Murlo, Mtfl.: Mons Maurelli.
Monte Nero, Bergpass: Nares Lucaniae.
Monte Pellegrino, Schloss: Ercta.
Monte Peloso, St.: Pelusius mons.
Monte Pennechio, Berg: Lucretilis mons.
Montepulciano, St.: Mons Politianus, Plutium.
Montereau-Faut-Yonne, St.: Monasteriorum Senonum.
Monterotondo, St.: Mons Rotundus.
Monte Santa Maria Maggiore, Berg: Esquilinus mons.
Monte Santo, Gebirge: Athos.
Montescaglioso, St.: Severiana.
Monte S. Silvestro, Berg: Soracte.

Monte Viso, Berg: Vesuhis.
Monteux, St.: Montilium.
Montferrat, Markgrafsch.: Mons Ferratus.
Montey od. Montay, Mtfl.: Monteolum.
Montigny le Roi, St.: Montiniacum regium.
Montilla, St.: Montallia.
Montjoie, St.: Montisjovium.
Mont-Jou, Berg: Alpis Jovis.
Montlhery, St.: Mons Leherici.
Mont Louis, St.: Ludovici mons.
Montluel, St.: Mons Lupelli.
Montmartin, St.: Fanum Martis.
Montmartre, Mtfl.: Mons Martyrum.
Montmedy, St.: Mons Maledictus.
Montmirail, St.: Mons Mirabilis.
Montmorency, St.: Maureciacus.
Montoire, St.: Mons Aureus.
Montolieu, St.: Mons Oliveus.
Montone, Fl.: Utis.
Montore od. Aldea del Pio, St.: Epora.
Montpellier, St.: Mons Pessulanus, Niciobriges, mons puellarum.
Montoprevaire, Pfarrdorf u. Herrschaft: Mons Presbyteri.
Montreal, St.: Mons Regalis.
Montreuil, St.: Monasteriolum.
Mont Saint Michel, St.: Mons S. Michaelis.
Mont Saleon, Berg: Seleucus mons.
Monza, St.: Moguntiacum.
Morava Hissar, St.: Horrea Margi.
Morawa, Fl.: Marchus.
Morea, Halbinsel: Aegialea, Apia, Peloponnesus.
Moresby, Mtfl.: Morbium.
Mori, Mtfl.: Murium.
Moringen, St.: Moranga.
Morlas, St.: Morlacum.
Morlaix, eigentlich Montrelais, St.: Mons Relaxus.
Mornas, St.: Mornacium.
Morpeth, St.: Motenum, Mostorpitum.
Morsee, St.: Morgia.
Mortagne, St.: Moritania.
Mortain, St.: Moritolium.
Mortaro od. Mortara, Insel: Colentum.
Mortemer, Mtfl.: Mortuum mare.
Morvant, District: Morvinus Pagus.
Moschötz, Mtfl.: Moschovia.
Mosel, Fl.: Mosella.
Moskau, St.: Moscovia.
Mossul, St.: Labbana, Mausilium.
Mostaganem, St.: Murustoga.
Moszlovina, Bezirk: Mons Claudii.
Motter, Fl.: Matra.

Mottola od. Medolo, St.: Mutila.
Motril, St.: Firmium.
Moudon od. Milden, St.: Minidunum.
Moudania, St.: Myrlea.
Moulins, St.: Molinae.
Moulonnia, St.: Malvana.
Moura, St.: Nova Civitas Aruccitana.
Mous, Fl.: Meusa.
Mouson, St.: Mosomagum.
Moustiers en Tarantaise, St.: Darantasia, Forum Claudii, civitas Centronum.
Moutier, St.: Monasterium.
Moutier en Argonne, St.: Monasterium.
Moutier sur Saux, Baronie: Monasterium.
Moutiers, Hauptstadt: Centronum civitas, Monasterium.
Murtener See, der: Aventinus.
Mucidan od. Mussidan, St.: Mulcedonum.
Mudania, St.: Apamea.
Mückenwassersee, der: Lacus tabanorum.
Mügeln, St.: Mogelini.
Mühlberg, St.: Moliberga.
Müllembach, St.: Sabesus.
Mümpelgard, St.: Mons Biligardus.
München, St.: Monachium.
Münchroden oder Münchroth, Kloster: Caelius mons.
Münster, St.: Chaemae, Monasterium.
Münster, Kloster: Monasterium, Gregoriana vallis.
Münster, Probstei: Monasterium, grandis vallis.
Münster-Eiffel, St.: Monasterium Eiffaliae.
Münsterthal, das: Vallis venusta.
Mugello, D.: Mucialla.
Mulde, Fl.: Mldava.
Mull, Insel: Maleos.
Mull of Galloway, Halbinsel: Novantum Chersonesus.
Multan, St.: Mallorum metropolis.
Mund od. Monti, Mtfl.: In montibus.
Munster, Mounster oder Mown, Landschaft: Momonia.
Murano, St.: Muranum.
Murat, D.: Miroaltum.
Murat, St.: Muratum Alverniae.
Murau, St.: Ad pontem.
Murau od. Gurk, Mtfl.: Graviaci.
Murcia, St.: Vergilia.
Muret, St.: Varnosol.
Muro, St.: Murus.
Muro di Carini, St.: Hyccara.
Murray, Grafschaft: Moravi Scotiae.

Murray-Fyrth, Meerbusen: Aestuarium Varae.
Murten, St.: Moratum.
Murtener See, der: Lacus Aventicensis.
Murviedro, Mtfl.: Muri veteres, Saguntum.
Musconisi, Inselgruppe: Hecatonnesi.
Mutschen, Städtchen: Mutina.
Myconi, Insel: Myconus.
My Vatn, See: Tabanorum lacus.

Nabal, St.: Neapolis.
Nädenthal, St.: Vallis Gratiae.
Nadin, St.: Viseria.
Näfels, Mtfl.: Navalia.
Nagolt, Fl.: Nagalda.
Nagy-Banya, St.: Rivulus Dominorum.
Nahe, Fl.: Naha.
Nahr el Arden, od. Charia, Fl.: Jordanes.
Nahr el Kebir, Fl.: Eleutheros.
Nahr el Kelb, Fl.: Lycus.
Naix, D. Nasium.
Najo od. Planizza, Fl.: Inachus.
Nakshivan, St.: Naxuana.
Namphio, Insel: Anaphe.
Namur, St., Namurcum.
Nancy, St.: Nancejum.
Nanterre, St.: Nannetodurum.
Nantes, St.: Namnetae, Condivincum.
Nantua, St.: Nantuacum.
Napo lidi Malvasia, St.: Epidaurus.
Napoli di Romania, St.: Nauplia.
Naplus, St.: Neapolis.
Narbonne, St.: Atacinorum civitas, Decumanorum Colonia, Narbo.
Nardo, St.; Neritum.
Narenta, Fl.: Naro.
Narensa, St.: Narona.
Narni, St.: Narnia.
Naro, St.: Motyum.
Narva, Fl.: Turantus.
Nasque, Fl.: Vindalicus fluvius.
Nassau, Nassovia.
Naumburg, St.: Numburgum.
Naunhof, Mtfl.: Nova Curia.
Navarin, St.: Neocastrum.
Alt-Navarin, St.: Pylus.
Navarra, Königreich: Navarra alta.
Navarette, Mtfl.: Navarrete.
Naxia, Insel: Callipolis, Dia, Naxus.
Nay, St.: Novum oppidum.
Neapel, St.: Neapolis.
Neckar, Fl.: Nicer.
Nedjeran od. Najeran, Fürstenthum: Nagarra.

Nad-Roma od. Tlemcen, St.: Siga.
Neer-Hamert, D.: Hamerthe.
Neete od. Nette, Fl.: Nitasa.
Negrepelisse, Mtfl.: Nigrum Palatium.
Negroponte, Insel: Chalcis, Ellopia, Abantis.
Nehrung, die curische: Peninsula Curonensis.
Neisse, Fl.: Niza.
Neisse, St.: Nissa.
Nemours, St.: Nemorosium.
Nemi, See: Lacus Trivine.
Neochori od. Cacaba, Mtfl.: Dulichium.
Neograder, die, Gespannschaft: Neogradiensis comitatus.
Nepi, St.: Nepe.
Nerike, Landschaft: Nericia.
Neresheim, St.: Nerissania.
Neris, Fl.: Aquae nerae.
Nesita, Insel: Nesis.
Nesle, St.: Nigella, Negellienses.
Netherby, St.: Castra exploratorum.
Netolitz, St.: Netolicum.
Nettuno, St.: Neptunium.
Netze, Fl.: Notessa.
Neuberg, Kloster: Novus mons.
Neuburg, St.: Naburga claustralis.
Neuchateau, St.: Novum Castellum.
Neuenburg od. Neufchâtel, St.: Neoburgum. Noviburgum.
Neuchastel, St.: Nova Castellum.
Neuhäusel St.: Ara nova, Neoselium, Ujavarinum.
Neuhaus, St.: Henrici Hradecium.
Neuholland, Hollandia nova.
Neuhaus, St.: Nova Domus.
Neukirchen, St.: Neofanum.
Neumagen, Ort: Noviomagum.
Neumarkt, St.: Novum forum.
Neumarkt od. Maros Vasarhely, St.: Agropolis.
Neu-Oetting, St.: Pons Oeni.
Neusatz, St.: Neoplanta ad Petrovaradinum.
Neusiedler, der, See: Lacus Peisonis.
Neusohl, St.: Neosolium.
Neuss, St.: Colonia equestris, Neusia.
Neustadt oder Wienerisch Neustadt, St.: Nova Civitas.
Neustadt, St.: Neapolis Nemetum.
Neustädtl, Mttl.: Vihelinum.
Neustift, Kloster: Nova Cella.
Neuville, D.: Novivillaris cella.
Neuweiler, D.: Novumvillare, Neovilla.
Nevers, St.: Aedunum, Nivernum, Noeomagus Vadicassiorum.
Newa, Fl.: Naebis.

Newbury, St.: Spinae.
Newcastle, St.: Novum castrum, Finis valli.
New York, St.: Belgium novum, Neo-Eboracum.
New-York, Staat: Eboracensis nova civitas.
Nicastro: Neocastrum.
Sanct Nicolas, St.: Nicopolium.
St. Nicole du Port, St.: Fanum S. Nicolai.
Nicosia, St.: Leucosia, Tremithus.
Nicotera, St.: Nicotera.
Niederlande, die: Belgia, Belgi.
Niedervintel, Gericht: Albinum.
Nil, D.: Neo-Aelia.
Nil, Fl.: Nilus.
Niemen od. Memel, Fl.: Chronus, Nemenus.
Nieuport, St.: Neoportus.
Nikaria, Insel: Icaria.
Nimptsch, St.: Nemci castrum, Nimitium, Nomisterium.
Nimrud, Gebirge: Niphates mons.
Nimwegen, St.: Neomagus.
Ninove, St.: Niniva.
Niort, St.: Nyrax, Novirogus.
Nizib od. Nisibin, St.: Nisibis.
Nimes od. Nismes, St.: Némausus. -um, -ium.
Nissa, St.: Naissus, Nissena.
Neutra, Schloss: Nitrava.
Nivelle, St.: Niella, Niviellenses.
Nyekiöbing, St.: Neapolis Danica.
Noailles, St.: Noviliaca.
Nocera, St.: Nuceria.
Nocera de Pagani, St.: Nuceria paganorum.
Nösenerland, Landschaft: Bistriciensis districtus.
Nogaische, die, Steppe: Hylaea.
Nogent, St.: Novigentum.
Noirmoutiers, Insel: Nigrum monasterium.
Noli, St.: Naulum.
Nona, St.: Aenona.
Nonsberg, Thal: Anania.
Norcia, St.: Nursia.
Nordmeer, das: Oceanus septentrionalis.
Nordsee, die: Mare germanicum.
Norgauische, das, Gebirge: Alpes Noricae.
Norköping, St.: Norcopia.
Norma, Ort: Norba.
Normandie, die: Nortmannia.
Northampton, St.: Antona septentrionalis.

Northumberland, Provinz u. Grafschaft: Northumbria.
Norwegen: Norvegia.
Norwich, St.: Nordovicum.
Nothmünster, Kloster: Vallis S. Mariae Virginis.
Notre Dame de Liesse, Mtfl. u. Abt.: Laetiae oder Laetitiae.
Novalese, St.: Novalicia.
Novara, St.: Novaria.
Nowgorod, St.: Neogardia.
Nowgorod Sewerski, St.: Neapolis Severiae od. Novogardia.
Nowibasar oder Jenibasar, St.: Novobardum.
Nowogrodek, Woiwodschaft: Novogrodensis Palatinatus.
Noyers, St.: Nuceriae.
Noyon, St.: Novionum, Noviomagus Veromanduorum.
Nozeroy, St.: Nucillum.
Nürnberg, St.: Nuremberga, Norimberga.
Nuffeken, Pfarrdorf: Novena.
Nugent le Roi, St.: Novigentum Artaldi.
Nugent le Rotrou, St.: Novigentum Rotroci.
Nuits od. Nuyts, St.: Nutium.
Nusco, Mtfl.: Numistro.
Nuys od. Neuss, St.: Novesium.
Ny-Carleby, St.: Neo-Carolina.
Nyeborg, St.: Neoburgum.
Nyköping, St.: Nicopia.
Nylödese, St.: Ludosia nova.
Nyon, St.: Neodunum.
Nysslot, St.: Arx nova.
Nystadt, St.: Nystadium.
Nysted, St.: Neostadium.

Oberdraburg, Mtfl.: Dravoburgum.
Oberhalbstein, Landschaft: Impatis ministerium od. Supra saxum.
Oberlaubach, St.: Nauportus.
Obermarchthal, D.: Martula.
Obernay oder Eberheim, St.: Eboreshemium.
Obernheim, Mtfl.: Gaviodorum.
Oberrhein, der: Obringa od. Abricca.
Oberwesel, St.: Ficella.
Oberyssel, Landschaft: Transisalana provincia.
Ober-Zell, Kloster: Cella Dei superior.
Obre, Hafen: Ebura.
Ocanna, St.: Olcania.

Ochsenfurt, St.: Bosphorus, Oxovium.
Ocré, Ocrest, Hautcrest, ehemal. Kloster: Alta crista.
Ochrida oder Achrida, St.: Lychnidus.
Ocker, Fl.: Onacrus.
Oczakow od. Kidac, St.: Olbia Borysthenis, Axiace.
Odenwald, der: Ottonia sylva.
Oder, Fl.: Odera, Viadrus.
Oderhelyer Stuhl, der: Udvarhelyensis sedes.
Oderzo, St.: Opitergium.
Oedenburg, St.: Sempronium.
Oeland, Insel: Olandia.
Oels, St.: Olsna.
Oelsnitz, St.: Olsnitium.
Oerdingen, St.: Castra Hordeani.
Oesch oder Oeschenbach, Mtfl.: Castiodum.
Oesel, Insel: Osericta.
Oester-Göthland, Provinz: Ostrogothia.
Oesterreich: Austria.
Oettingen, St.: Ottimium.
Ofanto, Fl.: Aufidus.
Ofen, St.: Buda.
Ogliastro, St.: Luquedo.
Oglio, Fl.: Olea.
Ohlau, St.: Olavia.
Ohm, Fl.: Amana.
Oiarso, Mtfl.: Easo.
Oise, Fl.: Esia, Oesia.
Oisemont, Mtfl.: Avimons.
Oka, Fl.: Aucensis fluvius.
Oldensael, St.: Salia vetus.
Old-Sarum oder Old-Salisbury: Sorbiodunum.
Oleron, Insel: Iluro, Uliarus.
Oliva, St.: Ad Status.
Olmütz, St.: Eburum, Olmuncia, Vologradum, Olmutium.
Olola, St.: Fanum S. Eulaliae.
Olten, St.: Olita.
Ombrone, Fl.: Umbro.
Omegna, Mtfl.: Eumenia.
St. Omer, St.: Audomaropolis.
Ommelanden, Landschaft: Tractus adjacens.
Onda, St.: Oronda.
Onolzbach oder Ansbach, St.: Onoldinum.
Ontiar, Fl.: Unda.
Oostergo, Pagus Orientalis.
Opino, St.: Opinum.
Oporto, St.: Portus Calle.
Oppeln, St.: Oppolia.

34

Oppenheim, St.: Bancona, Banconica, Ruffiana.
Oppido, St.: Oppidum.
Oran, St.: Portus magnus.
Orange, St.: Arausio.
Oranienburg, St.: Arausionis castrum.
Orawa, Arva, St.: Arva.
Orawer Gespannschaft, die: Arvensis comitatus.
Orbaische Stuhl, der: Orbacensis sedes.
Orbais, Kloster: Orbatium.
Orbe, Fl.: Orobis.
Orbe, Landschaft: Verbigenus tractus.
Orbe, Orbach oder Urba, St.: Urbigenum.
Orbo, Fl.: Sacer.
Orcades Nouvelles, die Inselgruppe: Orcades australes.
Orchies, St.; Orchesium.
Orco, Fl.: Morgus.
Ordona, St.: Herdonia.
Orduna, St.: Dardania.
Orense, St.: Amphiochia.
Orfo, St.: Edessa.
Orge, Fl.: Urgia.
Oria, St.: Uria.
Orient oder Port Louis, Hafen: Vindana.
Orihuela, St.: Orcelis.
Oristagni, St.: Arborea.
Orkney-Inseln, die: Orcades.
Orleans, St.: Aurelia, -anum, Genabum.
Ormea, St.: Ulmeta, -tum.
Ormonts, Ort: Aurimontanum.
Ormus oder Hormuz, Hafenstadt: Ogyris.
Orne, Fl.: Olina.
Oro, St.: Histiaea.
Orsowa, St.: Clodova.
Ort oder Orth, Mtfl.: Orta.
Orta oder Horta, St.: Hortanum.
Orta-See, der: Lacus Curius.
Ortenau, Landschaft: Mortingia.
Orthes, St.: Horthesium.
Ortona a mare, St.: Orthona maris.
Orvieto, St.: Herbanum.
Oschatz, St.: Ossitium.
Osero, Insel: Absorus, Absyrtium, Ausara.
Osilo, St.: Ericinum.
Osimo, St.: Auximum.
Osma, St.: Uxama.
Osnabrück, St.: Ansibarium, Osnabruga.
Ossegg, Kloster: Osseca.
Osslauische District, der: Oszlanensis Processus.
Ossopo, Mtfl.: Osopo.

Ossuna, Mtfl.: Genua Ursorum.
Ostangeln: Anglia orientalis.
Osterberg, Kloster: Mons oriens.
Osterhofen, St.: Austravia, Petreuse oppidum.
Osterland, das, Landschaft: Austrasia, Orientalis plaga.
Osterstedt, D.: Stetingia orientalis.
Ostfriesland, Provinz: Embdanus comitatus.
Ostgothen, die: Ostrogothi.
Ostiglio, Mtfl.: Hostilia.
Mährisch-Ostrau, St.: Ostrawa.
Ostrevand, Landschaft: Austrebatium.
Ostroko, Kloster: Monasterium insulanum.
Ostsee, die: Mare balticum.
Ostuni, St.: Hostunum, Ostunum.
Odensee, St.: Othania.
Otranto, St.: Hydruntum.
Otricoli, St.: Otricolae, -um, Otriculum.
Ottenbeuren, Kloster: Ottinpurra, Uttenbura.
Otterton, Mtfl.: Othona.
Ouche, Fl.: Oscara.
Ouche, Pays d', Landschaft: Uticensis pagus.
Oudenarde, St.: Aldenarda u. -um.
Oudewater, St.: Aquae veteres, Veteraquinum.
Oudjein, St.: Ozene.
Oned el Kebir, Fl.; Ampsagas.
Oued Quabam, Fl.: Cinyps.
Ouessant, Insel: Uxantis.
Ouls, Thal: Vallis Ocellana.
Ourique, St.: Ulricum.
Ouskoub, St.: Scopi.
Ousvola oder Sousoughirli, Fl.: Granicus.
Oviedo, St.: Brigetum, Lacus Asturum, Ovetum.
Oxford, St.: Calena, Oxonia, Oxonium.
Oyarzo, D.: Olarso.
Oyarzun, St.: Oeaso.
Oye, Mtfl.: Anseria.
Ozieri oder Coguinas, Fl.: Termus.

Pachino, St. u. Vorgebirge: Pachynum.
Pacy, St.: Paciacum.
Paderborn, St.: Paderborna, -burnum. Tenderium.
Paderborn, das Bisthum: Fontes Baderae.
Padron, El, St.: Iria Flavia.
Padrono oder Compostella, St.: Flavia Iria.
Padua, St.: Patavium.

Paglia, Fl.: Pablia.
Pago, Grafschaft u. St.: Pagus.
Pahl, D.: Puhila.
Palais, St., St.: Fanum S. Palatii, Oppidum S. Pelagii.
Palaiseau, St.: Palationum.
Palatscha, D.: Miletus.
Palatisia, St.: Pella.
Palazzo, St.: Palatium.
Palencia, St.: Palantia.
Paleo-Chori, St.: Apollonia.
Palermo, St.: Panormus.
Palestrina, St.: Praeneste.
Palisse, La, St.: Palacia.
Pallenz, Gross- n. Klein-, St.: Pallentia.
Palma del Rio, St.: Decuma.
Palo, D.: Alisium.
Palos, St.: Palus Eneph.
Pamiers oder Pau, St.: Apamia, Fredelatum, Epaunensis civitas.
Pampelona, St.: Pampalona, Pampelo.
Panaro, Fl.: Scultenna.
Panigliano d'Arco, St.: Pompejanum.
Panitza, Fl.: Permessus.
Pantaleria, Insel: Cosyra insula.
Papas, St.: Dymae.
Papols, St.: Papulum.
St. Papoul, St.: Fanum S. Papuli.
Paray le Monial, St.: Pareium moniale.
Parenzo, St.: Parentium.
Parerotto od. Panari, Insel: Ilicesia.
Paris, Abt.: Parisiense monasterium.
Paris, St.: Lutetia, Parisii.
Parma, St.: Julia Augusta, Parma.
Paros, Insel, Cabarnis, Demetrias, Hyria, Platea, Porci insula.
Pas de Khaouar, der Engpass: Caspiae Pylae.
Passage, Le, Hafen: Passagium.
Passarowitz, St.: Margum.
Passau, St.: Bacodurum, Padua, Passavium.
Paterno, Mtfl.: Hybla major.
Patmo od. Palmosa: Insel: Pathmos.
Patras oder Patrasso, St.: Patrae.
Pau, St.: Palum.
Paulien, Saint-, St.: Revessio.
Paulinzelle, St.: Paulinae, S., Cella, Cella Paulina.
Paulitza oder Phanari, St.: Phigalea.
Pautzke, St.: Putiscum.
Paxo, Insel: Paxos.
Pavia, St.: Papia.
Payern oder Peterlingen, St.: Paternicum.

Pays de Caux, Landschaft: Caletensis ager.
Peceto, Ort: Pecctum.
Pedenos, D.: Pes nucis.
Peer, St.: Pera.
Pegau, St.: Bigaugia.
Pegnitz, Fl.: Pegnesus.
Peine, St.: Boynum, Castrum Boynum.
Peire-Hurade, St.: Petra forata.
Peischawer, St.: Peuceliotis.
Pelagosa, Insel: Adriae Scopulus.
Peltenberg oder Pöltenberg, Kloster: Mons S. Hippolyti.
Penig, St.: Penica.
Pennaflor, Mtfl.: Ilipa.
Pento Paglia, Mtfl.: Pupulum.
Penzing, D.: Pancinga.
Pequincourt, Mtfl.: Pequicurtium.
Pequigny, St.: Pequiniacum.
Perche, Grafschaft: Perticensis comitatus.
Perche, La, Landschaft: Particus saltus.
Perekop, St.: Praecopia, Taphros.
Pergen, Mtfl: Pergiae.
Perigueux, St.: Petricordium, Vesonna.
Perigord, Landschaft: Petrocorii.
Perim, Insel: Insula diaboli.
Pernambuco, St.: Fernamboeum.
Pernes, St.: Pernae.
Peronne, St.: Parrona.
Perouse, Thal: Perusia.
Perpignan, St.: Perpenianum, Roscianum.
Perserin oder Prisrend, St.: Theranda.
Persische Meerbusen, der: Persicus sinus.
Perth, St.: Fanum S. Joannis ad Tavum.
Pertois, Landschaft: Pertisus pagus.
Pertus, Pass: Fauces Pertusae.
Perugia, St.: Perusia.
Pesaro, St.: Pesauria, Pisaurum.
Pescara, Festung: Aternum.
Peschiera, Festung: Piscina, Piscaria.
Pescia, St.: Piscia.
Pesth, St.: Pestinum.
Pesti, St.: Paestum.
St. Peter, Abt.: Abbatia S. Petri in monte Blandinio.
Peterborough, St.: Petroburgum.
St. Petersburg, St.: Petropolis.
Petershausen, Abt.: Petershusium, Petridomus Cuculli.
Petra od. Zagoura, Berg: Pelion.
Petrikau od. Peterkau, St.: Petricovia.

Petris oder Pyritz, St.: Piriseum.
Pettau, St.: Bettobia, Petovia.
Peyrois, St.: Petrosium.
Peyrusse, St.: Petrucia.
Pezenas, St.: Piscennae.
Pfalz oder Rheinpfalz, die: Palatinatus.
Pfalz, Unter- od. Chur-: Palatinatus inferior.
Pfalzbaiern: Palatinatus Bavariae od. superior.
Pfalz-Neuburg, Herzogthum: Palatinatus Neoburgensis.
Pfäfers, Abt.: Ad Favarias, Fabarium.
Pfirt, Herrschaft: Pfirretum.
Pföring, Mtfl.: Epona.
Pforzheim, St.: Phorca, Phorcemum, Porta Hercyniae.
Pfullendorf, D.: Juliomagus.
Pfyn, D.: Ad Fines.
Philippeville, St.: Philippopolis.
Philippsburg, St.: Philippoburgum, Udennemium.
Piacenza, St.: Placentia.
Pianello, Fl.: Cercidius.
Pianosa, Insel: Planasia.
Piantedo, Gemeinde: Plantedium.
Piave, Fl.: Piavis.
Picardie, die, Provinz: Picardia.
Picts Wall, The, St.: Murus Picticus.
Pidavro, St.: Epidaurus.
Pie di Luco, See: Volinus lacus.
Pied, Mtfl.: Joviacum.
Piemont: Pedemontium.
Pienza, St.: Corsilianum, Pientia.
Pierrepont, St.: Petraepons castrum.
Pierreport, Bergpass: Durvus mons.
Pietra Sancta, Mtfl.: Fanum Feroniae.
St. Pietro in Valle, D.: Varianum.
Piéve di Sacco, St.: Plevisacium.
Pignerol, St.: Pinarolium.
Pilatusberg, der: Pileatus mons.
Pilischer District, der: Pilisiensis Processus.
Pillau, St.: Pilavia.
Pilsener Kreis, der: Pilonensis Circulus, Zelza.
Pindena, Mtfl.: Platena.
Pinserais, Le, Bezirk: Pinciacensis pagus.
Piombino, St.: Falesia, Populonium, Plumbinum.
Piombino, See: Vetulonius lacus.
Piperi, Insel: Peparethe, -us.
Piperno, St.: Privernum.
Pirentza, Fl.: Pamisus.
Pisa, St.: Colonia Julia.
Pistoja, St.: Pistoria, -ium.

Piteå, St.: Pitovia.
Pithiviers, St.: Petuera castrum, Pitueris castrum.
Pizzighettone, St.: Forum Dinguntorum.
Platamone, Fl.: Aliacmon.
Platanella, St.: Camicus.
Plattensee, der: Volceae paludes.
Plauen, St.: Plavia.
Pleisse, Fl.: Plissa.
Plindenburg, St.: Arx alta.
Plotzk, Woiwodschaft: Ploccensis Palatinatus.
Pluviers od. Pithiviers, St.: Aviarium.
Plymouth, St.: Tamarae ostium.
Po, Fl.: Bodincus, Bodingus, Padus.
Pô di Primaro, Po-Mündung: Spineticanum ostium.
Podgorische District, der: Podgoriensis od. Submontanus Processus.
Podlachien, Woiwodschaft: Podlachia.
Podol, Woiwodschaft: Podoliae Palatinatus.
Pöchlarn, St.: Arlape, de Praeclara.
Pöhlde, Kloster: Palidensis ecclesia.
St. Pölten, Kloster: Fanum S. Hippolyti, Sampolitanum oppidum, S. Ypoliti coenobium.
Pösing, St.: Bazinga.
Poissy, St.: Pincianum.
Poitiers, St.: Pictavia, -um.
Poitou, Landschaft: Pictones.
Poix, Mifl.: Pisae.
St. Pol de Leon, St.: Fanum S. Pauli Leonensis, Leonensis pagus.
Pola, St.: Pietas Julia.
Polcevera, Mtfl.: Porcifera.
Polen: Polonia.
Polenza, Mtfl.: Pollentia.
Policandro, Insel: Pholegandros.
Policoro, St.: Heraclea Lucaniae.
Polignac, Mtfl.: Podeniacum.
Polignano, St.: Polinianum, Polymniacum.
Poligny, St.: Polemniacum.
Pollenza, La, St.: Pollentia.
Pollina, Fl.: Monalus.
Pollonia, La, Fl.: Aeas.
Polotzk, St.: Peltiscum, Polotia.
Polozk, Woiwodschaft: Polocensis Palatinatus.
Polystilo, St.: Asperosa.
Pommern: Pomerania.
Pommern, Vor-: Pomerania citerior.
Pommern, Hinter-: Pomerania ulterior.
Ponferrada, D.: Flavium Interamnium.
Pons, St.: Pontes,

Pons de Tomières, St., St.: Fanum S. Pontii Tomeriarum, Pontiopolis Tomeriae.
Pont-a-Mousson, St.: Mussipons, Mussipontum.
Pont de l'Arche, St.: Pons Arcuatus.
Pont de Siron, Mtfl.: Sirio.
Pont de Sorgue, St.: Pons Sorgiae.
Pont de Vaux, St.: Pons Valensis.
Pont de Veyle, St.: Oppidum Velae.
Pont Saint Maxence, St.: Litanobriga.
Pont sur Seine, St.: Pons ad Sequanam.
Ponteba, Pontafel od. Pantoffel, St.: Pons Fellae.
Pontarlier, St.: Pons Aelii.
Pontaudemer, St.: Pons Alvemari.
Pontecorvo, St.: Pons corvi.
Ponte de Lima, Mtfl.: Forum Limicorum.
Ponte della Riva, Mtfl.: Rivus.
Pontedura, Insel: Portunata.
Pontefract, St.: Lugeolum.
Ponte-Lungo, Mtfl.: Pons longus.
Ponte Rotto od. Rotello, St.: Teanum Apulum.
Pontevedra, St.: Pons vetus.
Ponthieu, Landschaft: Pontivus Pagus.
Ponticonesi, die Inseln: Lichades.
Pontinischen Sümpfe, die: Campus Pomptinus, Paludes Pomptinae.
Pontleroy, Mtfl.: Pontilevium.
Pontoise, St.: Briva Isarae, Pontisara, Pons Isarae.
Pontorson, St.: Pons Ursonis.
Pontremoli, St.: Apua, Apuani, Pons Tremulus.
Ponts de Lé, Les, St.: Pons Saji.
Ponza-Inseln, die: Pontiae insulae.
Ponza, Insel: Fontia.
Porcunna, St.: Obulco, Pontificense municipium.
Pordenone, St.: Portus Naonis.
Pordongiano, St.: Forum Trajani.
Poros, Insel: Sphaeria.
Porquerolles, Insel: Porcariola.
Portlouis, Blavet od. Port de la Montagne, St.: Portus Ludovici, Blabia.
Port Royal des Champs, St.: Portus Regius.
Port sur Saône, St.: Portus Abucini.
Port-Vendres, St.: Portus Veneris.
Portalegre, St.: Portus Alacer.
Portsmouth, St.: Magnus portus, Portus Adurnus.
Portitza, St.: Istropolis.
Portland, Insel: Vindelis.

Porto, Mtfl.: Portus.
Porto, St.: Cale, Portus calis.
Porto oder Torre di Vada, Hafen: Vada Volterrana.
Porto Bufalo, Hafen: Porthmus, Portus Buffoleti.
Porto-Constanza, St.: Salamine.
Porto d'Atri, St.: Matrinum.
Porto de Sta. Maria, St.: Menestbei portus.
Porto de Torre, St.: Libissonis turris.
Porto di Goro, St.: Carbonaria.
Porto Ercole, St.: Herculis Cusani portus.
Porto Favona, Hafen: Favonii portus.
Porto Ferrajo, Hafen u. St.: Portus Ferrarius, Argous Portus.
Porto Fino, Hafen: Portus Delphini.
Porto Gruaro, St.: Portus Gruarii.
Porto Legnao, Lignaeus portus.
Porto Longone, St.: Portus Longus.
Porto Vecchio, Hafen: Syracusanus portus.
Porto Venere, Hafen: Portus Veneris.
Portugal: Lusitania.
Portus, Insel: Calabrea.
Poscheger Gespannschaft, die: Posseganus.
Posen, St.: Posnania.
Posilippo, Berg: Pausilippus.
Possavansche District, der: Possavanus Processus.
Possenheim, D.: Passinum.
Postelberg, Mtfl. u. Schloss: Apostolorum porta.
Potenza, St.: Potentia.
Potsdam, St.: Bestanium, Potestampium.
La Pouget, D.: Puerinum.
Poulangy, Mtfl. u. Kloster: Pauliniacensis abbatia.
Pourçain, St., St.: Fanum S. Portiani.
Prachiner Kreis, der: Prachensis Circulus.
Praestöe, Mtfl.: Presbyteronesus.
Prag, St.: Praga, Boiobinum.
Praslowitscha, St.: Constantiana.
Preila, das Thal: Vallis Petralatae.
Prenzlau, St.: Premislavia.
Presburg, St.: Posonium, Pisonium.
Presidii, Stato degli, Landschaft: Praesidii status.
Preussen, Prussia, Ulmigavia, Borussia.
Preussisch-Eylau, St.: Gilavia Borussica.
Pregel, Mtfl.: Pregolla.
Prevesa Vecchia, St.: Nicopolis.
Primkenau oder Primmikau, St.: Primislavia.

Prinzeninseln, die: Demonesi.
Prisrendi, St.: Gabaleum.
Pristina, St.: Vicianum.
Priwitz, Mttl.: Prividia.
Procida, Insel: Pithecusa.
Promontöng, D.: Promontorium.
Provence, die: Salaviorum terra, Provincia.
Provins, St.: Provinum.
Prsypietsch, Fl.: Pripetius.
Prüm, Kloster: Priunciae monasterium.
Prurheim: Pruhraenum.
Pruth, Grenzfl.: Hierasus.
Przemysl, St.: Premislia.
Psiloriti od. Monte Giovio, Berg: Ida.
Psyra, Insel: Ipsura.
Puebla de Gusman, St.: Praesidium.
Puerto de Rabanon, Berg: Mons Sacer.
Puerto de Salon, St.: Salauris.
Puerto de Sta. Maria, St.: Portus Menesthei.
Puerto de S. Martio, Hafen: Vesci portus.
Puerto Real, St.: Portus regius
Puiseaux, St.: Puteolus.
Pulkau, St.: Pulka.
Punta della Licosa, Vorgebirge: Posidium.
Punta di Gigante, Vorgebirge: Plemmyrium promontorium.
Pusclas od. Poschiavo, Mttl.: Pesclavium.
Pusterthal, das: Pyrastarum vallis, Vallis Pusterina.
Putna, St.: Palibothra.
Puy, St.: Anicium.
Puycerda, St.: Ceretanorum jugum.
Le Puy, St.: Podium.
Puylaurens, St.: Podium Laurentii.
Puzzuolo od. Puzznoli, St.: Puteoli.
Pyrenaen, die: Pyrene, Pyrenaei.
Pyrgo, St.: Pyrgos.

Qalabscheh, D.: Talnus.
Quarnero, Meerbus.: Flanaticus sinus.
Quedlinburg, St.: Quedlinburgum ad altam arborem.
Queis, Fl.: Quissus.
St. Quentin, St.: Quintinopolis.
Querfurt, St.: Quernofurtum.
Quesnoy, St.: Quercetum.
Quieto, Fl.: Quaetus.
Quilleboeuf, St.: Quilebovium.
Quimper, St.: Civitas Curiosopitum, Coriosopitum.
Quimperlay, St.: Quimperlacum.
San Quirito, D.: Sanctus Clericus.
Quito, St.: Fanum S. Francisci.

Raab, Fl.: Arabo, Hrapa, Raba.
Raab, St.: Arabo, Gereorenum.
Raaber Gespannschaft, die: Jauriensis comitatus.
Rabköz, Insel: Rabae insula.
Racca, St.: Nicephorium.
Rackelsburg, St.: Racospurgum
Rackskeney, D.: Intercisa.
Raconigi, St.: Raconisium.
Radstadt, St.: Teurnia.
Ragnit, St.: Ragnetum.
Ragusa, St.: Rhausium.
Ragusa-Vecchia, St.: Epidaurum, -us.
Rain, St.: Clarenna ad Lici confluentem.
Raitzen, die Völkerschaft: Itasciani.
Rakow od. Rackau, St.: Racovia.
Rakownitzer Kreis, der: Racownicensis Provincia.
St. Rambert le Joux, St.: Jarensis urbs.
Rambouillet, Schloss: Ramboletum.
Rançon, Mttl.: Andecamulum.
Randen, Berg: Abnoba, -na, -va.
Randers, St.: Randrusia.
Randezza, St.: Tissa.
Raon l'Etape, St.: Rado.
Rapperswyl, St.: Ruperti villa.
Rappolstein, Schloss: Rappolti Petra.
Rappoltsweiler, St.: Rappolti villa.
Ras el Ain, St.: Resena.
Ras el Enf, Vorgebirge: Pentedactylus.
Ras el Had, Vorgebirge: Didymi montes.
Rasino od. Kephalari, Fl.: Erasinus.
Ratzeburg, St.: Laciburgum.
Raudten, St.: Rautena.
Raum, D.: Rauranum.
Ravei, Fl.: Hydraotes.
Ravello, St.: Ravellum.
Ravensburg, St.: Ravensburgum.
Ravenstein, Herrschaft u. St.: Ravenstenium.
Rawa, Woiwodschaft: Ravensis Palatinatus.
Raygern, Kloster: Raygradense monastertum.
Le Raz, Vorgebirge: Promontorium Calinum.
Razelm-See, der: Halmyris.
Ré, Insel: Rea, Radis.
Reading, St.: Radinga.
Rebais, Kloster: Rasbacis.
Recanati, St.: Recinetum.
Recco, Mttl.: Ricina.
Recknitz, Fl.: Raxa.

Reconquis, Landschaft: Recuperata Terra.
Rednitz od. Regnitz, Fl.: Radantia.
Redon, St.: Roto.
Rees, St.: Resse.
Regen, Mtfl.: Regna, -us.
Regen, Fl.: Rezna.
Regensburg, St.; Augusta Tiberii, Hieropolis, Ratisbona.
Regenwalde, St.; Rhugium.
Reggio, St.: Regium Julii, Regium Lepidi, Regina.
Regina, Mtfl.: Erinum. [major.
Reichenau, Abt.: Augia dives oder
Reichenbach, Kloster: S. Gregorii cella.
Reichenhall, St.: Halla oppidum.
Reichenweiler, St.: Richovilla.
Rein, Kloster: Runa.
Reismarkt, Ort: Mercurium.
Remiremont, St.: Romarici od. Romericus mons. [Pagus.
Remois, die Landschaft: Remorum
San Remo, St.: Matusia, Fanum S. Remuli.
St. Remy, St.: Fanum S. Remigii.
Remus, Gericht u. D.: Remusium.
Rendsburg, St. u. Schloss: Rendesburgum.
Renfrew, St.: Renfroana.
Rennes, St.: Redones.
Reno, Fl.: Rhenus.
Reole, St.: Regula.
Reps, Mtfl.: Rupes.
Requena, St.: Lobetum.
Resina, St.: Herculanum.
Rethel, St.: Regiteste, Rethelium.
Retimo, St.: Rhithymna.
Retina, St.; Resinum.
Retone, Fl.: Eretenus.
Rettimo, St.: Rethymna.
Retz, Grafschaft: Ratiatensis oder Ratensis pagus.
Reuss od. Russ, Fl.: Reussia.
Reussen: Ruthenia.
Reutlingen, St.: Ruotlingia, Tarodunum.
Revel, St.: Rebellum.
Revello, Schloss: Rupellum.
Revello, St.: Vibii Forum, Velia.
Rezūns, D., Schloss u. Gemeine: Rhaetium.
Rheims, St.: Civitas Remorum, Remi.
Rhein, Fl.: Rhenus.
Rheinau, Insel u. D.: Augia Rheni od. Major.
Rheinmagen od. Remagen, St.: Rigomagus.
Rheinthal, das: Rhegusia.

Rheinzabern, St.: Tabernae Rhenanae.
Rhodez, St.: Rotena urbs.
Rhone, Fl.: Rhodanus.
Rhynsburg, D.: Matilo.
Ribchester, St.: Boeotonomacum.
Ribe, Ripen, St.: Ripae Cimbricae.
Ribemont, St.: Ercuriacum, Ribodimontenses.
Ribnik, St.: Castrum Trajani.
Richelieu, St.: Ricolocus.
Richborough, St.: Ritupae, Rutupiae.
Ries, St.: Albece.
Ries, das: Retia pagus, Rhiusiava.
Riesengebirge, ein Theil desselben: Asciburgius mons, Montes Gigantei, Vandalici montes.
Rieti, St.: Reate, -tum.
Rieux, St.: Ruesium, Rivi.
Riez, St.: Reji.
Riga, St.: Riga.
Rigi, der Berg: Regius.
Rimini, St.: Ariminum.
Ringkiöbing, St.: Rincopia.
Ringsted, St.: Ringstadium.
Ringwood, St.: Regnum.
Rinteln, St.: Rintelia.
Rio de Castro, Fl.: Florius.
Rio Verde, Fl.: Salduba.
Riol, D.: Rigodulum.
Riom, St.: Ricomagus.
Rioni, Fl.: Rheon.
Ripacorsa, Grafschaft: Ripa curtia.
Ripon oder Richmond, St.: Rhigodunum, Isurium.
Risano od. Rhizana, St.: Rhicinium.
Riva di Chieri, Mtfl.: Ripa.
Rivesaltes, Mtfl.: Ripae altae.
Riviera di ponente und oriente, Landschaft: Ora occidentalis u. orientalis.
Rivoli, St.: Ripulae. [talis.
Rivoltella, Mtfl.: Ad Flexum.
Rizeh, St.: Rhizaeum.
Roanne od. Rouane, St.: Rodumna.
Robinhoodsbay, die: Fanum aestuarium.
Robrine oder l'étang de Sigean, See: Rubrensis lacus, Rubresus, Lacus Rubracensis.
Roca, Vorgebirge: Promontorium Lunae, Promontorium Magnum.
Rocca del Papa, Gebirge u. St.: Algidum.
Roccalanzone, St.: Lanzonis mons.
Roccamonfina, St.: Suessa.
Rocco oder Paleo-Castro, St.: Eretria.
Roche, La, St.: Rupes Allobrogum.
Roche, de la, Grafschaft: Rupensis comitatus.

Roche en Ardennes, La, Mtfl.: Rupe, de.
Rochechouart, St.: Rupes Cavardi.
Rochefort, St.: Rupifortium, rupes major.
Rochefoucault, St.: Rupes Fucaldi.
Rocheguyon, St.: Rupes Guidonis.
Rochelle, La, St.: Portes Santonum, Rupella.
Rochemaure, St.: Rupemorus.
Rochemeau, Ort: Rocameltis.
Rochester, St.: Durobrivis.
Rocroy, St.: Rupes regia.
Rodaun, Fl.; Eridanus.
Rodepont, D.: Ritumagum.
Rodez, St.: Rutenorum civitas, Segodinum.
Rodnen, St.: Rodna.
Rodosto, St.: Rhaedestus, Bisante.
Rödbye, Mtfl.: Erythropolis.
Römer-Schanze, die: Romani Aggeres.
Roer od. Ruhr, Fl.: Rura.
Roermonde, St.: Ruremonda, Munda Rurae.
Röeskilde, St.: Roë Fontes.
Rogez, Grafschaft: Reddensiscomitatus.
Rogliano, St.: Rublanum.
Rohan, St.: Roanium.
Roino, Berg: Maenalus mons.
Romagna, Landschaft: Romau[d]iola.
Romainmoûtier, St.: Romani monasterium. [mons.
Romont, Remont: St.: Rotundus
Romorantin, St.: Rives Morentini.
Ronco, Fl.: Bedesis.
Ronda, St.: Arunda.
Roosen, Ten, Abt.: Abbatia beatae Mariae de Rosis.
Roppenheim, Amt: Riedensis Pagus.
Roquemaure, St.: Rupes maura.
Roquevaire, St.: Rupes varia.
Rorschach, St.: Rosacum.
Rosas, St.: Rhoda, Rhodopolis.
Rosello, St.: Rusellae.
Rosenau, St.: Rosnyo.
Rosenthal, Mtfl.: Vallis Rosarum.
Rosières aux Salius, St.: Rosariae.
Rosne, Mtfl.: Rotnacum.
Rossa-Dscharigadsch, Landzunge: Dromos Achilleos.
Rossano, St.: Roscianum.
Rosseno, St.: Rossana.
Rossoy, St.: Rosetum.
Rostock, St.: Rhodopolis, Rostochium.
Rotenburg, St.: Rotenburgum.
Roth, St.: Aurisium.
Rothe Meer, das: Sinus Arabicus.
Rother Thurm, Pass: Arx rubra.

Rothmünster, Abt.: Vallis beatae Mariae virginis.
Rotigliano od. Rugge: St.: Rudiae.
Rotkirch, D.: Rufla ecclesia.
Rotto, Fl.: Rodoria.
Rotterdam, St.: Roterodamum.
Rottweil, St.: Rotevilla, Rottovilla.
Roucy, Mtfl.: Rucci castrum.
Rouen, St.: Rodomum, Rothomagus.
Rouergue, Landschaft: Ruteni, Rotinicum.
Roulers, St.: Rosarliensis villa.
Roulx od. Roelx, D.: Rethia.
Rousselaar oder Rosselaere, St.: Rollarium.
Roussillon, Le, Landschaft: Sardones.
Roussillon, St.: Ruscellonum.
Rouvres, D.: Rouro.
Rouzy, Schloss: Rauziacum palatium.
Rova, Fl.: Rutuba.
Roveredo, St.: Roboretum.
Rovigo, St.: Rhodigium.
Rovigno oder Trevigno, St.: Rivonium.
Royan, St.: Novioregum.
Roye, St.: Rauga.
Rozoy en Brie, St.: Resetum.
Rubias, St.: Rubras.
Rudolstadt, St.: Rudolphopolis.
Rübenach, D.: Ribiniacum.
Rueil, St.: Rotalyenses.
Rügen, Insel: Rugia.
Ruffach, St.: Rubeacum.
Rumelien, die Provinz: Sithonia.
Rumilly, St.: Romiliacum, Rumiliacuai.
Runters, Gemeine: Contrum.
Ruprechtsau, die: Ruperti Augia.
Rupperstorf, ehemal. Voigtei: Terra Boitinensis.
Russland: Russia.
Rustingen, Landschaft: Hriustri.
Rustschuk, St.; Scaidava.
Rubio oder Ruvo, St.: Rubi, Rubum.
Ruys, Halbinsel: Reuvisium.
Rye, Mtfl.: Rus regis.
Ryenz, Fl.: Byrra.

Saa, Fl.: Uzka.
Saale, Fl.: Sala.
Saal- oder Zolfeld, das: Soliensis campus.
Saarbrücken, St.: Salembrucca, Sarae Pons.
Saarburg, St.: Pons Saravi, Sarae castrum.
Saarlouis, St.: Arx Ludovici ad Saram.
Saas, Gemeine: Saxium.
Saaz, St.: Satec.

Saatzer Kreis, der: Lucensis oder Zatecensis circulus.
Sabbionetta, Mtfl.: Sabulonetta.
Sables d'Olonne, Les, Vorgebirge: Arenae Olonenses. Pictonium promontorium.
Saboltscher Gespannschaft, die: Szaboltsensis Comitatus.
Saccania, District: Romania minor, Argia.
Sacedon, St.: Thermida
Sachsen: Saxonia.
Sachsen, das Land der: Fundus regius Saxonicus.
Sacille, Mttl.: Sacillum.
Säbye, St.: Saeboium.
Säckingen, St. u. Schloss: Sanctio, Saconium.
Säntis, Berg: Sambutinum jugum.
Saetto, Vorgebirge: Saettae caput.
Saffi od. Azaffi, St.: Rusupis.
Safnat, St.: Daphne.
Safouri, St.: Diocaesarea.
Sagan, St.: Saganum.
Sagriano, Fl.: Sagra.
Saide, St.: Sidon.
Saillans, St.: Salientes.
St. Amand, St.: Elno.
Saint-Calais, St.: S. Carilesi oppidum.
St. Claude, St.: Claudiopolis.
Saint Cloud, Mttl.: Novientum.
Saint Denis, St.: Catolacum, Fanum S. Dionysii.
Saint Dié, St.: Sanctus Deodatus.
Saint-Dieu, St.: Deodatum.
Saint Flour, St.: Augusta Nemetum, Floriopolis.
Saint-Heand, St.: S. Eugenii vicus.
Saint Jean d'Angely, St.: Angeriacum.
Saint Jean Pied du Port, St.: Imus Pyrenaeus.
Saint Josse, Klöster: Cella S. Jodoci.
Saint Lô, St.: Briovera.
Saint Maur de Fossés, St.: Bagaudarum castrum.
Saint Mihiel, St.: S. Michaelis fanum.
Saint-Ouen, D.: S. Audoeni fanum.
Saint Paul trois Châteaux oder Aoust-en-Diois, St.: Augusta Tricastinorum.
Saint Riquier, St.: Centulum.
Saint Yrieix la Perche, St.: Atanus.
Saintes, St.: Mediolanum Santonum
Saintonge, Landschaft: Santones, Santonia.
Sakaria, Fl.: Sangarius.
Salader Gespannschaft, die: Saladiensis Comitatis.

Salamanca, St.: Salamantica, Salmantica.
Salampria, Fl.: Peneus.
Salankemen, D.: Acimincum.
Salanche, St.: Salancia Sabaudorum.
Saldanna, Mttl.: Eldana.
Salemi, St.: Halycia.
Salerno, St.: Salernum.
Salina, Insel: Didyma.
Salinello, Fl.: Helvinus.
Salini, Insel: Gemella.
Salino, Mtfl.: Sannum.
Salins, St.: Salina.
Salisbury, St.: Sarisberia.
Salland, das Quartier: Isalandia.
Salm, D.: Salinis, de.
Salm, Nebenfluss: Salmona.
Salmansweyler, Abtei: Salem.
Salon, St: Salo.
Salona, St.: Amphissa, Salonae.
Salone, Fl.: Jader.
Salonichi, St.: Thessalonica.
Salsadella, D.: Ildum.
Salces, das Fort: Salsulae.
Salugia, St: Salugri.
Salvaleon, St.: Interamnium.
Saluzzo, St.: Saluzia.
St. Salvador, Mtfl.: Fanum S. Salvatoris.
Salza, Fl.: Salsa.
Salzach, Fl.: Ivarus.
Salzburg, St.: Juvavia, Salisburgium.
Salzdalum, Salis vallis.
Salzsee, der: Salsum mare.
Salzwedel, St.: Salzwita.
Samaguar, St.: Ad Fines.
Samarcand, St.: Maracanda.
Samanhoud, St.: Heracleopolis.
Sambre, Fl.: Sabis, Sambra.
Samisat, St.: Samosate.
Samland, Landschaft: Sambia.
Samnah od. San, St.: Tanis.
Samogitien, Herzogthum: Samogitiae Ducatus.
Samogye-Var, Mtfl.: Simigium.
Samoja, St.: Samaria.
Samondrachi od. Samothraki, Insel: Dardania.
Samoucy, Ort: Salmanciacum.
Samsoe od. Sams, Insel u. Grafschaft: Samsoa.
Samsoun, St.: Pricne, Amisus.
San Angelo in Vado, Ort: Tifernum Metaurense.
S. Germano, St.: Cassinum.
S. Miniato, St.: Civitas S. Miniatis ad Tedescum.
San Pedro, St.: Herculis templum.

35

San-Pelino, St.: Corfinium.
Sancerre, St.: Sacro-Caesarium, Sacrum Caesaris, Sincerra, Sanctum Seccovium.
Sancta, Eufemia, St.: Lametia.
S. Michael, St.: Castrum S. Michaelis.
Sandomirz, St.: Sendomiria.
Sandwich, Si.: Sandovicus.
Sangro, St.: Sagrus.
Sanguinare, die Inseln: Cuniculariae insulae, Beleridae.
Sanguesa, St.: Sangossa, Suessa.
Sanssouci, Lustschloss: Pausilypum.
Santa Agata, St.: Sancta Agatha.
Santa Maria della Grazia, D.: Capua.
Santa Severina, St.: Siborena.
Santander, Mtfl.: Fanum S. Andreae.
Santarem, St.: Scalabis.
Santerno, Fl.: Badrinus.
Santerre, St.: Sanguitersa.
Santgong, St.: Gangia regia.
Santillana, St.: Fanum S. Julianae.
San Leone, St.: Leopolis.
Santo Antioco, Insel: Enosis.
Santorin, Insel: Calliste.
Saona, Fl.: Savo.
Saône, Fl.: Sagonna.
Saorgio, St.: Saurgium.
Saphorin. St., D.: San-Saphorinum.
Sapienza, Insel: Sphagia.
Sapri, St.: Sipron.
Sarabat, Fl.: Hermus.
Saracena, St.: Sestum.
Sarander, die, Gespannschaft: Zarandiensis comitatus.
Saranas od. Arsuf. St.: Antipatris.
Saragossa, St.: Caesaraugusta, Salduba,
Sardinien, Insel: Sandaliotis.
Sarenthal, das: Vallis Sarentina.
Sarfend, St.: Sarepta.
Sargans, St.: Sarunegaunum, Sâna.
Sark od. Serce, Insel: Sargia.
Sart, St.: Sardes, Pactolus.
Sarthe, Fl.: Sartha.
Sarno, St.: Sarnus.
Sargina, St.: Bobium.
Sarvar, Mtfl.: Castriferrense oppidum.
Sarwitz, Fl.: Valdanus.
Sarzana, St.: Sergianum.
Sas de Gand, Le St.: Gandavensis ager.
Saseno, Insel: Saso.
Sassari, St.: Turris Libysonis.
Sasso-Ferrato, St.: Juficum, Sentinum.
Sataliah, St.: Sattalea.

Saulieu, St. Sedelaucum.
Sathmärer, die, Gespannschaft: Száthmariensis Comitatus.
Sau, Fl.: Savus, Sawa.
Saudre, Fl.: Sedera.
Sault, St.: Salto.
Sault, Landschaft: Pagus de Saltu.
Saumur, St.: Salmarus.
Saut d'Auge, D.: Augiae saltus.
Sauve, St.: Salva.
Sauveterre, Si.: Salva terra.
Sauvetat, St.: Salvitas.
Sauve, Fl.: Salvius.
Sauvigny, Mtfl.: Silviniacum.
Savena, Fl.: Paala.
Saverin, St.: Salverna.
Savern, Fl.: Sabrina.
Savigliano, St.: Savilianum.
Savio od. Alps, Isapis, Sapis.
Savoien, Herzogthum: Sabaudia, Allobroges.
Savonières, Ort: Saponariae.
Savona, St.: Sabata.
Savoureuse, Fl.: Saporosa amnis.
Savre od. Saar, Fl.: Sangona.
Sayda, St.: Susudala.
Sayn, Grafschaft: Seuensis comitatus
Scatino, Ort: Salebro.
Scameno, St.: Tanagra.
Scarpanto, Insel: Carpathus.
Scarponne, D.: Serpâne,
Schärding, St.: Stanacum.
Schärnitz, Festung: Porta Claudia.
Schaffhausen, St.: Probatopolis.
Schamsterthal, das: Vallis lapidaria.
Scharoscher, die, Gespannschäft: Sarosiensis comitatus.
Schelde, Fl.: Scaldis.
Schaumburg, Schloss: Speculationis castrum.
Scherbenheuvel, St.: Aspricollis.
Schemnitz, St.: Selmiezlania, Schemnicium.
Schiedam, St.: Schiedamum.
Schimeghier, die, Gespannschaft: Simeghiensis comitatus.
Schlatten, Gross-, St.: Auraria magna.
Schlätten, Klein-, St.: Auraria parva.
Schlei, Bucht: Slia.
Schlesien, Silesia.
Schleswig, St.: Heideba, Slesvicum.
Schlettstadt, St.: Selestadium.
Schleusingen oder Suhl, St.: Silusia.
Schliers, Stift: Silurnum.
Schlins, Gericht und Dorf: Celinum.
Schlögl, Kloster: Plagense coenobium.

Schlosshof, Mtfl.: Duria Teracatriarum.
Schmalkalden, St: Smalcaldia.
Schönbrunn, Lustschloss: Fons bellus.
Schönenwerd od. Bellowerd, Mtfl.: Clara Werda.
Scholther, der, District: Soltensis Processus.
Schonen, Halbinsel: Scania.
Schongau, St.: Esco, Sconga.
Schottland: Caledonia, Scotia.
Schottländische Meer, das: Caledonius oceanus.
Schottwien, Mtfl.: Fauces Noricorum, Schadwienna.
Schulpforte, D.: Porta.
Schussenried, Kloster: Sorethium, Soretum.
Schütt, Donauinsel: Cituatum.
Schouwen, Insel: Scaldia.
Schwaan, St.: Cygnea.
Schwaben: Suevia.
Schwäbisch-Gmüud, St.: Gammundia.
Schwarzach, Kloster: Suarzanense coenobium.
Schwarze Meer, das: Mare nigrum.
Schwarzwald, der: Silva Martiana.
Schwatz, Mtfl.: Sebatum.
Schweden: Suecia.
Schweidnitz, St.: Suidnicium, Zvinum.
Schweinfurt, St.: Devona, Suevofortum.
Schweiz, die: Helvetia.
Schwerin, St.: Squirsina, Sucrinum, Zuarina.
Schwiebus oder **Schwiebusen**, St.: Suebissena.
Schwinge, Fl.: Zwinga.
Sciacca, St.: Thermae Selinuntiae.
Scicli, St.: Casmenae.
Scilla oder **Sciglio**, St.: Scylla.
Sciothb, St.: Hypselis.
Sclavo Chori, St.: Amyclae.
Scoglio di Vido, Insel: Ptychia.
Scopelo, Insel: Scopelos.
Scurcula, D.: Excubiae.
Scutari, St.: Chrysopolis, Scutarium.
Scutari, See von: Labeatis lacus.
Sebastian, St., St.: Donastienum, Fanum S. Sebastiani, Menosca, Morosgi, Sebastianopolis.
Sebastopol, St.: Sebastopolis.
Seben oder **Säben**, St.: Sabana.
Seben, Mtfl.: Sublavione.
Sebenico, St.: Sicum.
Secchia, Fl.: Gabellus.
Sechsstädte, die: Hexapolis.
Seckau, Mtfl. u. Schloss: Seconium.
Sedan, St.: Sedanum.
Seclin, Mtfl.: Sacilinium.
Seeburg, Mtfl.: Hocseburcum.
See Farooun oder **El Loudeah**, der: Tritonis lacus.
Seeland, Insel: Codanonia.
Seesen, St.: Sesa.
Seevenborren, Abt.: Septum fontes.
Seez, St.: Sagium, Saji.
Segna, St. u. Festung: Segnia.
Segui, St.: Segnia.
Segorbe, St.: Etobema, Segobriga, Segorvia.
Segovia, St.: Segubia.
Segre, Fl.: Sicoris.
Segura, Mtfl.: Sorabis.
Segura de la Sierra, St.: Castrum Altum.
Segura de Leon, St.: Secura.
Segura, Fl.: Tader.
Seibous, Fl.: Rubricatus.
Seignelay, St.: Seilliniacum.
Seihoun, Fl.: Sarus.
Seille, Fl.: Salia.
Sein, Insel: Sena.
Seine, Fl.: Sedena, Sequana.
Seitenstätten, Kloster: Sitanstetense coenobium S. Marjae.
Selau, Kloster: Siloënse monasterium, Sylvense coenobium.
Selby, St.: Salebia.
Selefkeh, St.: Seleucea Trachea.
Seligenstadt, St.: Selingostadium.
Selinische District, der: Selinensi, Processus.
Selino, St.: Lissa.
Selinti, St.: Selinus.
Selkirk, Mtfl.: Selaricum.
Selo, Fl.: Silarus.
Selva, St.: Sylva Constantiniana.
Selz, St.: Elizatium.
Selzach, D.: Salis Aqua.
Semendraki, St.: Samothrace.
Semendriah, St.: Senderovia.
Semgallen, Herzogthum: Semigallia.
Seminara, St.: Tauriana.
Semlin, St.: Malavilla.
Sempach, St.: Sempacum.
Sempliner Gespannschaft, die: Zempliniensis comitatus.
Semsales, D.: Septum.
Semur, St.: Castrum Sinemurum Briennense, Semurium.
Semur en Briennois, St.: Sinemurum castrum.
Sendomirz, St.: Sandomiria.
Senegal oder **Sus**, Fl.: Daradus.
Senez, St.: Sanitia, -um.

Senlis, St.: Augustomagus Sylvanectensis od. -ctum, Senlenses.
Sens, St.: Agendicum Senonum.
Senonais, Landschaft: Senones.
Sepino oder Sipicciano, St.: Sepinusa.
Sepser Stuhl, der: Sepsiensis sedes.
Septimer, Gebirge: Septimus mons.
Sepulveda, St.: Confluentes.
Sequanoise, la grande: Maxima Sequanorum.
Serchio, Fl.: Anser.
Sére, la, Fl.: Sara.
Seres, St.: Sintice.
Sereth, Fl.: Ordessus.
Sermione, Mtfl.: Sirmio.
Sermoneta, Mtfl.: Sulmo.
Serpho oder Serphanto, Insel: Seriphus.
Serrae, St.: Ceres.
Sert, St.: Tigranocerta.
Servitza, St.: Servia.
Sesia, Fl.: Sessites.
Sessa, St.: Aurunca.
Sessieux, St.: Saxiacum.
Sestri di Levante, St.: Segesta Tiguliorum.
Setif, St.: Sitifis.
Setledsch, Fl.: Hesydrius.
Settia, St.: Cythaeum.
Setubal, St.: Cetobriga.
Sevennen, die: Cabennae, Cemmenus mons, Gebennici montes.
Sevenwald, der: Baduhenna sylva.
Sevenwolden, District: Septem saltus.
Sever, St., St.: Fanum S. Severi.
See von Perugia: Trasimenus lacus.
Severino, San, St.: Septempeda.
Seveux, Mtfl.: Segobodium.
Sevilla, St.: Colonia Romulea, Sevilia.
Sevilla la vieja, St.: Italica.
Sevre, Fl.: Suavedria.
Sèvre Nantoise und Niortoise, Fl.: Separa Nannetensis u. Niortensis.
Seyches, St. u Bad: Aequae Siceae
Seyssel, St.: Saxilis, Sesselium.
Sezanne, St.: Sezania.
Sezza, St.: Setia.
Shannon, Fl.: Juernus, Senus
Sherborne, Mtfl.: Clarus fons.
Shetland, Insel: Hethlandia.
Shetlandsinseln, die: Hethlandicae insulae, Aemodae insulae.
Shrewsbury, St.: Salopia, Uriconium.
Shropshire, Landschaft: Salopiensis Comitatus.
Sichem, St.: Sichemium.
Sichoun od. Sir Darja, Fl.: Jaxartes.
Sicilien: Aetnea tellus, Sicilia.

Siebenbürgen: Septem castra Transsilvania.
Siebengebirge, das: Sibenus mons, Rhetico mons.
Sieg, Fl.: Sega.
Siegen, St.: Siga od. Sigodunum.
Siena, St: Senae, Sena Julia, Sexna.
Sieradz, St.: Siradia.
Sieradz, Woiwodschaft: Siradiensis sedes.
Sierra d'Alcaraz, Bergkette: Orospeda, Saltus Tagiensis.
Sierra di Guadalupe, Landschaft: Carpetani.
Sierra d'Oca, Bergkette: Idubeda mons.
Sierra Leone, Landschaft: Deorum cursus.
Sierra Morena, Bergkette: Montes Mariani.
Sierra Nevada, Bergkette: Solorius.
Siersberg, Schloss: Sigeberti castrum.
Sign, Bergfestung: Stinga, Singum.
Siguenza, St.: Segontia.
Sila, Wald: Saltus Rheginorum, Sylva.
Silistria, Festung: Dorostena, Durostorum.
Sill, Fl.: Sila.
Sillvri, St.: Selybria.
Simancas, St.: Septimanca.
Simiane od. Cologne, St.: Colum longum.
Simmari, St.: Sibaris.
Simplon, Berg: Scipionis mons od. Sempronius mons.
Sinai od. Djebel Tor, Berg: Sina.
Sind, Fl.: Indus.
Sindelsdorf, D.: Sindilisdorfa.
Sindjer, St.: Singara.
Singa od. Senga, Fl.: Cinga.
Singapore, St.: Sageda.
Sinigaglia, St.: Sena, Senogallica.
Sinzig, St.: Sentiacum.
Siomini oder Spirnazza, Fl.: Panyasus.
Sionapro, Fl.: Achelous.
Siphanto, Insel: Acis.
Sirmisch od. Mitrowitz, St.: Sirmm, -mium.
Siseln, Pfarrdorf: Sancta insula.
Sissa, Insel: Hissa.
Sissek, St.: Siacum.
Sisteron, St.: Segesterica.
Sitten, St.: Sedunum.
Sitter, Fl.: Smtria.
Sittich od. Sitizena, Kloster: Sitticium.
Sivas, St.: Sebaste.
Sizeboli, St.: Apollonia.

Skager, Vorgebirge: Cimbrorum promontorium.
Skalholt, St.: Schalotum,
Skeuditz, Mtfl.: Scudici.
Skiatho od. Sciatta, Insel: Sciathus.
Skio, Insel: Chius.
Skive, St.: Schevia.
Skiro, Insel: Scyrus.
Sköfde, St.: Schedvia.
Skye, Insel: Ebuda orientalis.
Slagelse, St.: Slagosia.
Slavonien: Slavonia.
Sligo, St.: Slegum.
Slutz, Herzogthum: Slucensis Ducatus.
Sluys, St.: Sclus castrum, Sclusa.
Sluys, Festung: Clausulae.
Smekna, D.: Stebrena.
Soane, Fl.: Sonus.
Socotora, Insel: Dioscoridis insula.
Söderköping, St.: Sudercopia.
Soest, St.: Susatum.
Soghat, St.: Totarium.
Soignies, St.: Sognincum.
Soissons, St.: Augusta Suessionum, Sexomae.
Solenhofen, Mtfl.: Cella Solae.
Solfatara, Gegend: Sulphureus mons, Vulcani forum et olla.
Solfeld, D.: Flavia Solva.
Solferino, Mtfl.: Sulphurinum.
Solia, St.: Soli.
Solienser Gespannschaft; die: Zoliensis comitatus.
Solingen, St.: Salingiacum.
Solignac, St.: Solemniacum.
Solmona, St.: Sulmo.
Solms, Grafschaft: Solma.
Sologne, Landschaft: Secalaunia.
Solothurn, St.: Solodorum.
Solsona, St.: Celsona.
Soltwedel od. Salzwedel, St.: Soltaquella.
Solway Firth, Meerbusen: Solvaeum aestuarium.
Sommariva del Bosco, Mtfl.: Summa riva silvae.
Somme, Fl.: Samara, Somena.
Sommerfeld, St.: Aesticampium.
Sommières, St.: Sumeriae, -um.
Sondrio, St.: Tiranum.
Sonnino, Mtfl.: Somnium.
Sophia oder Triaditza, St.: Ulpia Sardica, Sardica.
Soregna, St.: Stridonium.
Sorèze, St.: Beata Maria de Sordiliaco, Solliacum.
Sorgue, Fl.: Sulga.
Sori, Gebirge: Hernei oder Junonii montes.

Soria, St.: Numantia nova.
Sorleano, Mtfl.: Sudernum.
Sorlingischen Inseln, die: Sillinae insulae.
Sornzig, Kloster: Coenobium Mariaevallense oder monialium vallis beatae Mariae.
Soroe, St.: Sora.
Sorr, Fl.: Sorna.
Sospello, St.: Hospitellum, Sospitellum.
Sossolo, Vorgebirge: Dium promontorium.
Sottovento, Inseln: Insulae infra ventum.
Soubise: St.: Sobisaeum.
Soughaïer, El, Bergkette: Catabathmus parvus.
Soule, Landschaft: Subola.
Soulon, St.: Tolanium.
Sour, St.: Tyrus.
Southampton, St.: Clausentum.
Sovana od. Soana, St.: Suana.
Spa, Bad: Aquae Spadanae. Tungrorum fons.
Spaitla, St.: Suffetula.
Spalatro, St.: Spalatum.
Spandau, St. u. Festung: Spandavia.
Spanheim, Grafschaft: Sponhemium.
Spanien: Hispania.
Speier, St.: Augusta Nemetum, Spira Nemetum, Nemodona.
Spello, Mtfl.: Flavia Constans.
Sperlonga, Mtfl.: Amyclae.
Spezzia, Insel: Lunae portus, Tiparenus.
Sphacteria od. Sphagia, Insel: Prodonia.
Spicimiersz, St.: Spicimeria.
Spinazzola, St.: Spinaciolum.
Spitzbergen, Insel: Montes acuti.
Splügen, Mtfl. u. Berg: Speluca, -ga.
Splügerberg, der: Culmen ursi.
Spoleto, St.: Spoletum.
Spree, Fl.: Spreha, Spreva.
Squillace, St.: Scyllacium.
Stablo, St.: Stabuletum.
Stade, St.: Stadium.
Staditz, D.: Stadicum.
Stadt am Hof, St.: Curia, Pedepontium, Riparia.
Stadtberg od. Marsberg, St.: Eresburgum.
Stadthagen, St.: Civitas indaginis.
Stäffis, St.: Esteva.
Staffelsee, Kloster: Staphense monasterium.
Stagi, St.: Gomphi.
Stagno, St.: Tittuntum.

Stalimene, Insel: Lemnus.
Stampalia, Insel u. St.: Astypalaea.
Stampfen, Mtfl.: Stampha.
Standia, Insel: Dia.
Stato di Laudi, Landschaft: Laudorum status.
Stavelot, St: Stabulum.
Steenwyk, St.: Stenovicum.
Steiermark: Stiria, Taurisci.
Stein, St.: Gannodurum.
Stein, St.: Lithopolis.
Stein, St.: Stenium.
Stein am Auger, St.: Claudia Augusta.
Steinach, Kloster: Stenacum.
Stella, St.: Tilavemptus minor.
Stenay, St.: Satanacum.
Sterzing, St.: Stiriacum, Vipitenum.
Stettin, St.: Sedinum, Stetinum.
Steyer, St.: Stira.
Stilo, St.: Stilus, Consulinum.
Stralsund, St.: Stralsundum.
Stochem, St.: Stoquemium.
Stockholm, Hauptst.: Holmia, Stockholmia.
Stono, Mtfl.: Setaurum.
Stora oder Sgigata, St.: Rusicada.
Stramulipa, Landschaft: Boeotia.
Strassburg, St.: Argentina, Argentoratum.
Straubing, St.: Castra Augustana, Augusta Acilia.
Streu, Fl.: Strewa.
Striegau, St.: Stregonum, Strigovia, Trimontium.
Strigau oder Strido, Mtfl.: Stridonia, -um.
Strione, Fl.: Sesterio.
Strivali, Inseln: Plotae insulae, Strophades.
Strongoli, St.: Strongylis.
Stromboli oder Strongoli, Insel: Strongyle.
Stroumo, Fl.: Strymon.
Strovis, St.: Tympania.
Stuhl-Weissenburg, St.: Alba regalis.
Stulingen, D.: Targetium.
Stura, Fl.: Varusa.
Stuttgard, Hauptstadt: Stutgardia.
Subbiaco, Kloster u. St.: Sublacense coenobium.
Südermannland, Provinz: Sudermannia.
Sultan-Hissar, St.: Tralles.
Suire, Fl.: Jernus.
Sully sur Loire, St.: Sulliacum.
Sulmetingen, St.: Sunnemotinga.
Sulzbach, St.: Solisbacum.
Sulzberg, der: Vallis Solis.

Sundgau, der: Ferranus od. Phyretanus comitatus, Rauraci.
Suntelgebirge, das: Herculis lucus.
Sursee, St.: Suria.
Sorento, St.: Sorrentum.
Surrey, St.: Surregia.
Susa, St.: Secusio, Sicusis, Segusio, -ium.
Sutri, St.: Colonia Julia Sutrina, Sutrium.
Swilej, St.: Cibalis.
Sylfluss, der: Rhabon.
Syout, St.: Lycopolis.
Syra, Sira oder Siro, Insel: Syros.
Szabadka oder Szent Maria, Mtfl: Sancta Maria.
Szabad-Szalas, Mtfl.: Libera mansio.
Szakoltische Kreis, der: Szekoltzensis Processus.
Szala, Abt.: Zaladia.
Szamos, Fl.: Samosius.
Szecklerland, das: Sicilia.
Szegedin, St.: Segedunum, Singidava.
Szekely-Hid, Festung: Pons Siculus.
Szent Benedek, St.: Fanum S. Benedicti.
Szent Grot oder St. Gotthard, St.: Fanum St. Gotthardi.
Szent Job, St.: Fanum S. Jobi.
Szént-Kesdy-Lelek, Burg: Fanum S. Spiritus Kesdiense.
Szent-Marton, St.: Fanum St. Martini, Martinopolis.
Szent Mihaly, Mtfl.: Fanum S. Michaelis.
Szent-Peter, Mtfl.: Fanum S. Petri.
Szetschenische District, der: Szetseniensis Processus.
Sziszeg, Herrschaft: Siscium.
Szkabinysche District, der: Szklabinyensis Processus.
Szombathely Saryar oder Kothburg, St.: Sabaria.
Szöny oder Schene, Mtfl.: Bregaetium. Bregetio.
Szöreny, Mtfl.: Severinum.
Szolnoker Gespannschaft, die: Szolnociensis Comitatus.
Szveti Kris, St.: Sancta Crux.

Tab, Fl.: Oroutes.
Tabor, Berg: Itabyrius mons.
Taffella, St.: Tubalia.
Tafna, Fl.: Siga.
Tagliamento, Fl.: Tilavemptus.
Taillebourg, St.: Talleburgum.
Tajo, Fl.: Tagus.
Takah, St.: Patala.

Talavera de la Reyna, D.: Dippo, Ellora, Talabrica.
Talcino, St.: Talcinum.
Talnuti, St.: Opus.
Tambre oder Tamar. Fl.: Tamara, -ris.
Tamerton, St.: Tamara.
Tanaro, Fl.: Tanarus.
Tanger, St.: Tingis, Tongera.
Taormina, St.: Tauromenium.
Taoukrah, St.: Tetuchira.
Tapti, Fl.: Goaris.
Tarantaise, Landschaft: Centrones Allobroges.
Tarascon, St.: Tarasco.
Tarbes, St.: Castrum Bigorrense, Tarba.
Tarento, St.: Tarentum.
Tarifa, Fl.: Tartessus, Julia traducta.
Tarn, Fl.: Tarno.
Taro, Fl.: Tarus.
Tarraja, St.: Tarraga.
Taragona, St.: Tarraco, Turiaso.
Tarsouh St.: Tarsus.
Tartaro, Fl.: Atrianus.
Tatza, St.: Aegissus.
Tauber, Fl.: Tubaris, Tuberus.
Taverna, St.: Taberna.
Tavetsch, D.: Actuaticus vicus.
Tavira, St.: Balsa.
Tavolara, Insel: Mercurii insula, Hermaea.
Tay, Fl.: Tavus.
Teano, St.: Teanum Sidicinum, Theanum.
Tebessa, St.: Theveste.
Tebriz, St.: Tauris.
Tech, Fl.: Tichis.
Tedjen, Fl.: Ochus.
Tegengill, Mtfl.: Igenia.
Tegernsee, Schloss: Tigurina aedes.
Teissholz, Mtfl.: Taxovia.
Tel Essabeh, St.: Leontópolis.
Telamone, Ort: Telamon.
Telesa, D.: Thelesini.
Telge, Söder-, St.: Telga australis.
Telge, Norr-, St.: Telga borealis.
Tell oder Teglio, Mtfl.: Tilinm.
Temes, Fl.: Temessus.
Temesvar, Festung: Temena, Tibiscum.
Tenedos, Insel: Calydria.
Teneriffa, Insel: Nivaria.
Teno oder Tina, Insel: Tenos.
Tensche, Freiheit: Tamisia.
Teplitz, St.: Teplicia.
Ter, Mtfl.: Thiceris.
Ter, El, Fl.: Sambroca.
Teramo, St.: Interamna Lirinas oder Palaestina, Teramum.
Terlizzi, St.: Turricium.
Termini, St.: Thermae Himerenses.
Terni, St.: Interamna, -inm.
Ternowa, St.: Ternobum.
Terra di Bari, Landschaft: Peucetia.
Terra di Lavoro, Landschaft: Campania felix.
Terra di Otranto, Provinz: Japygia.
Terra Nuova, St.: Olbia.
Terra nuova oder Torre Brodognato, Ort: Thurium novum.
Terra d'Otranto, Landschaft: Messapia.
Terranova oder Alicata, St.: Gela.
Tersat, Castel: Tersactum.
Teruel, St.: Turdetanorum urbs.
Tervanne, Mtfl.: Tyrvanda civitas.
Terracina, St.: Anxur.
Ter-Veere, St: Campoveria, Vurnia.
Teschen, St.: Teschena.
Tessin oder Ticino, Fl.: Ticinus.
Tet, Fl.: Telis.
Tetschen, St.: Dasena, Tactschena.
Test, Fl.: Anton.
Teverone, Fl.: Anien.
Teviotia, Teviotdale, Roxburghe, Grafschaft: Deviotia.
Teyn, St.: Tetina.
Theba, St.: Teba.
Theiss, Fl.: Parthiscus, Tibiscus.
Themse, Fl.: Tamesis.
Theresiopel, St.: Maria Theresianopolis.
Thermeh, St.: Themiscyra, Thermodon.
Thermia, Insel: Cythnus, Dryopis.
Therouanne, St.: Tarvenna.
Thetford, St.: Hierapolis, Sitomagus.
Thiaki, Insel: Ithaka.
Thielt, Mtfl.: Tiletum.
Thierache, St.: Teoracia, Terrascea sylva.
Thimerais, St.: Theodomirensis pagus.
Thionville, Diedenhofen, St.: Theodonis villa.
Tholei, Abt.: Theologia, -gicum, -gium.
Thonon, Fl.: Tunonium.
Thorenburg oder Thorda, St.: Salinae.
Thorn, St.: Thorunium, -um.
Thorout, Mtfl.: Thoroltum.
Thorshavn, St.: Thori portus.
Thouars, St.: Duracium.
Thüringen: Thuringia.
Thüringer Wald, der: Levia.
Thuin, St.: Fines Ad, Tudinium.
Thum, St.: Zumi.
Thun, D.: Timium.
Thun, St. u. Schloss: Novidunum.
Thur, Fl.: Duria.
Thurgau, Canton: Turgea.

Thurles, St.: Durlus.
Thurotzer Gespannschaft, die: Thurotziensis comitatus.
Tiber, Fl.: Tiberis.
Tiefencastell, Schloss: ImumCastrum.
Tienen, Tienhofen od. Tirlemont, St.: Thenae.
Tiferno, Fl.: Tifernas.
Tillerbronn: Acidulae Antonianae.
Tilsit, St.: Chronopolis.
Timao, Fl.: Timavus.
Timok, Grenzfluss: Timacus.
Tindaro, St.: Tyndarium.
Tine, Insel: Hydrussa.
Tine, Fl.: Vedra.
Tinen oder Tenen, St.: Tininium.
Tinmouth, St.: Tinae ostium.
Tirch, St.: Metropolis ad Castrum.
Tireboli, St.: Tripolis.
Tivoli, St.: Tibur, Albulae, Albuneae aquae.
Tobarra, St., od. Teruel, St.. Turbula.
Tobi, Fl.: Genusus.
Tobolsk, St.: Tobolium.
Todi, St.: Tuder.
Todte Meer, das: Mare mortuum.
Toggenburg, Grafschaft: Toggium.
Toissey, St.: Togissium, Tossiacus.
Toledo, St.: Toletum.
Tolner Gespannschaft, die: Tolnensis Comitatus.
Tolometa, St.: Ptolemaïs.
Tombellaine, Vorgebirge: Tumbella
Tomisvar oder Eski Furgana, St.: Tomi.
Tongres, St.: Aduatica Tongrorum.
Tonnerre, St.: Ternodorum.
Tonniesberg, der: Mons Antonii.
Torbia, St : Trophaea Angusti.
Tordesillas, St.: Turris sillae.
Torenburger Gespannschaft, die: Thordensis comitatus.
Torgau, St.: Argelia, Torgavia.
Torner Gespannschaft, die: Tornensis Comitatus.
Toro, St.: Octodurus, Sarabris.
Torquemada, Mtfl.: Porta Augusta.
Torre delle Saline, St.: Salapia.
Torre di Camarina od. Camorana, St.: Camarina.
Torre di Mare, St.: Metapontum.
Torre di Nocera, St.: Temesa.
Torre di Paterno, St.: Laurentum.
Torre di Patria, St.: Linternum.
Torre di Polluce, St.: Selinus.
Torre di Senna, St.: Siris.
Torre del Ximeno, St.: Tosibia.
Torre Segura, Ort: Castellum Truentinum.

Torres Vedras, Mtfl.: Turres veteres.
Torshella, St.: Torsilia.
Tortona, St.: Dertho.
Tortosa, St.: Orthosia.
Tosa, Fl.: Athiso.
Toscana, Grossherzogthum: Hetruriae magnus ducatus.
Toscanella, St.: Ascania, Salumbrona, Tuscanella, Tuscia.
Toscanische oder tyrrhenische Meer, das: Inferum Mare.
Tosia, St.: Docea.
Tossena, Mtfl.: Tusis.
Toucque, Fl.: Tolca.
Toul, St.: Tullum Leucorum.
Toulon, St.: Telo Martius, Tectosagum, Telonis portus.
Toulon sur Arroux, Mtfl : Telonnum, Tolonum, Tullus.
Toulouse, St.: Tolosa, atinm.
Toung Hai Gen, Theil des chinesischen Meeres: Mare orientale.
Touraine, Landschaft: Turones.
Tour oder Tour de Peïel, La, St.: Turris Peliana.
Tour du Pin, La, St.: Turris pinus.
Tour de Roussillon, La, Ort: Ruscino.
Tourkal, St.: Sebastopolis.
Tourlaville, Mtfl.: Toriallum.
Tournay, St.: Bajanum, Tornacum.
Tournehem, Mtfl.: Tornehecenses.
Tournon, St.: Taurodunum, Tornomagensis vicus.
Tournus, St.: Tinurcium castrum, Tornucium.
Tours, St.: Caesarodunum.
Tousy, Ort: Dusiaca.
Towy, Fl.: Tobius.
Toza, Vorgebirge: Promontorium Lunarium.
Trachenberg, St.: Dracomontium.
Trafalgar, Vorgebirge: Promontorium Junonis.
Traina, St.: Imachara.
Trajanopoli od. Orikhora, St.: Trajanopolis.
Trajetto, Mtfl.: Minturnae, Trajectum.
Tramonti, St.: Tramontum.
Trani, St.: Tranum.
Trapani, St.: Drepanum.
Trasen, Fl.: Trigisamus.
Tras-os-Montes, Provinz: Transmontana provincia.
Trau, St.: Tragurium.
Traun, Fl.: Traunus, Truna.
Traunsee, der: Gemundanus lacus.
Trautenau, St.: Trutina.
Trave, Fl.: Chalusus.

Travemünde, St.: Dragamuntina.
Trebbia, Fl.: Trebia.
Trebigne, St.: Trebunium, Tribulium, Tribunia.
Trebisonde, St.: Trapezus.
Trebnitz, St.: Trebnitium.
Trebur, Mtfl.: Triburia.
Treguier, St.: Trecora.
Treismauer, Mtfl.: Treisma.
TreloVouno od. Dely Dagh, Berg: Hymettus.
Tremiti, Inselgruppe: Diomedeae insula.
Trentschiner Gespannschaft, die: Trentschiniensis Comitatus.
Trentsin, St.: Singone.
Treport, Le, Hafenstadt: Ulterior portus.
Treuenbriezen, St.: Brieza fida.
Trevi, Mtfl.: Trebia.
Trevico oder Vico della Baronia, St.: Trivicum.
Treviser Mark, die: Marchia Tarvisina.
Treviso od. Trevigi, St.: Tarvesium.
Trévoux, St.: Trivium.
Tribbses od. Tribsee, St.: Tributum Caesaris.
Tricala, St.: Tricca.
Triebisch, Fl.: Tribisa.
Trient, St.: Tridentum, Tarentum.
Trier, St.: Augusta Trevirorum, Treveri.
Triest, St.: Tergeste od. -um.
Trieux, Mtfl.: Tetus.
Trigno, Fl.: Trinius.
Trim, St.: Truma.
Trimmis, D.: Trimontium.
Trimouille, St.: Tremolia.
Trincomale, Hafenstadt: Spatana.
Trino, St.: Tridjnum.
Tripoli Vecchio oder Sabart, St.: Sabrata.
Tripoli od. Lebedah, St.: Tripolis.
Tripolitza, St.: Tripolis.
Trivento, St.: Treventum od. Triventum.
Trobis, Fl.: Trovius.
Trois Maries, Les, D.: Delphicum templum.
Troja, St.: Ecanum, Aequulanum.
Troki, Woiwodschaft: Trocensis Palatinatus.
Trompette, Schloss: Arx buccinae et trompetae.
Trond, St., St.: Fanum S. Trudonis, Trudonopolis.
Tronto, Fl.: Truentus.
Tropea, St.: Tropaea.

Tropez, St., St.: Fanum S. Eutropii.
Troppau, St.: Opavia.
Troyes, St.: Augustobona, Trecae.
Truxillo oder Trujillo, St.: Turris Julii.
Tryggewalde, Schloss: Tuta vallis.
Tschackmedjeh, St.: Melantias.
Tschanader Gespannschaft, die: Csanadiensis comitatus.
Tschanderli, Mtfl.: Pitane.
Tschehil-Minar, St.: Persepolis.
Tscherdagh od. Argentaro, Bergkette: Scardus.
Tschesme, Hafen: Cyssus.
Tschouroum, St.: Tavinm.
Tsili, St.: Helos.
Tudela, St.: Tullonium.
Tübingen, St.: Tubinga.
Türkei, die: Turcia.
Türkheim, Mtfl.: Caelius mons.
Tuggen, Pfarrdorf: Tucconia.
Tulle, St.: Tutela.
Tulley, Mtfl.: Tusciacum.
Tunis, St.: Tous civitas, Tunesium.
Turchina, St.: Tarquinii.
Turenne, Mtfl.: Turena.
Turin, Hauptstadt: Taurinum.
Turnhout, Herzogthum: Taxandria.
Turqueville, St.: Crociatonum.
Tursi, St.: Tursium.
Tuscis, Mtfl.: Tuscia.
Tuy, St.: Tudae ad fines.
Tweed, Fl.: Tueda.
Twenthe, Quartier: Tubantia.
Twer, St.: Tueria.
Tybein od. Duin, St.: Duinum.
Tyrnau, St.: Tyrnavia.
Tyrol: Tirolis.
Tzakonia, ein Theil von Morea: Arcadia.
Tzapar Bazardjik, St.: Bessapara.

Ubeda, St.: Betula.
Ubrique, St.: Ogurris.
Udine, St.: Uthina, Utinum.
Uckermark, die, Landschaft: Ucra od. Uckerana Marchia.
Ucles, Mtfl.: Urcesa.
Ueberlingen, St.: Iburiaga.
Uechtland, das, District: Nantuates, Nuithones.
Ufenau, Insel: Augia.
Uffing, Pfarrdorf: Ufinga.
Ugento, St.: Uxentum.
Ugotscher Gespannschaft, die: Ugotgensis comitatus.
Ukraine, die: Bucovetia.

36

Ulm, St.: Alcimoënnis, Ulma.
Ulster, Provinz: Hultonia, Ulidia.
Umbriatico, Mtfl.: Umbriaticum, Brystacia.
Ungarisch-Brod, St.: Hunnobroda.
Ungarische Gebirge, das: Alpes Pannoniae.
Ungarn: Hungaria, Pannonia.
Ungher Gespannschaft, die: Unghensis Comitatus.
Unse, Fl.: Unsingis.
Unter-Porta, Gericht: Infra Portam.
Unterseen, St.: Interlacus.
Unterwalden, Canton: Subsilvania, Sylvania, Untervaldia.
Unter-Zell, Kloster: Cella Dei inferior.
Upsala, St.: Upsalia.
Ural, Fl.: Rhymnus.
Urbania, St.: Urbinum Metaurense.
Urbino, St.: Urbinum hortense.
Urdingen, Mtfl. u. Schloss: Hordeani castra.
Urgel, St.: Orgelum.
Uri, Canton: Uronia.
Urk, Insel: Flevo insula.
Ur-Mezö, Mtfl.: Campus dominorum.
Urnäsch, D.: Urnacum.
Urnerland, das: Urania.
Ursel, St.: Ursillae, -urum.
Urseller- oder Urserenthal, das: Vallis Ursaria.
Usedom, St.: Unxnonnia.
Usel, St.: Usellis.
Utoxeter, Mtfl.: Utocetum.
Utrecht, St.: Trajectum ad Rhenum.
Utrera, St.: Vericulum.
Uzerche, St.: Userca.
Uzés, St.: Ucetia.

Vabres, St.: Vabrense castrum.
Vacz od. Wátz, St.: Vatzia.
Vadutz, Schloss: Dulcis vallis.
Vajkische Stuhl, der: Vajkensis sedes.
Vaili, St.: Veliacum.
Vaison, St.: Vasco Vocontiorum.
Valbach, St.: Valena.
Val d'Ansasca, St.: Vallis Antuatium.
Val des Choux, Kloster: Vallis Caulium.
Val di Cogna, Grafschaft: Vallis Coniae.
Val di Demona, District: Vallis Demonae.
Val Romey, Landschaft: Veromaei vallis.

Val Spir, Le, Thal: Vallis aspera.
Val Sugan, Thal: Euganea vallis.
Valcourt, St.: Vallocnria.
Valence, St.: Valentia, Julia Valentia.
Valencia, St.: Valentia Edetanorum.
Valenciennes, St.: Valentiana, -ae.
Valentano, Ort: Verendum.
Valentin, Provinz: Valentia.
Valenza, St.: Forum Fulvii.
Valera la Viega, Mtfl.: Valeria.
St. Valery, St.: Fanum S. Valerii, Leuconaus.
Valgensee, der: Lacus Vallensis.
Vall Sugana, Thal: Vallis Ausugii.
Valladolid, St.: Pintia, Valdoletum.
Vallis[t]oletum.
Vallalonga, St.: Nicephora.
Valle Fredda, D.: Vallis frigida.
Vallier, St., St.: San-Valerium.
Vallombrosa, Abt.: Vallisumbrosa.
Valogne, St.: Valonia, -ae.
Valois, Landschaft: Vadicasses, Valesiu.
Valpo, St.: Jovallium.
Valromey, Landschaft: Vallis romana.
Vals, Mtfl.: Vallum.
Valsein, Gemeine: Vallis sana.
Vannes, St.: Dariorigum, Venenas, Venetum, Civitas Venetorum.
Vandrille, Saint-, Benedictinerabtei: Fanum S. Vandrigesilii.
Var, Fl.: Varus.
Varasdin, St.: Varciani.
Vardar, Fl.: Axius.
Varea, St.: Varia.
Varna, Festung: Cruni, Odessus, Dionysopolis.
Varsely, Mtfl.: Zarmigethusa.
Vassy, St.: Vadicasses, Vassiacum.
Vasto oder Guasto di Amone, St.: Giastum Amonium.
Vastouni, Theil von Aegypten: Heptanomis.
Vatija, St.: Polemonium.
Vaucelles, Ort: Valcellae.
Vaucluse, D.: Vallis Clausa.
Vaucouleurs, St.: Lorium, Vallis Color, Vauculeriae.
Vaudemont, St.: Vada s mons.
Vaugirard, Mtfl.: Vallis Bostroniae.
Vé, Schloss: Vadum.
Vé St. Clément, Landschaft: Vadum S. Clementis.
Vecht, Fl.: Vedrus, Vidrus.
Veere, Ter, St.: Vera.
Veglia, St. u. Insel: Curietum, Curicum, Vegia.
Veine, St., Davianum.
Veit, St., St.: Fanum S. Viti, S. Viti civitas.

Veit am Pflaum, St., St.: Fanum S. Viti Flumoniensis, Flumen S. Viti.
Velaine, D.: Villarium.
Velay, Landschaft: Velauni, -ia, -ium, Velluvi:
Velden, D.: Valdentia.
Vèle, La, Fl.: Vidula.
Velestina, St.: Pherae.
Velez Blanco, St.: Egelasta.
Velez de Gomera, St.: Pariticna.
Velez Malaga, St.: Exitanorum oppidum, Menoba.
Velez Rubio, St.: Morus.
Velino, Fl.: Velinus.
Vellereille, St.: Villa-Relia.
Velletri, St.: Velitrae.
Veltlin, Landschaft: Vallis Tellina.
Venafra, St.: Venafra, -um.
Venaissin, Landschaft: Venascinus comitatus.
Venant, St., St.: Fanum S. Venantii.
Venasque, Mtfl: Vindausia, Vindascinum.
Vence, St.: Ventia.
Vendoeuvre, St.: Vendopera.
Vendières, St.: Venderae.
Vendôme, St.: Castrum Vindonicum, Vendocinum, Vindocinum.
Vendotena od. Ischia, St.: Pandataria.
Venedig, St.: Venetiae.
Venloo, St.: Sablones, Venloa, Venlona.
Venosa, St.: Venusia.
Venzone, St.: Vannia.
Vera, St.: Vergi.
Verbasz, Fl.: Urpanus.
Vercelli, St.: Vercellae.
Verden, St.: Fardium, Ferda, Tuliphurdum.
Verdon, Hafen: Dila, Dilis.
Verdun, St.: Veredunum, Veridunum castrum.
Veria, St.: Irenopolis.
Vermandois, Landschaft: Veromanduensis ager.
Verneuil, Schloss: Vernogilum.
Verőcze, St.: Serota.
Veroli, St.: Verulae, -lum.
Verrez, Mtfl.: Vitricium.
Verrua, St.: Verruca.
Versailles, St.: Versaliae
Versiglia, Fl.: Vesidia.
Vertus, St.: Virtusicum castellum.
Vertus, Landschaft: Virtusicus pagus.
Verviers, St.: Ververiae, Vervia.
Vervins, St.: Verbinum.
Verzuolo, St.: Verciolum, Vervia.
Vescovato, Mtfl.: Episcopatus.
Vescovia, Mtfl.: Episcopium.

Vesoul, St.: Vesolum, Vesullium.
Vesprau, St.: Viceprevanum, Vicosopranum.
Vesuv, der: Vesevus, Vesuvius.
Veszprim, St.: Vesprimia.
Vetnlia, St.: Vetulonia.
Vevay, St.: Bibiscum, Viviacum, Vibiscum.
Vexin, das Gebiet: Viliocasses, Valcassinum.
Vezelay, St.: Vizeliacum, Veselium.
Vezzan od. Vezzano, Mtfl.: Vitianum.
Vence, St.: Vincium.
Viadana, Mtfl.: Vulturnia.
Vic, St.: Vicus.
Vic-aux-salins, St.: Vici Salinarum.
Vic d'Osona, St.: Ausa nova.
Vicenza, St.: Vincentia, Vicentia.
Vichy, St.: Aquae calidae, Vichium.
Vico Equense, St.: Aequa.
Vico od. Pisana, St.: Elbii vicus.
Vicovaro, Mtfl.: Valeria.
Vicovenza, Mtfl.: Egonum od. Habentium vicus.
Vida od. Vidosona, St.: Vicus Ausonensis.
Victimolo, Mtfl.: Ictimuli.
Viechtach, Mtfl.: Bibacum.
Viennaise, Landschaft: Viennensis.
Vienne, Fl.: Vigenna, Vingenna.
Vienne, St.: Vienna Allobrogum.
Viering, Abt.: Victoria.
Vierraden, St.: Ad quatuor rotas.
Vierzo, Landschaft: Vergidum territorium.
Vierzon, St.: Virsio.
Vieste od. Viosti, St.: Vesta.
Viestgau, der: Vallis Venusta.
Vieux, D.: Viducasses.
Vigevano, St.: Victumviae.
Vigano, D.: Vicus Serninus.
Vigne, La, Mtfl.: Vindomagus.
Vigne de la Reine, La, Lustschloss: Vinea Montana.
Vigo, St.: Vicus Spacorum.
Vihelysche, der, District: Vihelyiensis processus.
Vilaine, Fl.: Vicinovia.
Vilgreit od. Folgaria, Gericht: Fulgarida.
Vilaine, Fl.: Herius.
Villa de los Hermanos, D.: Orippo.
Villa Diego, Mtfl.: Diegi villa.
Villa hermosa, St.: Villa Formosa.
Villa Loysa, St.: Jonosia.
Villa Nuova del Rio, D.: Ilipula Laus.
Villach, St.: Carnicum Julium, Vaconium, Villacum.

Ville-franche, St.: Villa Franca.
Ville franche de Rouergue: Francopolis.
Villejuif, Mtfl.: Villa Judana.
Ville neuve, St.: Penni locus.
Ville neuve l'archevêque, St.: Villa nova archiepiscopi.
Ville neuve la guerre, St.: Villa nova belli.
Villeneuve le Roi od. sur Seine, Schloss: Villa nova regis.
Villena, St.: Arbacala.
Villers-Cotterets, St.: Villaris ad Collum Retiae.
Vinay, St.: Ventia.
Vincennes, St: Vicenarum nemus.
Vinoxbergen, St.: Vinociberga, -cimontium, Bergae St. Vinoxi.
Vintimiglia, St.: Albintimilium.
Vinstgau od. Vintschau, der: Vallis Venusta.
Virgen, Gericht: Virginia.
Vire, St.: Viria.
Visapur, St.: Musopale.
Viseu od. Vincent de Beira, St.: Verurium.
Viso, Berg: Alpes Cotticae.
Visp, Mtfl.: Vespia.
Vistriza, Fl: Erigon.
Viterbo, St.: Fanum Voltumnae, Viterbium, Bithervium, Ciminius mons.
Vitry, St.: Victoriacum.
Vitry le François, St.: Victoriacum Francisci.
Vittoria, St.: Camarica.
Vivarais, Landschaft: Vivariensis provincia.
Viviers, St.: Vivarium.
Vlaerdingen, Mtfl.: Flenium.
Vlieland, Insel: Flevolandia.
Vlie, Het, die Rheinmündung: Flevum.
Vliessingen, St.: Flesinga.
Vodina, St.: Edessa.
Völken- od. Völkelmarkt, St.: Gentiforum.
Vogelberg, der: Avicula.
Vogesen od. La Vosge, Gebirge: Vogesus.
Voghera, St.: Vicoiria, Iria.
Void, Mtfl.: Noniantns.
Voigtland, das: Terra Advocatorum, Voitlandia.
Volkano, Insel: Iliera, Vulcania, Therasia, Thermissa.
Vollore-Ville, St.: Lovolautrium.
Volo, St.: Pagasae, Jolcus.
Voltaggio, St.: Vultabium.
Volterra, St.: Othoniana.
Volturno, Fl.: Vulturnus, Athurnus.

Volvic, Mtfl.: Vialoscensis pagus.
Vonitza, St.: Anactorium.
Voormezeele, D.: Formesela.
Vorcano, Bergfestung: Ithome.
Vostizza, Mtfl.: Egea.
Vouzy, Landschaft: Vonzensis pagus.
Vraita, Fl.: Fevus.
Vuist, Insel: Vistus.
Vurla, St.: Clazomenae.
Visa od. Vyzia, St.: Bizya.

Waadtland, das: Valdensis Comitatus, Vaudum, Urbigenus pagus, Romana ditio.
Waag, Fl.: Vagus, Cusus.
Waal, Fl.: Vahalis.
Wadeningen, D.: Vado.
Wadstena, St.: Wadstenum.
Wälschmätz, Mtfl.: Medium S. Petri.
Wänersburg, St.: Weneriburgum.
Wärmeland, Landschaft: Wermelandia.
Wäster-Bottn, Landschaft: Westrobotnia.
Wäster-Göthland, Landschaft: Westro-Gothia.
Wageningen, St.: Vagenum.
Waitzen, St.: Vacia.
Wallersee od. Walchensee, der: Walarius lacus.
Waldenser Thäler, die: Valles Pedemontanae.
Waldsachsen, Mtfl.: Valdosassonia.
Waldstädte, die: Urbes sylvaticae.
Wales, Fürstenthum: Britannia secunda, Cambria, Cambro-Britannia.
Walgau, der: Vallis Drusiana.
Wallachei, die: Valachia.
Wallendorf, Mtfl.: Olaszium, Villa italica.
Wallenstadt od. Walenstadt, St.: Riva Villa, Statio Rhaetorum.
Wallenstädter, der, See: Ripanus, od. Rivarius od. Wallenstadiensis lacus.
Wallingford, St.: Calleva, Galena Atrebatum.
Wallis, Canton: Vallis Pennina, Valesia.
Walliser, die: Seduni.
Walliser Gebirge, das: Alpes Lepontiae.
Walterschwyl, St.: Villa Gualteriana.
Walzenhausen, Gemeine: Cervimontium.
Wanzenau, Amt: Vendelini Augia.
Wanzleben, St.: Wonclave.
Warasdinische District, der: Varasdinensis processus.
Warde oder Warda, St.: Varinia.

Waremme, Mtfl.: Waremia.
Waren, St.: Varenum.
Warendahl, Schloss: Treva.
Wars, District: Vasia.
Warschau, St.: Varsovia.
Wartha, St.: Brido, Vurta.
Warwick, St.: Viroviacum.
Wasgau-Gebiet, das: Vogesus.
Wasserburg, St.: Aquaburgum.
Waterford, St.: Amellana.
Wedenberg, der: Mons Wedekindi.
Wegeleben, St.: Wigelevum.
Weggis, D.: Gnategissum.
Weichsel, Fl.: Vistula, Wysla.
Weichselmünde, St.: Munda Vi-
Weida, St.: Videnae.   [stulae.
Weiden, St.: Udenae.
Weil, St.: Wila.
Weile oder Wedle, St.: Vedelia.
Weilheim, D.: Wiloa, Cambedunum.
Weimar, St.: Vinaria, Vimaria.
Weimarskirchen, Mtfl.: Wimare-ecclesia.
Weingarten, Kloster: Vimania, Vinea.
Weissenau, Abt.: Albaugia oder Augia alba, Alba Augia Niviscorum.
Weissenfels, St.: Leucopetra.
Welau, St.: Velavia.
Wells, St.: Fontes Belgae, Theodorodunum,
Welschbillich, St.: Velsbillicum.
Welten, Ort: Veldidena.
Weltenburg, Kloster: Attobriga, Weltinopolis.
Wenden, Herzogthum: Venedorum ducatus,
Wendsyssel, Landschaft: Vandalia.
Werben, D.: Wirbina castrum.
Werden, St.: Werdina.
Werebelische District, der: Verebelyensis Processus et Sedes.
Werfen, Festung: Pervia.
Werra, Fl.: Vierra, Weraha.
Werowitzer Gespannschaft, die: Veroczensis od. Verovitiensis comitatus.
Wertach, Fl.: Vinda.
Werwyk, St.: Viroviacum.
Wesel, St.: Vesalia.
Wesen, Mtfl.: Guesta.
Weser, Fl.: Visurgis.
Wessenbrunn, Kloster: Vassobrunensis abbatia.
Wesprimer Gespannschaft, die: Vesprimiensis comitatus.
Westerås, St.: Arosia.
Westergo, Landschaft: Pagus Occidentalis.
Westerquartier, District: Tractus occidentalis.

Westerwik, St.: Vestrovicum.
Westmannland, Landschaft: Westmannia.
Westminster, St.: Westmonasterium.
Westphalen, Provinz: Guestfalia.
Westreich: Austrasia.
Wetterau, Landschaft: Weteruba.
Wettingen, Stift: Maris stella.
Wetzlar, St.: Wetselaria.
Wexford, St.: Manapia.
Wexiö, St.: Vexsia, Wexionia.
Weymouth, St.: Vimutium.
Whitehavn, St.: Portus albus.
Whitehorn oder Whithern, Mtfl.: Candida Casa.
Wick, St.: Wichia.
Wick de Durstede, St.: Batavodurum.
Widdin, St.: Bidinum, Bononia, Viminiacum.
Wied, Grafschaft: Vidensis comitatus.
Wiedau, Fl.: Rhubon.
Wielunsche Land, das: Terra Velunensis.
Wien, Hauptst.: Vienna Austriae, Vindobona.
Wiesbaden, Bad u. St.: Mattiacae aquae, Visbada.
Wight, Insel: Vecta.
Wigton, St.: Virosidum.
Wildbad, St.: Thermae Ferinae.
Wilkomirz, St.: Wilkomeria.
Willering, Cistercienserabtei: Hilaria.
Willich, D.: Vilice.
Willoughby, D.: Verometum.
Wilna, St.: Vilna.
Wilten oder Wiltan, Stift: Wiltina.
Wiltshire, Grafschaft: Viltonia.
Wimmerby, St.: Wemmaria.
Wimpfen, St.: Cornelia, Wimpina.
Winchester, St.: Guintonium, Venta Belgarum, Vinconia, Vindonia.
Windisch, D.: Vindonissa.
Windisch-Grätz, St.: Slavo-oder Vindo-Graecium.
Windsor, St.: Vindesorum.
Winterthur, St.: Vitodurum.
Winzig, St.: Wincium.
Wipach, Mtfl.: Vipacum, -ava.
Wipthal, das: Vallis Vipitena.
Wisby, St.: Visbia.
Wisingsö, Insel: Wisingia.
Wisloka, Fl.: Viscla.
Wismar, St.: Wismaria.
Wissant, D.: Itius portus.
Wittenberg, St.: Leucorea, Wittenberga, Viteberga, Calegia.
Wittlich, St.: Vitelliacum, Wittliacum.

Witto, Halbinsel: Wittovia.
Wörnitz, Fl.: Warinza.
Wolfenbüttel, St.: Guelpherbytum, Vadum lupi.
Wolfersdyk, Insel: Wolferdi agger.
Wolferzhausen, Mtfl.: Veliphoratusium.
Wolframitzkirchen, Mtfl.: Olbrami ecclesia.
Wolfshalden, Gemeinde: Lapiclivium.
Wolhyn oder Volhynien, Woiwodschaft: Voliniae Palatinatus.
Wollin, St.: Fanesiorum insula, Julina, -num.
Wolmar, St.: Woldemaria.
Worcester, St.: Brannonium, Vigornia, Wigornium.
Wordingborg, St.: Orthunga.
Worm, Fl.: Vurmicus fluvius.
Worms, St.: Borbetomagus, Wormatia.
Wormser Bad, das: Thermae Bormianae.
Wrbau od. Wrbowo, Mtfl.: Verbovia.
Wrietzen, St.: Viritium.
Würtemberg: Wurtemberga.
Würzburg, St.: Artaunum, Herbipolis, Wirceburgum.
Wulffen, Mtfl.: Wulvena.
Wunstorf, St.: Villa amoenitatis.
Wurmsee, der: Vermis lacus, Winidouwa.
Wursten od. Wursterland, District: Worthsati.
Wurzen, St.: Wurzena.
Wutach, Fl.: Juliomagus.
Wye, Fl.: Ratostathybius.
Wye, Mtfl.: Vaga.
Wyk de Duurstede, Schloss: Durostadium.

Xalon, Fl.: Bilbilis, Salo.
Xancoins, St.: Xancoinsum.
Xanten, St.: Castra Vetera, Santae, Santena.
Xativa, St.: Saetabis.
Xenil, Fl.: Singilis.
Xeres de Badajoz, St.: Xera equitum.
Xeres de la Frontera, St.: Asta Regia.
Xerez de los Caballeros, St.: Esuris.
Xert od. S. Mateo, St.: Indibile.
Xiria, Bergkette: Erymanthus.
Xucar od. Jucar, Mtfl. u. Fl.: Sucro.

Yanar, St.: Tacabis.
Yarmouth, St.: Garianonum.
Yare, Yere, Fl: Gariensis ostidium.
Yenne, Mtfl.: Eauna, Ejonna, Eona.
Yepes, St.: Ispinum, Yposa.
Yeure le Château, Schloss: Eurae castrum.
Yonne. Fl.: Icauna, Sichionna.
York, St.: Eboracum.
Youghall, St : Jogalia, Yoghalia.
Youx, Fl.: Urus.
Ypern, St.: Ipra, Ypera.
Yrsee, Abt.: Irsingum.
Ysel, Fl.: Insula.
Yssel, Fl.: Isala.
Yssel, die neue, Canal: Drusiana fossa.
Ystadt, St.: Istadium, Cstadium.
Yvoix-Carignan. St.: Epoissus.

Zadaon, Fl.: Calipus.
Zafra, St.: Julia Restituta.
Zagara Vouni, Berg: Helicon.
Zagrab, St.: Civitas montis Graecensis, Zagrabia.
Zainah, St.: Ad Dianam.
Zalamea de la Serena, Mtfl.: Julipa.
Zalavar, St.: Zaladium.
Zamora, St.: Ocellodurum, Sentica.
Zamosc, St.: Zamoscinm.
Zante, Insel: Zacynthus.
Zap, der grosse und kleine, Fl.: Zabatus major und minor.
Zara, St.: Gazara civitas.
Zareco, St.: Stymphalus.
Zebid, St.: Sabea regia.
Zeeland, Grafschaft: Zeelandia.
Zehngerichtenbund, der: Foedus decem Juris dictionum.
Zeilah, Hafenstadt: Emporium Avalites.
Zeituni, St.: Lamia.
Zeituni, Meerbusen: Maliacus sinus.
Zeitz, St.: Citium, Ciza.
Zell, Mtfl.: Cella Rudolphli.
Zell am Zellersee, St.: Cella ad lacum inferiorem.
Zell im Hamm, St.: Cella ad Mosellam.
Zellerthal, das: Vallis Cilavina.
Zeller- oder Unter-See, der: Lacus inferior.
Zepperen, D.: Septemburius.
Zer Afghan od. Sogd, Fl.: Polytimetus.
Zerbi, Insel: Meninx.
Zerbst, St.: Servesta.
Zero, St.: Cerinthus.
Zerreh, See: Palus Aria.
Zezaro, Fl.: Ozecarus.

Zia, Cio, Ceo, Insel: Ceos.
Ziegenrück, St.: Caprae dorsum.
Zigeuner: Cingari, Zingari.
Zileb, St.: Zeleia.
Zilis, D.: Siles.
Zillerthal, das: Cilaru vallis.
Zips, Grafschaft: Cepusiensis comitatus.
Zipser-Haus, Schloss: Cepusium, Scepusiensis arx.
Zipser Gespannschaft, die: Scepusiensis comitatus.
Ziricksee, St.: Siriczaea.
Ziska, Berg: Sibenica.
Zittau, St.: Sitavia civitas.
Zizers, D.: Cicures, Zizaria.
Znaym, St.: Znoima, -um.
Znin, St.: Znena.
Znio, District: Znio-claustensis pagus.
Zobten od. Zotten, St.: Zabothum.
Zobten od. Zobtenberg, der: Mons Asciburgius, Sequas, Sabothus, Silensis od. Zobtensis.
Zörbig, St.: Sorbiga.
Zopfingen, St.: Tobinium.
Zowarin od. Zaouharin, St.: Zama.

Zschiner Stuhl, der: Csikiensis sedes.
Zschongrader Gespannschaft, die: Csongradiensis comitatus.
Zülch od. Zülz, St.: Cilicia.
Züllichau, St.: Zulichium.
Zürich, St.: Duregum.
Zütphen, St.: Zutphania.
Zug, Canton: Tugensis pagus.
Zug, St.: Tugium.
Zuglio, St.: Julium Carnicum.
Zulpich od. Zulch, St.: Tolbiacum.
Zurzach, St.: Certiacum, Tiberii forum, Zurziaca.
Zuydersee, der: Flevo lacus.
Zuyd-Shans, Schanze: Arx Austrina.
Zweibrücken, St.: Bipontium.
Zwenkau, St.: Zuencua.
Zwetl, St.: Zwetlum.
Zwickau, St.: Cygnea.
Zwiefalten, Kloster: Duplices aquae, Zwiveltum.
Zwoll, St.: Zwolla.
Zwornik od. Iswornik, St.: Argentina.

Verlag von G. Schönfeld's Buchhandlung (C. A. Werner) in Dresden,
durch alle Buchhandlungen zu beziehen:

Der Sagenschatz
des
Königreichs Sachsen.

Zum ersten Male
in der ursprünglichen Form aus Chroniken, mündlichen und
schriftlichen Ueberlieferungen und anderen Quellen
gesammelt und herausgegeben
von
Dr. Johann Georg Theodor Grässe,
Königl. Sächs. Hofrath, Director der Königl. Sächs. Porzellan- und Gefäßsammlung, Bibliothekar
Sr. Maj. des höchstseligen Königs Friedrich August, mehrerer gelehrten
Gesellschaften Mitglied.
37 Bogen gr. 8. eleg. geh. Preis 2 Thlr.

Der Tannhäuser und Ewige Jude.
Zwei deutsche Sagen in ihrer Entstehung und Entwickelung
historisch, mythologisch und bibliographisch verfolgt
und erklärt
von
Dr. J. G. Th. Grässe,
Königl. Sächs. Hofrath ꝛc. ꝛc.
Zweite, vielfach verbesserte Auflage.
8. eleg. geh. Preis circa 18 Ngr.

Verlag von Rudolf Kuntze's Verlagsbuchhandlung in Dresden:

TRÉSOR
DES
LIVRES RARES ET PRÉCIEUX
OU
NOUVEAU DICTIONNAIRE BIBLIOGRAPHIQUE
contenant
plus de cent mille articles de livres rares, curieux et recherchés,
d'ouvrages de luxe, etc. Avec les signes connus pour distinguer
les éditions originales des contrefaçons qui en ont été faites, des
notes sur la rareté et le mérite des livres cités et les prix que ces
livres ont atteints dans les ventes les plus fameuses, et qu'ils
conservent encore dans les magasins des bouquinistes
les plus renommés de l'Europe,
par
JEAN GEORGE THÉODORE GRAESSE,
conseiller aulique, bibliothécaire du feu roi Frédéric-Auguste II, directeur du musée
japonais à Dresde, et auteur de l'histoire littéraire universelle.
I—XI. LIVRAISON.
Vorstehendes Werk wird in 6 Bänden erscheinen und ist durch alle
Buchhandlungen des In- und Auslandes zu beziehen.

Reprint Publishing

FÜR MENSCHEN, DIE AUF ORIGINALE STEHEN.

Bei diesem Buch handelt es sich um einen Faksimile-Nachdruck der Originalausgabe. Unter einem Faksimile versteht man die mit einem Original in Größe und Ausführung genau übereinstimmende Nachbildung als fotografische oder gescannte Reproduktion.

Faksimile-Ausgaben eröffnen uns die Möglichkeit, in die Bibliothek der geschichtlichen, kulturellen und wissenschaftlichen Vergangenheit der Menschheit einzutreten und neu zu entdecken.

Die Bücher der Faksimile-Edition können Gebrauchsspuren, Anmerkungen, Marginalien und andere Randbemerkungen aufweisen sowie fehlerhafte Seiten, die im Originalband enthalten sind. Diese Spuren der Vergangenheit verweisen auf die historische Reise, die das Buch zurückgelegt hat.

ISBN 978-3-95940-152-4

Faksimile-Nachdruck der Originalausgabe
Copyright © 2015 Reprint Publishing
Alle Rechte vorbehalten.

www.reprintpublishing.com

www.ingramcontent.com/pod-product-compliance
Lightning Source LLC
Chambersburg PA
CBHW061954180426
43198CB00036B/857